Friedrich Huber

Jahwe, Juda und die anderen Völker beim Propheten Jesaja

Friedrich Huber

Jahwe, Juda und die anderen Völker beim Propheten Jesaja

W
DE
G

Walter de Gruyter · Berlin · New York
1976

Beiheft zur Zeitschrift für die alttestamentliche Wissenschaft
Herausgegeben von Georg Fohrer
137

ISBN 3 11 005729 8

Printed in Germany
Satz und Druck: Saladruck, Berlin 36
Bindearbeiten: Lüderitz & Bauer, Berlin 61

Vorwort

Die vorliegende Untersuchung wurde im Wintersemester 1973/74 von der Theologischen Fakultät der Friedrich-Alexander-Universität Erlangen—Nürnberg als Dissertation angenommen. Sie wurde angeregt durch Herrn Prof. D. Dr. Georg Fohrer DD DD, dem ich an dieser Stelle dafür danken möchte, daß er die Arbeit in der Zeit ihrer Entstehung beratend und fördernd begleitete und sie in die Beihefte zur ZAW aufnahm.

Zu danken habe ich weiter Herrn Prof. Dr. Kutsch, der auch das Korreferat übernahm, für einige freundliche Hinweise und nicht zuletzt meiner Schwester, die mit großer Anteilnahme das Manuskript schrieb und für eine gelungene äußere Gestalt der Arbeit sorgte.

Erlangen, Januar 1974 Friedrich Huber

Inhaltsverzeichnis

Zweiter Teil

Juda und sein Verhältnis zu Jahwe als das leitende Interesse Jesajas bei seinen Aussagen über andere Völker

Dritter Teil

Theologische Voraussetzungen der Aussagen Jesajas über andere Völker

Vorbemerkungen zur Zitationsweise

1. Auf mehrmals erwähnte Bücher oder Aufsätze wird in den Anmerkungen durch den Namen des Autors + Kurztitel verwiesen. Der volle Titel und weitere bibliographische Angaben können dem Literaturverzeichnis entnommen werden.
Die in den Anmerkungen genannten Seitenzahlen beziehen sich grundsätzlich auf den Fundort einer Abhandlung, der im Literaturverzeichnis angegeben ist. Dies ist besonders dann zu beachten, wenn Arbeiten an mehreren Stellen veröffentlicht wurden.

2. Wird in den Anmerkungen nur der Name eines Autors genannt, so ist damit auf den Jesaja-Kommentar dieses Autors, und zwar auf die im Augenblick besprochene Stelle verwiesen.
Zur leichteren Auffindung werden gelegentlich Bandzahl (bei mehrbändigen Kommentaren) und Seitenzahl vermerkt. Immer geschieht dies dann, wenn auf Ausführungen in dem Kommentar zu einer anderen als der augenblicklich behandelten Stelle hingewiesen wird.

3. Innerhalb der Arbeit wird auf früher Gesagtes mit „oben", auf später Kommendes mit „unten" verwiesen.

Verzeichnis der Abkürzungen

Bei den allgemeinen Abkürzungen und bei den Abkürzungen für Zeitschriften, Lexiken und Reihen halte ich mich in der Regel an RGG³. Biblische Bücher werden nach den Angaben in ZAW (dritte Umschlagseite) abgekürzt.

Dazu kommen folgende allgemeine Abkürzungen:

FS	Festschrift
Nr.	Nummer

Für Zeitschriften, Lexiken und Reihen wurden — außer den in RGG³ genannten — die folgenden Abkürzungen benutzt:

BHHW	Biblisch-historisches Handwörterbuch, hg. von B. Reicke und L. Rost, I 1962; II 1964; III 1966.
SBS	Stuttgarter Bibel-Studien, hg. von H. Haag, N. Lohfink und W. Pesch.
Suppl. VT	Supplements to Vetus Testamentum.
THAT	Theologisches Handwörterbuch zum Alten Testament, hg. von E. Jenni und C. Westermann, I 1971.
ThWAT	Theologisches Wörterbuch zum Alten Testament, hg. von G. J. Botterweck und H. Ringgren, I 1973.
ThWNT	Theologisches Wörterbuch zum Neuen Testament, begründet von G. Kittel, hg. von G. Friedrich, 1933 ff.
WMANT	Wissenschaftliche Monographien zum Alten und Neuen Testament, hg. von G. Bornkamm und G. v. Rad.

Abkürzungen aus dem Bereich der Grammatik und der Exegese des Alten Testaments:

c.	communis
E	Elohist
EA	El-Amarna-Texte
f.	femininum
hi.	hif῾il
imp.	Imperativ
impf.	Imperfekt
J	Jahwist

K	K^{e}tib
LXX	Septuaginta
m.	masculinum
MT	masoretischer Text
pf.	Perfekt
pf.-cons.	perfectum-consecutivum
P	Priesterschaft
pi.	pi^{c}el
pl.	Plural
pt.	Partizip
pu.	pu^{c}al
Q	Q^{e}re
IQIs^{a}	Erste Jesajarolle aus der Höhle I von Qumran
S	syrische Übersetzung
sg.	Singular
st.cs./abs.	status constructus bzw. absolutus
Tg	Targum
Vg	Vulgata

Einleitung

I. FRAGESTELLUNG UND AUFBAU DER ARBEIT

Die vorliegende Arbeit beschäftigt sich mit den Aussagen Jesajas, die nichtisraelitische Völker[1] betreffen, mit Ausnahme der Heilsankündigungen 2, 2—4; 9, 1—6; 11, 1—9[2].

Im *ersten Teil* sollen die einschlägigen Texte daraufhin befragt werden, als was, in welcher Rolle nichtisraelitische Völker bei Jesaja erscheinen: Werden sie als Judas Feinde dargestellt?, als Jahwes Gerichtsvollstrecker? usw. Auf diese Weise soll das jesajanische Bild von andern Völkern in seinen charakteristischen Grundzügen nachgezeichnet werden. Zugleich wird gefragt, wie Jesaja in seiner Verkündigung auf diese Völker Bezug nimmt. Dabei wird nicht nur darauf geachtet, was er sagt, sondern auch wie er es sagt. Indem die Ausdrucksmittel untersucht werden, die Jesaja zur Darstellung seiner Sicht der Dinge verwendet, möchte die Arbeit einen Beitrag zur Erhellung der Eigenart prophetischen Verkündigens leisten[2a].

Im *zweiten Teil* wird nach dem leitenden Interesse gefragt, das den Propheten bei seinem Reden von andern Völkern bestimmt. Es wird also die Frage gestellt: Warum redet Jesaja zu den Judäern über andere Völker? Auf diese

---

[1] Damit sind alle Völker außer dem Nordreich Israel und dem Südreich Juda gemeint. In gleicher Bedeutung werden im Verlauf der Arbeit die Wendungen »Fremdvölker«, »fremde Völker« und »andere Völker« gebraucht.

[2] Eine Behandlung dieser Texte müßte die Fragen der Verfasserschaft und der Entstehungszeit eingehend diskutieren, da eine Interpretation prophetischer Worte ohne Berücksichtigung der Situation, in der sie gesprochen wurden, nicht möglich ist. Daß eine Prüfung aller zu diesem Problem vorgebrachten Argumente nicht auf wenigen Seiten geschehen kann, zeigt ein Blick auf die Fülle der Arbeiten, die sich mit diesen Worten befassen (vgl. die Literaturhinweise bei H. Wildberger). Auf eine Besprechung der Texte kann aber auch deshalb verzichtet werden, weil sich die vorliegende Arbeit in erster Linie mit dem Problemkreis »Prophetie und Außenpolitik« beschäftigt, nicht mit dem Thema »prophetische Eschatologie«. Die drei Texte Jes 2, 2—4; 9, 1—6 und 11, 1—9 sind vor allem für das zuletzt genannte Thema von Wichtigkeit.

[2a] Es sei ausdrücklich darauf hingewiesen, daß bei der Analyse der Texte auf die Metrik nur gelegentlich eingegangen wird. Da es noch nicht möglich ist, die Aussprache der Texte zur Zeit Jesajas mit hinreichender Sicherheit zu rekonstruieren, muß jede metrische Analyse in hohem Maße hypothetisch bleiben. Sehr viel zuversichtlicher ist in diesem Punkt L. Alonso-Schökel, Das Alte Testament als literarisches Kunstwerk, 14. Zur Rekonstruktion der althebräischen Aussprache vgl. besonders: K. Beyer, Althebräische Grammatik und K. Beyer, Althebräische Syntax in Prosa und Poesie.

Frage wurden die verschiedensten Antworten gegeben. Einige seien genannt: Jesaja will die universale Geschichtslenkung Jahwes proklamieren[3]; hinter seiner Verkündigung steht eine glühende Vaterlandsliebe[4] oder ein Nationalismus, der »aus dem Unterbewußtsein lebendig und ungebrochen wieder hervortrat.«[5] Demgegenüber sah H. Winckler in Jesaja einen Agitator im Dienst des neuassyrischen Reiches[6]. In der vorliegenden Arbeit wird die These vertreten, daß Juda und sein Verhältnis zu Jahwe das leitende Interesse Jesajas bei seinen Aussagen über andere Völker ist.

Soweit ich sehe, berührt sich die Frage nach dem leitenden Interesse stark mit dem, was H. W. Hoffmann[7] »Intention des Redenden« nennt. Allerdings scheint mir die Frage nach dem leitenden Interesse noch etwas allgemeiner zu sein. Sie versucht die Richtung zu erheben, in die Jesaja (die Fragestellung der vorliegenden Arbeit ist hier als Beispiel genommen) sich wendet, in der man dann wohl auch die Intention zu Gesicht bekommt. Man könnte die Frage nach dem leitenden Interesse vielleicht der Frage nach der Intention als Vorfrage unterordnen. Ist das leitende Interesse erkannt, dann besteht Aussicht, auch die Intention zu erfassen.

Im *dritten Teil* schließlich sollen theologische Voraussetzungen dargestellt werden, die für Jesajas Aussagen über andere Völker von Bedeutung sind. Dabei wird nicht ein anderweitig gewonnenes Konzept an die Worte Jesajas über andere Völker herangetragen, in das diese dann an passender Stelle eingefügt würden. Vielmehr sollen aus Jesajas Worten selbst die theologischen Voraussetzungen erhoben werden. Deshalb muß ständig auf die Analysen des ersten Teils zurückgegriffen werden[8].

II. TEXTAUSWAHL

Daß die drei Heilsankündigungen Jes 2, 2—4; 9, 1—6; 11, 1—9 in dieser Arbeit nicht behandelt werden, wurde schon gesagt. Dasselbe gilt für eine

---

3 W. Staerk, Weltreich 95: Es ging Jesaja um mehr als um das ungehorsame Juda. »Und das kann nur der Grundpfeiler seiner gesamten Weltbeurteilung, sein Glaube an Gottes absolutes Walten im geschichtlichen Leben, gewesen sein. Angesichts der letzten Absichten des Assyrers galt es jetzt vor aller Welt den Beweis, daß Gott noch im Regiment sitzt und die Sünde der frevlen Empörung gegen seine Weltherrschaft nicht ungestraft läßt.«

4 P. de Lagarde, zitiert bei H.-J. Kraus, Prophetie und Politik, 6.

5 H. Schmökel, Fremdvölker, 42.

6 Vgl. H.-J. Kraus, Prophetie und Politik, 5 f. Eine eingehende Auseinandersetzung mit dieser und anderen Thesen Wincklers findet sich bei F. Küchler, Die Stellung des Propheten Jesaja zur Politik seiner Zeit (passim).

7 H. W. Hoffmann, Form — Funktion — Intention, 345.

8 Dieses Vorgehen entspricht den Forderungen von H. Donner, Israel, XI und B. S. Childs, Crisis, 68. Vgl. auch J. Vollmer, Rückblicke, 6.

Anzahl von Texten, die jetzt in Jes 1—39 stehen und in denen von andern Völkern die Rede ist, bei denen aber weitgehende Einigkeit darüber herrscht, daß sie nicht von dem Propheten des 8. Jahrhunderts v. Chr. stammen[9]. Dies gilt für folgende Worte: 10, 16—19.20—27 a; 11, 10.11—16; 12, 1—6; 13, 1—14, 23; 15; 16; 18, 7; 19; 21; 23; 24—27; 29, 17—24; 30, 18—26; 32, 15—20; 33; 35; 36—39.

Bei anderen Texten, die für das Thema dieser Arbeit von Wichtigkeit sind, deren jesajanische Verfasserschaft aber umstritten ist, wird die Frage nach der Herkunft im Verlauf der Arbeit besprochen. Dies ist bei folgenden Texten der Fall: 8, 9 f.; 17, 12—14; 29, 5—9; 30, 27—33; außerdem bei einzelnen Sätzen und Wörtern, die möglicherweise Zusätze sind.

Es muß an dieser Stelle nachdrücklich betont werden, daß die Feststellung nichtjesajanischer Herkunft noch nichts über die Bedeutung eines Textes für die israelitische Religionsgeschichte besagt und an sich überhaupt kein Werturteil ist[10].

III. DAS THEMA DIESER ARBEIT IN DER NEUEREN FORSCHUNG

1. Am häufigsten wurden Jesajas Worte über andere Völker im Zusammenhang der Thematik *»Prophetie und Politik«* bzw. *»Prophetie und Außenpolitik«*[11] besprochen. Außer den bei H.-J. Kraus[12] genannten Werken von H. Winckler[13], P. de Lagarde[14], A. Eberharter[15], H. Gressmann[16], F. Küchler[17], E. Troeltsch[18], F. Weinrich[19], K. Elliger[20], O. Procksch[21], E. Hirsch[22] und

[9] Vgl. die Einleitungen von O. Eissfeldt, E. Sellin, G. Fohrer und O. Kaiser.

[10] Vgl. z. B. J. Vollmer, Rückblicke, 5 Anm. 16.

[11] Zu dieser Spezifizierung der Themenstellung vgl. H. Donner, Israel, XI f.

[12] H.-J. Kraus, Prophetie und Politik, 5—16. H.-J. Kraus charakterisiert die von ihm angeführten Werke kurz und gibt auf diese Weise einen Forschungsüberblick.

[13] H. Winckler, Die Keilinschriften und das Alte Testament, 170—175.

[14] P. de Lagarde, Deutsche Schriften, 224.

[15] A. Eberharter, Die soziale und politische Wirksamkeit der alttestamentlichen Propheten.

[16] H. Gressmann, Der Messias.

[17] F. Küchler, Die Stellung des Propheten Jesaja zur Politik seiner Zeit.

[18] E. Troeltsch, Das Ethos der hebräischen Propheten.

[19] F. Weinrich (von H.-J. Kraus als »Weinreich« zitiert), Der religiös-utopische Charakter der »prophetischen Politik«.

[20] K. Elliger, Prophet und Politik.

[21] O. Procksch, Der Staatsgedanke in der Prophetie. O. Procksch, Theologie des Alten Testaments, 11.

[22] E. Hirsch, Das Alte Testament und die Predigt des Evangeliums.

M. Buber[23] ist noch hinzuweisen auf die Untersuchungen von W. Staerk[24], F. Wilke[25], G. E. Wright[26], H. Donner[27] und G. Fohrer[28].

Bei diesen Abhandlungen wurde meist der Versuch gemacht, eine Gesamtkonzeption vorzustellen, wodurch die Analyse der Einzeltexte etwas in den

---

[23] M. Buber, Der Glaube der Propheten.

[24] W. Staerk, Weltreich, 46—124.
Unter dem Titel »Das assyrische Weltreich im Urteil der Propheten« stellt W. Staerk die gesamte politische Verkündigung der Propheten dar.

[25] F. Wilke, Die politische Wirksamkeit der Propheten.

[26] G. E. Wright, The Nations in Hebrew Prophecy.
Die Arbeit war mir leider nicht zugänglich, so daß ich mich auf die kurze Inhaltsangabe in IZBG XIV (1967/68), 53 Nr. 386 beschränken mußte.

[27] H. Donner, Israel.

[28] G. Fohrer, Israels Haltung gegenüber den Kanaanäern und andern Völkern.
G. Fohrer charakterisiert summarisch das Urteil der Propheten über Israels bzw. Judas Verhältnis zu anderen Völkern. Während Jahwist, Elohist und Dtn, im Gegensatz zu einer politisch bedingten Toleranz gegenüber den Kanaanäern, deren Vertreibung (J und E) oder gar deren Vernichtung (Dtn) fordern (68 f.), verstehen die Propheten Israels Existenz in einer kanaanäischen Umwelt als eine »Situation, in der es (Israel) sich bewähren und Jahwe treu bleiben sollte« (71). Bedroht ist Israel — nach Ansicht der Propheten — nicht durch die Kanaanäer, sondern durch sein eigenes Versagen (75). Bei Jesaja hebt G. Fohrer hervor, daß er »in einer kühnen Schau ... Jahwe als den Gebieter der damaligen Weltmacht« sieht (72), eine Auffassung, die auch bei späteren Propheten (Jeremia, Ezechiel, Deuterojesaja) begegnet (72).
Im folgenden werden noch vier Arbeiten genannt, deren Titel eine Berührung mit dem Thema der vorliegenden Untersuchung vermuten lassen, die aber vorwiegend anderen Fragen gewidmet sind:
A. Bertholet, Die Stellung der Israeliten und der Juden zu den Fremden, stellt die Haltung Israels zu den Fremden im eigenen Land und die grundsätzliche Einstellung gegenüber dem Fremdländischen dar. Außenpolitische Aspekte werden nur sehr kurz angesprochen. Zu Jesaja ist besonders S. 95 f. zu vergleichen.
M. Peisker, Die Beziehungen der Nichtisraeliten zu Jahwe nach der Anschauung der altisraelitischen Quellenschriften, beschränkt sich in seiner Abhandlung auf »das jehowistische Geschichtswerk des Hexateuch und die vordeuteronomischen Stücke in Jdc, Sa, Reg« (2). Die in der vorliegenden Arbeit besprochenen Texte liegen außerhalb seiner Fragestellung.
Dasselbe gilt für R. Martin Achard, Israel et les nations (La perspective missionaire de l'Ancien Testament).
J. H. Hayes, The Usage of Oracles against Foreign Nations in Ancient Israel, befaßt sich nicht mit der Verkündigung einzelner Propheten, sondern versucht, als »Sitz im Leben« der Völkerworte die Kriegsführung, genauer: die Verfluchung der Feinde vor dem Kampf zu erweisen (81—87) und von daher die Funktion der Völkerworte als Heilsorakel für Israel zu bestimmen (88 u. ö.).

Hintergrund trat. Dies moniert H. Donner[29]. Die vorliegende Arbeit folgt ihm darin, daß sie ihren Ausgangspunkt bei einer Analyse der Einzeltexte nimmt[30]. Außerdem wird — ebenfalls wie bei H. Donner[31] — eine möglichst vollständige Erfassung des einschlägigen Materials angestrebt. Die Analysen bilden die Grundlage für die Erhebung des »leitenden Interesses« und der »theologischen Voraussetzungen«.

Die an Gegensätzen reiche Forschungsgeschichte zum Thema »Prophetie und Politik« braucht hier nicht geschildert zu werden[32].

2. Gelegentlich wurden Worte Jesajas über andere Völker *im Rahmen anderer Problemstellungen* besprochen. So durch H. Schmökel[33], der die Entwicklung des Universalismus in Israel darstellt. Diese wird seiner Ansicht nach sichtbar in den einzelnen Stadien des Fremdvölkerproblems. Der Universalismus entwickelt sich aus dem »ethischen Gottesbegriff«[34], der schon das Prinzip der Religion des Mose war: »Allmacht und ethisches Prinzip eignen dem Gott Israels.«[35] Seinen Höhepunkt erreicht dieser Prozeß im Buch Jona[36].

---

[29] H. Donner, Israel, XI: »Die Interpretation der Einzelsprüche liegt weitgehend im argen. Sprüche und Teile von Sprüchen werden als dicta probantia benutzt, um bestimmte Auffassungen von Prophetentum, Prophetenamt und politischer Wirksamkeit der Propheten zu belegen.«
Man wird freilich nicht verkennen dürfen, daß auch den umfassenden, systematischen Darstellungen Einzeluntersuchungen zugrundeliegen, die nur nicht immer vorgelegt werden, gelegentlich auch an anderer Stelle schon publiziert wurden. Häufig werden auch einzelne Texte exemplarisch behandelt (z. B. Jes 7, 1—9 bei K. Elliger, Prophet und Politik, 133 ff. und bei H.-J. Kraus, Prophetie und Politik, 71—74).

[30] Dies fordert auch B. S. Childs, Crisis, 68: »Therefore, utmost care must be exercised in not generalizing into a broad theory a message which had a limited use.«

[31] Vgl. H. Donner, Israel, XII.

[32] Vgl. die Darstellungen von K. Elliger, Prophet und Politik, 119—123 und H.-J. Kraus, Prophetie und Politik, 5—16.

[33] H. Schmökel, Fremdvölker.

[34] H. Schmökel, Fremdvölker, 62.

[35] H. Schmökel, Fremdvölker, 13.

[36] H. Schmökel, Fremdvölker, 120—123.
Helmut Schmidt, Israel, Zion und die Völker, behandelt keine Texte, die auch für die vorliegende Arbeit relevant sind. Er untersucht Ursprung, Alter, Bedeutung und Geschichte der drei Vorstellungen »Völkerversammlung«, »Völkerhuldigung« und »Völkerwallfahrt«, in denen er »Hauptformen des anonymen Universalismus« (vgl. die Inhaltsübersicht S. I) sieht. Ein solcher liegt vor, wenn »die Völker oder ihre Repräsentanten ohne greifbare geschichtliche Konturen im Rahmen oft mythologisch erscheinender Vorstellungen und Themenkreise auftauchen.« (4).
Weitere Arbeiten zu dem Fragenkomplex Partikularismus-Universalismus werden auf S. 191—197 der vorliegenden Arbeit (»Verfügungsgewalt Jahwes über andere Völker und Universalismus«) besprochen.

A. Alt handelte über die »Deutung der Weltgeschichte im Alten Testament«[37], L. Rost über »Das Problem der Weltmacht in der Prophetie«[38]. Beide gingen im Rahmen dieser Fragestellungen, die sich eng mit dem Thema »Prophetie und Politik« berühren, auch auf Jesaja ein.

Selbstverständlich werden Worte Jesajas, in denen von andern Völkern die Rede ist, auch in Untersuchungen besprochen, deren Ziel es nicht ist, die Stellung des Propheten zu andern Völkern und zu Judas Verhältnis zu andern Völkern zu erheben. Hinzuweisen ist z. B. auf traditionskritische Abhandlungen[39]. Diese Arbeiten werden bei der Analyse der Einzeltexte und bei der Besprechung einzelner Fragen jeweils herangezogen.

3. Schließlich ist die *Stellung Jesajas zu einzelnen Völkern oder zu einzelnen Ereignissen* Gegenstand mehrerer Untersuchungen. Auf sie wird an gegebenem Ort im Verlauf der vorliegenden Arbeit verwiesen. Aufmerksamkeit fanden vor allem die Beurteilung Ägyptens und Assurs und Jesajas Verkündigung in der Zeit des syrisch-ephraimitischen Krieges und in den Jahren 705—701.

Die vorliegende Arbeit greift ständig auf ältere Untersuchungen zurück und kommt häufig auch zu ähnlichen oder gleichen Ergebnissen. So wurde die seit E. Troeltsch immer wieder vertretene These, daß Jesajas politische Urteile ganz von seiner Theologie her zu verstehen seien, auch durch die Überlegungen dieser Arbeit bestätigt. Die im zweiten Teil erhobene zentrale Stellung Judas auch in den Sprüchen, die sich mit andern Völkern befassen, hat schon M. Noth in knappen Sätzen beschrieben: »Die ›Propheten‹ erklärten ganz eindeutig, daß es mit allem, was geschah, zunächst auf das kleine Israel abgesehen sei.« ». . . daß das historisch so unbedeutende Israel in dem Geschehen seiner Zeit doch die Mitte der Weltgeschichte sei . . .«[40].

Es erhebt sich die Frage, inwiefern eine erneute monographische Beschäftigung mit dem Thema dieser Arbeit überhaupt berechtigt ist.

IV. BERECHTIGUNG EINER ERNEUTEN BEHANDLUNG DER ÄUSSERUNGEN JESAJAS ÜBER ANDERE VÖLKER

1. In dem Bemühen um eine möglichst vollständige Erfassung des einschlägigen Materials berührt sich die vorliegende Arbeit vor allem mit W. Staerk[41] und H. Donner[42]. Doch soll die Analyse der Einzeltexte an den Punkten, die für das Thema dieser Arbeit von Bedeutung sind, ausführlicher

[37] A. Alt, Weltgeschichte.
[38] L. Rost, Weltmacht.
[39] Z. B. E. Rohland, Erwählungstraditionen, auf der einen Seite und J. Vollmer, Rückblicke, auf der anderen Seite.
[40] M. Noth, Geschichte Israels, 232.
[41] W. Staerk, Weltreich.
[42] H. Donner, Israel.

geschehen[43]. Ebenso soll der theologische Hintergrund der politischen Urteile Jesajas und das leitende Interesse des Propheten in umfassenderem Maße besprochen werden, als dies in den neueren Bearbeitungen des Themas geschieht[44].

2. In einigen Punkten werden in der vorliegenden Arbeit Überlegungen vorgetragen, die in der neueren Literatur meines Wissens noch nicht diskutiert wurden (z. B. die Deutung der assurfeindlichen Worte Jesajas). Doch auch dort, wo die Untersuchung nicht zu neuen Ergebnissen führt, legt sie doch gelegentlich neue Argumente vor und setzt sich mit anderen Positionen auseinander[45].

3. Eine Eigenart der vorliegenden Arbeit gegenüber älteren Behandlungen desselben Themas liegt schließlich darin, daß versucht wird, die sprachlichen Mittel bewußt zu machen, mit deren Hilfe Jesaja seine politischen Urteile zum Ausdruck bringt.

---

[43] Eine Behandlung aller Fragen, vor die uns die Texte stellen, ist freilich in dieser Untersuchung weder möglich noch nötig. Dies ist Aufgabe eines Kommentars. Vgl. H. Donner, Israel, XII.

[44] So beschränkt sich H. Donner ausdrücklich darauf, »in kurzen zusammenfassenden Betrachtungen die dominanten Züge der ›prophetischen Politik‹« hervorzuheben (vgl. H. Donner, Israel, XII und 168—173).

[45] So gelangt die vorliegende Arbeit in der Frage, welche theologischen Voraussetzungen die politischen Urteile Jesajas bestimmen, zu Ergebnissen, die wesentlich von denen H. Donners abweichen. H. Donner nennt folgende theologischen Vorstellungen, die seiner Ansicht nach für Jesajas Sicht der Außenpolitik von Bedeutung waren:

Jahwes Plan, Jahwes universale Geschichtslenkung, die Erwählung des Volkes zu Jahwes Eigentum und die damit zusammenhängende »beispiellose Exklusivität« (171), von der her sich die von Jesaja geforderte politische Neutralität von selbst verstehe (171—172).

Erster Teil

Die Rollen anderer Völker in den Worten Jesajas und seine Verkündigung hinsichtlich dieser Völker

Bei der Gliederung dieses Teils wurde eine Einsicht verwertet, die sich erst im Lauf der Beschäftigung mit dem Thema der vorliegenden Arbeit ergab. Andere Völker — so zeigte sich — erscheinen bei Jesaja in drei verschiedenen Rollen[1]:

— als eigenmächtige Bedroher Judas,
— als vermeintliche Helfer Judas,
— als Gerichtsvollstrecker Jahwes an Juda.

Dementsprechend gliedert sich dieser Teil in drei Kapitel. In Kapitel 1 werden die Texte besprochen, in denen andere Völker als eigenmächtige Bedroher erscheinen, in Kapitel 2 die Texte, in denen sie als vermeintliche Helfer und in Kapitel 3 diejenigen, in denen sie als Jahwes Gerichtsvollstrecker an Juda auftreten.

Natürlich gibt es Texte, die sowohl in Kapitel 1 als auch in Kapitel 2 und 3 hätten behandelt werden können, weil in ihnen mehrere Fremdvölker in verschiedenen Rollen genannt werden. In solchen Fällen wird in der Regel die Texteinheit einmal ausführlicher besprochen. An den anderen Stellen der Arbeit, an denen auf sie Bezug genommen wird, wird auf diese Besprechung verwiesen.

---

[1] Das Wort wird hier selbstverständlich übertragen gebraucht, so wie man in der deutschen Sprache sagen kann: Wie gefällst Du Dir in der Rolle des Hausherrn?, was soviel bedeutet wie: als Hausherr.

Kapitel 1

Andere Völker als eigenmächtige Bedroher Judas

A. TEXTE AUS DER ZEIT DES SYRISCH-EPHRAIMITISCHEN KRIEGES

Nachdem sich Jesaja in den ersten Jahren nach seiner Berufung mit den Verhältnissen im Inneren des Staates Juda auseinandergesetzt hatte, veranlaßten ihn die Ereignisse im sogenannten syrisch-ephraimitischen Krieg, auch andere Völker in seine Verkündigung einzubeziehen. Der Bereich der Außenpolitik und damit die Frage nach der angemessenen Haltung Judas anderen Völkern gegenüber, war vom syrisch-ephraimitischen Krieg an das Hauptthema der Verkündigung Jesajas[1].

Der syrisch-ephraimitische Krieg entstand aus dem Versuch einiger palästinensischer Staaten, dem Vordringen Assurs einen Riegel vorzuschieben. Zu diesem Zweck schlossen sich Ephraim (d. h. das Nordreich Israel) und Aram (d. h. das Aramäerreich um Damaskus) zu einer Koalition zusammen, für die sie auch Juda gewinnen wollten. Als Ahas sich diesem Plan widersetzte, richteten Israel und Damaskus ihren Angriff zunächst auf Juda, um Ahas durch einen ihnen und ihrer Politik zugeneigten König zu ersetzen: den Sohn des Tabel[2]. Es ist hier nicht nötig, den syrisch-ephraimitischen Krieg im einzelnen darzustellen[3]. Wichtig ist, daß Jesaja in dieser Zeit andere Völker als eigen-

---

[1] Vgl. z. B. A. Weiser, Einleitung, 169; O. Eissfeldt, Einleitung, 389; E. Sellin, G. Fohrer, Einleitung, 407; B. Duhm, 15, nennt Jesaja direkt einen »religiösen Politiker«.

[2] Jes 7, 6; Wahrscheinlich ist Tabal oder Tabeal eine absichtliche Entstellung des Namens; vgl. G. Fohrer I, 108 Anm. 51; H. Wildberger. Möglicherweise ist Tabel auch Name eines Gebietes; vgl. W. F. Albright, The Son of Tabeel (Isaiah 7, 6); H. Wildberger.

[3] Zum syrisch-ephraimitischen Krieg vgl. J. Begrich, Der syrisch-ephraimitische Krieg und seine weltpolitischen Zusammenhänge; A. Alt, Tiglatpilesers III. erster Feldzug nach Palästina; A. Alt, Hosea 5, 8 — 6, 6. Ein Krieg und seine Folgen in prophetischer Beleuchtung; A. Alt, Das System der assyrischen Provinzen auf dem Boden des Reiches Israel; A. Alt, Jesaja 8, 23—9, 6. Befreiungsnacht und Krönungstag; M. Noth, Geschichte Israels, 233—237; H. Donner, Israel, 1—7 und 59—63.
In der Ansetzung des syrisch-ephraimitischen Krieges nach dem Philisterfeldzug Tiglatpilesers III. von 734 wird H. Donner vor allem auf Grund der Argumente von A. Alt, Tiglatpilesers III. erster Feldzug nach Palästina, zuzustimmen sein. So auch M. Noth: Geschichte Israels, 233.
Die Hauptschwäche des Versuchs von H. Donner, die einzelnen Ereignisse des syrisch-ephraimitischen Krieges zeitlich festzulegen, scheint mir darin zu bestehen, daß er Jes 7, 1—17 in großem zeitlichen Abstand vom eigentlichen kriegerischen

mächtige Bedroher Judas erfuhr. Wie er diesen Sachverhalt in seine Verkündigung einbezog, ist im folgenden zu untersuchen.

Da sich meiner Meinung nach die Verkündigung Jesajas im syrisch-ephraimitischen Krieg brennpunktartig in Jes 7, 1—9 spiegelt, wird dieser Text zuerst ausführlich besprochen. Dafür kann die Behandlung der übrigen Texte Jesajas aus diesem Zeitraum, in denen andere Völker als eigenmächtige Bedroher Judas erscheinen[4], kürzer gehalten werden.

I. Jes 7, 1—9

(1) Zur Zeit des Ahas (. . .)[5]

(2) wurde dem Haus Davids gemeldet: Aram hat sich mit Ephraim vereinigt[6]! Da zitterte sein Herz und das Herz seines Volkes, wie Waldbäume zittern im Wind.

Einschreiten der Koalition gegen Juda ansetzen muß (etwa 1 Jahr vorher). Gerade Jes 7, 1—9 scheint mir aber die große Nähe der militärischen Aktion spürbar zu sein (vgl. besonders v. 1 f. und F. Wilke, Jesaja und Assur, 27). Des weiteren ist auf die Unsicherheit hinzuweisen, die bei der Deutung der Immanuelperikope besteht, und es ist zu fragen, ob die Konsequenzen berechtigt sind, die H. Donner aus dieser Perikope in Verbindung mit Jes 8, 1—4 zieht.

[4] Von folgenden Worten Jesajas, in denen andere Völker als eigenmächtige Bedroher Judas erscheinen, wird angenommen, daß sie aus der Zeit des syrisch-ephraimitischen Krieges stammen: Jes 7, 1—9; 8, 1—4; 17, 1—3.
Über die zeitliche Ansetzung dieser Texte in den Jahren 734/33 herrscht weitgehende Einigkeit.
H. Donner, Israel, 31—38, datiert auch Jes 10, 27 b—33(34) in diese Zeit. Doch ist die zeitliche Ansetzung dieses Textes sehr schwierig (vgl. O. Kaiser, Einleitung, 174 Anm. 5). Auch Jes 17, 4—6 und 28, 1—4 sind kaum sicher zu datieren. Auf die drei Einheiten Jes 10, 27 b—33(34); 17, 4—6 und 28, 1—4 wird im Text der vorliegenden Arbeit auf S. 32—34 kurz eingegangen werden.

[5] In v. 1 werden Erweiterungen von verschiedenem Umfang angenommen:

v. 1 ganz	z. B. B. Duhm; K. Marti; O. Procksch; G. B. Gray; V. Herntrich.
v. 1 ab *bæn jôtam*	z. B. G. Fohrer I; H. W. Wolff, Frieden, 12.
v. 1 ab *'alā r^{e}ṣîn*	z. B. O. Kaiser; H. Donner, Israel, 7 f; H. Wildberger.

Vgl. auch K. Budde, Erleben, 32 f. Er korrigiert II Reg 16, 5 nach Jes 7, 1 und nimmt an, daß Jes 7, 1 aus II Reg 16, 5 übernommen wurde.
Mit Sicherheit wird man die Angaben über den Anmarsch der Gegner für erklärende redaktionelle Zufügung halten können, da hier etwas erzählt wird, was dem, der in zeitlicher Nähe zu den Ereignissen lebte, ohnehin bekannt war.
In der redaktionellen Erweiterung von v. 1 ist wohl mit I Q Is^a, LXX, II Reg 16, 5 u. a. *jak^{e}lû* statt *jakol* zu lesen und *lḥm* ni. als »überwältigen, besiegen« (vgl. z. B. I Sam 17, 9) zu verstehen (vgl. W. Gesenius, Wörterbuch s. v. *lḥm* f.).

[6] Zu dieser Übersetzung vgl. O. Eissfeldt, NÛAḤ. Vgl. allerdings auch die Bedenken von H. Wildberger und H. Donner, Israel, 8 Anm. 2. Mit G. Fohrer I muß man unter »sich vereinigen« das Zusammenkommen zum Zug gegen Juda verstehen. Vgl. auch LXX: συνεφώνησεν.

(3) Da sprach Jahwe zu Jesaja[7]:
Geh hinaus, dem Ahas entgegen, du und Schear-Jaschub, dein Sohn, an das Ende der Wasserleitung des oberen Teiches zur Walkerfeldstraße

(4) und sprich zu ihm:
Gib acht[8] und verhalte dich ruhig! Fürchte dich nicht und verliere nicht den Mut wegen dieser zwei rauchenden Brandscheitstummel (...)[9]!

(5) Weil Aram gegen dich Böses plant, (weil) Ephraim und der Remaljasohn[10] sagen:

(6) Hinaufziehen wollen wir nach Juda, wollen es bedrängen[11] und besetzen[12] und dort[13] den Sohn des Tabel[14] zum König machen —

(7) So hat der Herr Jahwe gesprochen:
Nicht mehr von langer Dauer wird sein[15],

(8) daß das Haupt von Aram Damaskus ist,
und das Haupt von Damaskus Razon[16] (...)[17],

(9 a) und das Haupt von Ephraim Samaria,
und das Haupt von Samaria der Remaljasohn!

(9 b) Wenn ihr nicht vertraut, *dann* werdet ihr nicht bestehen![18]

---

[7] Gegen die verbreitete Annahme, daß Jes 7, 1—9 ursprünglich ein Ich-Bericht war (so z. B. K. Budde, Erleben, 35 ff.; K. Marti; O. Procksch; O. Kaiser; H. Donner, Israel, 7 f.), scheint mir zu sprechen, daß sich kein einleuchtender Grund für diese Umstilisierung finden läßt, zumal der Ich-Bericht im Zusammenhang von Jes 6 und 8, 1—4 viel besser passen würde.

[8] Vgl. unten S. 22.

[9] V. 4 b ist eine unnötige Erklärung des vorausgegangenen Bildes, also wohl redaktionelle Zufügung. Nach LXX ist in v. 4 b von einem vorübergehenden Zorn Jahwes die Rede, dem ein heilendes Handeln folgen wird.

[10] »Ephraim und der Remaljasohn« wird vielfach wegen der ungewöhnlichen Stellung im Satz als Zufügung betrachtet, die freilich sachlich richtig ist (vgl. H. Wildberger).

[11] Mit vielen Auslegern ist *n*ᵉ*ṣîqænnā* statt *n*ᵉ*qîṣænnā* zu lesen.

[12] Wörtlich: »für uns aufspalten«.

[13] Wörtlich: »in seiner (Judas) Mitte«.

[14] Tabal ist wohl bewußte Verunstaltung von Tabel (vgl. Wolff, Frieden, 9 Anm. i; H. Wildberger, u. a.; vgl. auch oben S. 10 Anm. 2).

[15] Wörtlich wäre etwa zu übersetzen: »Nicht wird bestehen und nicht wird bleiben, ...«. Da die beiden Verben *qûm* und *hjh* hier annähernd gleiche Bedeutung haben, wurden sie im Sinn eines Hendiadyoin wiedergegeben. Zur Bedeutung von *qûm* und *hjh* vgl. unten S. 16—18.

[16] Mit LXX ist wohl *raṣôn* o. ä. zu lesen (vgl. H. Wildberger).

[17] V. 8 b wird allgemein als Zusatz betrachtet, der den Zusammenhang von v. 8 a und v. 9 a unterbricht.

[18] J. Boehmer, Der Glaube und Jesaja, hält Jes 7, 9 b für Glosse, »frühestens vom III. vorchristlichen Jahrhundert ab denkbar« (93). Doch ist von seinen Argumenten gegen eine Zugehörigkeit von v. 9 b zu v. 3—9 a lediglich der Hinweis auf den

1. Gliederung von Jes 7, 1—9

V. 1 f.: V. 1 f. führen sehr plastisch eine bestimmte historische Situation vor Augen. Doch wird die berichtende Redeweise ab v. 4 völlig verlassen. Jes 7, 1—9 beginnt als Prophetenerzählung und endet als Prophetenspruch. G. v. Rad sieht darin »eine ziemlich singuläre Kontamination zweier Gattungen.«[19] Das Erzählerische bilde »doch nur äußerliche Umrahmung eines Prophetenspruches«[20]. Genauer müßte man wohl sagen, daß es nur Einleitung zu einem Prophetenspruch ist[21]. Jes 7, 1 f. zeichnen die *Situation, auf deren Hintergrund v. 3—9 zu verstehen sind.*

V. 3—9: V. 3—9 berichten von einem *Auftrag Jahwes an Jesaja.* Er soll eine in v. 4—9 genannte Botschaft ausrichten. Wem er sie ausrichten soll, und unter welchen Umständen (Ort, beteiligte Personen) dies geschehen soll, sagt v. 3. Die Ausführung dieses Auftrags wird nicht erzählt, sondern als selbstverständlich vorausgesetzt[22].

V. 4: Die Botschaft, die Jesaja verkündigen soll (v. 4—9) beginnt in v. 4 mit vier *Aufforderungen,* von denen zwei positiv formuliert sind (Imperative *hiššamer, hăšqeṭ*) und zwei negativ (Vetitive *'ăl tîra', l^ebab^eka 'ăl jerăk*). Den letzteren ist eine Angabe darüber beigefügt, *wovor* sich der Angeredete nicht fürchten soll.

V. 5—9 a: Die Gliederung von v. 5—9 a ist von der Entscheidung zweier Fragen abhängig:

1. Leitet *jă'ăn kî* (v. 5) den Nachsatz zu v. 4[23] oder den Vordersatz zu v. 7[24] ein?
2. Wie ist das *kî* am Anfang von v. 8 zu verstehen?

Wechsel von singularischer zu pluralischer Anrede stichhaltig. Daß v. 4—9 a ein »in sich geschlossenes, vollkommen abgerundetes Ganze[s]« (87) bilden würden, genügt nicht als Argument für eine Nichtzugehörigkeit von v. 9 b. Es müßte vielmehr nachgewiesen werden, daß sich v. 9 b nicht sinnvoll mit v. 4—9 a verbinden läßt. Daß eine bedingte Ermutigung »keine Ermutigung« sei (86), ist eine schwer begründbare Behauptung. Auch semantisch läßt sich die in v. 9 b anzunehmende Bedeutung von *'mn* ni. im Rahmen des jesajanischen Vokabulars verstehen (vgl. A. Jepsen, ThWAT I, 319 f.). Da v. 9 b meines Erachtens in einem sinnvollen Zusammenhang mit v. 4—9 a steht, halte ich an seiner Echtheit fest. Der Personenwechsel allein scheint mir keine zureichende Begründung der Unechtheit zu sein.

[19] G. v. Rad, Theologie II, 165.

[20] G. v. Rad, Heiliger Krieg, 56.

[21] Ein ganz ähnlicher Befund liegt übrigens Am 7, 10—17 vor.

[22] Vgl. W. Baumgartner, Erzählstil, 148; C. Westermann, Grundformen, 72; M. Saebø, Formgeschichtliche Erwägungen, 59.

[23] Vertreter dieser Auffassung sind genannt bei M. Saebø, Formgeschichtliche Erwägungen, 54 Anm. 2; vgl. neuerdings auch O. Kaiser; G. Fohrer I; H. Donner, Israel, 7; H. Wildberger.

[24] Vertreter dieser Auffassung sind aufgezählt bei M. Saebø, Formgeschichtliche Erwägungen, 55 Anm. 2.

zu 1:

In der alttestamentlichen Literatur wird *jăʿăn kî* sowohl zur Einleitung eines Vordersatzes als auch zur Einleitung eines Nachsatzes verwendet[25]. Ersteres ist der Fall in I Reg 13, 21; 21, 29; Jes 3, 16; 8, 6; 29, 13; letzteres Num 11, 18 ff. M. Saebø vertritt die Ansicht, daß sich Jes 7, 5 f. und Num 11, 18 ff. entsprechen und versteht Jes 7, 5 f. deshalb als Nachsatz zu v. 4. Doch ist die Parallelität von Jes 7, 5 f. und Num 11, 18 ff. nicht so groß wie M. Saebø meint, gerade dann nicht, wenn man Jes 7, 5 f. als Nachsatz zu v. 4 versteht. Ein Vergleich beider Stellen kann dies zeigen:

Num 11, 18 ff.: (18 b) Jahwe wird euch Fleisch geben, und ihr sollt (es) essen. (19) Nicht (nur) einen Tag, auch nicht (nur) zwei Tage... (20) Einen ganzen Monat lang (sollt ihr Fleisch essen), bis es euch zur Nase herauskommt und ihr davon die Brechruhr bekommt, *weil* ihr Jahwe verachtet habt...

Jes 7, 4 f.: (4) Gib acht und verhalte dich ruhig! Fürchte dich nicht und verliere nicht den Mut wegen dieser zwei rauchenden Brandscheitstummel... (5) *weil* Aram gegen dich Böses plant...

Während der mit *jăʿăn kî* eingeführte Satz in Num 11, 20 die vorangegangene Ankündigung begründet, stellt Jes 7, 5 (wenn man den Vers als Nachsatz zu v. 4 versteht) keine Begründung, sondern eine Erläuterung des Vorausgehenden dar. Es wird nicht gesagt, *warum* Ahas sich nicht fürchten soll, sondern *wovor* er sich nicht fürchten soll.

Dagegen sind die drei anderen mit *jăʿăn kî* eingeleiteten Sätze im Jesaja-Buch Begründungssätze wie Num 11, 20:

Jes 3, 16 f.:
(16) Weil die Töchter Zions hochmütig sind...
(17) wird der Herr den Scheitel der Töchter Zions grindig machen...

Jes 8, 6 f.:
(6) Weil dieses Volk verachtet hat...
(7) deshalb führt Jahwe nun gegen es herauf...

Jes 29, 13 f.:
(13) Weil dieses Volk mit seinem Mund naht und mit seinen Lippen mich ehrt, während[26] sein Herz fern von mir ist,
(14) deshalb will ich jetzt weiter befremdlich an diesem Volk handeln...

Der Unterschied zwischen den Jesaja-Texten und Num 11, 18 ff. liegt nur darin, daß bei ihnen der *jăʿăn kî* Satz dem durch ihn begründeten Satz vorausgeht, während er ihm Num 11, 18 ff. folgt. So scheint es mir am naheliegendsten, Jes 7, 5 f. von den andern drei Jesaja-Texten her zu verstehen und den mit *jăʿăn kî* beginnenden v. 5 zusammen mit v. 6 als Vordersatz zu v. 7 aufzufassen. Dafür spricht auch die inhaltliche Beziehung zwischen v. 5 f. und v. 7[27].

---

[25] Vgl. M. Saebø, Formgeschichtliche Erwägungen, 58 f. Mit seiner Auswertung des Befundes stimme ich allerdings nicht überein.

[26] Umstandssatz; vgl. GK § 156 d.

[27] Vgl. H. W. Wolff, Frieden, 20 f. Auch R. Kilian, Die Verheißung Immanuels, 24, versteht v. 5 f. als Vordersatz zu v. 7.

zu 2:

»Das ki ist das Wort, das die Aufmerksamkeit in bestimmter Hinsicht spannt, aber in ganz formeller Weise; die Qualität, die Art, der Ton der Spannung wird bedingt durch den faktischen Zusammenhang, den der Kontext wachruft.«[28] Eine bestimmte logische Bedeutung hat die deiktische Partikel *kî* von Haus aus also nicht. Diese muß vielmehr dem Zusammenhang entnommen werden. Für Jes 7, 8 bieten sich drei Möglichkeiten: *kî* kann entweder begründend (»denn«)[29] oder konzessiv (»obwohl«)[30] oder als Einleitung eines Subjektsatzes (»daß«)[31] verstanden werden.

Bei dem von Th. C. Vriezen vorgeschlagenen konzessiven Verständnis ergäbe sich für Jes 7, 7 ff. folgender Sinn: Das Vorhaben der beiden Angreifer wird nicht Wirklichkeit werden (v. 7), wenn auch die beiden Gegner so respektable Feinde wie Damaskus und Israel sind. Die Schwierigkeit dieser Interpretation hat Th. C. Vriezen selbst empfunden und formuliert: »Man könnte vielleicht einwenden, daß es befremdend ist, wenn Jesaja im Anfang des Kapitels Damaskus und Samaria zwei rauchende Brandscheitstummel nennt und in den vv. 8 und 9 ihre Größe anerkennt. Aber dieser Einwand ist nicht stichhaltig, weil in v. 4 Jesaja seine Schätzung dieser Länder von Gottes Wort her ausspricht, und in vv. 8 f. ausgeht von den Gedanken seiner Zeitgenossen, zuallererst von denen des Königs Achaz.«[32] Für die Annahme eines solchen Wechsels des Aspekts bietet der Text jedoch keinen Anhaltspunkt, zumal der *kî*-Satz gerade in dem Teil des Prophetenwortes steht, der mit: »So hat der Herr Jahwe gesprochen« eingeleitet ist. Damit scheint mir ein konzessives Verständnis des *kî* in Jes 7, 8 auszuscheiden.

Versteht man *kî* begründend (»denn«), so stellt sich die Frage, inwiefern v. 8 a.9 a eine Begründung zu v. 7 b enthalten. Diese Frage wird meist durch die Annahme einer Ellipse in v. 8 a.9 a beantwortet. Nach v. 9 a sei ein Gedanke zu ergänzen, den Jesaja nicht aussprechen muß, weil er »seinen Zuhörern selbstverständlich ist«[33]: »Aber Judas Haupt ist Jerusalem, und Jerusalems Haupt ist Jahwe Zebaot«[34]; oder: »Das Haupt von Juda ist Jerusalem, und das Haupt von Jerusalem ist das Haus Davids«[35]. Gegen diese Interpretation

---

[28] Th. C. Vriezen: Einige Notizen zur Übersetzung des Bindewortes ki, 273.

[29] Dies ist die am häufigsten vertretene Auffassung. In neuerer Zeit vgl. G. Fohrer I; H. Donner, Israel, 7; W. Eichrodt; H. Wildberger; R. Kilian, Die Verheißung Immanuels, 24—28.

[30] So Th. C. Vriezen, Einige Notizen zur Übersetzung des Bindewortes ki, 269.

[31] So M. Saebø, Formgeschichtliche Erwägungen, 63 f. und — im Anschluß an Saebø — H. W. Wolff, Frieden, 21; O. Kaiser; O. H. Steck, Rettung und Verstockung, 78—82.

[32] Th. C. Vriezen, Einige Notizen zur Übersetzung des Bindewortes ki, 269.

[33] H. Wildberger 282. Weitere Literatur, vor allem zur Kritik dieser Interpretation bei O. H. Steck, Rettung und Verstockung, 78 Anm. 3.

[34] So z. B. O. Procksch 116 unter Verweis auf H. Ewald.

[35] E. Würthwein, Jes 7, 141; H. Wildberger 271 und 283.

spricht, daß hier gerade der entscheidende Gedanke, auf den Jesaja mit allem vorher Gesagten zusteuert, verschwiegen wäre[36].

Nach R. Kilian[37] besteht die in v. 8 a. 9 a enthaltene Begründung darin, daß Razon und der Remaljasohn nur Menschen sind und nicht Gott. Gegen diese Deutung kann meines Erachtens folgendes eingewandt werden: Jesaja stellt die angreifenden Feinde zwar als bedeutungslos und ungefährlich dar[38], die Aussage jedoch, daß sie nur Menschen und nicht Gott seien, läßt sich dem Text kaum entnehmen[39]. Vor allem aber: ist die Bedeutungslosigkeit der Gegner der Grund dafür, daß ihre Pläne scheitern? Hat dies seinen Grund nicht vielmehr darin, daß Jahwe Juda schützt, wenn es sich auf ihn verläßt, unabhängig davon, wer der Bedroher Judas ist (vgl. die Drohworte gegen Assur)?

Das begründende Verständnis des *kî* scheitert also daran, daß sich v. 8 a. 9 a nur schwer als Begründung zu v. 7 b verstehen lassen[40]. M. Saebø[41] hat vorgeschlagen, *kî* als Einleitung eines Subjektsatzes zu verstehen und es mit »daß« zu übersetzen. Dies ist jedoch nur möglich, wenn *qûm* und *hajā* in

---

[36] Vgl. H. W. Wolff, Frieden, 21; R. Kilian, Die Verheißung Immanuels, 26.

[37] R. Kilian, Die Verheißung Immanuels, 24—28, besonders 28.

[38] Insoweit ließe sich gegen das von R. Kilian, Die Verheißung Immanuels, 12, in der Übersetzung eingefügte »nur« nichts einwenden: »... und das Haupt von Damaskus ist (nur) Razon.« Anders O. H. Steck, Rettung und Verstockung, 79 Anm. 12: »das sinnentscheidende ›nur‹ ist ohne Anhalt an der Formulierung.«
Bei der Begründung der Einfügung des »nur« könnte man von einer syntaktischen Beobachtung ausgehen: Die Wortstellung in den Nominalsätzen der Verse 8 a und 9 a ist: Prädikat — Subjekt. Die im Nominalsatz gebräuchliche Wortstellung ist jedoch die umgekehrte: Subjekt — Prädikat (GK § 141 l). Eine Inversion kann ihren Grund darin haben, daß »auf dem Prädikat ein besonderer Nachdruck liegt« (GK § 141 l). Ist dies in Jes 7, 8 a. 9 a der Fall, dann ist zu übersetzen: Das *Haupt* Arams ist Damaskus usw. Nun wurden in v. 4 die angreifenden Könige als »Schwänze« bezeichnet um auszudrücken, daß sie völlig unfähig seien, großen Schaden anzurichten (vgl. J. Lindblom, Immanuel, 11). Versteht man nun die Verse 8 a und 9 a von v. 4 her (vgl. J. Lindblom, Immanuel, 11 und G. Fohrer I), so besagen sie: Was in Wirklichkeit nur »Schwanz« (v. 4) ist, das ist das Haupt eurer Gegner! Was in Wirklichkeit das Letzte und Unterste ist (vgl. Jes 9, 13), das ist bei euren Feinden das Erste! So gering sind sie. Von dieser Interpretation her ließe sich ein verdeutlichendes »nur« in der Übersetzung (vgl. R. Kilian, Die Verheißung Immanuels, 28; G. Fohrer I) meines Erachtens rechtfertigen.

[39] So auch O. H. Steck, Rettung und Verstockung, 79 Anm. 12.

[40] Eine — soweit ich sehe — völlig neue Interpretation von v. 8 a und 9 a legt H. Donner, Israel, 13, vor. Auch er versteht *kî* begründend und entnimmt den Versen offenbar, daß die angreifenden Könige in ihrem Volk keinen großen Rückhalt mehr haben bzw., daß Jesaja dies zum Ausdruck bringen wollte. Der Plan der Gegner »ruht im wesentlichen auf den beiden Königen und ihren Parteien«.
Zu einigen weiteren Deutungen von Jes 7, 7—9 vgl. J. Lindblom, Immanuel, 11 f.

[41] M. Saebø, Formgeschichtliche Erwägungen, 63 f.

v. 7 b das Andauern eines bestehenden Zustandes[42] zum Ausdruck bringen, *qûm* also die Bedeutung »Bestand haben«, *hajā* die Bedeutung »weiterhin sein, bleiben« (verneint: »nicht mehr sein«) hat.

Für *qûm* ist die Bedeutung »Bestand haben« durch I Sam 13, 14; 24, 21 Am 7, 2 gesichert[43]. Dagegen bestreiten einige Forscher — meines Erachtens zu Unrecht —, daß *hjh* »weiterhin sein, bleiben« heißen könne[44]. Außer den bei C. H. Ratschow[45] und HAL[46] genannten Stellen (Jes 51, 6 Ruth 1, 2 Dan 1, 21) seien — ohne Anspruch auf Vollständigkeit — noch folgende alttestamentlichen Belege genannt, aus denen eindeutig hervorgeht, daß *hjh* das Andauern eines bestehenden Zustandes (»bleiben«) beschreiben kann[47]:

---

[42] Dies Andauern eines bestehenden Zustandes ist wohl gemeint, wenn M. Saebø, Formgeschichtliche Erwägungen, 60; H. Wildberger 282; R. Kilian, Die Verheißung Immanuels, 24; O. H. Steck, Rettung und Verstockung, 80, davon sprechen, daß *qûm* und *hjh* »durative Bedeutung« haben müssen, wenn *kî* (v. 8 a) mit »daß« übersetzt wird. Von »durativer Bedeutung« einer Verbform könnte man freilich auch schon dann sprechen, wenn sie nicht ein zeitlich punktuelles Ereignis beschreibt, sondern einen Zustand oder ein Geschehen, die sich über eine längere Zeitdauer erstrecken (vgl. etwa R. Meyer, Hebräische Grammatik III. Satzlehre, 40). Dieses Verständnis von »durativ« liegt bei H. Wildberger, M. Saebø, R. Kilian und O. H. Steck offenbar nicht vor. Denn daß *hjh* »durative Bedeutung« in diesem Sinn haben kann, zeigt schon Gen 1, 2: »Die Erde aber war *(hajᵉtā)* wüst und öde.« Vielmehr meint »durative Bedeutung« im Sinn von M. Saebø, H. Wildberger, R. Kilian und O. H. Steck wohl: das Verb bringt das Weiter-Andauern eines bestehenden Zustandes zum Ausdruck.

[43] Auf diese Texte weist M. Saebø, Formgeschichtliche Erwägungen, 61—63. Hierher gehört wohl auch Jes 40, 8 (vgl. KBL 832). Dagegen kann ich Saebø darin nicht zustimmen, daß *hjh* auch Jes 14, 24 in diesem durativen Sinn verwendet ist.

[44] H. Wildberger 282: *qûm* kann »durativ (Bestand haben) oder inchoativ (zustande kommen) verwendet sein, doch das zu *taqûm* parallele *tihjæ* legt die inchoative Bedeutung nahe«. Dieser Satz impliziert doch wohl die Annahme, daß *hjh* nicht durative Bedeutung haben kann. R. Kilian, Die Verheißung Immanuels, 25, zitiert die Übersetzung des Verses 8 a von H. W. Wolff und O. Kaiser: »Es wird nicht Bestand haben und nicht (mehr) sein, daß Damaskus das Haupt Arams ist und Razon das Haupt von Damaskus ...«, und bemerkt dazu: »Dabei ist besonders zu beachten, daß das von O. Kaiser und H. W. Wolff zwar eingeklammerte, aber doch hinzugefügte ‚mehr' im hebräischen Text nicht steht.«

[45] C. H. Ratschow, Werden und Wirken, 22, verweist auf Jes 51, 6.

[46] HAL 234 a, nennt für die Bedeutung »bleiben, leben« die Stellen Jer 1, 3 Ruth 1, 2 Dan 1, 21, von denen mir allerdings die erste nicht hierher zu gehören scheint; vgl. die Übersetzung von W. Rudolph, Jeremia, 2.

[47] Auch O. H. Steck, Rettung und Verstockung, 80, vertritt die Ansicht: »nicht nur *qûm*, sondern auch *hajā* kann ebenso durative Bedeutung im Sinne von bestehen, bleiben haben.«

Gen 27, 33: Wer war denn der, der ein Wildpret erjagt und es zu mir hereingebracht hatte, daß ich von allem aß, bevor du kamst, und den ich gesegnet habe? Er wird auch gesegnet bleiben *(găm-barûk jihjæ)*[48].

Ps 89, 37 f.: Sein Same soll ewig bestehen *(zărʿô leʿôlam jihjæ),*
sein Thron wie die Sonne vor mir.[49]

Ist durch diese Belege die Möglichkeit erwiesen, *hjh* mit »andauern, bleiben« zu übersetzen, so besagt dies für Jes 7, 7—9, daß sprachlich nichts dagegen einzuwenden ist, *kî* (v. 8 a) mit »daß« wiederzugeben und als Einleitung eines Subjektsatzes zu verstehen. Da für dieses Verständnis weiter spricht, daß es auch inhaltlich nicht die Schwierigkeiten bietet die bei einer konzessiven oder kausalen Übersetzung von *kî* entstehen, wird es in der vorliegenden Arbeit übernommen.

Demnach zeigen die Verse 5—9 a folgenden Aufbau:

v. 5 f. Vordersatz, eingeleitet mit »weil«: *der Plan der Angreifenden.*
v. 7—9 a Nachsatz, eingeleitet mit »so hat der Herr Jahwe gesprochen«: *die Antwort Jahwes auf den Plan der Angreifenden.*

Durch »weil« sind die beiden Teile aufeinander bezogen; das »weil« weist auf ein »deshalb« voraus. Dieses folgt jedoch nicht explizit. Insofern stehen v. 5 f. und v. 7—9 a einander doch sehr schroff und unverbunden gegenüber. Aber dies entspricht dem Inhalt der beiden Teile: Wie der Plan Arams und Ephraims und die Antwort Jahwes auf diesen Plan hart aufeinandertreffen, so sind auch v. 5 f. und v. 7—9 a hart gegeneinander gestellt, obwohl sie aufeinander bezogen sind[50].

V. 9 b: Der mit Hilfe eines Wortspiels äußerst einprägsam stilisierte v. 9 b stellt einen ganz eigenen Teil im Prophetenspruch v. 4—9 dar. Wie er zu verstehen ist und in welchem Verhältnis er zu den andern Teilen des Spruches steht, wird weiter unten erörtert werden. V. 9 b besteht aus einem mit *'im* eingeleiteten Bedingungssatz und einem Nachsatz, der die Folgerung nennt, die eintritt, wenn die Bedingung gegeben ist. Das *kî* unterstreicht die Gewißheit, mit der die Folge eintritt[51].

Die in v. 9 bβ ausgesprochene Folge stellt eine Drohung dar. Da das Eintreffen dieser Drohung von der Bedingung v. 9 bα abhängig gemacht ist, handelt es sich um eine bedingte Drohung, d. h. um eine *Warnung.*

Die Texteinheit Jes 7, 1—9 gliedert sich also in folgendeTeile:

v. 1 f. Situationsschilderung.
v. 3—9 Auftrag an Jesaja, eine Botschaft Jahwes zu verkünden.
  v. 3 Adressat der Botschaft und Angaben über die Umstände bei ihrer Ausrichtung.

---

[48] Übersetzung nach G. v. Rad; auch H. Gunkel und O. Procksch übersetzen *hjh* in Gen 27, 33 mit »bleiben«.

[49] Übersetzung nach H. Gunkel; vgl. zu diesem Text auch S. Amsler, Artikel *hjh,* in: THAT I, 479, der auf die Parallelität von *jihjæ* (v. 37) und *jikkôn* (v. 38) hinweist.

[50] Vgl. unten S. 19 f.

- v. 4—9 Wortlaut des Prophetenspruches, den Jesaja verkündigen soll.
  - v. 4 Aufforderungen (positiv und negativ formuliert).
  - v. 5 bis 9 a Der Plan Arams und Israels und die Antwort Jahwes auf diesen Plan.
    - v. 5 f. Der Plan Arams und Israels.
    - v. 7—9 a Die Antwort Jahwes auf diesen Plan.
  - v. 9 b Warnung an Juda.

In welchem Verhältnis stehen diese Teile zueinander? Wo liegen die Akzente und was ist das Ziel der ganzen Einheit? Eine Antwort auf diese Fragen soll die folgende Untersuchung der Struktur von Jes 7, 1—9 geben.

2. Struktur von Jes 7, 1—9

Daß die *Situationsschilderung* (v. 1 f.) nur den Hintergrund für den Prophetenspruch bildet, wurde schon gesagt. Das Gewicht liegt also jedenfalls auf letzterem. Obwohl nicht zu verkennen ist, daß die Angabe der näheren Umstände (v. 3) sehr ausführlich geschieht, hat doch auch sie nur vorbereitenden Charakter gegenüber der eigentlichen Botschaft (v. 4—9). Diese ist dreigliedrig (v. 4; v. 5—9 a; v. 9 b).

Die Aufforderungen von v. 4 bilden eine *Ermutigung* für den König Ahas. Dies kann gesagt werden, ohne daß der Gehalt der beiden an erster Stelle stehenden Imperative bis ins einzelne erfaßt sein muß. Ahas wird aufgefordert, seine erschrockene und furchtsame Haltung, die v. 2 eindrücklich schilderte, aufzugeben. Jesaja bedient sich bei dieser Aufforderung der für das Heilsorakel typischen Wendung »Fürchte dich nicht!«.[52] Aber Jesaja fordert nicht nur auf, sondern indem er sagt, vor wem sich Ahas nicht fürchten soll, sagt er zugleich, daß diese Furcht grundlos und unnötig ist: Fürchte dich nicht »vor diesen zwei rauchenden Brandscheitstummeln«. V. 4 a stellt demnach eine Ermutigung zur Furchtlosigkeit dar.

V. 5—9 a konfrontieren den gegen Juda gerichteten Plan Arams und Israels mit der Antwort Jahwes auf diesen Plan. Die Absicht der Angreifer und die Antwort Jahwes sind nicht nur durch das einleitende »weil«, sondern auch durch ihren Inhalt aufeinander bezogen. Denen, die beabsichtigen Judas Hauptstadt zu nehmen und den König abzusetzen, wird angekündigt, daß ebendies ihnen selbst droht. Jahwe tut ihnen, was sie Juda tun wollen. Die

---

[51] Vgl. GK § 159 ee; H. Wildberger; LXX übersetzt οὐδὲ μὴ συνῆτε. Zu οὐ μή als bestimmtester Form verneinender Aussagen vgl. F. Blass, A. Debrunner, Grammatik des neutestamentlichen Griechisch, § 365. Das συνῆτε setzt wohl Hebräisch *tabînû* voraus (vgl. H. Wildberger). Eine syntaktische Parallele zu v. 9 b liegt Gen 42, 16 vor; darauf weist KBL 431, s. v. *kî* Nr. 2.

[52] Vgl. J. Begrich, Das priesterliche Heilsorakel, 291 ff.

Strafe Jahwes spiegelt den Grund der Bestrafung[53]. Insofern die Bedroher Judas bedroht werden, enthalten die v. 7—9 a eine Heilsankündigung für Juda. Es ist leicht zu erkennen, in welchem Verhältnis diese Ankündigung zur Aufforderung von v. 4 steht: auch v. 5—9 a unterstützen diese Aufforderung durch den Aufweis der Grundlosigkeit jeder Furcht vor Damaskus und Israel: ihnen ist schon das Urteil gesprochen.

Der Teil v. 5—9 a steht also im Dienst der Ermutigung von v. 4. Wie die letzten 5 Worte von v. 4 a so *verleihen auch v. 5—9 a der vorangegangenen Ermutigung zur Furchtlosigkeit Nachdruck*. Während aber im letzten Teil von v. 4 a die Ermutigung zur Furchtlosigkeit politisch motiviert wurde (nämlich mit dem Hinweis auf die geradezu lächerliche Schwachheit der Feinde), wird in v. 5—9 a religiös argumentiert: Jahwe selbst beseitigt die Ursache der Furcht.

Wie ist nun das Verhältnis von v. 9 b zum Vorhergehenden zu sehen? G. v. Rad versteht v. 9 b als »applicatio ad hominem« des vorangegangenen Verheißungswortes[54]. Der begonnene Gedankengang wird also mit v. 9 b fortgesetzt und »kulminiert«[55] in ihm. Würde aber mit v. 9 b die konkrete Folgerung für Juda aus dem Vorherigen gezogen, dann müßte der Vers positiv formuliert sein. Dies wird indirekt dadurch bestätigt, daß z. B. W. Zimmerli, der diese Auffassung vertritt, im Rahmen einer freien Nacherzählung des Textes den Inhalt von v. 9 b mit »Glaubt ihr, so bleibt ihr!« wiedergibt[56]. Andere Ausleger betonen stärker den Bruch zwischen v. 9 a und v. 9 b[57]. Den Sinn von v. 9 b sehen sie darin, daß er das Vorausgegangene »unter das Vorzeichen des Glaubens«[58] stellt und so aus dem Heilsorakel »ein Mahn- oder Warnwort«[59] macht. Dies kann zwar kaum heißen, daß damit das Urteil Jahwes von v. 7 unter eine Bedingung gestellt wäre, bei deren Nichterfüllung der Plan von Damaskus und Israel doch Erfolg hätte. »The promise of deliverance in this crisis is unconditional.«[60] Es kann höchstens besagen, daß die Vereitelung des feindlichen Planes nur unter der Bedingung des Glaubens für Juda Rettung und Heil bedeuten wird.

Aber müßte bei diesem Verständnis nicht vor v. 9 b ein — dann adversativ zu übersetzendes — *w*^{e} stehen? Denn der Sinn von v. 3—9 wäre dann doch: Jahwe wird die Pläne der Gegner zerschlagen und das kann für euch Heil bedeuten. Aber wenn ihr nicht glaubt, dann werdet ihr zugrundegehen.

---

[53] Es liegt das vor, was G. Fohrer, Religionsgeschichte, 191, »Spiegelstrafe« nennt.

[54] G. v. Rad, Heiliger Krieg, 57.

[55] So H. Donner, Israel, 13.

[56] W. Zimmerli, Verkündigung und Sprache der Botschaft Jesajas, 446; ganz ähnlich G. Fohrer I: »Daher die Folgerung für Juda: Glaubt, weil ihr sonst nicht bestehen bleibt!«

[57] Vgl. H. Wildberger, 284.

[58] H. Wildberger, 284.

[59] H. Wildberger, 285.

[60] E. G. Kraeling, zitiert bei J. Lindblom, Immanuel, 14; so auch O. Kaiser u. a.

Eine dritte Möglichkeit des Verständnisses von v. 9 b hat M. Saebø vorgeschlagen:

falls *ihr*[61] nicht glaubt,
werdet auch ihr gewiß nicht Bestand haben![62]

D. h. wenn ihr die hier genannte Bedingung nicht erfüllt, dann wird es euch gehen wie euren jetzigen Feinden, die Jahwe vernichtet. Nur — die paraphrasierende Übersetzung von M. Saebø zeigt es — dieses Verständnis von v. 9 b würde im hebräischen Text ein Wort für »auch« erfordern. Überdies sollte man erwarten, daß das betonte »ihr« durch ein vorangestelltes *weʾättæm* zum Ausdruck gebracht wäre.

Wie mir scheint, gibt es noch eine Verstehensmöglichkeit für Jes 7, 9 b. Sie geht davon aus, daß in v. 4—9 a Ahas zu einer furchtlosen Haltung ermutigt wird. Diese Ermutigung wird damit begründet, daß die von Ahas vermutete Gefahr als nichtexistent aufgewiesen wird, weil erstens die Feinde an sich schon jämmerlich schwach sind, und weil zweitens Jahwe über ihre Pläne schon das Urteil gesprochen hat. Wo Ahas die Gefahr sah, ist also in Wirklichkeit gar keine. Doch v. 9 b weist auf den Punkt, von dem die eigentliche Gefahr droht: Von den Feinden habt ihr nichts zu fürchten; wenn ihr nicht glaubt, *dann (kî)* droht euch der Untergang. *V. 9 b ist also die Juda drohende Alternative zu dem gesamten Abschnitt v. 4—9 a und besonders zu v. 4, indem in v. 9 b darauf hingewiesen wird, welche Furcht wirklich am Platz ist: die Furcht vor dem Unglauben.* Dieser gewinnt für Ahas konkrete Gestalt in der Zurückweisung der Ermutigung von v. 4. Damit aber ist auch *v. 9 b eine Begründung für die in v. 4 ausgesprochene Ermutigung.* Indem er den Blick dafür öffnet, daß in der Ablehnung der Aufforderung von v. 4 die wirkliche Gefahr liegt, motiviert er zugleich die Befolgung dieser Aufforderung.

Blicken wir zurück auf unsere Erwägung zur Struktur von Jes 7, 1—9, so ergibt sich folgendes Bild:

Daß das Gewicht der Einheit auf dem Prophetenspruch liegt, wurde oben schon festgestellt. Dessen Ziel aber ist die *Ermutigung von v. 4, in der somit die Spitze der gesamten Einheit zu sehen ist.* Die beiden folgenden Teile (v. 5—9 a und v. 9 b) haben die Funktion, die Ermutigung von v. 4 in verschiedener Weise zu begründen und zu ihrer Akzeptierung zu motivieren.

3. Zum Verständnis der Botschaft Jesajas an Ahas

Bevor wir danach fragen, was sich aus der Interpretation von Jes 7, 1—9 für das Thema der vorliegenden Arbeit ergibt, sind noch einige bisher offengebliebene Fragen zum Verständnis der Verkündigung Jesajas in Jes 7, 1—9 zu besprechen.

---

61 Von M. Saebø zur Hervorhebung kursiv gedruckt.

62 M. Saebø, Formgeschichtliche Erwägungen, 64.

a) Zu welcher Haltung fordert Jesaja in v. 4 auf?

Damit ist die Frage gestellt, was die beiden Imperative bedeuten, mit denen v. 4 beginnt.

hiššamer

Das ni. von *šmr* steht meist mit *pæn* und der Bezeichnung dessen, wovor man sich in acht nehmen soll. Absolut ist es außer Jes 7, 4 noch I Sam 19, 2 und II Reg 6, 10 gebraucht[63]. An diesen Stellen ist »sich hüten« keine geeignete Übersetzung. Das Wort bezeichnet an ihnen eine besonders wache Aufmerksamkeit. I Sam 19, 2 verabredet Jonatan mit David ein Zeichen, aus dem dieser entnehmen soll, wie Sauls Einstellung ihm gegenüber ist. In diesem Zusammenhang paßt als Übersetzung von *hiššamær-na' băbboqær* am besten: »Gib am Morgen acht . . .«. II Reg 6, 10 wird erzählt, daß der König hinschickte, um den Ort zu beobachten, an dem sich nach der Angabe des »Gottesmannes« der feindliche Hinterhalt befinden sollte. An dieser Stelle ist die Übersetzung »acht geben, beobachten« vom Kontext her zu empfehlen. Als eine Aufforderung zu Aufmerksamkeit und Wachsamkeit ist *šmr* ni. wohl auch Jes 7, 4 zu verstehen. G. Fohrer übersetzt: »Habe acht . . .«. Und G. v. Rad bemerkt zu dem *hiššamer:* »Der erste Imperativ *(hiššamer)* ist wohl als ein allgemeiner Anruf zur Wachsamkeit zu verstehen, aber doch schon stark negativ, d. h. Einhalt gebietend.«[64] Ob der zweite Teil dieser Interpretation einer semantischen Analyse von *šmr* ni. zu entnehmen ist, mag hier dahingestellt bleiben. Um so treffender aber scheint mir die Deutung des *hiššamer* als eines Aufrufs zur Wachsamkeit.

hăšqeṭ

Ruft *hiššamer* zur Wachsamkeit und Aufmerksamkeit, so ist damit noch kein bestimmtes politisches Verhalten gefordert. Nun steht jedoch neben *hiššamer* als zweiter Imperativ *hăšqeṭ*.

šqṭ hi. kann heißen »Ruhe geben, zur Ruhe bringen«, »Ruhe haben« oder »Ruhe halten, sich ruhig verhalten«.[65] Die zuletzt genannte Bedeutung paßt auch für Jes 7, 4 am besten. Aber was ist damit gemeint, wenn Ahas aufgefordert wird: »Verhalte dich ruhig!«?

K. Elliger hat die Auffassung vertreten, »sich ruhig verhalten« meine nicht ein konkretes politisches Verhalten, sondern »das äußere und innere Sichgeborgenfühlen im Vertrauen auf das bestimmte Wort Jahwes.«[66] Diese Deutung

---

[63] An den Stellen Dtn 2, 4 f.; 4, 9 Jdc 13, 4 ist das, wovor man sich hüten soll, durch einen mit *'ăl* + Jussiv (Dtn 2, 4 f. Jdc 13,4) oder mit *pæn* (Dtn 4, 9) eingeleiteten Nebensatz ausgedrückt. Hier kann man also nicht von einer absoluten Verwendung des Wortes reden.

[64] G. v. Rad, Heiliger Krieg, 57.

[65] Vgl. KBL s. v. *šqṭ*.

[66] K. Elliger, Prophet und Politik, 135.

wurde von E. Würthwein aufgenommen, der darüber hinaus eine Aufforderung zum Vertrauen auf die Davidsverheißung nachweisen möchte. »Ein[en] Verzicht auf Machtmittel bedeutet das freilich nicht«.[67] Nach H. Donners Ansicht hat Jesaja zwar von Judas Führern Neutralitätspolitik gefordert[68], aber: »Es kann keine Rede davon sein, daß die Neutralitätsforderung quietistische oder pazifistische Züge trug, daß sie die Empfehlung einer tatenlosen Vogel-Strauß-Politik bedeutete. Der Begriff der Neutralität ist bei Jesaja vielmehr ein positiver Begriff, den K. Elliger zutreffend definiert hat«.[69] Dagegen vertreten G. Fohrer, G. v. Rad[70] u. a. die Ansicht, die Aufforderung sich ruhig zu verhalten in Jes 7, 4 beinhalte nicht nur eine Ablehnung des von Ahas ins Auge gefaßten Hilferufs an Assur[71], sondern die Ablehnung jeder Rüstungspolitik. Diese Auffassung ist wohl tatsächlich dem Text Jes 30, 15—17 zu entnehmen, der in vielem Jes 7, 1—9 parallel läuft.[72] Dort steht *hăšqeṭ* (inf. abs.) neben *biṭḥā*, und beiden wird Judas Versessenheit auf eine starke Wehrmacht entgegenstellt. Beides steht offenbar in unvereinbarem Gegensatz zueinander. Hinzuweisen ist weiter auf Jes 22, 1—14. In diesem Text werden die Wehr- und Verteidigungsmaßnahmen Judas konfrontiert mit dem »Schauen auf den, der es tat«, d. h. auf Jahwe (vgl. v. 8 f. mit v. 11 b). Wenn man »hinblicken, schauen« auch nicht mit »vertrauen« gleichsetzen darf, so sprechen Jes 22, 8 f. und 22, 11 b doch von zwei verschiedenen Blickrichtungen, die nicht miteinander vereinbar sind.

Es ließe sich freilich auch ein Verständnis von Jes 30, 15—17 und Jes 22, 1—14 denken, bei dem beide Stellen keinen Beleg für eine Ablehnung der Rüstungs- und Machtpolitik durch Jesaja liefern. Man könnte in Jes 30, 16

---

[67] E. Würthwein, Jes 7, 143.

[68] H. Donner, Israel, 170 f. u. ö.

[69] H. Donner, Israel, 172. Im Anschluß daran zitiert H. Donner zustimmend den auch in der vorliegenden Arbeit (S. 22) wiedergegebenen Satz K. Elligers aus K. Elliger, Prophet und Politik, 135. Auch R. Kilian, Die Verheißung Immanuels, 17—20, schließt sich ausdrücklich der Deutung K. Elligers an.

[70] G. v. Rad, Heiliger Krieg, 56—58.

[71] F. Wilke, Jesaja und Assur, 34, hat bestritten, daß sich Jesaja in Jes 7, 1—9 gegen ein geplantes Hilfeersuchen an Assur wende: »Zunächst darf nicht übersehen werden, daß in unserer Erzählung selbst auch nicht ein Sterbenswörtlein von einer Botschaft des Ahas an Tiglat-Pileser zu lesen steht, und es muß konstatiert werden, daß wir gar nicht wissen können, wann der judäische König seine direkten Verbindungen mit Assyrien angeknüpft hat.«
Daß in Jes 7, 1—9 eine Botschaft an Assur nicht erwähnt wird, ist richtig. Daß Ahas eine solche plante, scheint mir von II Reg 16, 7 ff. her wahrscheinlich. Jes 8, 5—8 setzt eine Kontaktaufnahme mit Assur voraus, wahrscheinlich sogar eine vorausgegangene Ablehnung dieser Kontaktaufnahme durch Jesaja, die Ahas jedoch nicht beachtete (Jes 8, 6). Daß schon Jes 7, 1—9 auf dem Hintergrund dieses Vorhabens des Ahas zu sehen ist, halte ich für wahrscheinlich.

[72] Vgl. G. v. Rad, Heiliger Krieg, 57.

lediglich Anspielungen auf ein Bündnis mit Ägypten sehen[73]. Bei Jes 22, 1—14 könnte man die Deutung vertreten, daß Verteidigungsmaßnahmen und Vertrauen auf Jahwe keine einander ausschließenden Gegensätze seien, daß also Bejahung der Verteidigungsbemühungen nicht in jedem Fall eine Verneinung des Vertrauens auf Jahwe bedeute.

Daß Jesaja Rüstung nicht grundsätzlich abgelehnt hat, könnte man schließlich mit einem Hinweis auf Jes 3, 2 f. stützen, wo unter den staatstragenden Personen, die Jahwe entfernen wird, auch der »Soldat« und der »Führer einer Fünfzigschaft« genannt werden. Doch läßt sich die dort gegebene Aufzählung von Autoritäten auch anders verstehen. Da sie auch »Wahrsager« und »Beschwörer« enthält, darf vermutet werden, daß Jesaja solche Personen nennt, die im gegenwärtigen Staat von Wichtigkeit sind, ohne daß diese Einschätzung die des Propheten sein müßte. So bemerkt C. A. Keller zu Jes 3, 2 f.: »Den komplizierten Ausbau der Verwaltung hat er als verhängnisvoll beurteilt, oder zum mindesten mit seinem Spott übergossen, wie die ausführliche Aufzählung aller möglichen Beamten in 3, 2 f. beweist«.[74] Versteht man Jes 7, 4 von Jes 22, 1—14 und 30, 15—17 in dem oben zuerst vorgetragenen Verständnis her, so beinhaltet er eine Aufforderung zum Stillhalten, das sowohl Rüstungspolitik als auch Bündnisse ausschließt.

b) Die Bedeutung des Namens Schear-Jaschub für die Botschaft Jesajas an Ahas.

Die Analyse des Aufbaus von Jes 7, 1—9 hat ergeben, daß das Ziel der Texteinheit in der Ermutigung von v. 4 zu sehen ist. Was besagt es für diese Verkündigung, daß Jesaja — auf Anordnung Jahwes — seinen Sohn zu der Begegnung mit Ahas mitbringt?[75]

---

[73] So z. B. R. Kilian, Die Verheißung Immanuels, 20.
Wenn H. Donner, Israel, 162, in Jes 30, 16 das »Pochen auf die Stärke des militärischen Potentials, das man selbst besitzt und das mächtige Verbündete etwa hinzubringen können« findet, so scheint mir diese Auslegung in Spannung mit der (Israel 172) geäußerten Meinung zu stehen, Jesaja habe nur Neutralitätspolitik gefordert, nicht Verzicht auf Rüstung. Daß H. Donners Ausführungen (Israel 172) letzteres besagen, geht meines Erachtens auch daraus hervor, daß er K. Elligers Interpretation von Jes 7 ,1—9 zustimmend zitiert.

[74] C. A. Keller, Das quietistische Element in der Botschaft des Jesaja, 90.

[75] Meines Erachtens muß die Frage so gestellt werden. Nicht die Botschaft v. 4—9 darf vom Namen des Jesajasohnes her gedeutet werden, sondern es muß umgekehrt von den Worten Jesajas her gefragt werden, was die (wohl symbolisch zu verstehende) Mitnahme seines Sohnes im konkreten Augenblick zu besagen habe. Den umgekehrten Weg geht G. Sauer, Umkehrforderung, 284—286. Er geht davon aus, daß der Name des Jesajasohnes Unheil bedeute und — da die Namengebung schon einige Jahre vor dem Ereignis von Jes 7, 1—9 vollzogen worden sein muß — auch in der Situation des Zusammentreffens mit Ahas eine Unheilsbotschaft darstelle.

Bei dem aus einem invertierten Verbalsatz bestehenden Namen Schear-Jaschub liegt der Ton auf dem Subjekt[76]. Damit ist freilich noch nicht darüber entschieden, ob er eine Verheißung[77], eine Drohung[78] oder Verheißung *und* Drohung[79] ist. Versteht man die Mitnahme des Sohnes als symbolische Handlung und mißt ihr also Verkündigungscharakter bei — was durch den ausdrücklichen Befehl in v. 3 nahegelegt wird —, so bleibt nur die Möglichkeit, den Namen Schear-Jaschub als Verheißung zu verstehen[80]. Diese wird im Zusammenhang mit v. 4—9 zu einer Unterstützung der Ermutigung (v. 4) und steht — was ihre Funktion innerhalb der Einheit Jes 7, 1—9 betrifft — in sachlicher Parallele zu v. 5—9 a. Dieses Verständnis ist freilich nur möglich, wenn man mit G. Fohrer unter »Rest« ganz Juda (»als Rest des Gesamtvolkes«[81]) versteht.

Faßt man Schear-Jaschub als Drohung auf, dann muß man unter »Rest« einen kleinen Teil Judas verstehen, denn die Ankündigung, ganz Juda als Rest des Gesamtvolkes werde bestehen bleiben, wäre für Ahas natürlich keine Drohung. In diesem Fall läßt sich der Gehalt der symbolischen Handlung aber nicht mehr mit der Verkündigung von v. 4—9 verbinden. In dieser ist nämlich nicht von einem Rest Judas die Rede, sondern von der Rettung ganz Judas vor den drohenden Plänen von Damaskus und Israel.

---

76 Vgl. Sh. H. Blank, She'ar Yashub; J. Lindblom, Immanuel, 8—10. Allerdings kann ich der Deutung Lindbloms nicht in allen Punkten zustimmen. Die Annahme L. Köhlers, Syntactica II, 84 f., daß *jašûb* einen «nackten Relativsatz« bilde, ist möglich, aber nicht unbedingt nötig (vgl. H. Wildberger). *še'ar jašûb* kann auch als invertierter Verbalsatz verstanden werden.

77 So wohl G. Fohrer I (vgl. auch G. Fohrer, Symbolische Handlungen S. 29 f.). Er geht allerdings davon aus, daß das in einer symbolischen Handlung angekündigte Heil oder Unheil nicht unbedingt eintrifft. Dies ist vielmehr vom Verhalten der Menschen abhängig, denen die in der symbolischen Handlung enthaltene Verkündigung gilt (vgl. Symbolische Handlungen, 116—118). Deshalb kann G. Fohrer I auch sagen, die in Jes 7, 3 beschriebene symbolische Handlung habe »weder verheißenden noch drohenden, sondern mahnenden Sinn«. Damit ist die Funktion beschrieben, die die symbolische Heilsankündigung in der konkreten Situation hat.

78 »Nur ein Rest kehrt um (oder: kehrt aus der Schlacht zurück)«. So z. B. Sh. H. Blank, She 'ar Yashub, 214 f.

79 So z. B. A. H. J. Gunneweg, Jes VII, 28: »nur ein Rest, aber immerhin ein Rest.«

80 Damit ist nichts über die Bedeutung des Namens im Augenblick der Namengebung, der einige Zeit zurückliegen muß, gesagt. Diese beiden Fragen — Bedeutung des Namens im Augenblick der Namengebung, und Bedeutung des Namens in der Situation von Jes 7, 1—9 — werden auch von H.-J. Hermisson, Zukunftserwartung und Gegenwartskritik in der Verkündigung Jesajas, 55/56 Anm. 6, auseinandergehalten. Anders verfährt z. B. G. Sauer, Umkehrforderung, 284—286.

81 G. Fohrer, Symbolische Handlungen, 30.

4. Die Rollen anderer Völker in Jes 7, 1—9 und Jesajas Verkündigung hinsichtlich dieser Völker

a) Andere Völker treten in Jes 7, 1—9 in der Rolle *eigenmächtiger Bedroher Judas* auf. Sie schmieden einen Plan, der sich gegen Juda, insbesondere gegen sein Königshaus richtet. Das Nordreich Israel erscheint in Jes 7, 1—9 mit Damaskus auf einer Ebene, ist hier also wie ein fremdes Volk behandelt.

Im Hintergrund taucht noch ein Fremdvolk in einer anderen Rolle auf, ohne daß dies freilich explizit ausgesprochen wäre: Ahas beabsichtigt, sich um Hilfe an Assur zu wenden, Assur erscheint also als *vermeintlicher Helfer Judas.*

Das Auftreten anderer Völker als eigenmächtiger Bedroher kennzeichnet die Situation, in die hinein die Verkündigung Jesajas ergeht. Wie nimmt Jesaja in seiner Botschaft auf diese Situation Bezug?

b) Jesaja redet von den andern Völkern in einem Wort, dessen Ziel eine Ermutigung Judas ist, sich auf Jahwe zu verlassen. *Die anderen Völker sind also kein selbständiges Thema.* Von ihnen ist *im Rahmen des Verhältnisses Judas zu Jahwe* die Rede.

c) Um den judäischen König *zum Vertrauen auf Jahwe zu veranlassen,* verkündigt Jesaja, daß die Bedroher Judas selbst bedroht sind. Dabei *argumentiert er politisch und religiös: politisch,* indem er auf den Zustand der Gegner hinweist: sie sind selbst schon am Verglimmen, können eine wirkliche Gefahr also gar nicht mehr darstellen; *religiös,* indem er das vernichtende Urteil Jahwes über die gegnerischen Pläne verkündigt.[82]

d) Selbstverständliche Voraussetzung ist, *daß Jahwe über andere Völker ebenso wie über Juda bestimmen und verfügen kann.* Jahwe kann die Absichten anderer Völker scheitern lassen. Dies braucht offenbar nicht begründet zu werden. Jesaja kann es voraussetzen.

e) Angesichts anderer Völker als eigenmächtiger Bedroher Judas fordert Jesaja Juda zum *Vertrauen auf Jahwe* auf. Daß Jesaja zum Vertrauen auf Jahwe ruft, gilt unabhängig davon, ob mit *hæ'æmîn* (v. 9 b) ein Vertrauen auf das eben verkündigte Wort oder auf Jahwe überhaupt gemeint ist. Dem Wort Jesajas glauben, kann nur in Form des Vertrauens auf Jahwe geschehen. Dieses *Vertrauen auf Jahwe läßt sich nicht mit militärischer Machtpolitik vereinbaren und schließt Bündnisse zwischen Juda und andern Völkern aus.*

f) Aber Jesaja verkündigt angesichts anderer Völker als eigenmächtiger Bedroher Judas nicht nur das Scheitern dieser Bedroher. Er interpretiert die durch das Auftreten der Völker entstandene Lage als *Entscheidungssituation für Juda.* Juda steht vor der Entscheidung, ob es sich auf Jahwe verlassen will oder nicht. Und an dieser Entscheidung hängt Judas Bestehen oder Untergang.

---

[82] Wenn hier politische und religiöse Argumentation getrennt werden, so geschieht dies nur, um die Nuancen der jesajanischen Argumentationsweise darzustellen. Selbstverständlich soll damit nicht behauptet werden, daß Politik und Religion für Jesaja zwei getrennte Bereiche gewesen wären.

II. Jes 8, 1—4 und 17, 3[83]

Die aus Jes 7, 1—9 gewonnenen Ergebnisse hinsichtlich des Themas der vorliegenden Arbeit werden durch die übrigen Worte Jesajas aus der Zeit des syrisch-ephraimitischen Krieges, in denen andere Völker als eigenmächtige Bedroher Judas auftreten, nur an einer Stelle geringfügig ergänzt. Von daher scheint es mir gerechtfertigt, diese Texte weniger ausführlich als Jes 7, 1—9 zu besprechen.

Jes 8, 1—4: (1) Und Jahwe sprach zu mir: Nimm dir eine große Tafel[84] und schreibe darauf mit Menschengriffel[84]: »Für[85] Eilige-Beute — Schneller-Raub«[86].

---

[83] Jes 17, 1—11 enthält meines Erachtens mehrere ursprünglich nicht zusammengehörige Worte. Allgemein werden die Verse 7 und 8 als späterer Zusatz betrachtet. Doch auch gegen die Annahme, v. 1—6 + 9—11 bildeten eine Einheit (so z. B. B. Duhm; H. Donner, Israel, 38—42 und K. Marti, der dazu noch Jes 18, 5 f. rechnet), sprechen mehrere Gründe.

Gegen die Zusammengehörigkeit von Jes 17, 1—6 und 17, 9—11 läßt sich folgendes geltend machen:

a) V. 1—6 wird in der 3. Person von den betroffenen Völkern geredet, v. 9—11 in der 2. Person.

b) Mit der Verehrung heidnischer Götter kann schwerlich eine Drohung gegen Damaskus begründet werden. Die Schwierigkeit, die an diesem Punkt entsteht, wenn man v. 9—11 mit v. 1—6 verbindet, zeigt indirekt H. Donner, wenn er sich damit behilft, daß er zu v. 7—11 bemerkt: »Damaskus ist völlig aus dem Gesichtskreis verschwunden.« (H. Donner, Israel, 42).

c) Im syrisch-ephraimitischen Krieg spielt sonst Götzenkult als Gerichtsbegründung keine Rolle.

d) Die Ausdrucksweise in v. 9—11 schließt eine Beziehung auf ein heidnisches Volk aus (»Fels deiner Zuflucht«; »Gott deiner Hilfe« v. 10!).

e) V. 9—11 bilden eine in sich geschlossene formale Einheit (zum Aufbau vgl. G. Fohrer I).

Doch stellt auch Jes 17, 1—6 keine Einheit dar. Gesondert zu nehmen sind jedenfalls v. 1—2 (gegen Damaskus), v. 3 (gegen Israel und Damaskus) und v. 4—6 (gegen Israel). Möglicherweise bestehen v. 4—6 nochmals aus mehreren Einzelsprüchen (vgl. G. Fohrer I).

[84] Auf die Interpretationsvorschläge, die zu den Ausdrücken *gillajôn gadôl* und *hæræṭ ʾaenôš* gemacht wurden, braucht in unserem Zusammenhang nicht näher eingegangen zu werden (vgl. H. Wildberger 311 f.).

[85] Das Verständnis des *le* ist unsicher. B. Duhm versteht es im Sinn von »gewidmet dem ...«, H. Donner, Israel, 18, übersetzt: »gehört dem ...«, G. Fohrer I läßt es unübersetzt, versteht es also wohl als Einleitungspartikel, die (wie das griechische ὅτι-recitativum) unübersetzt bleibt (vgl. GK § 119 u: »Lamed inscriptionis«; dagegen K. Galling, Bodenrecht, 211).

[86] Der Name, den Jesaja auf die Tafel schreiben und später seinem Sohn geben soll, besteht aus zwei invertierten Nominalsätzen, da die Prädikate wohl als Partizipien zu verstehen sind (vgl. H. Donner, Israel, 19; H. Wildberger 315 f.). Zum ersten

(2) Da nahm ich[87] mir vertrauenswürdige Zeugen: Uria, den Priester, und Sacharja, den Sohn des Jeberechja.
(3) Dann nahte ich mich der Prophetin. Und als sie schwanger wurde und einen Sohn gebar, sprach Jahwe zu mir: Gib ihm den Namen »Eilige-Beute — Schneller-Raub«.
(4) Denn bevor der Knabe ›Vater‹ und ›Mutter‹ sagen kann, wird man den Besitz von Damaskus und die Beute Samarias vor dem König von Assur einhertragen.

Jes 17, 3: Verschwunden[88] ist die Festung aus Ephraim
und das Königtum aus Damaskus.
Und der Rest Arams geht zugrunde[89]
wie die Israeliten.

1. Zeitliche Ansetzung

Die beiden Unheilsankündigungen über Nordisrael und Damaskus enthalten keine Angaben, denen sich entnehmen ließe, in welcher Rolle die zwei

Teil des Namens gibt es ägyptische Parallelen (vgl. S. Morenz, »Eilebeute«, 697 bis 699; H. Wildberger 316). In ihnen werden die beiden Imperative »eile! erbeute!« wie ein einziges Substantiv verstanden (ein Beispiel zitiert H. Wildberger 316). Von daher ist es wahrscheinlich, daß auch die beiden Sätze des Namens, den Jesaja auf eine Tafel schreibt und den er seinem Sohn gibt, als zwei Substantive zu verstehen sind. Im Deutschen wird man den Namen etwa mit »Eilige-Beute — Schneller-Raub« o. ä. wiedergeben können.

87 Statt *wᵉʾaʿîdā* legen LXX, S, Tg und I Q Isᵃ die Lesung eines Imperativs (*wᵉhaʿîdā*) nahe. Doch scheint mir dies wegen des grammatikalischen Einwandes von GK § 119 s (2) und S. 398 Anm. 2 nicht möglich zu sein: beim sogenannten dativus ethicus (*lᵉ* + Pronomen) muß die »Person des Pronomens ... stets mit der Verbalform übereinstimmen.« »Beispiele wie die analogen deutschen *geh mir weg! komme mir nur!* u. dergl., sind somit im Hebr. ausgeschlossen.« (398 Anm. 2). Ich lese deshalb mit GK § 49 e *waʾaʿîdā*.

88 Das *wᵉ* vor *nišbăt* könnte auf Zusammengehörigkeit von v. 1 f. und v. 3 weisen. Dagegen spricht aber, daß die Drohung gegen Damaskus in v. 3 eine störende Wiederholung zu v. 1 f. darstellen würde. Ich nehme deshalb an, daß das *wᵉ* vom Redaktor zugefügt wurde.

89 Der MT ist in v. 3 b unsicher. Ich schließe mich H. Donner, Israel 38 f. und 183 Tafel VII an. Er setzt zunächst den Atnach zu *middămmæśæq* und liest dann im zweiten Langvers: *ûšᵉʾar ʾᵃram joʾbed kibnê jiśraʾel.* Diese Textrekonstruktion ergibt erstens einen klaren Sinn; zweitens entsteht so ein dem v. 3 a im Rhythmus paralleler Vers mit 3 + 2 Hebungen. Sicherheit ist hier natürlich nicht zu erreichen. Bei der Ersetzung von *ʾæprăjim* in v. 3 a durch *ʾᵃram* folge ich H. Donner allerdings nicht. Seine Begründung: »Vom Territorium des Nordreiches ist erst in der zweiten und dritten Strophe die Rede« (39), d. h. ab v. 4, bedarf selbst erst der Begründung. Beläßt man *ʾæprăjim,* so zeigen v. 3 a und v. 3 b einen chiastischen Aufbau: in v. 3 a α und v. 3 b β ist vom Nordreich Israel die Rede, in v. 3 a β und v. 3 b α von Damaskus.

Völker gesehen werden und warum sie bedroht werden. Trotzdem läßt sich beides mit einiger Wahrscheinlichkeit ermitteln, und zwar auf Grund der Situation, in der die Worte gesprochen wurden. Diese kann man ziemlich genau fixieren. In Jes 8, 4 und 17, 3 werden Samaria bzw. Ephraim und Damaskus nebeneinander genannt. Darf man aus der Tatsache, daß beide Staaten gemeinsam bedroht werden, schließen, daß beide auch gemeinsam agierten, so kommt als Zeitpunkt nur der syrisch-ephraimitische Krieg in Frage. In ihm waren Israel und Damaskus, als Glieder einer antiassyrischen Koalition, gegen Juda gezogen, um den König Ahas durch einen Regenten zu ersetzen, der auch Juda dem Bündnis gegen Assur zuführen sollte (vgl. Jes 7, 1—9 und II Reg 16, 5 ff.). Jes 8, 1—4 und 17, 3 fallen also in dieselbe Zeit wie 7, 4—9[90]. Bei Jes 8, 1—4 spricht für diese zeitliche Ansetzung auch der Zusammenhang, in dem die Einheit jetzt steht. Denn Jes 7 und 8 enthalten überwiegend Worte aus der Zeit des syrisch-ephraimitischen Krieges.

Ob Jes 8, 1—4 und 17, 3 zeitlich kurz vor oder kurz nach Jes 7, 1—9 einzuordnen sind, wird sich kaum sicher entscheiden lassen und ist für die Fragestellung der vorliegenden Arbeit auch nicht von Wichtigkeit. Jedenfalls scheint Ahas sein Hilfsgesuch an Assur noch nicht abgesandt zu haben. Denn danach hat Jesaja nicht mehr Judas Rettung, sondern Judas Vernichtung verkündigt. Freilich sollte diese nicht durch Damaskus und Israel vollzogen werden, sondern durch Assur.

2. Die Rolle anderer Völker und die Verkündigungsabsicht Jesajas

Ist die Verkündigungssituation für Jes 8, 1—4 und 17, 3 dieselbe wie für Jes 7, 1—9, so legt sich die Vermutung nahe, daß sich Jesaja auch mit den symbolischen Handlungen von 8, 1—4[91] und mit 17, 3 gegen Israel und Damas-

---

[90] Dies ist auch die Meinung fast aller Kommentare und Einleitungen.

[91] Die Frage, ob in Jes 8, 1—4 von einer oder von zwei symbolischen Handlungen berichtet wird, ist ebenso umstritten wie die, in welchem Verhältnis die beiden Teile der einen Handlung bzw. die zwei Handlungen zueinander stehen. So nimmt z. B. G. Fohrer I (vgl. auch G. Fohrer, Symbolische Handlungen, 30 f.) an, daß *eine* symbolische Handlung erzählt wird, während O. Kaiser von »zwei aufeinanderfolgende[n] symbolische[n] Handlungen« spricht. H. Wildberger sieht zwar in Tafelbeschriftung und Namengebung zwei symbolische Handlungen (H. Wildberger 319), die jedoch im jetzigen Text eine Einheit bilden (H. Wildberger 314). Die Verse enthalten zwei Befehle: Jesaja soll auf eine Tafel schreiben: »Dem Eilige-Beute — Schneller Raub« (v. 1), und er soll seinem Sohn den Namen »Eilige-Beute — Schneller-Raub« geben.
Auf den ersten Befehl folgt ein Bericht, in dem Jesaja die Zeugen nennt, die er zuzog, damit sie — so wird man annehmen dürfen — bei der Ausführung der Symbolhandlung zugegen seien. Die Ausführung selbst wird allerdings nicht erzählt. An den zweiten Befehl schließt sich eine Deutung an: Damaskus und Samaria sollen das durch diesen Symbolnamen ausgedrückte Schicksal erfahren und zu Beute und Raub Assurs werden.

kus als eigenmächtiger Bedroher Judas wendet und ihnen Vernichtung ansagt[92], um Juda die Furcht vor den Feinden zu nehmen und es zum Vertrauen auf Jahwe zu ermutigen.

Für diese Deutung lassen sich — außer

a) der historischen Situation und

b) dem Vergleich mit Jes 7, 1—9 — noch einige Argumente anführen:

c) Bei dieser Interpretation wird verständlich, warum Jesaja den Judäern die Drohungen gegen andere Völker verkündigt. Wären davon nur die Völker betroffen gegen die sich das Unheil unmittelbar richtet, so wüßte man nicht zu sagen, warum sich Jesaja damit an Juda wendet. Es sei denn, man wollte den Propheten als Wahrsager mißverstehen, der die Neugier seiner Hörer durch die

---

Der zweite Befehl mit der dazugehörigen Deutung könnte ein selbständiger Bericht von einer symbolischen Handlung sein. Von den drei grundlegenden Elementen der Berichte von symbolischen Handlungen (Befehl — Ausführung — Deutung) (vgl. G. Fohrer, Berichte über symbolische Handlungen, 94) fehlt die Ausführung öfter. Von den Propheten ist sogar zu sagen, daß sie »häufig nur den Befehl zur Ausführung einer symbolischen Handlung und die damit verknüpfte Deutung wiedergeben, die Ausführung selbst aber seltener berichten.« (G. Fohrer, Berichte über symbolische Handlungen, 104). Da v. 2 den Beginn eines Ausführungsberichtes zum Befehl von v. 1 enthält, vermute ich, daß ursprünglich die ganze Ausführung berichtet war, wielleicht auch eine Deutung, auf die bei dieser Symbolhandlung wohl kaum verzichtet werden konnte. Als die beiden Berichte von symbolischen Handlungen miteinander verknüpft wurden, hätte die Deutung zweimal erzählt werden müssen, und zwar »bei der Ausfertigung der Tafel und nach der Geburt. Wiederholungen dieser Art werden jedoch im hebräischen Erzählungsstil der älteren Zeit nach Möglichkeit vermieden.« (H. Donner, Israel, 21; leider ohne jeden Beleg.) Deshalb wurde beim ersten Befehl die Deutung weggelassen. Dabei wurde auch der Ausführungsbericht gestrichen, weil die Ausführung als selbstverständlich vorausgesetzt werden konnte. Belassen wurde lediglich die Erwähnung der Zeugen.

Tafelinschrift und Benennung des Kindes sind also meiner Ansicht nach zwei selbständige symbolische Handlungen. (Zur magischen Wirksamkeit des schriftlich Fixierten vgl. G. Fohrer, Symbolische Handlungen, 31). Sie waren freilich dadurch miteinander verbunden, daß sie dieselbe Ankündigung enthielten.

Wird in Jes 8, 1—4 von zwei symbolischen Handlungen berichtet, dann ist es nicht mehr nötig anzunehmen, daß diese in großem zeitlichen Abstand voneinander vollzogen wurden. Auch die inhaltliche Parallelität läßt eher auf zeitliche Nähe schließen. Eine plusquamperfektische Übersetzung des *wa'æqrăb* (so B. Duhm; K. Marti; O. Kaiser; K. Galling, Bodenrecht, 217) ist nicht nötig. Auch in Hos 1, 2—9 werden zeitlich weit auseinanderliegende Ereignisse in der Erzählung nahe aneinandergerückt.

92 Mit den beiden Symbolhandlungen von Jes 8, 1—4 wird Samaria und Aram Unheil angekündigt. Der Doppelname scheint mir am besten als Ausdruck und Vorwegnahme des Geschicks der beiden Angreiferstaaten im syrisch-ephraimitischen Krieg zu verstehen zu sein. Dann ist der Name also nicht Symbol für Assur (so z. B. K. Marti und H. Donner, Israel, 21). Dies wird auch durch die Bedeutung von *šalal* (Beute) und *băz* (Raub) nahegelegt (vgl. H. J. Stoebe: Raub und

Vorhersage künftiger Ereignisse befriedigt, ohne diese Hörer wirklich treffen zu wollen[93].

d) Für Jes 8, 1—4 läßt sich noch auf die Zusammenstellung mit 8, 5—8 verweisen. In v. 6 ist vorausgesetzt, daß Jesaja in Jahwes Namen Juda Schutz angeboten hatte. Man wird diesen Schutz in einem helfenden Eingreifen Jahwes sehen dürfen. Von einem solchen war in Jes 7, 1—9 die Rede. Doch auch in Jes 8, 1—4 kann man diese Botschaft finden. In diesem Fall nennt Jes 8, 1—4 das Angebot Jahwes, von dessen Ablehnung Jes 8, 5—8 ausgeht.

Die Sicht anderer Völker ist also in Jes 8, 1—4 und 17, 3 dieselbe wie in Jes 7, 1—9. Das gleiche gilt hinsichtlich der Verkündungsabsicht Jesajas.

Eine Verdeutlichung und Ergänzung zu Jes 7, 1—9 bringt Jes 8, 1—4 insofern, als hier ausgesprochen wird, wie Jahwe den Untergang der Juda bedrohenden Völker herbeiführen wird: *Assur wird das Gericht vollstrecken.* Jahwe bietet also die Weltmacht Assur auf, um Juda vor andern Völkern zu schützen. Die von Jesaja anerkannte, gerade in ihren konkreten Konsequenzen ernst genommene Sonderstellung Judas unter den Völkern wird hier ganz deutlich.

III. Jes 17, 1—2[94]

(1) Sieh!
Damaskus wird keine Stadt mehr sein,
sondern zum Trümmerhaufen werden.
(2) Entvölkert sind seine Städte für immer,
überlassen den Herden.

Beute). Der Name bildet das Geschick der beiden Staaten ab, die in nächster Zeit zur Beute werden sollen (vgl. G. Fohrer I; H. Donner, Israel, 22). Auch die Namen der Kinder Hoseas sprachen das Geschick des vom Unheil betroffenen Volkes aus.
In Jes 17, 3 wird der Untergang Samarias (mit *mibṣar* ist meines Erachtens Samaria gemeint) und das Ende des Aramäerreichs von Damaskus angekündigt.

93 Dagegen z. B. G. Fohrer I: »Jesaja ist als Prophet kein Wahrsager, der Einzelheiten der Zukunft vorhersagen will.«
Möglicherweise hat der Redaktor des Jesajabuches zumindest Jes 17, 3 so verstanden. Sonst hätte er das Wort nicht aus dem Zusammenhang genommen, aus dem die historische Situation zu entnehmen ist, in die hinein es gesprochen wurde, und von der her es erst voll verstanden werden kann. An seiner jetzigen Stelle besagt Jes 17, 3 nur mehr Unheil für Israel und Damaskus (und damit Heil für Juda). Die eigentliche Spitze des Spruches, die Aufforderung an Juda, ist weggebrochen.

94 Der MT ist etwas verderbt. Ich lese mit G. Fohrer I:
(1) *hinnē dămmæśæq mûsar meʿîr wᵉhajᵉtā măppalā*
(2) *ʿᵃzûbôt ʿarǽha ʿᵃdê ʿăd ʿădarîm tihjǽnā.*
Auf diese Weise entstehen zwei Langverse mit dem gleichen Rhythmus (3 + 2), *hinnē* steht außerhalb des Metrums.

Der Spruch kündigt die Zerstörung von Damaskus an, das noch als Hauptstadt vorausgesetzt ist[95]. Die Entstehungszeit von Jes 17, 1—2 liegt also vor dem Jahr 732 v. Chr. Daß es sich nicht um ein vaticinium ex eventu handelt, hat H. Donner [96] begründet: eine derartige Verheerung, wie sie Jes 17, 1—2 ankündigt, ist bei der Eroberung von Damaskus gar nicht eingetreten. Gerade diese Differenz zwischen Ankündigung und Verwirklichung weist darauf hin, daß es sich um eine echte prophetische Ankündigung handelt.

Aus der Zusammenstellung mit Jes 17, 3 darf vielleicht geschlossen werden, daß auch Jes 17, 1—2 in die Zeit des syrisch-ephraimitischen Krieges zu datieren ist. In diesem Fall könnte man die beiden Verse in Analogie zu 17, 3 interpretieren und in ihnen eine Unheilsankündigung gegen Damaskus als eigenmächtigen Bedroher Judas sehen, die dazu dienen soll, Juda zur Furchtlosigkeit zu ermutigen (vgl. Jes 7, 4). Über Vermutungen kommen wir hier freilich nicht hinaus.

IV. Jes 10, 27 b—34; 17, 4—6 und 28, 1—4

Jes 10, 27 b—34

Der Abschnitt ist in jeder Hinsicht umstritten:

1. Handelt es sich um eine Visionsschilderung, oder beschreibt Jesaja den tatsächlichen Anmarschweg eines feindlichen Heeres?

Den genannten Ortsnamen läßt sich entnehmen, daß der hier geschilderte Angreifer nicht den gangbarsten und gebräuchlichsten Weg nach Jerusalem wählte, sondern auf einer ungewöhnlichen Route vorrückte. Dies spricht gegen die Annahme einer Vision[97].

2. Ist hier das Anrücken der Assyrer[98] dargestellt oder das der damascenisch-israelitischen Koalition im syrisch-ephraimitischen Krieg[99]? In welche historische Situation gehört also das Ereignis, von dem diese Verse sprechen? H. Donner hat mit guten Argumenten die Deutung auf das Heranziehen der Assyrer im Jahre 701 v. Chr. bestritten: Damals zogen die Assyrer von Lachis im Süd-Westen her gegen Jerusalem. Hier dagegen kommt der Gegner aus nördlicher Richtung[100].

H. Donners eigene Auslegung (Vorrücken der aramäisch-israelitischen Verbündeten im Jahr 733, kurz vor Absendung des judäischen Hilfegesuchs an Tiglatpileser III.) stößt meines Erachtens ebenfalls auf zwei Schwierigkeiten:

a) Jesaja hat vom aramäisch-israelitischen Heer im syrisch-ephraimitischen Krieg mit ironischer Herablassung gesprochen (vgl. Jes 7, 4). Hier, in Jes 10,

---

[95] G. Fohrer I.

[96] H. Donner, Israel, 41.

[97] H. Donner, Israel, 31 ff.; Vgl. die Karte bei O. Kaiser.

[98] So G. Fohrer I.

[99] So H. Donner, Israel, 36 ff.

[100] So früher schon A. Dillmann 103; u. a.

27 b—34 wird fast im Ton der Bewunderung vom Operieren des heranziehenden Gegners geredet. O. Kaiser erinnert an die Beschreibung des assyrischen Heeres in Jes 5, 26—29. Nachdem H. Donner in Jes 10, 27 b—34 dieselbe Verkündigung an Juda findet wie in Jes 7, 1—9, sollte man nicht eine so völlig andere Sicht des Gegners erwarten.

b) V. 33, der nach H. Donner[101] unbedingt zur Einheit gehört, steht den vorangegangenen Versen recht beziehungslos gegenüber. Er enthält eine Drohung gegen Stolze und Überhebliche, die in jeder Verkündigungsperiode Jesajas denkbar wäre. Angesichts dieser Unsicherheiten bei der Deutung von Jes 10, 27 b—34 verzichte ich auf eine Auswertung dieses Textes für das Thema dieser Arbeit. Denn die Rolle eines anderen Volkes kann nicht bestimmt werden, wenn der Umfang der Texteinheit und die historische Situation unklar sind.

Jes 17, 4—6

G. Fohrer[102] sieht in v. 4—6 vier Sprüche, die man dann wohl als Fragmente wird ansehen müssen. Diese Auffassung wird durch das uneinheitliche Metrum und die wechselnden Bilder nahegelegt[103]. Nur in v. 4 ist eine Größe genannt, der die hier ausgesprochenen Drohungen gelten: Jakob, also das Nordreich Israel. V. 4 läßt sich deshalb vielleicht der ersten Zeit des syrisch-ephraimitischen Krieges zuweisen; doch könnte der Text genausogut auch schon vorher gesprochen sein.

Die jetzige Anordndung legt für v. 5 f. die Beziehung zur selben historischen Situation nahe, die vielleicht im Hintergrund von v. 4 steht. Doch bieten die Sprüche selber keinen Anhaltspunkt. Wegen des fragmentarischen Charakters der in v. 5 f. enthaltenen Stücke, bleibt sowohl die Situation, auf die sie sich beziehen, als auch ihr eigentlicher Verkündigungsgehalt unklar.

Jes 28, 1—4

Der Spruch kündigt an, daß die stolze Prachtentfaltung Ephraims durch einen Gegner vernichtet werden soll, der nicht namentlich genannt, sondern nur bildhaft beschrieben wird.

Daß der Spruch gegen das Nordreich gerichtet ist, veranlaßt G. Fohrer wohl, die Zeit des syrisch-ephraimitischen Krieges als Entstehungszeit anzunehmen. H. Donner datiert den Text in den Zeitraum kurz vor der Eroberung Samarias unter Salmanasser V. Dabei wird für ihn auch die hier gebrauchte Bezeichnung »Ephraim« eine Rolle spielen[104]. Die Einheit könnte freilich auch aus der frühesten Zeit der Tätigkeit Jesajas stammen, in der er sich gegen das

---

[101] H. Donner, Israel, 37 f.

[102] G. Fohrer I, 212—215.

[103] Ich lese in v. 5 *qoṣer* statt *qaṣîr;* in v. 6 *bis'ipê hăpporijjā* statt *bis'ipâha porijjā.*

[104] »Ephraim« ist nach H. Donner, Israel, 77, Bezeichnung »des von den Assyrern 733 übriggelassenen Rumpfstaates Ephraim mit der Hauptstadt Samaria«. (Vgl. auch H. Donner, Israel, 56).

üppige Leben wandte (vgl. Jes 5, 11 f.); in diesem Fall müßte man allerdings annehmen, Jesaja habe auch zu den inneren Verhältnissen im Nordreich Stellung genommen (vgl. Jes 2, 6 ff.).

Stammt Jes 28, 1—4 aus der Zeit der syrisch-ephraimitischen Krieges, so kann man den Text auch von Jes 7, 1—9; 8, 1—4 und 17, 3 her verstehen und in ihm eine Unheilsankündigung gegen Ephraim als eigenmächtigen Bedroher Judas sehen, durch die Juda die Furcht vor seinen Feinden genommen werden soll. Man fragt sich freilich, warum dann nur Ephraim und nicht auch Damaskus bedroht wird und vor allem, warum innere Verhältnisse als Grund des kommenden Verderbens genannt werden.

So ist eine sichere zeitliche Einordnung dieses Spruches — und damit die Bestimmung der Rolle des bedrohten Volkes — meines Erachtens nicht möglich.

B. DIE WORTE JESAJAS GEGEN ASSUR

Eine Behandlung der Worte Jesajas gegen Assur innerhalb des Kapitels, das sich mit andern Völkern als eigenmächtigen Bedrohern Judas beschäftigt, scheint diesen Texten nur zum Teil gerecht zu werden. Es ist zwar sehr wahrscheinlich, daß Jesaja die Assyrer in einem Augenblick bedrohte, als diese sich anschickten Juda zu unterwerfen (vgl. Jes 14, 25 a). Kann man aber sagen, Jesaja habe in den Assyrern in erster Linie die eigenmächtigen Bedroher Judas gesehen und ihnen deshalb Unheil angekündigt? Die Okkupation Judas macht Jesaja den Assyrern — jedenfalls expressis verbis — nicht zum Vorwurf. Er nennt vielmehr Vergehen, von denen Juda nur als einer unter vielen anderen Staaten betroffen ist: Überheblichkeit, Weltherrschaftsstreben und vielleicht Grausamkeit[1].

Im folgenden wird die These vertreten, daß Jesaja den Assyrern tatsächlich deshalb den Untergang ankündigt, weil er sie in der Rolle eigenmächtiger Bedroher Judas sieht, die Jahwe vernichten wird, wenn Juda nur auf ihn vertraut und ihn allein handeln läßt. Damit wären Jesajas Worte gegen Assur — wie die gegen Damaskus und Israel zur Zeit des syrisch-ephraimitischen Krieges — indirekte Ermutigungen zum Vertrauen auf Jahwe.

Die Begründung dieses Verständnisses der Worte Jesajas gegen Assur, die im folgenden versucht werden soll, ist zugleich die Begründung dafür, daß die Behandlung dieser Texte[2] an dieser Stelle der vorliegenden Arbeit berechtigt ist.

I. Der Wandel Jesajas von einer pro-assyrischen zu einer anti-assyrischen Haltung in der alttestamentlichen Forschung

In den Worten Jesajas finden sich zwei gegensätzliche Beurteilungen Assurs: Assur ist der von Jahwe bestellte Strafvollstrecker[3], aber Assur ist auch das

---

[1] Zur Frage, worin Jesajas Vorwürfe gegen Assur bestehen, vgl. unten S. 49 f. und 59.

[2] Von den Texten, in denen Jesaja Assur bedroht, werden die folgenden besprochen: Jes 10, 5—15; 14, 24—27; 30, 27—33; 31, 4—9. Dagegen werden andere Einheiten, in denen Assur zwar nicht genannt, nach mehreren Exegeten jedoch gemeint ist, aus verschiedenen Gründen nicht berücksichtigt: Zu Jes 9, 1—6 vgl. oben S. 1; dazu: J. Vollmer, Zur Sprache von Jes 9, 1—6; J. Vollmer, Jesajanische Begrifflichkeit? Zu Jes 10, 27 b—34 vgl. oben S. 32. Zu Jes 17, 12—14 vgl. unten S. 69—82. Jes 33; 37, 22—29; 37, 30—35 halte ich nicht für jesajanisch. In Jes 18 schließlich finden sich kaum Anhaltspunkte, die eine Entscheidung der Frage ermöglichen, wer in diesem Text bedroht wird. Für am wahrscheinlichsten halte ich es, daß sich der Spruch gegen Ägypten richtet; vgl. unten S. 130—132.

[3] So schon in den Worten aus der Zeit des syrisch-ephraimitischen Krieges, z. B. Jes 7, 18 f.; aber auch in Texten aus späterer Zeit, z. B. Jes 20, 6.

von Jahwe verworfene Werkzeug, dem der Untergang angekündigt wird[4]. Das Auftreten dieser beiden einander widersprechenden Urteile bei ein und demselben Propheten erklärt man meist damit, daß man bei Jesaja eine Entwicklung von einer pro-assyrischen zu einer anti-assyrischen Haltung annimmt[5]. Da eine solche Entwicklung aber ihre Gründe haben muß, stellt sich die Frage: »Wie ist dieser merkwürdige Wechsel in der Haltung Jesajas nun aber zu erklären?«[6]

1. Die Gründe für einen Umschwung der Beurteilung Assurs durch Jesaja nach der Darstellung von F. Wilke[7]

F. Wilke nennt drei Gründe, die seiner Ansicht nach zu einem Umschwung in der Beurteilung Assurs durch Jesaja führten:

a) Die veränderte Situation.

Mit der *erbarmungswürdigen Lage Judas im Jahr 701* war Jesajas Gerichtsankündigung (vgl. 6, 11) eingetroffen. Nachdem das Gericht eingetreten war, fragte es sich, »welche neue Weisung Jahwe seinem Propheten erteilen würde«[8].

b) Das Verhalten Judas.

Man kann zwar nicht annehmen, daß sich mit dem Regierungsantritt Hiskias ein radikaler außenpolitischer Wechsel vollzogen habe, »der etwa den prophetischen Weissagungen entgegengekommen wäre«[9]. Doch ist nicht ausgeschlossen, daß Jesaja der Reform des Hiskia und dem damit zusammenhängenden Abfall von Assur »keineswegs unsympathisch« gegenüberstand[10].

---

[4] Jes 10, 5—15; 14, 24—27; 31, 8 f.

[5] Anders z. B. S. Childs, Crisis, 39 (zu Jes 14, 24—27): »There ist no hint that the prophet has changed his mind concerning Assyria's role«. Ebenso Crisis 44 (zu Jes 10, 5—15): »What seems clear from this analysis is, that the theological understanding of Yahweh's plan has been the leading force in shaping the traditional material. There is no indication in the text that a rationale is being offered to explain a shift in the perspective of the prophet.«
Die Bedrohung Assurs resultiert nach B. S. Childs also nicht aus einer Meinungsänderung des Propheten, sondern ist im Plan Jahwes schon enthalten.
Auch H. Wildberger, 403, bemerkt: »Von einem Wandel im Urteil Jesajas über Assur zu sprechen, ist aber zum mindesten mißverständlich. Nie hat er Assur verherrlicht. Er braucht nichts von dem zurückzunehmen, sondern kann nur bestätigen, was seine frühere Botschaft über Assur war, nämlich daß es ›Rute‹ in Jahwes Hand sei.« Für H. Wildberger stellt also die Bedrohung Assurs keinen so grundsätzlichen Bruch in der Verkündigung Jesajas dar, daß die Bezeichnung »Wandel« gerechtfertigt wäre.

[6] F. Wilke, Jesaja und Assur, 96.

[7] F. Wilke, Jesaja und Assur, 96—120.

[8] F. Wilke, Jesaja und Assur, 104.

[9] F. Wilke, Jesaja und Assur, 108.

[10] F. Wilke, Jesaja und Assur, 108.

Auch von einer »epochemachenden Bekehrung des ganzen Volkes« kann nicht die Rede sein[11]. »Aber allerdings, ohne irgendwelche *Anknüpfungspunkte in dem sittlich-religiösen Verhalten des Volkes* würde eine Änderung des göttlichen Auftrages und damit eine Wendung in der Stimmung Jesajas ... schwerlich erfolgt sein«[12]. Solche Anknüpfungspunkte sieht F. Wilke darin, daß sich auf Grund der Wirksamkeit Jesajas ein »Kreis der treuen Jahweverehrer auf dem Zion«[13], eine »Schule Jesajas«[14] gebildet hatte, in der der Rest schon konkrete Gestalt annahm und sich »in der jesajanischen Gemeinde auf dem Zion zum guten Teil schon realisierte«[15].

c) Das Verhalten der Assyrer.

Die »eigentlichen Motive für den Umschwung in der Stellung Jesajas zu dem östlichen Weltreich« sind »in dem Verhalten Assyriens zu suchen«[16]. Dies begründet F. Wilke, indem er das *grausame und überhebliche Verhalten der Assyrer* schildert: Deportation oder Oberschicht; brutale Kriegsführung; Verherrlichung des Königs; Sanherib wollte »den unantastbaren Wohnsitz Jahwes wie die Kultstätten der übrigen Götter behandeln«[17].

Hier ist auch F. Wilkes Rekonstruktion der historischen Ereignisse von 701 zu nennen. Er folgt der Darstellung von II Reg 18, 13 ff. Danach forderte Sanherib zuerst von Hiskia einen Tribut, den dieser auch leistete. Dann jedoch verlangte der Assyrer trotzdem die Übergabe Jerusalems und entsandte eine Heeresabteilung zur Belagerung. Dieses Vorgehen mußte den Jerusalemern als eklatanter Treuebruch erscheinen[18]. »Als Sanherib daher seine geringschätzige Meinung von dem Gotte Israels auch noch öffentlich vor den Bewohnern Jerusalems proklamieren ließ (36, 20) und, sich in dünkelhafter Willkür über den Vertrag hinwegsetzend, trotz der enormen Tributleistung Hiskias seine Hand nach dem Zion ausstreckte, da stieg ein glühender Zorn in dem Herzen des Propheten auf.«[19] »Schon lange mögen die aus der Politik, der Kriegsführung, der Lebensauffassung der Großkönige sich herleitenden Reflexionen den Geist des Propheten beschäftigt und mit seiner alten Anschauung von der Bedeutung jenes Weltvolkes im Streite gelegen haben, bis er in der seine Gerichtspredigt abschließenden Krisis des Jahres 701, infolge des brutalen Auftretens der Assyrer und unter Berücksichtigung der in Juda vorhandenen Anknüpfungspunkte scheinbar, mit einer schroffen Wendung den Umschwung vollzog.«[20]

---

[11] F. Wilke, Jesaja und Assur, 108.
[12] F. Wilke, Jesaja und Assur, 104.
[13] F. Wilke, Jesaja und Assur, 111.
[14] F. Wilke, Jesaja und Assur, 110.
[15] F. Wilke, Jesaja und Assur, 111.
[16] F. Wilke, Jesaja und Assur, 120.
[17] F. Wilke, Jesaja und Assur, 119.
[18] F. Wilke, Jesaja und Assur, 90 f.
[19] F. Wilke, Jesaja und Assur, 119.
[20] F. Wilke, Jesaja und Assur, 120.

Diese drei Erfahrungen — die erbarmungswürdige Lage Judas, das Verhalten Judas und das Verhalten Assurs — führten bei Jesaja nach F. Wilkes Meinung nicht nur zu einem Umschwung von einer assurfreundlichen zu einer assurfeindlichen Haltung, sondern im Zusammenhang damit zu einem Wandel von Bedrohung Judas zur Tröstung und Unterstützung Judas und seiner antiassyrischen Politik. So sieht F. Wilke in Jes 18, das er in dieser Zeit ansetzt, »nicht die geringste Spur von Unzufriedenheit oder Empörung über die Bündnisverhandlungen mit jenem auswärtigen Volke«, nämlich mit Ägypten[21]. »Bei dem Tode Sargons 705 hatte der Prophet noch mit großer Entschiedenheit zu einer assyrischen Politik geraten, bei dem Einfall Sanheribs 701 ermuntert er seine Volksgenossen zum Ausharren und zum Widerstand gegen die fremden Bedrücker. Frühestens um 704, spätestens um 701 hat sich demnach der Umschwung in der Stellung des Propheten zu Assyrien vollzogen.«[22] Nach F. Wilkes Ansicht hatte also die Wandlung Jesajas zwei Seiten, die man abgekürzt »pro-judäische«[23] und die »anti-assyrische« Seite nennen könnte.

Doch lassen sich meines Erachtens gegen die Darstellung F. Wilkes einige schwerwiegende Bedenken vorbringen. Im folgenden werden zuerst Einwände aufgeführt, die sich gegen F. Wilkes Begründung der »pro-judäischen«, dann solche die sich gegen seine Begründung der »anti-assyrischen« Seite der Wandlung Jesajas erheben lassen.

2. Einwände gegen F. Wilkes Begründung der »pro-judäischen« Seite der Wandlung Jesajas

a) Die *erbarmungswürdige Lage Judas im Jahr 701* hat Jesaja durchaus nicht zu der Meinung veranlaßt, das angekündigte Gericht sei nun zu seinem Ziel und damit zu seinem Ende gekommen. Jesaja ist vielmehr der Meinung, daß das Volk selbst durch seine beharrliche Widerspenstigkeit Jahwe dazu zwinge, weiter zuzuschlagen, obwohl der Volkskörper schon so zerschunden ist, daß sich keine heile Stelle mehr finden läßt (vgl. Jes 1, 4—9).

b) Eine *positive Änderung im Verhalten Judas,* die ihn zu einer projudäischen Wendung in seiner Verkündigung veranlaßt haben könnte, hat Jesaja nach seinen eigenen Aussagen nicht wahrgenommen[24]. Das Volk geht seinen jahwefeindlichen Weg weiter (Jes 1, 5 »sie beharren in der Abwendung«), den Ruf Jahwes hat es auch in letzter Stunde noch total mißverstanden (Jes 22, 12: »Und der Herr rief . . .«), das Vertrauen wird nach wie vor falsch bezogen (Jes 22, 9) und deshalb gilt: »Diese Schuld wird euch gewiß nicht vergeben werden bis zu eurem Tod.«[25]

---

[21] F. Wilke, Jesaja und Assur, 87.

[22] F. Wilke, Jesaja und Assur, 95.

[23] Diese Bezeichnung schließt eine Befürwortung der antiassyrischen Politik Hiskias ein.

[24] Vgl. hierzu auch W. A. Irwin, The Attitude of Isaiah in the Crisis of 701.

[25] Jes 22, 14.

c) Eindeutig scheinen mir die Dinge schließlich bei einem letzten Einwand gegen F. Wilkes Interpretation zu liegen: *Daß Jesaja im Jahr 701 die judäische Bündnispolitik gutgeheißen hat*[26], *halte ich für ausgeschlossen*, wie ich überhaupt *für eine pro-judäische Wendung Jesajas keine Anhaltspunkte* sehe. Das Urteil über Judas Politik ist auch 701 noch vernichtend wie wieder Jes 22, 1—14 zeigt (vgl. auch Jes 1, 4—9 und 32, 9—14). Eine judafreundliche Einstellung Jesajas schließen gerade diese letzten Äußerungen Jesajas aus[27]. Sie scheint F. Wilke übersehen zu haben[28], wenn er im Hinblick auf Judas Verhalten im Jahr 701 schreibt: »Es war ein Schauspiel, das fraglos alle Gemüter in Spannung versetzte, als das kleine Jerusalem, im Vertrauen auf das Wort seines Propheten, den kategorischen Forderungen des Großkönigs zu trotzen wagte, und es war ein Tag von unermeßlicher Bedeutung für die Geschichte Judas und der israelitischen Religion, als die Belagerungsarmee unter dem Gelächter Jerusalems unverrichteter Sache wieder von dannen zog.«[29] Das Gelächter Jerusalems scheint in der Tat unbeschreiblich gewesen zu sein (Jes 22, 1 f.), aber der Prophet konnte nicht in es einstimmen. Für ihn stellte sich die Situation anders dar (Jes 22, 2 b f.), deshalb auch seine befremdlich andersartige Reaktion:

Jes 22, 4: Deshalb sage ich: Blickt weg von mir!
Bitter muß ich weinen.
Müht euch nicht, mich zu trösten
über den Untergang der Tochter meines Volkes!

Dagegen, daß Jesaja am Ende seiner Verkündigungstätigkeit die judäisch-ägyptische Bündnispolitik gutgeheißen habe, steht überdies die Erwägung, daß sie in seinen Augen einen Vertrauensbruch mit Jahwe darstellte[30], der durch die Brutalität der Assyrer nicht aus der Welt geschafft werden konnte.

3. Einwände gegen F. Wilkes Begründung der »anti-assyrischen« Seite der Wandlung Jesajas

Den Grund für die »anti-assyrische« Seite der Wandlung Jesajas sieht Wilke in dem »brutalen Auftreten der Assyrer«[31]. Auch hiergegen erheben sich Bedenken:

---

[26] F. Wilke, Jesaja und Assur, 120.

[27] Vgl. W. Staerk, Weltreich, 87: Der Prophet, der Jes 30, 8—17 und 22, 14 gesprochen hat, »kann unmöglich seine Volksgenossen durch göttliche Verheißung in ihrer Opposition gegen Assur bestärkt haben und selbst schließlich nach der wunderbaren Rettung Jerusalems in jauchzenden Spott über den gedemütigten (!) Prahler ausgebrochen sein.«

[28] Auch W. Staerk, Weltreich, 212 Anm. 1 zu S. 87, stellt fest, daß F. Wilke an Jes 22, 1—14 »ohne eine Bemerkung« vorübergeht.

[29] F. Wilke, Jesaja und Assur, 120.

[30] Vgl. in der vorliegenden Arbeit die Interpretationen von Jes 30, 1—5 (S. 113—117), Jes 30, 6 f. (S. 117—122) und Jes 31, 1—3 (S. 122—130).

[31] F. Wilke, Jesaja und Assur, 120.

a) Das Hauptargument gegen diese Erklärung der Drohworte gegen Assur liefert der schon mehrfach herangezogene Text Jes 22, 1—14. Die Belagerung Jerusalems wird hier nicht als überhebliche Eigenmächtigkeit Assurs dargestellt — Assur selbst wird überhaupt nicht genannt —, sondern als Tat Jahwes, was die Judäer freilich nicht sehen wollten:

(8 b) Du aber blicktest an jenem Tag
auf die Waffen im Waldhaus.
(9 a) Und die Risse der (Mauer der) Davidsstadt,
die saht ihr, weil sie zahlreich waren.
(11 b) Aber nicht blicktet ihr auf den, der es tat,
und den, der es seit langem bereitet hatte,
den saht ihr nicht!
(Jes 22, 8 b.9 a.11 b).

Im selben Text stellt Jesaja den Sturm auf Jerusalem als Tag Jahwes über Juda dar (Jes 22, 5). Ist es denkbar, daß Jesaja ein und dasselbe Ereignis zugleich als Tag und Tat Jahwes und als Eigenmächtigkeit Assurs verstand?

b) Ist es wahrscheinlich, daß Jesaja erst jetzt von der Brutalität der Assyrer, von ihrem Weltherrschaftsanspruch und von ihrem Selbstbewußtsein erfuhr, nachdem er sie seit 734/33 immer wieder aus nächster Nähe erlebt hatte?[32]

Wir haben bisher nur Bedenken zusammengetragen. Zunächst Bedenken gegen die Gründe, die zu einer pro-judäischen Haltung Jesajas geführt haben sollen. Dann aber auch Bedenken gegen die Gründe, die für das Entstehen der assurfeindlichen Haltung des Propheten verantwortlich gemacht werden. Damit stehen wir vor der Frage, warum Jesaja denn dann den Assyrern Unheil androhte.

Unter besonderer Berücksichtigung dieser Frage sollen nun die Worte Jesajas gegen Assur analysiert werden. Es besteht Aussicht, damit zugleich einer Beantwortung der Frage nach der Rolle Assurs näherzukommen. Denn in dem Grund der Bedrohung wird sichtbar, wodurch ein bestimmtes Volk in einer konkreten Situation für Jesaja charakterisiert ist. Die Beurteilung eines Volkes liegt seiner Bedrohung zugrunde und wird deshalb dann faßbar, wenn man den Grund für die Bedrohung zu Gesicht bekommt.

---

[32] Tatsächlich scheint Sanherib seine Vorgänger an Grausamkeit noch übertroffen zu haben. Doch gilt dies vor allem für seine Aktionen gegen Babylon, die in die Zeit nach 701 fallen (vgl. dazu W. v. Soden, Herrscher im Alten Orient, 110 f.; vgl. auch W. Staerk, Weltreich, 105—116 und C. P. Tiele, zitiert bei W. Staerk, Weltreich, 115). Daß Jesaja erst im Jahr 701 von der grausamen Kriegsführung der Assyrer erfahren habe, hält auch W. A. Irwin, The Attitude of Isaiah in the Crisis of 701, 409, für unwahrscheinlich: »Both Budde and Kittel make much of the pride of Assyria and her cruelty, so apparent to Isaiah now that they were operative in Judah. But surely he did not learn these first as a saddening and revolutionary fact only when the long expected invasion of his land was at last an actuality. A man of his intelligence and knowledge of affairs must have been long familiar with them.«

II. Analyse der Worte Jesajas gegen Assur mit besonderer Berücksichtigung der Frage nach Jesajas Kritik an Assur

Jes 10, 5—6 a.7 a.13—15 + 14, 24—25 a.26—27[1]

(5) Weh' dem Assyrer[2],
dem Stock meines Zorns und dem Stab (. . .)[3] meines Fluchs!
(6 a)[4] Zu einem gottlosen Volk entsandte ich ihn,
und gegen das Volk, das mein Zorn traf, bot ich ihn auf.
(7 a)[5] Er jedoch[6] — er war nicht darauf bedacht.
Und sein Sinn[6] — nicht darauf war er gerichtet.
(13)[7] Denn er sprach:
Mit eigener Kraft habe ich es vollbracht
und mit meiner Weisheit, denn ich bin klug.
Ich riß nieder[8] die Grenzen der Völker
und nahm ihre Schätze[9] zum Raub,
stieß[8] herab wie ein Held die Herrscher[10].

---

[1] Der Einfachheit halber wird im folgenden auf Jes 14, 24.25 a.26.27 durch die Angabe Jes 14, 24—27 verwiesen.

[2] Von Assur wird in den folgenden Versen wie von einer Person gesprochen: Assur denkt, plant, sagt usw. Möglicherweise hat Jesaja den assyrischen König im Blick (so z. B. K. Marti; B. Duhm; O. Procksch; O. Kaiser; G. Fohrer I; W. Eichrodt I).

[3] *hû' bᵉjadam* ergibt zumindest an dieser Stelle des Satzes keinen Sinn.
LXX glättet den Text: Οὐαὶ 'Ασσυρίοις · ἡ ῥάβδος τοῦ θυμοῦ μοῦ καὶ ὀργῆς ἐστιν ἐν ταῖς χερσὶν αὐτῶν.
ză'mî wird von LXX in v. 6 nochmals übersetzt und zwar als Objekt zu *'ᵃšăllᵉḥænnû.*
Ich streiche *hû' bᵉjadam* und lese bei *măṭṭē* den st. cs.

[4] Zur Auslassung von v. 6 b vgl. unten S. 45—47. LXX, die in Jes 10, 5—15 mehrmals vom MT abweicht, bringt in v. 6 die Bedrohung eines nichtisraelitischen Volkes zum Ausdruck. Dies ist nach J. L. Seeligmann, The Septuagint Version of Isaiah, 87 f., durch die Situation der Makkabäerzeit verursacht.

[5] Zur Auslassung von v. 7 b vgl. unten S. 45—47.

[6] Die Übersetzung versucht die Struktur des hebräischen Satzes wiederzugeben. Ähnlich Hans Schmidt, Die großen Propheten, 105: »Aber er — so denkt er es sich nicht«.

[7] Zur Auslassung von v. 8—12 vgl. unten S. 44—45.

[8] Mit den meisten Auslegern lese ich bei *wa'asîr* und *wa'ôrîd* Narrative (in Analogie zu v. 14). LXX übersetzt futurisch.

[9] Das Nomen *'atîd* läßt sich als nomen derivatum von *'td* verstehen. Eine Änderung des K ist also nicht nötig. Die Bedeutung »Güter, Reichtum« (so W. Gesenius, Wörterbuch, 630.) oder »Vorräte, Staatsschatz« (so KBL 784) bleibt allerdings unsicher.

[10] Der letzte Stichos von v. 13 ist möglicherweise Zusatz. Im Rahmen der vorliegenden Arbeit kann auf eine Erörterung dieser Frage wie auch der verschiedenen Textänderungsvorschläge verzichtet werden.

(14) Meine Hand griff wie in ein Nest
nach dem Reichtum der Völker.
Wie man sammelt verlassene Eier —
die ganze Erde: ich sammelte sie[11].
Da war keiner, der schlug mit dem Flügel,
der den Schnabel aufriß und piepste.
(15) Rühmt sich die Axt gegen den, der mit ihr schlägt,
oder überhebt sich die Säge über den, der sie zieht?
Als schwänge der Stock den[12], der ihn[12] hochhebt!
Als höbe der Stab den, der nicht Holz ist!
(24)[13] Geschworen hat Jahwe Zebaoth: Gewiß!
Wie ich dachte, so soll es[15] geschehen!
Wie ich plante, so soll[14] sich's[15] ereignen!
(25 a)[16] Ich will[17] Assur zerbrechen in meinem Land,
auf meinen Bergen will ich es zertreten!

---

[11] Die deutsche Übersetzung versucht die Struktur des hebräischen Satzes wiederzugeben.

[12] Mit 9 Handschriften und den meisten Texteditoren und Kommentatoren streiche das *w*ᵉ vor *'æt* und lese *m*ᵉ*rîmô* (sg.) statt *m*ᵉ*rîmajw* (pl.).

[13] Zur Verbindung von Jes 14, 24—27 mit Jes 10, 5—7.13—15 vgl. unten S. 47 f.

[14] Als störend wurde von manchen das pf. *hajatā* empfunden, dem im Parallelstichos ein impf. *(taqûm)* entspricht. O. Procksch und J. Fichtner, Jahwes Plan, 34 Anm. 32, ändern mit LXX (ἔσται) in *tihjæ*. Doch läßt sich auch eine pf.-Form futurisch verstehen (vgl. das sog. pf.-propheticum). »Nicht selten wechselt mit solchen Perfectis im parallelen Gliede oder im weiteren Verlauf der Rede das Imperfectum ab« (GK § 106 n). Leider nennt GK keine Belege.
Die Bestimmtheit der Aussage kann im Deutschen durch den Jussiv zum Ausdruck gebracht werden.

[15] »Es« ist im Deutschen zu ergänzen.

[16] Mit B. Duhm; J. Fichtner, Jahwes Plan, 34 Anm. 33; G. Fohrer I u. a. halte ich v. 25 b für sekundär. Die entscheidenden Gründe sind: Der Bezug der Suffixe von *me'*ᵃ*lêhæm* und *šikmô* ist unklar. Zudem stört das Nebeneinander eines sg.- und eines pl.-Suffixes. Die Wörter *'ol* und *sobæl* begegnen außer in dem umstrittenen Text Jes 9, 1—6 nur noch in nichtjesajanischen Stücken (genauer Nachweis bei J. Vollmer, Zur Sprache von Jes 9, 1—6, 347).
Das Gericht über ein anderes Volk ist in v. 25 b als Heil für Juda interpretiert. Die Zusammenstellung von Drohwort gegen Assur und Verheißung für Juda findet sich außer in Jes 30, 27—33 nur noch in eindeutig nichtjesajanischen Texten (10, 24 ff.; 26, 20 ff.; 30, 23 ff. Vgl. B. S. Childs, Crisis, 47 f.).
K. Marti hält Jes 14, 24—27 insgesamt für nichtjesajanisch. Aber er sieht meines Erachtens zu Unrecht in diesen Versen die Ankündigung eines eschatologischen Weltgerichts.

[17] Durch *lišbor* wird die Richtung angegeben, in die Jahwes Plan zielt. Der syntaktische Anschluß an das Vorhergehende ist allerdings nicht ganz klar.
Im Deutschen gibt man den inf. am besten durch eine finite Verbform wieder (so

(26) *Dies* ist der über die ganze Erde gefaßte Plan!
Und *dies* ist die über alle Völker ausgestreckte Hand!
(27) Denn Jahwe Zebaoth hat's geplant —
wer will es vereiteln?
Und seine Hand ist es, die ausgestreckt ist[18] —
wer will sie zurückbiegen?

1. Zur Literarkritik

Die literarkritische Analyse kann in diesem Rahmen nicht in extenso vorgeführt werden. Begründet werden müssen jedoch drei Eingriffe in den MT, die für das Verständnis der Texteinheit hinsichtlich der uns hier leitenden Fragestellung (Kritik Jesajas an Assur) von Bedeutung sind:

a) die Auslassung von v. 6 b und v. 7 b.
b) die Auslassung v. 8—12.
c) die Verbindung von Jes 10, 5.6 a.7 a.13—15 mit Jes 14, 24—27.

Nachdem in v. 5 und 6 die den Assyrern von Jahwe zugedachte Funktion beschrieben wurde, stellt v. 7 a fest, daß Assurs eigene Gedanken und Pläne damit nicht in Einklang stehen. Dieses Urteil fordert eine Begründung. Tatsächlich werden v. 7 b, v. 8—12 und v. 13—14 mit *kî* eingeleitet[19] und dadurch in ein begründendes Verhältnis zu v. 7 a gesetzt. Ob diese drei Abschnitte zusammengehören und als ganzes die ursprüngliche Fortsetzung von v. 7 a bilden — eine dreifach ansetzende Begründung dieses Verses — ist nun zu untersuchen.

z. B. G. Fohrer I und H. Donner, Israel, 145; vgl. auch die Fortsetzung des hebräischen Textes).

[18] Die ungewöhnliche Konstruktion des Nominalsatzes *w^{e}jadô hănn^{e}ṭûjā* (Artikel beim Prädikat!) bringt präzise zum Ausdruck, worauf es Jesaja ankommt: »Seine (Jahwes) Hand ist die ausgestreckte!«, nicht die des Assyrers, der meint, dem Zugriff seiner Hand sei nichts in der Welt entzogen (Jes 10, 14).
Syntaktische Parallelen zu *jadô hănn^{e}ṭûjā* liegen z. B. in Ex 9, 27 Dtn 4, 3 und I Reg 3, 22 f. (vgl. C. Brockelmann, Syntax § 25 a). Zwei Beispiele seien genannt:
Ex 9, 27 Pharao sagt zu Mose und Aaron: *jhwh hăṣṣăddîq wă'^{a}nî w^{e}'ămmi har^{e}šaʿîm.*
Dtn 4, 3 *ʿênêkæm haro'ôt ʿet '^{a}šær ʿaśā jhwh b^{e}băʿăl p^{e}ʿôr.*
In allen diesen Fällen erhält das Subjekt durch die Hinzufügung des Artikels zum Prädikat eine starke Betonung. Dies gilt auch für Jes 14, 27. Die Struktur des hebräischen Satzes wird zerstört, wenn man den Artikel bei *hann^{e}ṭûjā* streicht (so z. B. J. Fichtner, Jahwes Plan, 34 Anm. 34 und H. Donner, Israel, 146). Ebensowenn ist es nötig, mit GK § 116 g und 126 k *hănn^{e}ṭûjā* als Subjekt zu verstehen. (GK übersetzt trotzdem: »*seine* Hand ist die ausgestreckte«).

[19] Zur Parallelität von v. 7 b, v. 8—12 und v. 13 f. vgl. K. Marti.

a) Die ursprüngliche Nichtzugehörigkeit von Jes 10, 8—12 zu der mit Jes 10, 5 f. beginnenden Einheit.[20]

α) Jes 10, 8—12 stellen keine Begründung des Urteils von v. 7 a dar.

Von einer Begründung des in v. 7 a gefällten Urteils ist zu erwarten, daß sie die Vorstellungen und Pläne Assurs in ihrer Gegensätzlichkeit zu v. 5 f. darstellt. Wurde in v. 5 f. gesagt, was Assur nach Jahwes Willen sein und tun sollte, so müßte die Begründung von v. 7 a dem entgegenstellen, was Assur selbst sein und tun wollte. Dies geschieht jedoch in v. 8—12 nicht. In diesen Versen werden dem Assyrer nicht falsche Selbsteinschätzung[21] und Ungehorsam gegen Jahwes Willen zur Last gelegt, sondern ein doppelter theologischer Irrtum: Der Assyrer stellt Jahwe mit den Götzen und Jerusalem mit den übrigen Stadtstaaten auf eine Stufe[22].

β) Der Abschnitt Jes 10, 8—12 ist in sich selbst uneinheitlich.

Auch in sich ist der Abschnitt Jes 10, 8—12 nicht einheitlich. Auf die inhaltliche Verschiedenheit von v. 8 und v. 9—11 wurde schon hingewiesen[23].

Aus der Aufzählung der eingenommenen Städte in v. 9 wird in v. 11 b die Konsequenz gezogen: wie es jenen Städten erging, so wird es auch Jerusalem ergehen. Die Überleitung von v. 9 zu v. 11 b könnte in v. 10 a oder in v. 11 a vorliegen. Diesen Zusammenhang unterbricht der parenthetisch eingefügte v. 10 b mit der Bemerkung, daß die heidnischen Städte mehr Götterbilder hatten als Samaria und Jerusalem. Während Samaria in v. 9 mit den vorher genannten Städten in einer Linie steht, stellt v. 10 b Samaria mit Jerusalem zusammen den heidnischen Städten gegenüber[23a]. Eine ursprüngliche Zusammengehörigkeit von v. 10 b mit v. 9 und v. 11 ist deshalb nicht anzunehmen. Da v. 10 b auch nicht für sich existiert haben kann, sondern nur in der Verbindung mit v. 9 verständlich ist, kann man in ihm einen Zusatz zu v. 9 und 11 sehen.

V. 12 ist syntaktisch uneinheitlich, da v. 12 a von Jahwe in der 3. Person redet, in v. 12 b dagegen Jahwerede (1. Person) vorliegt. Im Gegensatz zu v. 9

---

[20] Vgl. Hans Schmidt, Die großen Propheten, 105 f.; M. Löhr: Jesaias-Studien II, 212—214; W. Eichrodt.

[21] Eine solche könnte man höchstens in v. 8 ausgedrückt finden, einer Äußerung indirekten Selbstruhms des assyrischen Königs. Doch wird das Thema dieses Verses in v. 9—12 nicht beibehalten, sondern erst in v. 13 wieder aufgegriffen. Deshalb ist anzunehmen, daß v. 8 in keinem ursprünglichen Zusammenhang mit v. 9—12 stand. Aber auch eine Zugehörigkeit von v. 8 zu v. 13 f. ist nicht wahrscheinlich, weil der Selbstruhm des Assyrers hier und dort recht verschiedene Gestalt hat: in v. 8 rühmt sich der Assyrerkönig seiner unvergleichlichen Stellung, für die selbst Könige nur Beamten sind; v. 13 f. rühmt er sich seiner Taten. Ohne den hypothetischen Charakter dieser Entscheidung zu übersehen, nehme ich deshalb an, daß v. 8 von einem Redaktor zugefügt wurde.

[22] Für national-religiöses Denken ist auch der letztere ein theologischer Irrtum.

[23] Vgl. oben S. 44 Anm. 21.

[23a] Vgl. G. B. Gray zu Jes 10, 11.

und 11 ist v. 12 in Prosa gehalten. Dies spricht gegen eine ursprüngliche Zusammengehörigkeit von v. 9 und 11 mit v. 12.

γ) Für einige Stücke des Abschnittes Jes 10, 8—12 läßt sich nichtjesajanische Herkunft wahrscheinlich machen.

Im Vorhergehenden wurde nachzuweisen versucht, daß Jes 10, 8—12 weder in sich einheitlich ist, noch die ursprüngliche Fortsetzung der mit Jes 10, 5 beginnenden Einheit enthalten. Damit ist die Frage der Verfasserschaft der in Jes 10, 8—12 zusammengestellten Stücke noch nicht entschieden. Gegen jesajanische Herkunft von v. 9—11 spricht, daß hier der Feind des Volkes als Lästerer Jahwes charakterisiert wird. Diesen Zug hat Childs genauer untersucht[24]. Als frühesten Beleg nennt er I Sam 17, 45, wo eine Verhöhnung Israels als Gotteslästerung interpretiert wird[25]. Für die prophetischen Texte[26] stellt B. S. Childs fest: »The interesting factor is that in the great majority of cases the words of enemy are simply words of self-aggrandisement and arrogance ... Yet these words are interpretated as direct blasphemy against Yahwe.«[27] Erst in nachexilischen Texten fällt der Unterschied zwischen dem Selbstruhm des Feindes und der Deutung als Gotteslästerung weg. Jetzt enthält die Feindesrede selbst »a frontal attack on Yahwe himself.«[28] Dies findet sich auch in Jes 10, 11 und in II Reg 18, 28—35 par. Jes 36, 14—20, was im Fall von Jes 10, 11 wohl gegen jesajanische Herkunft spricht. Da v. 11 mit v. 9 zusammenhängt, gilt dies Urteil auch für Jes 10, 9. Streicht man[29] außer v. 10 b auch *wᵉlæʾᵅᵉlîlǣha* (v. 11 a) und *wᵉlăʿᵅṣăbbǣha* (v. 11 b), so kann man in v. 9 und 11 ein aus einem anderen Zusammenhang genommenes Wort Jesajas sehen. Ein sicheres Urteil ist hier natürlich nicht mehr zu erreichen.

Da v. 10 b von v. 9 abhängig ist, stammt auch er nicht von Jesaja. Ob v. 8 und v. 12 (teilweise oder ganz) von Jesaja gebildet wurden, läßt sich meines Erachtens nicht mehr entscheiden.

b) Die ursprüngliche Nichtzugehörigkeit von Jes 10, 6 b.7 b zu der mit Jes 10, 5 beginnenden Einheit.

Das entscheidende Argument gegen die Zugehörigkeit von v. 6 b und v. 7 b zu der mit Jes 10, 5 beginnenden Einheit liegt meines Erachtens darin, daß v. 5.6 a.7 a.13.14 eine klarer strukturierte Einheit bilden als v. 5—7 b.13.14.

Eine aus v. 5.6 a.7 a.13.14 bestehende Texteinheit weist folgende Struktur auf:

---

24 B. S. Childs, Crisis, 88 f.

25 Dabei ist allerdings zu bedenken, daß die predigtartige Rede Davids in I Sam 17, 45—47 kaum zum ursprünglichen Bestand der Erzählung gehören dürfte (vgl. jetzt auch H. J. Stoebe, Das erste Buch Samuelis, 339).

26 B. S. Childs nennt Ez 27, 3 ff.; 28, 2 ff.; 35, 10 ff. Jer 46, 8; 48, 28 ff. Ob 1, 3 ff.

27 B. S. Childs, Crisis, 88.

28 B. S. Childs, Crisis, 89, nennt Dan 3, 15; 5, 23; 7, 25; 8, 25; 11, 36.

29 Mit B. S. Childs, Crisis, 42 f.

v. 5—6 a Bestimmung und Aufgabe Assurs nach dem Willen Jahwes:
- a) Assur soll Werkzeug sein (v. 5).
- b) Als solches soll es sich gegen das Volk einsetzen lassen, dem Jahwes Zorn gilt (v. 6 a).

v. 7 a Urteilende Feststellung: Assurs Gedanken und Ansichten entsprechen nicht dem Willen Jahwes.

v. 13.14 Begründung des Urteils von v. 7 a:
- a) Der Assyrer wollte in Eigenmächtigkeit und Selbstherrlichkeit handeln (nicht als Werkzeug Jahwes).
- b) Er wollte die ganze Welt »einsammeln« (nicht ein von Jahwe bestimmtes Volk bekriegen).

V. 5.6 a und v. 13 f. stehen also im Verhältnis negativer Entsprechung zueinander. Damit begründen v. 13 f. das Urteil von v. 7 a.

Sollte v. 6 b doch zum ursprünglichen Bestand gehören, so könnte man das »Einsammeln« als die assyrische Perversion des Auftrags von v. 6 b verstehen[30], und man könnte dabei an die assyrische Praxis denken, Volkskörper durch Deportationen zu zerschlagen und dadurch diese Völker dem eigenen Reich einzuverleiben[31]. Doch spricht gegen eine ursprüngliche Zugehörigkeit von v. 6 b zur Einheit meines Erachtens das Metrum (4 + 4; in den übrigen Versen meist 3 + 3), und gegen die Herkunft von Jesaja der wortstatistische Befund[32].

In der Einheit Jes 10, 5.6 a.7 a.13.14 sind — wie oben gezeigt wurde — den beiden Aussagen Jahwes über Assurs Funktion und Aufgabe zwei Aussagen des Assyrerkönigs über sich selbst und seine Taten gegenübergestellt. Beide Aussagenpaare sind getrennt und verbunden zugleich durch das Urteil von v. 7 a. Dieser Aufbau wird durch v. 7 b meines Erachtens gestört. V. 7 b + v. 13.14 enthalten folgende Gedanken:

- a) Der Assyrer will vernichten und ausrotten (im Gegensatz zu dem Auftrag v. 6 b).
- b) Er will dies mit »nicht wenigen Völkern« tun (im Gegensatz zu dem Auftrag v. 6 a).
- c) Er fühlt sich in seinem Tun eigenmächtig und selbstherrlich (im Gegensatz zu den Aussagen v. 5).

---

[30] Vgl. die Bedeutung von *'sp* in Hos 4, 3.

[31] Vgl. H. Donner, Israel, 2 f.

[32] Die Wendung *šll šalal* findet sich nur noch Ez 29, 19; 38, 12 f. (beidemale neben *bzz băz*). Das Verb *šll* ist im AT 12 × belegt, und zwar je 1 × bei Jes, Jer, Sach, Ruth; 2 × bei Hab; 6 × bei Ez.
bzz băz findet sich noch Jes 33, 23 Ez 38, 12 f.; 29, 19. II Chr 25, 13 steht *bzz bizzā*. Auch das Verb *bzz* allein erscheint überwiegend in jüngeren Texten. Von 37 Belegen im ganzen finden sich außer Jes 10, 2.6 je 5 in Ez und II Chr, je 3 in Jes (sekundäre Texte), Num, Dtn, Jos, je 2 in Gen, Jer, Dtjes, Est, je 1 in I Sam, II Reg, Nah, Zeph, Ps.

d) Er will die Völker der ganzen Welt »einsammeln« (im Gegensatz zu v. 6 a).

Die Symmetrie zwischen v. 5—6 a und v. 13—14 wird also zerstört, indem v. 7 bβ inhaltlich Parallele zu v. 13 b.14 ist und damit zweimal ein Gegenstück zu v. 6 a geboten wird[32a].

Vermutungsweise könnte man sich folgenden Grund für die Einfügung von v. 7 b vorstellen: Ein erster Redaktor fügte den Auftrag v. 6 b ein, dessen assyrische Überschreitung er in dem »Einsammeln« (v. 14) sah. Ein zweiter Redaktor verstand diese Opposition nicht, vermißte also ein Gegenstück zu v. 6 b und schob deshalb v. 7 b ein[33].

c) Die Verbindung von Jes 10, 5.6 a.7 a.13—15 mit Jes 14, 24—27[34].

Jes 10, 5.6 a.7 a.13—15 und Jes 14, 24—27 ergänzen einander formal. Während Jes 10, 5.6 a.7 a.13—15 zwar mit einem drohenden »wehe« beginnen, jedoch ohne Drohwort bleiben, ist Jes 14, 24—27 ein Drohwort ohne begründendes Scheltwort. Es liegt nahe, in Jes 14, 24—27 das zu Jes 10, 5.6 a.7 a.13—15 gehörende Drohwort zu sehen[35].

Dies legen auch inhaltliche Beziehungen zwischen beiden Texten nahe. In beiden werden Aussagen gemacht, die »die Völker« (10, 13.14), »alle Völker« (14, 26), »die ganze Erde« (10, 14; 14, 26) betreffen. Hatte der Assyrerkönig im Sinn, mit eigener Kraft die ganze Welt zu erobern (10, 13 f.), so verkündigt Jesaja einen ganz anderen Plan, der alle Völker angeht (14, 26). Hatte der Assyrer davon gesprochen, daß er ungehindert seine Hand nach der ganzen

32a Obwohl ich v. 6 b und 7 b für spätere Zusätze zu der Einheit halte, übersehe ich nicht, daß völlige Sicherheit in diesem Punkt nicht zu erreichen ist. Wenn deshalb im folgenden aus der Einheit Jes 10, 5.6 a.7 a.13—15 + 14, 24—27 Konsequenzen für das Thema dieser Arbeit gezogen werden, soll immer auch gefragt werden, ob sich an ihnen etwas ändern würde, wenn v. 6 b und 7 b doch zur Texteinheit gehörten.

33 M. Löhr, Jesajas-Studien II, 212—214, hält nur v. 6 b für einen Zusatz, der deshalb stört, weil er nicht den zu erwartenden Gegensatz zu v. 7 b enthält. Gegen dieses Verständnis scheint mir zu sprechen, daß es die Annahme impliziert, der Redaktor habe nicht die sprachlichen Fähigkeiten besessen, einen Gegensatz zu v. 7 b zu formulieren, obwohl er einen solchen zum Ausdruck bringen wollte.

34 Vgl. T. K. Cheyne, Einleitung, 79 f.; J. Fichtner, Jahwes Plan, 34 f.

35 Daß ein Schwur Jahwes das auf ein Scheltwort folgende Drohwort einleiten kann, zeigen zwei der drei Jahweschwüre, die wir bei Amos finden: Am 4, 2 und 8, 7 leitet die Schwurformel ein Drohwort nach vorausgehendem Scheltwort ein; Am 6, 8 steht isoliert und ist möglicherweise ein Bruchstück, also in der jetzigen Form keine selbständige Einheit. Die Amostexte sind die einzigen Worte in der Form eines Jahweschwures, die wir — außer Jes 14, 24 ff. — aus dem 8. Jhd. haben. In späteren Texten finden sich Jahweschwüre in folgenden Zusammenhängen: als Einleitung eines Heilswortes: Jes 45, 23; 54, 9; 62, 8, im Rückblick auf einen früheren Schwur Jahwes: Jer 11, 5 Ez 16, 8 Mi 7, 20, im Drohwort: Jer 22, 5; 44, 26; 49, 15; 51, 13.

Welt ausgestreckt habe (10, 13 f.), so weist Jesaja auf Jahwes Hand, die über alle Völker ausgestreckt ist (14, 26 f.)[36]. Die parallelen Wendungen in Jes 14, 26 f. einerseits und Jes 10, 13 f. andererseits zeigen, daß Jes 14, 26 f. eine polemische Spitze haben: Jahwes Plan — nicht der des Assyrers — hat Gültigkeit; Jahwes Hand — nicht die des Assyrers — bleibt ausgestreckt. In der Negation ist 14, 24—27 auf 10, 5.6 a.7 a.13—15 bezogen. Ich sehe deshalb keine »inhaltlichen und formalen Bedenken«[37] gegen eine Verknüpfung von Jes 10, 5.6 a.7 a.13—15 mit Jes 14, 24—27.

2. Struktur der Einheit Jes 10, 5.6 a.7 a.13—15 + 14, 24—27

Die Einheit gliedert sich in 3 Teile:

10, 5.6 a Die Bestimmung Assurs nach dem Willen Jahwes.
10, 7 a.13.14 Assurs eigene Gedanken.
14, 24—27 Ankündigung des Gerichts Jahwes über Assur.

Zwischen Teil 2 und Teil 3 ist ein Zwischengedanke eingeschaltet (10, 15), der durch einen Vergleich die Absurdität der Rede des Assyrerkönigs bewußt macht und damit zugleich das Drohwort vorbereitet[38].

Von den drei Teilen der hier besprochenen Einheit enthält der folgende Teil jeweils die Negation des vorhergehenden: Der Assyrerkönig lehnt in seiner Rede (10, 13 f.) die ihm von Jahwe zugedachte Bestimmung (10, 5.6 a) ab. Er will nicht als Werkzeug (10, 5), sondern eigenmächtig handeln (10, 13 a); und er will nicht ein bestimmtes Volk[39] unterwerfen (10, 6 a), sondern die ganze

---

[36] Vgl. J. Fichtner, Jahwes Plan, 35.

[37] H. Donner, Israel, 146.

[38] V. 15 wurde von manchen Kommentatoren teilweise oder ganz als Zusatz betrachtet (z. B. T. K. Cheyne, Einleitung, 50; B. Duhm; K. Marti; H. Donner, Israel, 143; H. Wildberger). Doch finden sich noch in mehreren Jesajatexten derartige Zwischengedanken, die — teilweise geradezu an den gesunden Menschenverstand appellierend — zu einer Beurteilung des vorher gescholtenen Verhaltens anleiten und auf diese Weise das Drohwort vorbereiten. Mit Jes 10, 15 ist vor allem Jes 31, 3 a verwandt:
Aber Ägypten ist Mensch und nicht Gott,
ihre Pferde sind Fleisch und nicht Geist.
Von dieser Selbstverständlichkeit her soll das in Jes 31, 1—2 geschilderte Vertrauen Judas auf Ägypten betrachtet werden.
Zu vergleichen ist auch Jes 28, 16: Auf dem Hintergrund des Schutzangebotes Jahwes (28, 16) muß die Sicherheit der Führer Judas gesehen werden. Dann erst wird sie als Ablehnung Jahwes erkannt.

[39] Wer mit »gottloses Volk« und »Volk meines Zorns« (v. 6) gemeint ist, läßt sich meines Erachtens nicht mehr sicher entscheiden. Auch die Meinungen der Kommentatoren gehen auseinander. Nach O. Procksch ist bei den Ausdrücken an das Nordreich zu denken. H. Donner, Israel, 144, scheint »gottloses Volk« auf Israel, »Volk meines Zorns« auf Juda zu beziehen. B. Duhm, G. Fohrer I u. a. sehen schließlich in v. 6 eine allgemeiner gehaltene Aussage: »Jedes Mal, wenn Jahwe einem Volk zürnt, sollte Assur es strafen.« (So B. Duhm).

Welt erobern. Der schon seiner syntaktischen Struktur nach sehr auffällige Satz, in dem die Rede des assyrischen Königs gipfelt, bringt nochmals beides in äußerster Kürze zum Ausdruck: »Die ganze Erde: ich sammelte sie« (10, 14). Ungewöhnlich ist an diesem Satz die Voranstellung des Objekts[40]. Außerdem wird das Subjekt (»ich«) mit einem Akzent versehen, da es nicht nur durch die Verbform, sondern zusätzlich durch das Personalpronomen ausgedrückt wird[41].

Der dritte Teil der Einheit (14, 24—27) enthält die Antwort Jahwes auf das Nein des Assyrers zu seiner Bestimmung: dem Weltherrschaftsanspruch Assurs wird das Scheitern angekündigt. Damit kommt zugleich das »wehe« (10, 5) zu seinem Ziel, das der Einheit von vornherein einen drohenden Charakter gibt. Allerdings liegt das Gewicht des Drohwortes (14, 24—27) nicht auf der Ankündigung der Vernichtung Assurs. Nur in einem einzigen Vers (14, 25 a) wird gesagt, daß Assurs Vernichtung bevorstehe. Dagegen wird mehrfach (14, 24.26.27) betont, daß von Jahwes geplantem Tun gelte, was der Assyrer für sein eigenes Tun in Anspruch nahm. Jahwe kommt der Anspruch zu, den Assur für sich erhob. Die Demonstrativa von 14, 26 implizieren polemische Negationen: *dies* ist der weltweit gültige Plan (nicht der des Assyrers); *dies* ist die ausgestreckte Hand (nicht die des Assyrers). Dasselbe gilt für das Possessivsuffix in *w^{e}jadô* (14, 27): seine (Jahwes) Hand ist die ausgestreckte (nicht die des assyrischen Königs).

Ist damit das eigentliche Anliegen des Drohwortes richtig erfaßt, so besagt dies für die gesamte Einheit 10, 5.6 a.7 a.13—15 + 14, 24—27, daß ihr Ziel nicht in der Ankündigung der Vernichtung Assurs liegt, sondern in der Proklamation: *Jahwe setzt sich und seine Absichten gegen den Assyrer durch,* der für sich die Position beansprucht, die Jahwe gebührt.

3. Die Vorwürfe gegen Assur und die Rolle Assurs in Jes 10, 5.6 a.7 a.13—15 + 14, 24—27

Ist die im Vorangehenden gegebene Analyse von Jes 10, 5.6 a.7 a.13—15 + 14, 24—27 richtig, dann wird in ihr dem Assyrer Auflehnung gegen die von Jahwe verfügte Bestimmung und damit Infragestellung der Weltmächtigkeit Jahwes vorgeworfen. Ersteres ergibt sich aus dem Verhältnis von 10, 13 f. zu

---

[40] Die Wortstellung Objekt — Subjekt — Prädikat im Verbalsatz ist nach GK § 142 f »sehr selten«. In Jes 10, 14 a *β* soll durch die Vorausstellung des Objekts wohl nicht nur dessen Hervorhebung bewirkt werden, sondern auch eine chiastische Anordnung der beiden Halbverse, von denen der erste mit einer Form der Wurzel *'sp* beginnt, der zweite mit einer solchen schließt.

[41] Vgl. GK § 135 a und R. Meyer, Hebräische Grammatik III, § 91 b: »Soll das im Verbum finitum enthaltene Subjekt hervorgehoben werden, so wird ihm das entsprechende selbständige Pronomen entweder voran- oder nachgestellt.« Zu beachten ist allerdings, daß auch die rhythmische Gestaltung des Verses die Zufügung des Personalpronomens veranlaßt haben kann (vgl. GK § 135 a).

10, 5.6 a. Letzteres ist aus dem Verhältnis von 10, 13 f. zu 14, 24—27 zu schließen: Da die Auflehnung gegen die göttliche Bestimmung Anlaß dafür ist, die Weltmächtigkeit Jahwes nachdrücklich zu behaupten, war diese durch jene Auflehnung offenbar infragegestellt.

Konkret zeigt sich die Auflehnung des Assyrers gegen Jahwe

a) an seiner Eigenmächtigkeit (10, 13 a)

b) an seinem Weltreichstreben (10, 13 b.14).

Die Rolle Assurs in Jes 10, 5.6 a.7 a.13—15 + 14, 24—27 ließe sich demnach etwa als die eines *Rebellen gegen Jahwes Verfügungsgewalt und Weltmächtigkeit* bestimmen.

Nicht wegen seiner Grausamkeit, Mordlust usw. wird also dem Assyrer das Gericht angekündigt, sondern weil er gegen seine von Jahwe verfügte Bestimmung und damit gegen Jahwes Verfügungsgewalt verstieß.

Jes 30, 27—33

(27) Sieh! Jahwes Name kommt von fern,
mit[42] brennendem Zorn und gewaltigem Tritt[43].
Seine Lippen: voll von Verwünschung.
Seine Zunge: wie fressendes Feuer.

(28) Sein Atem: wie ein überflutender Bach,
der bis zum Hals reicht[45].
Um Völker in trügerisches Joch zu spannen[46],
[47]irreführender Zaum auf den Kinnbacken der Nationen.

---

[42] Die beiden kurzen Nominalsätze von v. 27 a *β* sind wohl am besten als nominale Umstandssätze zu verstehen; vgl. zu diesen GK § 156 c.

[43] Die Bedeutung von *mäššaʾā* ist noch nicht voll geklärt. Ist an das Sich-Erheben Jahwes gedacht (B. Duhm; K. Marti; G. Fohrer II) oder an aufsteigende Rauchwolken (wie O. Procksch; H. Donner, Israel, 163; B. S. Childs, Crisis, 46 Anm. 45; Jörg Jeremias, Theophanie, 56 Anm. 2, im Anschluß an Jdc 20, 38.40 vermuten)? Da auch Jdc 20, 38.40 nicht völlig deutlich ist, wurde in dieser Arbeit *mäššaʾ* im Sinn von »Erhebung, Auftreten, Tritt« verstanden und mit O. Procksch; J. Jeremias, Theophanie, 56 Anm. 2, u. a. *mäššaʾô* gelesen.
LXX übersetzte *mäššaʾā* mit τὸ λόγιον (μετὰ δόξης τὸ λόγιον τῶν χειλέων αὐτοῦ).

[44] V. 27 B und v. 28 a bis *jæḥaeṣæ* sind als Umstandssätze zu verstehen, »zur Angabe der näheren Umstände, unter denen ein Subjekt handelnd auftritt«. (*GK* § 156 a).

[45] Zu asyndetischen Umstandssätzen (Relativsätzen) vgl. GK § 155 n Anm. 2.

[46] Der Text ist sehr schwierig. Zur obigen Übersetzung vgl. KBL s. v. *napā* und Fohrer II.

[47] Der Anschluß von v. 28 b ist syntaktisch schwierig. Nach B. Duhm würde MT heißen: »und als ein irreführender Zaum an den Backen der Nationen.« Dazu bemerkt B. Duhm: »Man begreift nicht, wie Jahwe ein Zaum sein kann und warum der Zaum die Völker in die Irre führen soll.« K. Marti; H. Donner, Israel, 163, geben sich mit diesem Verständnis zufrieden, während G. Fohrer II und B. S.

(29) Singen[48] werdet ihr
wie in der Nacht, da man sich zum Fest heiligt[49].
Freuen werdet ihr euch von Herzen, wie einer,
der unter Flötenspiel schreitet,
um zum Berg Jahwes, zum Felsen Israels zu gehen.

(30) Und Jahwe wird seine herrliche Stimme hören lassen
und das Niederfahren seines Armes zeigen,
unter wütendem Zorn und der Flamme fressenden Feuers,
unter prasselndem[50] Regen und Hagelschlag.

(31) Ja, vor Jahwes Stimme wird Assur erschrecken,
das mit dem Stock geschlagen wird[51].

(32) Und der Züchtigung[52] dient jeder Stockhieb,
den Jahwe auf es niedergehen läßt[53].
Unter Pauken und Harfen
und unter Weihetänzen[54] wird er mit ihm[55] kämpfen.

Childs, Crisis, 46, die logische Verknüpfung dem Zusammenhang entnehmen. B. S. Childs: »And to place on the jaws of the peoples a bridle which leads to ruin.« Mir scheint für v. 28 b das Verständnis des Satzes als eines Umstandssatzes am zutreffendsten zu sein. Vgl. GK § 141 e: »Die mit waw copul. an einen Verbalsatz ... angereihten Nominalsätze beschreiben stets einen der Haupthandlung *gleichzeitigen* Zustand.“ Man müßte also etwa übersetzen: „... wobei ein irreführender Zaum auf den Kinnbacken der Nationen liegt.“

48 Zum Artikel vgl. GK § 126 q. Die Voranstellung des Subjekts läßt sich mit GK § 142 c verstehen: Im Verbalsatz, der durch Voranstellung des Subjekts dem Nominalsatz angenähert ist, kann das »dargestellte Zuständliche« »in einer mit den Hauptereignissen gleichzeitigen oder als Ergebnis derselben andauernden Tatsache« bestehen.

49 Asyndetischer Umstandssatz (Relativsatz); vgl. C. Brockelmann, Syntax, § 144.

50 Wenn man das *w*ᵉ nicht streichen will, kann man es als *w*ᵉ-explicativum verstehen; vgl. dazu GK § 154 a Anm. 1 b.

51 Ab v. 30 ist eine auch nur einigermaßen sichere Textrekonstruktion kaum mehr möglich. Statt *băššebæt jăkkǣ* lese ich mit B. Duhm; O. Procksch u. a. *băššebæt jukkā*, weil im folgenden die Assur treffenden Schläge näher erläutert werden. Doch ist auch die Möglichkeit einer Glosse ins Auge zu fassen (vgl. B. Duhm).

53 *mûsadā* »Gründung« gibt keinen Sinn. Mit B. Duhm; KBL; O. Procksch u. a. lese ich *mûsarā*, was zur Folge hat, daß der st. cs. *măṭṭē* in einen st. abs. *măṭṭæ* geändert werden muß.

53 Man würde eher das aramaisierende hi. von *nûᵃḥ* erwarten, da nur dieses die Bedeutung des gewaltsamen Niederschlagens hat (vgl. Jörg Jeremias, Theophanie, 57 Anm. 5).

54 Statt *ûbᵉmilḥᵃmôt tᵉnûpā* lese ich mit mehreren Kommentatoren *bimḥolôt tenûpā*. Der Atnach muß von *ûbᵉkinnorôt* zu *ʿalajw* versetzt werden.

55 Das K *(bā)* ist unverständlich. Mit den meisten Kommentatoren lese ich das Q *(bam)*.

(33) Denn schon längst ist eine Brandstätte[56] bereitet
(auch sie für den König errichtet)[57] tief und breit[58].
Ihr Holzstoß ist Feuer und viel Holz.
Jahwes Atem — wie ein Schwefelbach — setzt ihn in Brand.

Meint H. Gressmann, daß zwar »die schaurig-schöne Poesie dieses Orakels ... seiner [Jesajas] würdig« sei, daß aber »der untersittliche Ton ... ihn degradieren« würde[59], so daß eine Abfassung des Stückes durch Jesaja ausgeschlossen ist[60], so schreibt B. Duhm: »Das Stück mag zu dieser oder jener alttestamentlichen Theologie nicht passen, zu Jes. paßt es.«[61] Dies ist im folgenden zu prüfen[62].

Man wird davon ausgehen können, daß der Text später überarbeitet wurde. Mit Sicherheit scheint mir ein sekundärer Einschub im Wort *šem* (v. 27) vorzuliegen. Die Suffixe der Nomina in v. 27 aβ.b und v. 28 a beziehen sich auf Jahwe als Person, mit dem Namen Jahwes sind sie schwer zu verbinden[63]. Namenstheologie begegnet uns im Deuteronomium, so daß man als terminus a quo für den Einschub von *šem* wohl die Exilszeit annehmen darf.

Nun fragt sich freilich: War es ein jesajanischer Text, der hier bearbeitet wurde? Es gibt meines Erachtens einige triftige Gründe, die dieser Ansicht im Wege stehen.

---

[56] Zur Möglichkeit, das *tåptæ* des MT beizubehalten vgl. Jörg Jeremias, Theophanie, 56 Anm. 7.

[57] Andere halten nur *gäm hû' lämmælæk* für eine Glosse (K. Marti; B. Duhm) oder verstehen die Wendung als Frage (K. Marti; O. Procksch; H. Donner).

[58] Mit den meisten Kommentatoren lese ich inf. abs.

[59] H. Gressmann, Messias, 112/113.

[60] H. Gressmann, Messias, 112. Nach H. Gressmann handelt es sich um eine Prophetie aus der Zeit Manasses.

[61] Nach B. Duhm stammt das Orakel aus der letzten Tätigkeitsperiode Jesajas. Demgegenüber behauptet K. Marti: »am allerwenigsten sind die Gedanken jesajanisch.«

[62] Verfechter der Echtheit bzw. Unechtheit des Textes werden bei O. Procksch und H. Donner, Israel, 164 Anm. 3, genannt. Von den Neueren datiert H. Donner die Einheit in die Seleukidenzeit (Israel 164), G. Fohrer II und B. S. Childs, Crisis, 47, nehmen einen jesajanischen Grundbestand an, der später bearbeitet wurde. Was von der Hand des Bearbeiters stammt, wird von G. Fohrer II und B. S. Childs wieder in unterschiedlicher Weise bestimmt.

[63] Auch O. Grether, Name und Wort Gottes im Alten Testament, 30, stellt fest: »Die Bilder passen besser zu Jahwe als zum schem jahwe.« Er hält aber dann doch *šem jhwh* für jesajanisch, weil ein Redaktor, der *jhwh* ersetzen wollte, vermutlich zu einem passenderen Ersatz (z. B. *mäl'äk jhwh*) gegriffen hätte. Man kann gegen O. Grether jedoch einwenden, daß die Heranziehung von *šem jhwh* ja in Denken und Theologie des Redaktors ihren Grund haben könnte.
šem bzw. *šem jhwh* wird auch von B. Duhm und G. Fohrer II als späterer Einschub betrachtet. Für H. Donner, Israel, 164, ist das Auftreten des Ausdrucks *šem jhwh* ein Grund für die Spätdatierung des ganzen Spruches.

1. Die Sprache, in der Jes 30, 27—33 abgefaßt ist, zeigt an mehreren Stellen kultische Geprägtheit. Bildungen von der Wurzel *nûp* (v. 28.32) treten gehäuft in P auf[64]. Mit dem absolut gebrauchten *ḥag* ist entweder das Passah- oder das Laubhüttenfest gemeint. Bilder aus dem kultischen Leben sind außerdem herangezogen, um die Freude der befreiten Israeliten (v. 29) und die Vernichtung der Assyrer (v. 33) zu schildern[65].

2. Die von G. Fohrer[66] genannten Belege für die Darstellung des Gerichts im Bild des Opferfestes stammen alle aus späterer Zeit (auch Jes 34, 2 ff. wird allgemein für nichtjesajanisch gehalten).

3. Eine Theophanie, in der Jahwes Kommen Heil für Israel bedeutet[67], findet sich außer Jes 30, 27—33 und Jes 31, 4 nur in nachjeremianischen prophetischen Texten[68]. Nun ist meiner Ansicht nach Jes 31, 4 kein Heilswort für Juda[69], so daß Jes 30, 27—33 allein übrigbleibt. Auch B. S. Childs, der nicht nur prophetische Texte berücksichtigt, stellt fest: »The greatest majority of the cases in which the tradition of the theophany appears in words of promise stem from the post-exilic period.«[70]

4. In Jes 30, 27—33 wird für die Vernichtung Assurs kein Grund genannt. Dies ist nach Jörg Jeremias für die kultprophetische Unheilsverkündigung an andere Völker charakteristisch, während für die »kanonischen Unheilspropheten vor dem Exil« gilt: »Vor allem aber haben sie die Völkerworte durch verschiedenartige Anklagen bereichert und sie somit den Gerichtsworten gegen Israel angenähert.«[71]

5. Zu prüfen wäre, ob die Vorstellung des Irreführens anderer Völker durch Jahwe bei Jesaja denkbar ist und wo dieser Gedanke sonst noch auftaucht. Man könnte eine Verwandtschaft mit einem Zug der eschatologischen

---

[64] Das Verb *nûp* findet sich im AT 34 × (32 × im hi.; 1 × im ho.; 1 × im pal). Davon gehören 22 Belege zu P, 6 begegnen im Jesajabuch, wobei jedoch höchstens 2 in einem echten Jesajawort auftreten (Jes 10, 15.32). Außerdem erscheint *nûp* 2 × im Dtn und je 1 × in Jos, II Reg, Sach und Hi.
Für *t^{e}nûpā* zeigt die Wortstatistik folgendes Bild: Im ganzen AT 30 ×, davon 28 × in P, 2 × bei Jesaja (19, 16; 30, 32).

[65] Daß in v. 33 ein »Riesen-Menschenopfer« (H. Gressmann, Messias, 112), nicht die Verbrennung von Leichen nach einer Schlacht gemeint ist, dürfte das Wort *tåptæ̅* sicherstellen (vgl. H. Gressmann, Messias, 112, der eine plastische Schilderung des herbeikeuchenden Jahwe gibt, der die Völker hinter sich herzerrt). Vgl. auch B. S. Childs, Crisis, 47.

[66] G. Fohrer II, 111/112 Anm. 135.

[67] Zu den folgenden Ausführungen vgl. Jörg Jeremias, Theophanie, 160.

[68] Jes 19, 1 ff.; 33, 3 werden von der überwiegenden Mehrzahl der Ausleger Jesaja abgesprochen. Für die nichtjeremianische Herkunft von Jer 25, 30 b vgl. W. Rudolph, Jeremia, 152 f.

[69] Zur Begründung vgl. unten S. 56/57.

[70] B. S. Childs, Crisis, 49.

[71] Jörg Jeremias, Kultprophetie und Gerichtsverkündigung in der späten Königszeit Israels, 178.

Prophetie vermuten, dem nämlich, daß Jahwe die Völker zum Kampf gegen Jerusalem veranlaßt in der Absicht, sie zu vernichten[72].

6. Das schlagendste Argument hat meines Erachtens B. S. Childs genannt. Er geht aus von dem Nebeneinander von Drohung gegen andere Völker und Verheißung für Israel und stellt fest, daß »nowhere else in the primary oracles of Isaiah are these two forms so combined«[73]. Zwar finden sich Worte über oder an andere Völker, die Heil für Israel implizieren, aber es findet sich nicht die Kombination von Drohung gegen andere Völker und expliziter Verheißung an Israel. Dies begegnet erst in eindeutig nichtjesajanischen Texten, wie Jes 10, 24 ff.; 26, 20 ff.; 30, 23 ff.

Nun stellt B. S. Childs allerdings auch einen formalen Unterschied zwischen Jes 30, 27—33 und den eindeutig späteren Worten, die Unheil für die anderen Völker und Heil für Israel verbinden, fest: Die jüngeren Texte beginnen mit der Verheißung und schließen mit der Drohung gegen die Fremdvölker, wobei man sagen kann: »The promise oracle has almost entirely subordinated the threat.«[74] Daraus schließt B. S. Childs, daß dem Text Jes 30, 27—33 ein Wort Jesajas gegen Assur zugrundeliegt, das später durch explizite Verheißungen für Juda ergänzt wurde[75]. Ohne Zweifel hat die formale Beobachtung von Childs Gewicht, zumal die Verheißung in v. 29 schon von anderen an dieser Stelle als störend empfunden wurde[76] und dem Text nach Streichung von v. 29 und v. 32 nichts zu fehlen scheint. Gegen eine Herleitung des restlichen Textes von Jesaja sprechen aber die Argumente 1—5. Deshalb halte ich den gesamten Text für nichtjesajanisch. Ob der Text im großen und ganzen als Einheit entstanden ist, oder ob er zunächst nur die Drohung enthielt und später durch die Verheißung erweitert wurde, kann dann dahingestellt bleiben.

Jes 31, 4—9

(4) Ja, so hat Jahwe zu mir gesprochen:
Wie der Löwe brüllt,
der Junglöwe über seiner Beute,
gegen den man die Hirtenschar zusammenruft[77],

---

[72] Vgl. Sach 14, 1—3 Joel 4 Mi 4, 11—13 Ez 38 f. Dazu G. Wanke, Zionstheologie, 74 ff.

[73] B. S. Childs, Crisis, 47.

[74] B. S. Childs, Crisis, 48.

[75] B. S. Childs, Crisis, 48 im Anschluß an R. B. Y. Scott.

[76] Vgl. etwa die von O. Procksch vorgeschlagene Umstellung.

[77] LXX weicht in v. 4 aγδ erheblich vom MT ab: καὶ κεϱάξῃ (Subjekt ist noch ὁ λέων) ἐπ' ἀυτῆς (d. h.: über der Beute), ἕως ἂν ἔμπλησθῇ τὰ ὄϱη τῆς φωνῆς αὐτοῦ, καὶ ἡττήθησαν καὶ τὸ πλῆθος τοῦ θυμοῦ ἐπτοήθησαν.

ohne[78] daß er vor ihrem Lärm erschrickt
und vor ihrem Geschrei sich duckt,
so wird Jahwe Zebaoth herabsteigen
zum Kampf gegen den Berg Zion und gegen seinen Hügel.
(5) Wie flatternde Vögel, so wird Jahwe Zebaoth Jerusalem beschützen[79],
(6) Kehrt um zu dem, von dem[81] die Israeliten so tief abfielen[82].
(7) Denn an jenem Tag wird jeder seine silbernen und goldenen Götzen verwerfen,
die eure Hände euch zur Sünde gemacht haben.
(8) Und fallen wird Assur durch ein Schwert, das kein Mann führt.
Das Schwert des', der nicht Mensch ist, wird es [Assur] verschlingen.
[83]Es ergreift die Flucht vor dem Schwert,
und seine Jugend verfällt dem Frondienst.
(9) Und sein Fels vergeht vor Schrecken,
seine Führer verlassen zitternd die Fahne —

Statt ni. *jiqqare'* las LXX offenbar kal *jiqra'*, statt *ro'îm* wohl *harîm*. Außerdem zog sie das *miqqôlam* von v. 4 aδ zur vorhergehenden Periode. Unklar ist, von welchem Subjekt die pluralischen Verbformen ἡττήθησαν und ἐπτοήθησαν ausgesagt werden. J. Ziegler, Untersuchungen zur Septuaginta des Buches Isaias, 97, meint, es sei an »die Völker, die gegen Jerusalem ziehen,« gedacht, von deren Vernichtung schon Jes 29, 7.8 gesprochen hatte. Diese Deutung hat freilich im unmittelbaren Kontext keinen Anhalt. Deshalb schiene mir eine unpersönliche Übersetzung der pluralischen Verbformen erwägenswert.

Zur LXX-Übersetzung von Jes 31, 4 vgl. weiter J. Fischer: In welcher Schrift lag das Buch Isaias den LXX vor?, 48. Die LXX-Wiedergabe von Jes 31, 4 bestätigt J. Fischers Urteil, daß der LXX-Übersetzer von Jesaja (J. Fischer nimmt nur einen Übersetzer an) »mit seinem Text meist ziemlich frei verfahren ist«. (In welcher Schrift lag das Buch Isaias den LXX vor?, 8).

78 Es handelt sich bei der letzten Periode von v. 4 a (*miqqôlam* bis *jä'^{a}næ*) wohl nicht um eine Parenthese (so H. Donner, Israel, 139), sondern um verbale Umstandssätze. Vgl. zu diesen GK § 156.

79 Zu der ungewöhnlichen Vokalisierung von *jagen* vgl. GK § 67 p: impf. mit ursprünglichem i in der zweiten Silbe.

80 Mit den meisten Kommentatoren lese ich inf. abs.

81 Zum Fehlen des Rückverweises beim selbständigen Relativsatz vgl. GK § 138 f Anm. 3: »So kühne Ellipsen wie Jes 31, 6, wo man *mimmænnû* nach *hæ'mîqû* erwartet, sind nur in erregter dichterischer oder prophetischer Rede möglich.«

82 Der Übergang von der Anrede in der 2. Person zur Rede über jemanden in der 3. Person ist sehr hart. H. Donner, Israel, 136, übersetzt die 3. c. pl. *hæ'mîqû* unpersönlich und versteht *b^{e}nê jiśra'el* als Vokativ.

83 Die Weglassung des *w*-copulativum in der Übersetzung habe ich nicht jedesmal begründet. Sie ist berechtigt, weil das Hebräische das Polysyndeton bevorzugt, während im Deutschen meist nur das letzte Glied einer Reihe mit »und« angeschlossen wird. Vgl. GK § 154 a Anm. 1.

Ausspruch Jahwes, der ein Feuer in Zion hat
und einen Ofen in Jerusalem.

1. Literarkritische Erwägungen

Das Stück Jes 31, 4—9 vereinigt sehr verschiedenartige Elemente, sowohl hinsichtlich ihrer Form als auch hinsichtlich ihres Inhalts. Diese Einzelteile sollen zunächst für sich betrachtet werden.

Jes 31, 4

Der Vers ist als Jahwerede eingeführt (v. 4 a*α*), doch redet v. 4 b von Jahwe in der 3. Person. Man wird daraus entnehmen können, daß die Einführung nicht zum ursprünglichen Spruch gehörte[84]. V. 4 wird von manchen Auslegern als Heilswort verstanden[85], während andere in ihm ein Drohwort sehen[86]. Für das Verständnis des Verses als Drohung scheinen mir zwei Argumente zu sprechen:

1. Das Bild des Löwen, der über seiner Beute knurrt, hat bedrohlichen Charakter[87].

2. *ṣaba' 'ăl-* findet sich im ganzen AT nur in feindlichem Sinn (Num 31, 7 Jes 29, 7.8 Sach 14, 12)[88].

---

[84] So z. B. auch B. Duhm; K. Marti; G. Fohrer II; H. Donner, Israel, 136.

[85] So z. B. B. Duhm; G. Fohrer II; Jörg Jeremias, Theophanie, 61; H.-M. Lutz, Völker, 154.
Das Tg interpretiert Jes 31, 4 b als Ankündigung des Erscheinens der Königsherrschaft Jahwes, die auf dem Zion aufgerichtet wird: »so wird die Königsherrschaft Jahwe Zebaoths offenbart werden, um zu wohnen auf dem Felsen Zions und auf seiner Höhe.«

[86] So z. B. K. Marti; O. Procksch; H. Donner, Israel, 138.
Auch die LXX-Übersetzung von Jes 31, 4 b scheint von einer Bedrohung des Zion zu reden: οὕτως καταβήσεται κύριος σαβαωθ ἐπιστρατεῦσαι ἐπὶ τὸ ὄρος τὸ Σιων ἐπὶ τὰ ὄρη ἀυτῆς. ἐπιστρατέυειν hat nämlich die Bedeutung: gegen jemanden Krieg führen.

[87] So z. B. auch H. Donner, Israel, 138: »Jedenfalls erwartet der Prophet die Gefahr einer Belagerung Jerusalems; daran läßt das Bild keinen Zweifel.«

[88] Vgl. K. Marti; T. K. Cheyne, Einleitung, 205. Dieses Argument wird natürlich hinfällig, wenn man *'ăl hăr ṣijjôn* nicht in Abhängigkeit von *liṣbo'*, sondern von *jered* sieht (vgl. zu dieser Alternative auch H.-M. Lutz, Völker, 154 Anm. 2).
Die Aufeinanderfolge *jrd* — Subjekt — *l^{e}* + inf. cs. — *'ăl* + Zielangabe findet sich außer Jes 31, 4 nur noch Ex 2, 5: *wătteræd băt păr'ō lirḥoṣ 'ăl hăjj^{e}'or.* Auch an dieser Stelle läßt sich nicht eindeutig entscheiden, ob *'ăl* von *jrd* oder von *rḥṣ* abhängig ist. Ersteres nehmen B. Baentsch und H. L. Strack, letzteres G. Beer und M. Noth in ihren Exodus-Kommentaren an.
Für eine Verbindung von *liṣbo'* und *'ăl* spricht in Jes 31, 4 meines Erachtens die Wortstellung.

Ich verstehe v. 4 also als Drohwort, in dem Jesaja den Kampf Jahwes gegen Jerusalem ansagt[88a].

Ob der Vers in seiner jetzigen Form außer der Einleitung noch andere sekundäre Erweiterungen enthält, muß hier nicht im einzelnen diskutiert werden. B. Duhm streicht in v. 4 b *ṣ^eba'ôt liṣbo'* und *w^e'ăl-gib'atā*, H. Donner[89] läßt auch noch *hăr-* weg, G. Fohrer hält *w^e'ăl-gib'atā* für sekundär. Tatsächlich weicht die Periode ihrem Metrum nach von dem Vorhergehenden ab. Doch scheint mir eine metrische Abweichung allein noch kein hinreichender Grund für die Annahme eines Zusatzes zu sein.

Jes 31, 5

Jes 31, 5 ist ein Heilswort, das den Schutz Jerusalems durch Jahwe in eindringlicher Diktion beschreibt (inf. abs. — Konstruktionen!).

Die »flatternden Vögel« sind wohl die schutzbedürftigen Jerusalemer[90]. Wie man jedoch das *k^eṣippårîm 'apôt* auch versteht — sachlich besagt v. 5 genau das Gegenteil von v. 4. Mit H. Donner[91] sehe ich in v. 5 eine sekundäre Umdeutung des Drohwortes von v. 4. Jes 31, 5 verhält sich zu Jes 31, 4 wie Jes 29, 5 zu Jes 29, 1—4[92].

Jes 31, 6 f.

V. 6 könnte nach Inhalt und Wortwahl[93] von Jesaja stammen[94]. Sprachlich ist v. 6 insofern etwas hart, als der imp. »kehrt um!« durch die 3. c. pl. fortgeführt wird. H. Donner[95] erwägt folgende Übersetzung: »Kehrt um zu

---

[88a] Neuerdings zieht H.-J. Hermisson, Zukunftserwartung und Gegenwartskritik, 56, Anm. 9, v. 4 und 5 als Heilsankündigung zu v. 1—3. V. 4 und 5 sprechen von einer »Rettung Jerusalems mitten im Gericht, in höchster Bedrängnis« (56). Aber ist in Jes 31, 3 nur von »höchster Bedrängnis« die Rede? Kann das gemeint sein, wenn gesagt wird, Juda werde mit Ägypten zusammen fallen und zugrunde gehen?

[89] H. Donner, Israel, 136.

[90] So O. Procksch; G. Fohrer II u. a. Nach K. Marti meint *ṣippårîm 'apôt* die Feinde, nach B. Duhm Jahwe bzw. die himmlischen Heerscharen.

[91] H. Donner, Israel, 136.

[92] Auch T. K. Cheyne, Einleitung, 206, weist auf die Parallele in Jes 29, 1—9. Zur Anfügung von Verheißungen an Sammlungen von Worten drohenden Inhalts im Jesaja-Buch vgl. G. Fohrer, Jes 1—39, 115 und 117 ff.

[93] *šûb* kommt in der religiösen Bedeutung »umkehren« (zu Jahwe) allerdings nur noch Jes 9, 12 vor; vgl. jedoch auch den Namen *š^e'ar jašûb*. Außerdem ist 5 × der Zorn Jahwes Subjekt zu *šûb* (Jes 5, 25; 9, 11.16.20; 10, 4): der Zorn Jahwes kehrt nicht zurück, d. h. er läßt nicht von seinem vernichtenden Tun ab. 1 × wird *šûb* als verbum relativum verwendet (Jes 6, 10).

[94] So auch H. Donner, Israel, 136: »Man könnte allenfalls geneigt sein, v. 6 für ursprünglich zu halten; dann als Splitter eines ehemals selbständigen verlorengegangenen Spruches.«

[95] H. Donner, Israel, 136.

dem, von dem man so tief abgefallen ist, ihr Israeliten!«

Eine Möglichkeit, den ursprünglichen Zusammenhang von v. 6 zu ermitteln, sehe ich nicht. Erwägenswert schiene mir ein Anschluß an v. 4, wenn man bedenkt, daß sich auch Jes 28, 22 eine Mahnung als Abschluß eines Drohwortes findet.

V. 7 wird allgemein für sekundär gehalten. Dafür spricht vor allem die Thematik. Polemik gegen Götzenbilder findet sich bei Jesaja nur noch an den Stellen Jes 2, 20 und 30, 22. Wenn auch ein Angriff auf Bilder zur Zeit Jesajas durchaus nicht undenkbar ist, so sieht doch Jesaja die Widerspenstigkeit Israels in anderen Bereichen, vor allem in der Politik.

Jes 31, 8 f.

Jes 31, 8 f. ist ein Drohwort gegen Assur. Die Erwartung einer eschatologischen Vernichtung der Feinde Israels, die K. Marti in v. 8 f. findet, was ihn veranlaßt, die Verse Jesaja abzusprechen, kann ich hier nicht erkennen. Ein Zusatz scheint mir lediglich v. 9 b ab *ʾᵃšær* zu sein, denn eine Näherbestimmung zu *nᵉʾum-jhwh* durch einen Relativsatz findet sich sonst bei Jesaja nicht mehr (weder in echten, noch in sekundären Texten). Außerdem ist die Charakterisierung Jahwes durch den Hinweis auf eine Kulteinrichtung bei Jesaja nicht zu erwarten.

Dagegen finde ich keine überzeugenden Einwände gegen eine Zusammengehörigkeit von v. 8 b.9 a mit v. 8 a[96].

Ergebnis:

Auf Grund der vorgetragenen Erwägungen halte ich von Jes 31, 4—9 folgende Stücke für jesajanisch:

v. 4 (außer der Einleitung): Drohwort gegen Jerusalem, das möglicherweise mit der Aufforderung v. 6 schloß.

v. 8—9 a (von v. 9 b vielleicht noch *nᵉʾum-jhwh*): Drohwort gegen Assur.

2. Das Drohwort gegen Assur Jes 31, 8.9 a

Ein Grund für die Bedrohung Assurs wird nicht genannt. Möglicherweise war ein solcher dem ursprünglichen Kontext zu entnehmen. Zu beachten ist

[96] K. Marti; B. Duhm und H. Donner, Israel 136, sehen in v. 8 a einerseits und in v. 8 b. 9 a andererseits einen inhaltlichen Widerspruch. »Denn wie Assur, nachdem das Schwert es gefressen hat, vor dem Schwert davonlaufen kann, ist ein Rätsel.« (B. Duhm). Dagegen ist zu fragen, ob Jesaja das Gericht immer als logisch konsequenten Ablauf dargestellt hat. Wenn Jes 31, 8 »Assur fällt durch das Schwert eines Nicht-Mannes« eine restlose Vernichtung bedeuten muß, dann hätte man dies auch für Jes 3, 25 anzunehmen: »Deine Männer: sie fallen durchs Schwert, deine Krieger im Kampf.« In den folgenden Versen ist aber keine totale Ausrottung der Männer vorausgesetzt.

die Nachdrücklichkeit, mit der die *Vernichtung Assurs als ein Werk Jahwes* dargestellt wird, im Gegensatz zu einer menschlichen Aktion.

Die Rolle Assurs in den Worten Jesajas gegen Assur

In den Worten Jesajas gegen Assur wird — so zeigte sich — nur ein einziges Mal ein Grund dafür genannt, warum den Assyrern Unheil droht, nämlich Jes 10, 5.6 a.7 a.13—15. Dort wird gegen den Assyrer der Vorwurf erhoben, er habe *sich der von Jahwe über ihn verfügten Bestimmung und damit der Verfügungsgewalt Jahwes widersetzt.* Diese Auflehnung gegen Jahwe trat für Jesaja in Assurs *Eigenmächtigkeit* und in seinem *Weltreichstreben* zutage, vielleicht — falls Jes 10, 6 b und 7 b doch zum ursprünglichen Text gehören — auch in den von Assur vollzogenen *Deportationen.* Assur erscheint also in der Rolle des Rebellen gegen Jahwes Verfügungsgewalt.

Dagegen wird die grausame, blutrünstige Kriegführung der Assyrer als Gerichtsgrund nicht genannt. Man könnte sich auch schwer ein Vorgehen denken, das das in v. 6 b gebotene an Grausamkeit übertrifft[97].

Wir stehen damit erneut vor der Frage, wann und warum Jesaja den Judäern verkündete, daß Jahwe die Assyrer vernichten werde. Auf diese Frage soll im folgenden Abschnitt eine Antwort versucht werden.

III. Zeit, Anlaß und Intention der Bedrohung Assurs durch Jesaja

1. Die zeitliche Ansetzung der Bedrohung Assurs durch Jesaja

Als terminus ante quem non der Worte Jesajas gegen Assur läßt sich das Jahr 711 nennen, in dem Sargon den von Asdod angeführten Aufstand niederschlug. Damals hat Jesaja die Assyrer als die von Jahwe bestellten Gerichtsvollstrecker an Ägypten und den aufständischen Staaten gesehen (Jes 20)[1]. Demnach fällt die Ankündigung der Vernichtung Assurs in die Zeit nach 711.

Einen Hinweis für eine genauere Datierung bietet Jes 14, 25 a: die Vernichtung Assurs soll sich vollziehen »in meinem (Jahwes) Land« und »auf meinen (Jahwes) Bergen«. Es wird also die Anwesenheit des assyrischen Heeres in Juda vorausgesetzt oder erwartet, eine Situation, die nur durch einen Einmarsch Assurs in Juda heraufgeführt werden konnte. Ein Angriff Assurs auf Juda ereignete sich in der Zeit Jesajas nach 711 nur noch im Jahr 701. In diesem Jahr hatte Sanherib seine Herrschaft im Osten gesichert, so daß er sich gegen die Aufständischen im syrisch-palästinensischen Raum wenden konnte.

---

[97] Sogar H. Wildberger, der den Vorwurf gegen den Assyrer darin sieht, daß dieser »wie eine freigelassene, blutrünstige Bestie ... in einer maßlosen Vernichtungsorgie seine Raubtierinstinkte« ausgelebt habe (396), sagt zu Jes 10, 6 b: »Der Auftrag Assurs geht nach 6 b außerordentlich weit«.

[1] Dies scheinen O. Procksch und H. Wildberger nicht zu beachten.

Demnach sind die assurfeindlichen Worte Jesajas wahrscheinlich in das Jahr 701 zu datieren[2].

Eine noch genauere zeitliche Fixierung der Texte ist erst nach den Überlegungen zu Anlaß und Intention der Worte gegen Assur möglich[3].

2. Der Anlaß der Bedrohung Assurs durch Jesaja

Die Frage nach dem Anlaß der Gerichtsverkündigung Jesajas über Assur ist nicht identisch mit der Frage nach dem Grund des angekündigten Gerichts. Als letzteren nennt Jesaja die Auflehnung des Assyrers gegen die von Jahwe über ihn verfügte Bestimmung und gegen Jahwes Verfügungsgewalt überhaupt, wie sie sich im eigenmächtigen Streben nach Weltherrschaft und vielleicht in der Praxis der Deportationen manifestiert. Die Frage ist jedoch: Warum erhob Jesaja diesen Vorwurf gegen Assur gerade im Jahr 701? Läßt sich dafür ein Anlaß benennen?

---

[2] Bei dieser Datierung ist vorausgesetzt, daß nach 701 keine weitere Bedrohung Judas durch Sanherib stattfand. Eine solche wurde — soweit ich sehe — erstmals von H. Rawlinson (genannt bei W. Staerk, Weltreich, 212 Anm. 3 zu S. 84) angenommen. Besonders wirkungsvoll war das Eintreten H. Wincklers für diese These (Alttestamentliche Untersuchungen 26—49), die bis heute vertreten wird (z. B. von W. F. Albright, The History of Palestine and Syria, 370 f. u. ö.; J. Bright, Geschichte Israels, 305—311; zuletzt R. Labat, Fischer Weltgeschichte 4. Die Altorientalischen Reiche III, 75).

Für die Annahme, Juda sei nach 691 nochmals von Sanherib bedroht worden, werden vor allem folgende Gründe geltend gemacht:

1. Die drei verschiedenen Berichte, die sich in II Reg 18, 13—19, 37 par. Jes 36 f. finden, lassen sich besser verstehen, wenn sie sich auf zwei verschiedene Ereignisse beziehen.
2. Die Angabe, Sanherib habe erfahren, daß Tirhaka, der König von Kusch, zum Kampf gegen ihn ausgezogen sei (II Reg 19, 9 par. Jes 37, 9), paßt nicht ins Jahr 701, weil Tirhaka erst um 690 Regent wurde. Die Erklärung, Tirhaka habe den Feldzug gegen Sanherib vor seinem Regierungsantritt unternommen, was der biblische Schriftsteller aber vernachlässige (so z. B. A. Alt, Israel und Ägypten, 80 f.), stößt auf die Schwierigkeit, daß Tirhaka im Jahr 701 erst 9 Jahre alt war.
3. Von der Ermordung Sanheribs wird II Reg 19, 36 f. (par. Jes 37, 37 f.) so berichtet, als habe sie sich kurz nach der Rückkehr vom Feldzug gegen Syrien-Palästina (701) ereignet. Tatsächlich jedoch wurde Sanherib erst im Jahr 681 ermordet.

Gegen die Annahme eines zweiten Zuges Sanheribs gegen Juda spricht vor allem, daß ein solcher weder in assyrischen noch in biblischen Quellen erwähnt wird.

Durch die von H. Winckler angeführte Nachricht Assarhaddons, daß Sanherib nach 691 noch gegen Aribi zog (H. Winckler, Alttestamentliche Untersuchungen, 36 f.), wird eine Bedrohung Judas nicht belegt.

Zur Diskussion vgl. D. D. Luckenbill, Annals, 12—14; B. S. Childs, Crisis, 16 f.; J. Eph'al in: Encyclopädia Mikrait Bd. V, Artikel *snḥrb/snḥrjb*, 1068 f.

[3] Vgl. unten S. 66.

a) Das Verhalten der Assyrer im Jahr 701 kann nicht als hinreichender Anlaß des Urteils Jesajas über Assur verstanden werden.

Es liegt natürlich nahe zu vermuten, daß das Urteil Jesajas über Assur durch das Verhalten der Assyrer im Jahr 701 hervorgerufen wurde[4]. Dann müßten sich Ereignisse aus dieser Zeit benennen lassen, die verständlich machen, daß Jesaja gerade jetzt die Vorwürfe des Weltherrschaftsstrebens, der Eigenmächtigkeit und der Volksvernichtung erhob. Dies jedoch scheint mir nicht möglich zu sein. Nach Weltherrschaft strebten die Vorgänger Sanheribs nicht weniger als er. Schließlich diente der Feldzug von 701 nur der Sicherung dessen, was schon die Könige vor Sanherib erobert hatten. Und als Werkzeuge Jahwes verstanden sich auch Tiglatpileser III., Salmanasser V. und Sargon II. nicht. Vielmehr wußten sie sich von ihrem Gott Assur zu ihrer weltbeherrschenden Stellung ermächtigt, wie auch Sanherib — trotz aller hochgreifenden Selbstprädikationen — seine Siege als Geschenke des Gottes Assur verstand:

10. the god Assur, the great mountain,
an unrivaled kingship
11. has entrusted to me, and above all those
12. who dwell in palaces, has made powerful my weapons;
13. from the upper sea of the setting sun
14. to the lower sea of the raising sun,
15. all humankind (the black-headed race),
he has brought in submission at my feet.[5]

Das Verhalten Sanheribs im Jahr 701 läßt also nicht mehr und nicht weniger auf Weltherrschaftsstreben und Eigenmächtigkeit schließen als das seiner Vorgänger auch. Der Anlaß für die von Jesaja erhobenen Vorwürfe kann deshalb nicht allein im Auftreten Sanheribs gesucht werden.

Wie steht es mit dem Vorwurf der Volksvernichtung? Es wurde oben schon darauf hingewiesen, daß in Jes 10, 7 b — falls der Vers überhaupt zum ursprünglichen Bestand der Einheit gehört[6] — nicht der Vorwurf blutrünstiger Kriegsführung erhoben wird. Diese ist dem Assyrer vielmehr aufgetragen (v. 6 b)[7]. Wenn v. 7 b gegenüber v. 6 b eine Steigerung darstellen soll, so kann

---

[4] Vgl. z. B. F. Wilke, Jesaja und Assur, 111—120; dazu oben S. 37.

[5] The Oriental Institute Prism Inscription Col. I 10—15, zitiert nach der Übersetzung bei D. D. Luckenbill, Annals, 23.

[6] Vgl. oben S. 45—47.

[7] Für die Frage nach dem Anlaß der antiassyrischen Verkündigung Jesajas trägt es also nichts aus, wenn man die blutrünstige Kriegführung Sanheribs herausstellt, der seinen Vorgänger Sargon an Brutalität noch übertraf. Vgl. z. B. W. Staerk, Weltreich, 115: Das gewalttätige Auftreten Sanheribs konnte für Jesaja »nur bewußte Opposition gegen Gottes sittliche Zweckgedanken mit der Menschheit sein, und mußte zu einem radikalen Umschwung in den Gedanken des Propheten über Assurs Bedeutung für Israel führen. Man könnte einwenden, daß schon Sargons Regierung, die in ihren Eroberungszügen ungleich glücklicher war und gewiß nicht vor Blut und Mord zurückschreckte, diesen Wandel hätte hervorrufen müssen, aber der Eindruck

er sich nur auf die von den Assyrern vorgenommenen Deportationen beziehen, durch die die Völker als eigenständige Staatsgebilde ausgelöscht werden sollten. Aber diese Praxis wurde schon vor Sanherib durchgeführt[8]. Zumindest die Deportation nach der Einnahme Samarias (722) muß Jesaja bekannt gewesen sein. Das hinderte ihn nicht daran, 711 noch immer in Assur den von Jahwe angekündigten Gerichtsvollstrecker zu sehen.

Daraus läßt sich entnehmen, daß auch die Deportationen allein nicht der Anlaß für Jesajas Gerichtsankündigung über Assur gewesen sein konnten.

Das Verhalten der Assyrer im Jahr 701 war also nicht — jedenfalls nicht allein — Anlaß für die antiassyrische Verkündigung Jesajas.

b) Die von Jesaja behauptete Beauftragung durch Jahwe entbindet nicht von der Verpflichtung, nach immanenten Anlässen für die Verkündigung der Worte gegen Assur zu suchen.

Auch Ankündigungen, die als »Wort Jahwes« eingeführt werden, sind in vielfacher Weise mit der historischen Situation und dem Denken des Propheten verknüpft, und oft lassen sich immanente Gründe für ihr Zustandekommen erkennen. Nichteingetroffene Ankündigungen (z. B. Jes 20, 4) nötigen geradezu zu einer immanenten Erklärung ihrer Entstehung.

Dagegen können wir nicht feststellen, ob ein Prophetenwort darauf zurückzuführen ist, daß den Propheten »senkrecht von oben ... ein göttlicher Strahl ... getroffen« hat, »ein Erleben sui generis, das nicht mehr historisch ableitbar ist«[9]. Für eine Entscheidung darüber, wann göttliche Offenbarung vorliegt und wann nicht, fehlt uns jedes Kriterium. Offenbarung ist mit histo-

---

der Persönlichkeiten dieser beiden Welteroberer muß sehr verschieden gewesen sein.« Zur Begründung verweist W. Staerk auf C. P. Tiele, Babylonische und assyrische Geschichte II, 309 f., der Sargon zwar als streng und manchmal hart, aber doch mit Ehrfurcht gegen Gesetz und Recht und manchmal zur Milde neigend zeichnet.

Dagegen hat Sanherib »ein sichtliches Wohlgefallen an Blut- und Verwüstungsszenen, an Strafakten, welche durch ihre tierische Grausamkeit nur Ekel erwecken« (115). Tiglatpileser III. und Sargon II. waren »imposante Herrschergestalten, in denen sich die Kraft des Wollens mit der Weisheit politischer Selbstzucht zu harmonischer Einheit verbindet« (115/116). Dagegen belehrte »schon das erste Jahrzehnt der Regierung Sanheribs ... den großen Verkünder des göttlichen Heilsplanes über die unheilvolle Wandlung im Wesen des assyrischen Weltreiches« (116). »Kein Wunder also, daß Jesaja im Namen Gottes sein Wehe über Assur sprach.« (116).

Auch W. v. Soden, Herrscher im Alten Orient, 110 f., betont die maßlose Grausamkeit Sanheribs, die sich besonders bei der Einnahme Babylons im Jahr 689 zeigte, einem Ereignis, das Jesaja freilich noch nicht vor Augen haben konnte.

[8] Sanherib selbst hat schon bei seinem ersten Kriegszug eine Deportation durchgeführt. Nach seinen eigenen Angaben brachte er 208 000 Personen nach Assur (The Oriental Institute Prism Inscription Col I 43—53; D. D. Luckenbill, Annals, 25).

[9] K. Elliger, Prophet und Politik, 127.

rischen Mitteln nicht als solche zu erkennen, weil auch für uns Unableitbares nicht schon dadurch als Offenbarung erwiesen ist.

Wir können und müssen nur in jedem Einzelfall prüfen, ob wir das Zustandekommen einer Aussage mit den Mitteln des Historikers erklären können oder nicht. Ob ein Wort Jahwes vorliegt, ist vom Ergebnis dieser Prüfung ganz unabhängig. Für das AT redet Gott nicht nur im Unableitbaren[10]. Am Ende solcher Erklärungsversuche mit historischen Mitteln steht weder eine »historische Auflösung des Gehaltes«[11], noch sind sie anderweitig »gefährlich«[12]. Gefährlich wäre es vielmehr, Gott nur im schlechthin Unableitbaren reden zu hören, weil man ihn dann höchstens mit dem Hörrohr kniffllichster Apologetik vernehmen könnte.

Unsere Frage, ob sich das Zustandekommen der Drohworte gegen Assur mit historischen Mitteln verständlich machen läßt, hat also nichts damit zu tun, ob in ihnen eine Offenbarung Jahwes vorliegt. Das eine schließt das andere nicht aus. Wäre man vom letzteren überzeugt, so wäre dadurch das erstere doch nicht überflüssig.

c) Die von Jesajas theologischen Voraussetzungen her verstandene Bedrohung Judas durch Assur als Anlaß der Verkündigung Jesajas gegen Assur.

Das Zustandekommen der Worte Jesajas gegen Assur läßt sich meines Erachtens von den theologischen Voraussetzungen her verständlich machen, die Jesajas Deutung der durch politische Verhältnisse entstandenen Situationen bestimmten[13].

Da diese theologischen Voraussetzungen im dritten Teil[14] der vorliegenden Arbeit eingehend besprochen werden, seien sie hier nur kurz genannt:

(1) Die Vorstellung von der Verfügungsgewalt Jahwes über andere Völker.

(2) Die Vorstellung vom besonderen Verhältnis Jahwes zu Juda, vor allem der Gedanke, daß Judas Vertrauen auf Jahwe jedes Vertrauen auf andere Instanzen ausschließt (z. B. auf andere Völker oder Rüstung).

(3) Das Verständnis der durch die außenpolitische Lage entstandenen Situationen als religiöser Entscheidungssituationen für Juda. Durch die außenpolitische Lage war Juda nach Jesajas Meinung in die Ent-

---

[10] Für Amos redete er durch einen Korb reifen Obstes (Am 8, 1 f.).

[11] K. Elliger, Prophet und Politik, 127.

[12] K. Elliger, Prophet und Politik, 127.

[13] Das soll nicht heißen, daß sich auf diesem Wege die Entstehung der Verkündigung Jesajas gegen Assur lückenlos rekonstruieren ließe. »Alle Zusammenhänge, deren wir gewahr werden können, sind offen und haben Risse in sich. Zugespitzt könnte man sagen: sie haben etwas Bruchstückhaftes. Das wird uns nicht davon abhalten, ... den Zusammenhang zu suchen.« (R. Wittram, Das Interesse an der Geschichte, 14/15).

[14] Vgl. unten S. 183—232.

scheidung zwischen Vertrauen auf Jahwe und Vertrauen auf andere Instanzen gestellt.

Betrachten wir die politische Situation zu Beginn des Jahres 701[15] im Licht dieser theologischen Verstehensvoraussetzungen, so ergibt sich folgendes Bild: Sanherib ist dabei, die Städte des Landes Juda einzunehmen[16]. Juda und Jerusalem sind in ihrer politischen Existenz bedroht, zumal Hiskia in der Aufstandsbewegung, die der Assyrer eben niederschlägt, eine führende Rolle spielte. Im Licht der Voraussetzung (3) stellt sich diese Situation als Entscheidungssituation für Juda dar. Zu entscheiden hat sich Juda zwischen dem Vertrauen auf die Hilfe Jahwes und dem Vertrauen auf andere Größen. Nach Voraussetzung (2) besteht zwischen beidem ein ausschließlicher Gegensatz: Vertrauen auf Jahwe duldet kein anders bezogenes Vertrauen neben sich; erwartet Juda in der politischen Bedrohung Hilfe von andern Staaten oder von eigener Rüstung, so ist dies ein Zeichen des Mißtrauens gegenüber Jahwe. Von der so theologisch interpretierten politischen Situation her können die Worte Jesajas gegen Assur als Aufforderungen zum Vertrauen auf Jahwe verstanden werden: Jahwe — und zwar Jahwe allein (Jes 31, 8 f.) — wird Judas Bedroher vernichten; deshalb ist es berechtigt, sich allein auf ihn zu verlassen. Der Assyrer will sich zwar der ganzen Welt bemächtigen, aber dem Gericht Jahwes verfällt er als eigenmächtiger Bedroher Judas. Indem er Juda bedroht, ruft er Jahwe gegen sich auf den Plan, der durch seinen Propheten Hilfe ankündigen und damit zum Vertrauen auffordern läßt.

Damit sind wir bereits bei der Frage nach der Intention der assurfeindlichen Sprüche Jesajas, der wir uns jetzt eingehender zuwenden wollen.

3. Die Intention der Bedrohung Assurs durch Jesaja[17]

Das eben vorgetragene Verständnis des Anlasses der jesajanischen Gerichtsverkündigung über Assur führte zu dem Ergebnis, daß Jesaja durch die Bedrohung Assurs Juda zum Vertrauen auf Jahwe auffordern will. Daß Jesaja diese Intention verfolgt, wird freilich in den Worten gegen Assur nicht explizit ausgesprochen. Es läßt sich meines Erachtens jedoch durch einen Analogieschluß von den Worten Jesajas im syrisch-ephraimitischen Krieg auf die antiassyrischen Sprüche wahrscheinlich machen. Daß ein solcher Schluß berechtigt ist, zeigen die beiden folgenden Beobachtungen:

a) Jesajas Worte im syrisch-ephraimitischen Krieg und die Sprüche gegen Assur beziehen sich auf *vergleichbare außenpolitische Situationen.* Die politische Lage zu Beginn des syrisch-ephraimitischen Krieges wie die des Jahres 701 ist dadurch gekennzeichnet, daß Juda durch ein feindliches Heer bedroht ist.

---

[15] Zur Datierung der Drohworte gegen Assur vgl. oben S. 59 und 66.

[16] Vgl. K. Galling, Textbuch zur Geschichte Israels, 67—69.

[17] Zur Fragestellung vgl. H. W. Hoffmann, Form — Funktion — Intention.

b) Die Verkündigung Jesajas angesichts dieser beiden politischen Situationen weist *parallele Züge* auf:

α) Sowohl 734/33 als auch 701 kündigt Jesaja die *Vernichtung des Gegners* an. Die Bedroher Judas sind selbst bedroht (Jes 8, 1—4; 14, 24 bis 27; 31, 8).

β) Die Worte gegen Samaria und Damaskus wie diejenigen gegen Assur enthalten eine *Äußerung des Angreifers in direkter Rede* (Jes 7, 6; 10, 13 f.). *Ihr stellt Jesaja mit betontem Neueinsatz* (7, 7; 14, 24[18]) *das Wort Jahwes gegenüber,* das die Haltlosigkeit der gegnerischen Worte entlarvt. Beabsichtigen Damaskus und Nordisrael die Absetzung der politischen Führung Judas, so kündigt ihnen Jesaja an, daß dieser Plan nicht zustandekommen werde. Weist Assur selbstsicher darauf hin, daß sich kein Volk seinem erobernden Zugriff entziehen konnte, was für Juda die Aufforderung beinhaltet, sich keine falschen Hoffnungen zu machen, so verkündigt Jesaja, daß Jahwe einen ganz anderen weltweiten Plan gefaßt hat — nämlich Assurs Vernichtung —, und daß eine ganz andere Hand — nämlich die Jahwes — über die ganze Welt ausgestreckt ist[19].

γ) Bei der Formulierung der Jahwerede verwendet Jesaja in Jes 7, 7 und 14, 24 die Worte *hjh* und *qûm.* Sagt Jes 7, 7 direkt, daß der gegnerische Plan keine Verwirklichung finden soll, so sagt Jes 14, 24, daß Jahwes Plan sich durchsetzen wird, was in der Beziehung zu Jes 10, 5.6 a.7 a.13—15 ebenfalls das Scheitern des gegnerischen Vorhabens bedeutet.

δ) Schließlich haben die Drohworte gegen Assur und Jes 7, 1—9 noch einen entscheidenen Zug gemeinsam: beidemale wird *die Vernichtung des Feindes und damit die Rettung Judas ausschließlich als Tat Jahwes verstanden.* Jes 14, 24—27 ist allein Jahwe handelndes Subjekt. Er wird Assur mit eigener Hand vernichten »in meinem Land« und »auf meinen Bergen«. Daß Jahwe handeln wird und nur er, sagt dann ausdrücklich Jes 31, 8. In Jes 7, 1—9 ist die alleinige Täterschaft Jahwes nicht explizit ausgesprochen, aber mit Sicherheit vorausgesetzt. Denn die Aufforderung an Juda zum Stillhalten und das heißt: zum Verzicht auf alle eigenen Rettungsversuche, ist die Konsequenz daraus, daß Jahwe selbst und allein helfend handeln wird. Jahwes alleinige Täterschaft ist also als Voraussetzung in der Aufforderung von Jes 7, 4 ff. enthalten.

Wir haben also in Jes 7, 4 ff. die Konsequenz genau der Voraussetzung, die sich in Jes 14, 24—27 und in Jes 31, 8 explizit formuliert findet. Liegt es dann nicht nahe, daß Jesaja mit 10, 5.6 a.7 a.13—15 + 14, 24—27 und 31, 8 dieselbe Absicht wie in 7, 4 ff. verfolgte: Juda in bedrohlicher Situation zum

---

[18] Zur Zusammengehörigkeit von Jes 10, 5.6 a.7 a.13—15 mit Jes 14, 24—27 vgl. oben S. 47/48.

[19] Vgl. J. Fichtner, Jahwes Plan, 35: Dem Plan Assurs »stellt Jesaja nun den Plan Jahwes entgegen, wie er dem Plan Arams und Israels Jahwes Wort ... entgegenstellt«.

Verzicht auf Selbsthilfe und zum Vertrauen auf Jahwe zu ermutigen? Die Worte gegen den Angreifer Assur hätten dann dieselbe Intention wie über 30 Jahre früher die Worte gegen die Angreifer Damaskus und Nordisrael[20].

Die eben genannten Parallelen zwischen der Verkündigung Jesajas im syrisch-ephraimitischen Krieg und im Jahr 701 berechtigen meines Erachtens zu der Vermutung, daß Jesaja auch mit den Worten gegen Assur den Judäern die *Furcht vor dem übermächtigen Feind nehmen* wollte und sie *zum Vertrauen auf Jahwe ermutigen* wollte. Mit den Drohworten gegen Assur verfolgte Jesaja demnach die Verkündigungsabsicht, *Juda zu dem Verhalten zu ermutigen, das dem Verhältnis Jahwe-Juda entsprach.*

Aus den Unheilsverkündigungen gegen Assur spricht nicht das Bewußtsein unbedingter Sicherheit Judas oder Jerusalems. Nicht die bedingungslose Sicherheit Judas ist das Thema dieser Worte, sondern das Verhältnis Judas zu Jahwe. Juda soll aus seiner Abwendung von Jahwe herausgerissen werden, indem Jahwe die Initiative ergreift und in der Not mit einem Beweis seiner Zuneigung und Verläßlichkeit entgegenkommt.

4. Besprechung eines möglichen Einwandes gegen die vorgelegte Deutung der Drohworte gegen Assur

Aus der im Vorhergehenden vorgelegten Interpretation der Worte gegen Assur ergibt sich eine Konsequenz für die zeitliche Ansetzung dieser Worte: Jesaja muß sie zu einem Zeitpunkt verkündigt haben, an dem ein Eingehen der Judäer auf die in den Worten gegen Assur implizit enthaltene Aufforderung an Juda noch möglich war. Jedenfalls sind sie vor der eigentlichen Belagerung Jerusalems anzusetzen, die Jes 22, 1—14 geschildert wird, wahrscheinlich auch vor Absendung des Hilfegesuchs an Ägypten, von dem Jes 30, 1—5 und 31, 1—3 sprechen.

Aus dieser zeitlichen Einordnung der Drohworte gegen Assur könnte ein Einwand gegen ihre oben gegebene Deutung abgeleitet werden: Da Jesaja in 22, 1—14; 30, 1—5 und 31, 1—3 Unheil über Juda androht bzw. sich auf bereits eingetretenes Unheil zurückbezieht (22, 1—14), der Bringer dieses Unheils jedoch kaum ein anderer als Assur sein kann, ist es unwahrscheinlich, daß Jesaja kurze Zeit vorher von der Verwerfung Assurs als Gerichtswerkzeug gesprochen hat.

Gegen diesen Einwand läßt sich folgendes sagen: Sieht man die oben angeführten Texte Jes 30, 1—5; 31, 1—3 und 22, 1—14 genauer an, so macht man die Feststellung, daß Assur nirgends genannt wird. Jes 30, 1—5 wird nur gesagt, daß Juda — wie jedes andere Volk vorher — bitter enttäuscht werden wird, wenn es Hilfe und Schutz von Ägypten erwartet. Von Assur ist

---

[20] Ähnlich bestimmt A. Dillmann (104) die Intention von Jes 10, 5—34 obwohl er den Text aus der Zeit Sargons herleitet: »... gegenüber der zunehmenden Furcht (vielleicht auch gegen das Gelüste eines Bündnisses mit Aeg.) sein Volk auf das Einschreiten Gottes selbst hinzuweisen«.

mit keinem Wort die Rede. Jes 31, 1—3 kündigt Jesaja an, daß Helfer (Ägypten) und Hilfeempfänger (Juda) miteinander untergehen werden, und zwar weil »Jahwe seine Hand ausstreckt«. Assur als Strafvollstrecker wird nicht genannt. Am auffallendsten ist der Sachverhalt in Jes 22, 1—14. Hier blickt Jesaja zurück auf die Zernierung Jerusalems durch Assur und seine Hilfsvölker im Jahr 701. Der eigentliche Gegner Judas war dabei zweifellos Assur selbst, wenn auch im assyrischen Heer Truppen kleinerer Völker mitkämpften. Jesaja jedoch läßt bei seiner Schilderung des feindlichen Angriffs die Assyrer völlig unerwähnt. Statt dessen nennt er Elam und Kir, vor allem aber hebt er hervor, daß Jahwe selbst es war, der hier handelte (v. 11).

Wir kommen also zu dem Ergebnis, daß Jesaja nach seinen Drohreden gegen Assur dieses Volk nicht mehr als Gerichtsvollstrecker im Namen Jahwes verkündigte. Dadurch gewinnt das oben vorgetragene Verständnis der Drohworte gegen Assur als Aufforderungen und Ermutigungen an Juda meines Erachtens an Wahrscheinlichkeit.

C. JESAJAS VERKÜNDIGUNG ANGESICHTS ANDERER VÖLKER ALS EIGENMÄCHTIGER BEDROHER JUDAS

(Zusammenfassung zu Kapitel 1 des Ersten Teiles)

1. Jesaja versteht die israelitisch-damascenische Koalition, die 734/33 gegen Jerusalem zog, und die Assyrer, die 701 in Juda einmarschierten, als *eigenmächtige Bedroher Judas.*
2. Die *Deutung der durch die Bedrohung Judas entstandenen politischen Situation durch Jesaja* und seine Verkündigung angesichts dieser Situation sind *von theologischen Voraussetzungen bestimmt.*
3. Angesichts anderer Völker als eigenmächtiger Bedroher Judas verkündigt Jesaja das *Scheitern der bedrohenden Völker und ihrer Pläne.*
4. Die Vernichtung der angreifenden Völker und damit die Rettung Judas ist *allein Werk Jahwes.*
5. Durch die Ankündigung, daß Jahwe die eigenmächtigen Bedroher Judas vernichten werde, wird *Juda zum Vertrauen auf Jahwe aufgefordert und ermutigt.* Dies ist die Intention der Verkündigung Jesajas angesichts anderer Völker als eigenmächtiger Bedroher Judas. *Im Zentrum dieser Worte* stehen also nicht die anderen Völker, sondern *Juda und sein Verhältnis zu Jahwe.*
6. Das Vertrauen Judas auf Jahwe, zu dem Jesaja ermutigt, *schließt die Erwartung von Rettung und Hilfe durch andere Instanzen aus.*

EXKURS I: DAS VÖLKERKAMPFMOTIV BEI JESAJA

I. Zum Verständnis des Terminus »Völkerkampfmotiv«

Das Völkerkampfmotiv läßt sich nach G. Wanke folgendermaßen charakterisieren:

> »Könige, Völker oder Königreiche, die nie näher beschrieben werden, jedoch immer in einer Vielzahl auftreten, versammeln sich, um gegen die Gottesstadt zu ziehen; durch Jahwes Eingreifen wird diese aber vor einer Katastrophe bewahrt.«[1]

In dieser Ausgestaltung begegnet das Motiv in den Korachitenpsalmen 46 und 48 und in der eschatologischen Prophetie, und G. Wanke schlägt vor, den Ausdruck »Völkerkampfmotiv« nur für »die in der eschatologischen Prophetie und in den Zionsliedern vorliegende Form« zu gebrauchen[2].

Dies hätte zur Folge, daß in den beiden Texten Jes 8, 9 f. und 17, 12—14 das Völkerkampfmotiv nicht vorläge, denn von der Gottesstadt ist dort explizit nicht die Rede[3]. Nun finden sich aber die beiden entscheidenden Züge (Angriff vieler Völker und Einschreiten Jahwes gegen diese Völker) in diesen Texten, und auch nach G. Wanke ist das Motiv in beiden Sprüchen enthalten[4]. Es scheint deshalb geraten, die Erwähnung Jerusalems (der Gottesstadt) nicht zu den konstitutiven Zügen des Völkerkampfmotivs zu zählen.

Dann liegt in Jes 8, 9 f. und 17, 12—14 zweifellos das Völkerkampfmotiv vor, denn beidemale ist von einem Angriff der Völker und einem Einschreiten Jahwes gegen die Völker die Rede.

II. Der Unterschied zu den Sprüchen Jesajas, in denen andere Völker als eigenmächtige Bedroher erscheinen

In den Völkerkampftexten treten andere Völker als eigenmächtige Bedroher Judas (vielleicht Jerusalems) auf. Da wir dies auch in anderen Worten Jesajas finden (Jes 7, 1—9; 8, 1—4; 10, 5.6 a.7 a.13—15 + 14, 24—27; 31, 8), muß gezeigt werden, wodurch sich Jes 8, 9 f. und 17, 12—14 von diesen unterscheiden, so daß ihre geson-

---

[1] G. Wanke, Zionstheologie, 75.

[2] G. Wanke, Zionstheologie, 98.

[3] Dies vermerken auch B. S. Childs, Crisis, 52, und H.-M. Lutz, Völker, 40. 46 f. 150. Beide sehen jedoch die Beziehung auf Jerusalem mit dem Völkerkampfmotiv als solchem verbunden; vgl. B. S. Childs, Crisis, 52: »Reference to Jerusalem as the object of the attack is missing, but it is implied in the tradition.« Ebenso H.-M. Lutz, Völker, 150.

[4] G. Wanke, Zionstheologie, 117.
Nach H. Donner, Israel, 26 f., ist in Jes 8, 9 f. nicht von einer Aktion vieler Völker gegen Juda, sondern gegen Assur die Rede.

derte Behandlung berechtigt ist. Man kann diesen Unterschied mit H.-M. Lutz[5] als eine Verschiebung »vom Aktuellen zum Allgemeingültigen« beschreiben. Diese Verschiebung zeigt sich

1. darin, daß die Völkerkampftexte keine konkrete historische Situation spiegeln.
2. darin, daß es sich in den Völkerkampftexten nicht um eine begrenzte Anzahl gegnerischer Völker handelt, sondern um viele (oder alle) Völker.
3. darin, daß »in den Völkersturmsprüchen die Unverletzlichkeit Jerusalems als generell verbürgt« gilt[6].

III. Mögliche Interpretation der Völkerkampftexte im Rahmen der Verkündigung Jesajas

Sprechen die Völkerkampftexte in Jesaja-Buch die Gewißheit eines unbedingten göttlichen Schutzes aus, mit dem Juda/Jerusalem sicher rechnen kann, dann wird es schwer sein, für die Worte einen Platz in der Botschaft des Propheten zu finden, der in 1, 18—20 das Heil eindeutig von einer Bedingung abhängig macht und in einem seiner letzten Worte den Tod des Volkes ankündigt (22, 14). »Nirgends hat er [Jesaja] so bedingungslos dem Volk Israel Jahwes Schutz gegenüber der ganzen Welt zugesagt.«[1]

Nun ist aber zu erwägen, ob sich die Völkerkampfsprüche nicht in Analogie zu den übrigen Worten Jesajas gegen andere Völker als eigenmächtige Bedroher Judas verstehen lassen. Die Intention dieser Sprüche wäre es dann, den Judäern in einer Situation konkreten Bedrohtseins durch angreifende Völker, die Furcht vor diesen Völkern zu nehmen, und zwar im Vertrauen auf die Schutzzusage Jahwes. In diesem Sinn ist das Drohwort gegen Samaria/Damaskus (7, 7—9 a) zu verstehen, wie aus den vorausgehenden Versen eindeutig hervorgeht. So meinten wir auch Jes 8, 1—4 und die Drohworte gegen Assur (Jes 10, 5.6 a.7 a.13—15 + 14, 24—27; und 31, 8 f.) verstehen zu können.

Eine derartige Interpretation wurde von Wildberger für Jes 8, 9 f. gegeben: Mit dem »Bekenntnis« Jes 8, 9 f. hat Jesaja in der ersten Zeit des syrisch-ephraimitischen Krieges, noch vor 7, 1—9, »seine Zuhörer zum Glauben aufgerufen«[2]. Freilich: »Die Verheißung ist nicht expressis verbis an den Glauben gebunden.«[3] Aber: »Wenn die beiden Verse wirklich von Jesaja stammen, sind sie ... nicht als allgemeine Wahrheiten zu interpretieren, in dem Sinn, daß hier dem Gottesvolk für immer und in jeder Situation Schutz vor irgendwelcher feindlichen Bedrängnis angeboten würde, sondern sie müssen in ihrer konkreten Ausrichtung auf die Situation, in die sie hineingesprochen sind, verstanden werden. *Jetzt*,[4] hält Jesaja dem Volk vor, gälte es, Ernst zu machen mit dem Glauben an Jahwes Schutz, *jetzt*[4] müßte und dürfte man sich an das *ʿimmanû ʾel* klammern.«[5] .

Hierin ist meines Erachtens Wildberger zuzustimmen: »Wenn die beiden Verse wirklich von Jesaja stammen«[6], dann kommt nur dieses Verständnis in Frage. Aber

---

[5] H.-M. Lutz, Völker, 155.

[6] H.-M. Lutz, Völker, 155. H.-M. Lutz spricht von »Völkersturm« statt von »Völkerkampf«.

[1] K. Budde, Jesajas Erleben, 80.

[2] H. Wildberger, 332.

[3] H. Wildberger, 333.

[4] Gesperrt gedruckt von H. Wildberger.

[5] H. Wildberger, 333.

[6] H. Wildberger, 333.

eben diese Voraussetzung, die Wildberger auf Grund wortstatistischer und stilistischer Beobachtungen als gegeben ansieht[7], ist zu prüfen.

Eine Frage allerdings kann schon jetzt gestellt werden: Konnten die Hörer Jesajas aus den Völkerkampfworten eine Aufforderung zum Glauben im Sinne des Propheten heraushören? Wildberger ist der Ansicht, Jesaja halte hier »dem Volk von Jerusalem Gedankengänge der längst geprägten jerusalemischen Theologie vor Augen«[8]. Wir haben tatsächlich Zeugnisse dafür, daß zur Zeit Jesajas die Meinung vertreten wurde, Jerusalem könne als die Stadt, in der Jahwe wohnt, von keinem Unheil betroffen werden. Diese Meinung wird von Micha (3, 11) als Wort der Priester, Propheten und Führer zitiert, die sich ansonsten um Jahwe recht wenig kümmern:

Es ist doch Jahwe in unserer Mitte,[9]
so daß uns kein Unheil treffen kann.

Diese Haltung kommt wohl auch in dem »Mit uns ist Gott« zum Ausdruck, das vom Volk als Bekenntnisname verwendet wird (Jes 7, 14)[10]. Auch im Nordreich war »Gott ist mit uns« ein im Volk verbreitetes Wort. Im Hinblick auf Am 5, 14 sagt M. Buber: »›Gott ist mit uns‹ ist der Spruch, den die Ahnungslosen im Munde führen.«[11] Erst vom Propheten wurde er an eine Bedingung geknüpft:

Trachtet nach Gutem und nicht nach Bösem,
damit ihr lebt,
und damit Jahwe (der Gott Zebaoth) wirklich mit euch sei,
wie ihr sagt.
(Am 5, 14)

Daß es zur Zeit Jesajas die Überzeugung gab, Jerusalem sei vor allem Unheil sicher, ist also unbestreitbar (vgl. noch Jes 28, 14 ff.)[12]. Dasselbe Bewußtsein eines

[7] H. Wildberger, 331. [8] H. Wildberger, 331.

[9] Zur Übersetzung des mit *h^alô* eingeleiteten Satzes vgl. GK § 150 e: Fragen können »zum Ausdruck der Überzeugung« dienen, »daß der Inhalt der betr. Aussage dem andern wohl bekannt ist und unbedingt von ihm angenommen wird«. Vgl. die Zitierformel *h^alô' hem k^etûbîm* (I Reg 11, 41 u. ö.); ein besonders reizvoller Beleg für diese Verwendung der Frage ist der Satz, den Elkana zu Hanna sagt: »Hanna, warum weinst du?, und warum ißt du nichts?, und warum ist dein Herz traurig? Bin ich denn nicht besser für dich als zehn Söhne?« (I Sam 1, 8).

[10] Vgl. P. Altmann, Erwählungstheologie, 22/23: »Jesaja hatte sich mit Kreisen auseinanderzusetzen, deren Schlagwort »Immanuel« war: also nationaler Sicherheitsglaube.«

[11] M. Buber, Der Glaube der Propheten, 151.

[12] Anders A. H. J. Gunneweg, Jes VII, 31 Anm. 1. Im Hinblick auf die in Jes 7, 2 drastisch geschilderte Furcht von Königshaus und Volk sagt er: »Angesichts dieser Haltung von König und Volk wird man doch nicht sagen können, der Vertrauensname Immanuel sei Ausdruck ebendieser Haltung.« Hierin ist A. H. J. Gunneweg recht zu geben. Andererseits ist aber auch die Vorstellung von der absoluten Sicherheit Jerusalems für die Zeit Jesajas einwandfrei bezeugt. Der Widerspruch läßt sich vielleicht durch die Überlegung verständlich machen, daß sich eine Heilstheorie, vor allem wenn sie nur Theorie ist und nicht zu Konsequenzen in der Lebensgestaltung führt, im Augenblick akuter Bedrohung leicht als wirkungslos erweisen kann. Von hier aus wäre die Existenz der Vorstellung von der grundsätzlichen Geschütztheit Jerusalems durchaus neben der Furcht angesichts der Bedrohung im syrisch-ephraimitischen Krieg denkbar.

unbedingten Gesichertseins bringen auch die Völkerkampftexte (freilich mit anderen sprachlichen Mitteln) zum Ausdruck[13]. Eine Aufforderung zum Glauben im prophetischen Sinn stellte dieser national-religiöse Glaubenssatz nicht dar. Er wird ja von Amos, Micha und Jesaja bestritten. Gerade weil sich in den Völkerkampftexten Jes 8, 9 f. und 17, 12—14 eine Haltung ausspricht, der »die Unverletzlichkeit Jerusalems als generell verbürgt« gilt[14], und weil diese Haltung im Volk verbreitet war (wie Mi 3, 11; Jes 7, 14; 28, 14 ff. zeigen), lassen sich diese Texte nicht als Aufruf zum Glauben[15] verstehen. Zumindest konnten Jesajas Hörer dies nicht heraushören, wenn der Prophet kommentarlos ihre eigene Meinung vorgetragen hätte. Sie hätten die Botschaft des Propheten nur als Bestätigung verstehen und ihm beruhigt applaudieren können. Jesaja aber wollte nicht verkündigen, »was das Volk glaubte und erhoffte und womit es sich beruhigte«[16].

Man könnte einwenden, daß die Drohworte gegen Assur für Juda auch Rettung ohne eine explizit ausgesprochene Bedingung ankündigen. Aber erstens beziehen sich diese Texte auf eine konkrete Situation, proklamieren also keinen grundsätzlichen Schutz. Zweitens unterstreichen sie die alleinige Täterschaft Jahwes, die von Judas Führern nicht akzeptiert wurde. Und drittens kündigen sie nicht die Sicherheit Judas, sondern die Hilfe Jahwes an. Diese Unterscheidung ist keine Spitzfindigkeit. Vielmehr zeigt sich an ihr, daß die Völkerkampftexte und die Drohworte gegen Assur in ihrer Intention geradezu konträr sind.

Man kann auch nicht sagen, Jesaja habe in 8, 9 f. und 17, 12—14 »eine ihm überkommene Überlieferung aus aktuellem Anlaß aufgenommen und in den Dienst seiner Verkündigung gestellt«[17]. Denn letzteres hat er eben nicht getan. Hätte Jesaja die Völkerkampfvorstellung »in den Dienst seiner Verkündigung gestellt«, so hätte er sie in ihrem eigentlichen Aussageziel (der unbedingten Sicherheit Jerusalems) verändern müssen. Wie es aussieht, wenn Jesaja Traditionen aufnimmt, die seiner Botschaft widersprechen, das läßt sich an Jes 28, 20 f. sehen, oder auch an Jes 7, 14.

Die oben gestellte Frage, ob Jesajas Hörer aus den Völkerkampftexten eine Aufforderung zum Glauben im Sinne des Propheten heraushören konnten, ist also mit Nein zu beantworten.

Damit ist die Herkunft der Völkerkampftexte von Jesaja, die im folgenden noch eingehend diskutiert werden soll, fraglich geworden. Ist es wahrscheinlich, daß Jesaja einen Gedanken kommentarlos aufgegriffen hat, der das genaue Gegenteil dessen besagt, was er sonst verkündigte, und der bei seinen Hörern nur die von ihm sonst bekämpfte Haltung stärken konnte? Einmal ganz abgesehen davon, ob in den Völkerkampftexten eine uralte, vorisraelitische Tradition enthalten ist oder nicht: die Annahme einer Verwendung dieser Tradition durch Jesaja stößt auf die Schwierigkeit, daß der Prophet damit seine Hörer in ihrer national-religiösen Sicherheit bestärkt hätte.

---

[13] Vgl. H.-M. Lutz, Völker, 155.

[14] H.-M. Lutz, Völker, 155.

[15] H. Wildberger, 332.

[16] W. E. Müller, Die Vorstellung vom Rest im AT, 55, zitiert bei J. Fichtner, Jahwes Plan, 39 Anm. 48.

[17] H.-M. Lutz, Völker, 157. Dagegen bemerkt O. Kaiser, 91, zu Jes 8, 9 f., daß »Jesaja mit einem derartigen Triumphlied seiner vorausgegangenen Gerichtsankündigung gegen Juda ihren letzten Ernst nehmen würde«.

IV. Die Frage der jesajanischen Verfasserschaft der Völkerkampftexte

1. Eindrucksvolle sprachliche Gestaltung als Kriterium jesajanischer Verfasserschaft?

Gelegentlich wird allgemein auf die eindruckvolle sprachliche Gestaltung hingewiesen. So bemerkt W. Zimmerli zu Jes 17, 12—14: »Dieses Wort ist nach dem Glanz seiner Sprache und nach seinem Gehalt so unverkennbar jesajanisch, daß man es keinesfalls dem Propheten absprechen darf.«[1] Gegen den Teil dieser Aussage, der vom »Glanz der Sprache« handelt, läßt sich mit K. Marti einwenden: »Auch nach Jesaja hat man gut hebräisch und in trefflicher Darstellung geschrieben.«[2]

2. Statistische Kriterien

a) H. Wildberger bezeichnet Vokabular und Stil als die entscheidenden Gründe, die ihn veranlassen, Jes 8, 9 f. dem Jesaja zuzuweisen. Er nennt folgende Wörter, die seiner Ansicht nach für Jesaja charakteristisch sind: *ḥtt, mærḥaq, ʿeṣā* (besonders die figura etymologica *ʿûṣ ʿeṣā*); dazu die Wendungen *loʾ jaqûm* und *ʿimmanû ʾel.* Diese Wörter und Wendungen sind zwar bei Jesaja belegt, passen also in seinen Sprachgebrauch. Mehr jedoch läßt sich diesen wortstatistischen Beobachtungen nicht entnehmen. Mit Ausnahme von *ʿimmanû ʾel* finden sich alle Wörter auch in anderen alttestamentlichen Büchern, dort sogar noch häufiger als bei Jesaja[3]. Sie können also von Jesaja

---

[1] W. Zimmerli, Verkündigung und Sprache der Botschaft Jesajas, 450.

[2] K. Marti, 147.

[3] Vgl. folgenden statistischen Überblick:

ḥtt kal	II Reg: 1 ×, Jes: 5 × (davon 1 × sicher sekundär Jes 37, 27; 2 × in Jes 8, 9), Jer: 8 ×, Ob: 1 ×, Hi: 1 ×.
ni.	Dt: 2 ×, Jos 3 ×, ISam 2 ×, Jes: 3 ×, Dtjes 2 ×, Jer: 7 ×, Ez: 2 ×, Mal: 1 ×, Hi 2 ×, Chr: 5 ×.
pi.	Jer: 1 ×, Hi: 1 ×.
hi.	Jes: 1 × (Jes 9, 3), Jer 2 ×, Ha: 1 ×, Hi: 1 ×.
mærḥaq	II Sam: 15 ×, Jes: 6 × (davon 2 × sicher sekundär, nämlich Jes 13, 5 und 33, 15; 1 × unsicher: 30, 27; außer den Völkerkampftexten 17, 13 und 8, 9 bleibt dann nur noch Jes 10, 3), Dtjes: 1 ×, Jer: 5 ×, Ez, Sach, Ps je 1 ×, Prov: 2 ×.
ʿeṣā	Dt: 1 ×, Jdc: 1 ×, II Sam: 10 ×, I Reg: 1 ×, II Reg: 1 ×, Jes 13 × (davon 6 × sicher nichtjesajanisch: 16, 3; 19, 3.11.17; 25, 1; 36, 5), Dtjes: 5 ×, Jer: 8 ×, Ez 2 ×, Hos 1 ×, Mi 1 ×, Sach 1 ×, Ps 9 ×, Prov 10 ×, Esr 3 ×, Neh 1 ×, I Chr 1 ×, II Chr 5 ×. Die figura etymologica *jʿṣ ʿeṣā* findet sich noch: II Sam 16, 23 Jer 49, 30 Ez 11, 2. In der Form *ʿûṣ ʿeṣā* ist sie überhaupt nur Jes 8, 9 f. zu belegen.

Bei *qûm* erübrigt sich der Nachweis, daß das Verb auch in nichtjesajanischen Texten auftritt. Zu *loʾ jaqûm* vgl. z. B. Num 30, 13 Dtn 19, 15.

Ob man *ḥtt* einen »Lieblingsausdruck Jesajas« (H. Wildberger, 331) nennen kann, wenn er außer in Jes 8, 9 f. noch 6 × bei ihm zu finden ist, bleibe dahingestellt.

Zur wortstatistischen Methode vgl. J. Vollmer, Jesajanische Begrifflichkeit?

ebensogut wie von andern alttestamentlichen Schriftstellern stammen. *ʿimmanû ʾel* schließlich ist in Jes 7, 14 in einer Unheilsankündigung verwendet, also ganz anders als Jes 8, 9 f.[4]. Zum Sprachgebrauch von Jes 8, 9 f. hat schon Cheyne[5] festgestellt, daß er zwar dem des Jesaja »nicht unähnlich« sei, genausogut aber bei späteren Verfassern möglich ist. Über dieses Urteil kann man meines Erachtens hier nicht hinauskommen. Auch das Stilmittel der ironischen Imperative, das H. Wildberger noch in Jes 6, 9 und 29, 9 findet, läßt sich in anderen alttestamentlichen Texten ebenso belegen[6].

Jesajanische Herkunft von Jes 8, 9 f. und 17, 12—14 läßt sich mit Vokabular und Stil also nicht erweisen.

b) Dagegen ist auf eine andere formale Eigenart der beiden Texte Jes 8, 9 f. und 17, 12—14 hinzuweisen. Beide Texte schließen mit einem Satz, in dem der Prophet nicht als einzelner spricht, sondern sich mit einer Gruppe von Menschen zusammenschließt, mit den bedrohten und erretteten Jerusalemern und Judäern. Der Prophet ist Sprecher des Volkes und gibt dem nationalen Heilsbewußtsein Ausdruck. Dies nun, daß sich der Prophet mit dem Volk zusammenschließt und im Wir-Stil spricht, findet sich im Jesaja-Buch nur noch an zwei Stellen: Jes 2, 5 (»Haus Jakob, auf!, laßt uns wandeln im Licht Jahwes!«) und 9, 5 (»denn ein Kind ist uns geboren.«)[7]. Bei Jes 2, 5 nimmt auch H. Wildberger[8] an, daß der Vers nicht ursprünglich mit v. 2—4 zusammengehörte und nicht von Jesaja stammt. Bliebe noch Jes 9, 5. Doch scheint mir J. Vollmer[9] hinreichend viele Argumente für die nichtjesajanische Herkunft von Jes 9, 1—6 zusammengetragen zu haben, denen man den Wir-Stil noch zufügen könnte. Die Beobachtung des Wir-Stils in Jes 8, 10 und 17, 14 b spricht also gegen eine Herleitung der Texte von Jesaja[10].

c) Hinzu kommt, daß — wie K. Marti bemerkt hat — erst in späterer Zeit Israels Feinde als »Plünderer« und »Räuber« bezeichnet werden. Marti nennt Sach 2, 2.12 f.; Joel 4, 2—6; Jes 14, 2; 60, 14[11].

---

[4] Vgl. G. Fohrer, Jes 7, 14, 125.
Das Verständnis von Jes 7, 10—17 ist allerdings stark umstritten. Interpretieren die einen den Text als Drohung (z. B. G. Fohrer), so finden andere Heil und Unheil in ihm angekündigt (z. B. A. H. J. Gunneweg, Jes VII). Nach wieder anderen sprechen die Verse nur von Heil (z. B. J. Lindblom, Immanuel, 27).

[5] T. K. Cheyne, Einleitung, 38.

[6] Z. B. Joel 4, 9 f. Nah 3, 14 f.

[7] Wir-Stil findet sich zwar auch Jes 12 und 14, 28—32. Jedoch wird die nichtjesajanische Herkunft von Jes 12 kaum bestritten. Jes 14, 28—32 identifiziert sich Jesaja nicht mit dem Volk, wie in 8, 9 f. und 17, 12—14.

[8] H. Wildberger, 27 f.

[9] J. Vollmer, Zur Sprache von Jes 9, 1—6.

[10] K. Budde: Jesaja 8, Vers 9 und 10, 428, geht davon aus, Jes 8, 9 f. stamme aus der Zeit zwischen 705 und 701 und stellt im Hinblick auf das »denn mit uns ist Gott« fest: »... der Prophet kann sich zu dieser Zeit schwerlich so mit dem Volke eins fühlen, wie das triumphierende ›Mit uns ist Gott‹ es voraussetzt«. Er versteht »denn mit uns ist Gott« als Glosse.
Für nichtjesajanisch werden die letzten drei Worte von Jes 8, 10 von mehreren Kommentatoren gehalten; vgl. z. B. B. Duhm; W. Staerk, Weltreich, 199 Anm. 1 zu S. 52; J. Fichtner, Jahwes Plan, 33; H.-M. Lutz, Völker, 44 f.; H.-M. Lutz, Völker, 44 f., hält die letzten drei Worte von Jes 8, 10 und Jes 17, 14 b für Zusätze der späteren gottesdienstlichen Gemeinde. Er weist auf Unterschiede zwischen diesen Versteilen und dem jeweils vorausgehenden Spruch hin.

d) Als Ergebnis können wir demnach festhalten: Wenn man auf die Beobachtungen zu Stil und Vokabular auch noch kein abschließendes Urteil über die jesajanische oder nichtjesajanische Herkunft von Jes 8, 9 f. und Jes 17, 12—14 gründen kann, so läßt sich jedenfalls soviel feststellen, daß beides (Stil und Vokabular) eher gegen als für Jesaja als Verfasser spricht.

3. Berührungen der Völkerkampftexte mit Jes 7, 3 ff. und 14, 24—27

Die Beziehungen der Völkerkampftexte zu Jes 7, 3 ff. und 14, 24—27 sind besonders eng. Dies gilt sowohl für Stil und Wortwahl als auch — zumindest auf den ersten Blick — hinsichtlich des Inhalts.

In Jes 7, 5 f. ist von einem Plan die Rede, den Aram und Samaria gefaßt haben: »Hinaufziehen wollen wir nach Juda, wollen es bedrängen und besetzen und dort den Sohn des Tabel zum König machen!« Man könnte in diesem Zitat den »Plan« und das »Wort« sehen, auf die Jes 8, 10 anspielt[12].

Wie Jes 7, 7 vom Plan der Angreifer gesagt ist *lo' taqûm,* so sagt auch Jes 8, 10 vom Wort der Gegner *w^{e}lo' jaqûm.* Demgegenüber gilt von Jahwes Plan *hî' taqûm* (Jes 14, 24), was auch an der zuletzt genannten Stelle das Scheitern der gegnerischen Absichten impliziert. Jes 8, 10 stehen *'ûṣ* und *prr* nebeneinander, Jes 14, 27 *j'ṣ* und *prr.* Jes. 8, 10 werden die Feinde ironisch aufgefordert: *'uṣû 'eṣā w^{e}tupar.* Jes 14, 27 heißt es von Jahwes Plan: *jhwh ṣ^{e}ba'ôt ja'az ûmî japer.*

Diese sprachlichen Parallelen zwischen Jes 8, 9 f. und Jes 7, 3—9 / 14, 24—27 sind unbestreitbar[13]. Jesajanische Verfasserschaft läßt sich mit ihnen allein freilich nicht begründen, da sich spätere Propheten in der Wortwahl häufig sehr eng an frühere anschließen. Als Beispiel sei nur an Ausdrucksparallelen in Deuterojesaja und Tritojesaja erinnert und an die vielfachen Anklänge an frühere Prophetenworte in den Völkersprüchen Jeremias.

Um zwei Einheiten demselben Verfasser zuweisen zu können, müßte festgestellt werden, daß die in der Wortwahl ähnlichen Einheiten auch inhaltlich keine gravierenden Widersprüche aufweisen. Zwischen den Völkerkampftexten einerseits und Jes 7, 3—9 und 14, 24—27 andererseits bestehen jedoch solche Widersprüche. Sie wurden von H.-M. Lutz herausgearbeitet[14] und zusammenfassend als eine »Verschiebung des inne-

---

11 Allerdings stehen an den von K. Marti genannten Stellen nicht die Verben *šsh* und *bzz.*

12 So z. B. B. Duhm: »Der Plan der Völker, das stolze Wort, das sie reden, ist c. 7, 5 f. mitgeteilt worden.« W. Staerk, Weltreich, 199 Anm. 1 zu S. 52: »Auf diesen Plan [von dem in Jes 7, 5 f. die Rede ist] bezieht sich wahrscheinlich das Fragment 8, 9 f.«

13 Vgl. H. Wildberger, 331; H.-M. Lutz, Völker, 43 f.

14 Wobei sich H.-M. Lutz allerdings nicht auf Jes 14, 24—27 bezieht, sondern die Völkerkampftexte mit Jes 7, 4—9; 14, 29—32 und 28, 14—18 vergleicht. Einmal rückt er 14, 26 f. sogar in die Nähe der Völkerkampftexte: »Wie erklärt sich Jesajas universale Rede von den ›Völkern‹ in Jes 8, 9 f.; 17, 12—14 und 14, 26 f.?« (Völker, 156). Daß sich jedoch 14, 24—27 nur gegen Assur richtet, ist in v. 25 ausdrücklich gesagt. Die universale Redeweise in v. 26 f. erklärt sich am besten als bewußter Kontrast zu den weltweiten Plänen des Assyrerkönigs, die dieser nach Jes 10, 13 f. ausspricht (vgl. oben S. 47/48).

ren Schwergewichts vom Aktuellen zum Allgemeingültigen«[15] beschrieben. Im einzelnen handelt es sich um folgende Verschiedenheiten:

a) Jes 7, 3—9 und 14, 24—27 beziehen sich auf eine konkrete Situation, in der Jesaja ankündigt, daß Jahwe die Pläne feindlicher Völker vereiteln wird. Die Texte sprechen von einer »das Vertrauen der Jerusalemer fordernden aktuellen Zusage Jahwes«[16].
Dagegen stellen die Völkerkampftexte die grundsätzliche Unverletzlichkeit und Sicherheit Judas/Jerusalems dar; in ihnen gilt »die Unverletzlichkeit Jerusalems als generell verbürgt«[17]. Daß die Völkerkampfworte von Jesajas Hörern nur so verstanden werden konnten, nicht als ein Aufruf zum Glauben[18], liegt — wie oben dargelegt wurde[19] — daran, daß der im Volk vorhandene religiös-nationale Verstehenshintergrund nur dieses Verständnis zuließ.

b) Eine »Verschiebung vom Aktuellen zum Allgemeingültigen«[20] wird weiter darin sichtbar, daß in den Völkerkampftexten nicht mehr bestimmte Völker Jerusalem bedrohen und von Jahwe an einer Eroberung gehindert werden — so Jes 7, 1—9 und 14, 24—27 —, sondern eine unbestimmte, große Gruppe von Völkern oder gar alle Völker.

c) Eine inhaltliche Spannung zwischen Jes 7, 1—9 und Jes 8, 9 f. besteht schließlich darin, daß die bedrohten Fremdvölker unterschiedlich dargestellt werden. In Jes 7, 4 werden die beiden angreifenden Völker abwertend »diese zwei rauchenden Brandscheitstummel« genannt und so ihre Bedeutungslosigkeit und Machtlosigkeit hervorgehoben; in den Völkerkampftexten dagegen ist von Völkern ohne jede Einschränkung oder von einem »Völkermeer« die Rede[21].

In Anbetracht dieser inhaltlichen Widersprüche zwischen den Völkerkampftexten auf der einen Seite und Jes 7, 3—9; 14, 24—27 auf der anderen Seite kann man aus der sprachlichen Verwandtschaft der Texte nicht auf Einheit des Verfassers schließen.

4. Das Verhältnis von Jes 8, 9 f. und Jes 17, 12—14 zum Kontext

Bei Jes 17, 12—14 läßt sich aus dem Verhältnis zum Kontext nichts für die Verfasserfrage folgern. Der ganze Komplex Jes 13—23 ist ziemlich locker komponiert (meist Stichwortverbindung[22]). Häufig wird Jes 17, 12—14 in sachlicher Nähe zu

---

[15] H.-M. Lutz, Völker, 155.

[16] H.-M. Lutz, Völker, 155, im Hinblick auf Jes 7, 3—9; 14, 29—32; 28, 14—18. Dasselbe gilt für Jes 14, 24—27 (vgl. oben S. 64—66).

[17] H.-M. Lutz, Völker, 155, vgl. auch S. 173: »Für Jesaja aber ergab sich, daß der Gedanke von der Unverletzlichkeit Jerusalems ebensosehr in Spannung zu seiner übrigen Verkündigung steht, wie die Rede von den ›Völkern‹.«

[18] So H. Wildberger, 332.

[19] Vgl. oben S. 71/72.

[20] H.-M. Lutz, Völker, 155.

[21] Auf diese Spannung weist auch H.-M. Lutz, Völker, 46, hin. Sie erklärt sich seiner Ansicht nach folgendermaßen: »Es gibt für diesen Sachverhalt nur eine Erklärung: Jesaja hat angesichts einer drohenden Gefahr in einer konkreten historischen Situation eine allgemein bekannte Vorstellung aufgegriffen und aktualisiert, derzufolge die ›Völker‹ zu einem Angriff auf Jerusalem rüsten, aber an der jahwegewirkten Uneinnehmbarkeit der Stadt scheitern müssen.« (H.-M. Lutz, Völker, 46/47).

[22] G. Fohrer, Jes 1—39, 129.

Jes 18 gesehen[23]. B. Duhm nahm Jes 17, 12—14 und 18 sogar zu einer Einheit zusammen, während T. K. Cheyne in v. 12—14 einen späteren Nachtrag Jesajas zu 17, 1—11 sieht, »um diejenigen zu beruhigen, die befürchteten, Juda möchte das Schicksal ihrer Schwester im Norden teilen«[24].

Jes 8, 9 f. stellen in ihrem jetzigen Zusammenhang eine Korrektur der vorangegangenen Unheilsankündigung gegen Juda dar[25]. Sie fallen inhaltlich »aus dem Rahmen des übrigen Kapitels«[26]. O. Procksch nimmt an, daß Jes 8, 9 f. jesajanisch sei und in den Zusammenhang von Jes 13—23 gehöre, »wo Jesaja mit dem Thema der Völkerwelt ringt.«[27] An seine jetzige Stelle sei der Spruch wegen des Stichwortes »Mit uns ist Gott« gesetzt worden, das ihn mit Jes 8, 5—8 verbinde. Nun ist allerdings die Zugehörigkeit von v. 8 b zu v. 5—8 a sehr unwahrscheinlich[28]. Doch selbst wenn man annimmt, daß zuerst v. 8 b zu v. 5—8 a hinzugefügt und dann auf Grund des Stichwortes »Mit uns ist Gott« v. 9 f. angereiht wurde, so bleibt doch der inhaltliche Widerspruch der beiden Texte[29]. Die Neutralisierung von Unheilsworten durch Heilsworte ist meist das Werk späterer Bearbeiter, die dafür nicht echte Jesajaworte, sondern jüngere Heilsworte verwendeten[30]. So legt das Verhältnis von Jes 8, 9 f. zu 8, 5—8 immerhin die Frage nahe, ob v. 9 f. nicht von der »Methode der Bearbeiter« her zu verstehen ist, »auf eine Drohung eine Verheißung folgen zu lassen«[31].

5. Die Entwicklungsgeschichte des Völkerkampfmotivs im Hinblick auf die Verfasserfrage von Jes 8, 9 f. und 17, 12—14

G. Wanke hat das Völkerkampfmotiv im Rahmen der Zionstheologie, wie sie in den korachitischen Zionspsalmen begegnet, untersucht[32]. Er kommt zu dem Ergebnis, daß das Völkerkampfmotiv in seiner voll ausgebildeten Form erst in den Zionspsalmen und in der eschatologischen Prophetie der nachexilischen Zeit vorliegt, so daß man auch erst diese späten Ausprägungen als Völkerkampf-»motiv« bezeichnen sollte[33]. Die Entstehungsgeschichte des Motivs stellt er folgendermaßen dar:[34]

Die sagenartig ausgestaltete Erinnerung an einen Unheilbringer aus dem Norden, die — durch die Wanderbewegung der Seevölker hervorgerufen — bei Jesaja (5, 26 ff.) und Jeremia (Feind aus dem Norden) anklingt, wird von Ezechiel in ihr Gegenteil gewendet (Ez 38 f.), indem dem Unheilbringer selbst die Vernichtung durch Jahwe angekündigt wird. In der eschatologischen Prophetie und in den Zionspsalmen wurde

---

[23] So F. Wilke, Jesaja und Assur, 85—88; O. Procksch; B. Duhm.

[24] T. K. Cheyne, Einleitung, 96.

[25] Vgl. O. Kaiser, 91: Mit einem derartigen »Triumphlied« würde Jesaja »seiner vorausgegangenen Gerichtsankündigung gegen Juda ihren letzten Ernst nehmen.«

[26] O. Procksch. [27] O. Procksch, 134.

[28] Bildwechsel; kein Bezugswort für das Suffix von *k^e^napajw*, da doch kaum von den Flügeln des Stromes geredet werden kann. Vgl. K. Marti.

[29] Vgl. O. Kaiser.

[30] Dies ist allgemein anerkannt für Jes 4, 2—6; 18, 7; 28, 5 f.; 32, 15; umstritten ist es bei Jes 2, 2—5; 7, 16 b*β*; 29, 5 f.; 30, 18 ff.

[31] G. Fohrer, Jes 1—39, 128.

[32] G. Wanke, Zionstheologie, 70—99.

[33] G. Wanke, Zionstheologie, 98.

[34] Einzelheiten können im folgenden beiseite gelassen werden.

dann der Kreis der Angreifer auf viele (oder alle) Völker ausgeweitet und der Angriff als gegen die Gottesstadt (Jerusalem) gerichtet dargestellt.

Entscheidet man von dieser Entstehungsgeschichte her die Verfasserfrage von Jes 8, 9 f. und 17, 12—14, so ergibt sich für beide Texte nichtjesajanische Verfasserschaft, weil in ihnen

a) von vielen angreifenden Völkern die Rede ist und weil

b) diesen Völkern der Untergang angesagt wird.

Der erste Zug ist (von der oben skizzierten Entstehungsgeschichte des Völkerkampfmotivs her) erst durch die korachitische Zionstheologie oder die eschatologische Prophetie zum Völkerkampfmotiv gekommen, der zweite durch Ezechiel. Gegen eine solche Argumentation ließe sich jedoch einwenden, es dürfe die Verfasserfrage von Jes 8, 9 f. und 17, 12—14 nicht von einer Entstehungsgeschichte des Völkerkampfmotivs her entschieden werden, die unabhängig von diesen Texten erarbeitet wurde. Im Gegenteil: das Bild der Entstehungsgeschichte müsse von den jesajanischen Texten her korrigiert werden. In diesem Sinn hat H.-M. Lutz gegen G. Wanke argumentiert: »Die sachliche Nähe zwischen den Psalmen und der Sacharja-Stelle [gemeint ist Sach 12, 2 a.3 a.4 a] könnte nun im Sinne Wankes durchaus für eine Spätdatierung des Völkersturmmotivs[35] und der Zionslieder sprechen, — wenn dem nicht Jes 8, 9 f. und 17, 12—14 entgegenstünden!«[36] Und da sich zumindest für Jes 8, 9 f. »jesajanische Autorschaft kaum mit guten Gründen bestreiten« lasse[37], müsse man entweder »Jesaja als den Erfinder des Völkersturmmotivs ansehen«[38] oder — da sich dem auch nach H.-M. Lutz's Ansicht schwerwiegende Gründe entgegenstellen — eine dem Jesaja vorgegebene Tradition annehmen, womit dann auch die Zugehörigkeit des Völkersturmmotivs zu einem umfassenden Komplex von Zionstraditionen wahrscheinlich gemacht wäre[39].

---

[35] H.-M. Lutz verwendet statt »Völkerkampf« die Bezeichnung »Völkersturm«.

[36] H.-M. Lutz, Völker, 215.

[37] H.-M. Lutz, Völker, 215.

[38] H.-M. Lutz, Völker, 215.

[39] H.-M. Lutz, Völker, 216. Gegen eine Herleitung des Völkerkampfmotivs aus einer vorisraelitischen jerusalemer Kulttradition spricht nach G. Wanke schon das Fehlen außerisraelitischer Parallelen (G. Wanke, Zionstheologie, 72 u. ö.). Auch H.-M. Lutz stellt bei seiner Behandlung der Völkersturmvorstellung fest, »daß sich in der religionsgeschichtlichen Umwelt Israels keinerlei Belege für eine parallele Vorstellung finden lassen« (H.-M. Lutz, Völker, 176). Allerdings spricht dies seiner Ansicht nach für eine »Herleitung des Völkersturmmotivs aus dem Eljon-Kult« (H.-M. Lutz, Völker, 176; dagegen G. Wanke, Zionstheologie, 72 f.). Die gegen G. Wanke und H.-M. Lutz (ausdrücklich allerdings nur gegen G. Wanke) gerichtete Feststellung von F. Stolz, Kult von Jerusalem, 88/89 Anm. 69, die von ihm behandelten Texte hätten »zur Genüge widerlegt«, daß das Motiv von Völkerkampf und -wallfahrt außerisraelitisch nicht zu belegen sei«, beruht auf einem anderen Verständnis dessen, was Völkerkampf ist. Sieht G. Wanke das Völkerkampfmotiv dadurch charakterisiert, daß alle oder viele andere Völker gegen die Gottesstadt kämpfen, von Jahwe aber vernichtet werden (G. Wanke, Zionstheologie, 75 u. ö.), so versteht F. Stolz unter Völkerkampf »die Vorstellung, daß ein Gott gegen fremde, feindliche Völker zu Feld zieht« (Kult von Jerusalem 72), jeden »Kampf Gottes gegen die Fremdvölker« (Kult von Jerusalem 86). Zu den Ausführungen von F. Stolz vgl. auch Jörg Jeremias, Lade und Zion, 189 Anm. 25.

Die Argumentation von H.-M. Lutz macht jedenfalls deutlich, daß die Verfasserfrage von Jes 8, 9 f. und 17, 12—14 nicht von der Entstehungsgeschichte des Völkerkampfmotivs her entschieden werden darf, sondern unabhängig von dieser behandelt werden muß.

Da die Entstehungsgeschichte des Völkerkampfmotivs im Rahmen dieser Arbeit nur im Hinblick auf die Verfasserfrage von Jes 8, 9 f. und 17, 12—14 betrachtet wird, muß auf die übrigen Einwände, die H.-M. Lutz gegen G. Wanke geltend macht, nicht ausführlich eingegangen werden. Sie resultieren aus der Hauptthese des Lutzschen Buches, die besagt, daß in Sach 12, 1—8 und Sach 14, 1—5 nicht ein Motiv in verschiedener Ausgestaltung vorliege, sondern daß in diesen Texten »drei Grundvorstellungen verarbeitet und miteinander verschlungen sind, die sich auf zwei Überlieferungsstränge zurückführen lassen.« (Völker 214 vgl. auch 9). Die drei Grundvorstellungen sind:

1. »Der Kampf der Völker gegen Jerusalem« (von H.-M. Lutz als »Völkersturmmotiv« bezeichnet). Es stammt aus dem vorisraelitischen Kult des Eljon in Jerusalem, gehört also zu den Zionstraditionen (Völker 167—177).
2. »Jahwes Kampf gegen die Völker«. Diese Vorstellung ist eine Universalisierung der Tradition vom Jahwekrieg (Völker 177—189).
3. »Jahwes Kampf gegen Jerusalem« ist eine Umkehrung der Tradition vom Jahwekrieg (Völker 190—200).

Es wird H.-M. Lutz darin zuzustimmen sein, daß die Völkersturmvorstellung häufig mit anderen Vorstellungen verbunden, diesen sogar ein- und untergeordnet wurde. Davon zu unterscheiden ist die Darstellung des Völkerkampfs in der Terminologie einer anderen Vorstellung, z. B. des Chaoskampfes (vgl. dazu G. Wanke, Zionstheologie, 75). Unterordnung der Völkersturmvorstellung unter eine andere Vorstellung ist z. B. der Fall, wenn nicht mehr die Rettung der Stadt, sondern die Vernichtung der Völker Ziel der Einheit ist (z. B. Mi 4, 11—13). Trotzdem kann man schwerlich sagen, die Völkersturmvorstellung sei in diesen Texten nicht vorhanden, diese Texte dürften also bei einer Behandlung der Völkersturmvorstellung nicht herangezogen werden (so H.-M. Lutz, Völker, 214 zu Joel 4).

Von den Texten, die H.-M. Lutz bei der Behandlung der Völkersturmvorstellung heranzieht, enthalten jedenfalls Joel 2 und Jes 17, 12—14 auch das Moment des Kampfes Jahwes gegen diese Völker. Dasselbe gilt für Sach 12, wie H.-M. Lutz, Völker, 30, selbst sagt. Vorausgesetzt ist ein solcher Kampf Jahwes gegen die angreifenden Völker wohl auch Jes 8, 9 f.

Umgekehrt finden sich in mindestens zwei (Joel 4 und Mi 4) von den fünf Texten, die H.-M. Lutz als Belege für die Vorstellung des Kampfes Jahwes gegen die Völker nennt, auch Elemente des Völkersturms. Wenn man den jetzigen Kontext berücksichtigt, gilt dies auch für Ez 38 f. und Sach 14, 3 f. Damit soll die recht ansprechende Analyse von Ez 38 f. durch H.-M. Lutz gar nicht bestritten werden. Nur sollte er seinerseits nicht bestreiten, daß diese Texte in ihrem jetzigen Umfang auch bei einer Behandlung des Völkersturmmotivs herangezogen werden können und müssen. Daß in der Prophetie der Kampf Jahwes gegen Jerusalem (und Juda allgemein) als Umkehrung des Handelns Jahwes in den Jahwekriegen dargestellt wurde, ist auf Grund von Jes 28, 20 f. kaum zu bestreiten (vgl. J. Vollmer, Rückblicke, 163—165). Diese Verwendung der Tradition zeigt natürlich weniger, daß ein Prophet in ihr steht, als daß er mit ihr gebrochen hat (vgl. J. Vollmer, Rückblicke, 164 und 195).

6. Die Bedeutung der Verwendung der Meereskampfvorstellung in Jes 17, 12 bis 14 für die Verfasserfrage

In größerem Maße fand die Meereskampfvorstellung in Israel zwar erst in exilisch-nachexilischer Zeit Eingang[40], doch ist auch nicht ausgeschlossen, daß die Vorstellung schon früher aufgegriffen wurde, zumal man wohl mit W. H. Schmidt Meereskampf und Schöpfung trennen muß[41]. Bei den Psalmen, in denen das Meereskampfmotiv auftritt, ist eine sichere Datierung nur in wenigen Fällen möglich[42].

Nun ist allerdings in Jes 17, 12—14 ebenso wie in Ps 46 der Völkersturm in der Terminologie des Meereskampfes dargestellt. Falls mit H. Wildberger[43] und G. Wanke[44] anzunehmen ist, daß Jes 17, 12—14 von Ps 46 abhängig ist, ergäbe sich daraus für Jes 17, 12—14 nachexilische Entstehungszeit. Denn daß Ps 46 aus nachexilischer Zeit stammt, hat G. Wanke sehr wahrscheinlich gemacht[45].

7. Die zeitgeschichtliche Beziehung von Jes 8, 9 f. und 17, 12—14 und die Konsequenzen, die sich daraus für die Verfasserfrage ergeben

a) Die Schwierigkeit der Bestimmung einer historischen Situation für Jes 8, 9 f. und 17, 12—14 spiegelt sich in den unterschiedlichen Ergebnissen, zu denen diese Versuche einer historischen Ortsbestimmung führten.
Ein kurzer Überblick soll dies verdeutlichen.
Für Jes 8, 9 f. wurden folgende historische Lokalisierungen versucht: Situation des syrisch-ephraimitischen Krieges: B. Duhm, B. S. Childs[46], H. Wildberger, W. Eichrodt, O. Kaiser. Zeit der Belagerung Samarias oder Zeit des Feldzugs Sargons gegen Asdod: T. K. Cheyne[47]. Zweite Wirkungsperiode Jesajas: O. Procksch[48].

---

[40] Vgl. G. Wanke, Zionstheologie, 69 f., der auf Texte aus Hiob, Ezechiel und der eschatologischen Prophetie hinweist.
Zur Bezeichnung »Meereskampf« statt »Chaoskampf« vgl. W. H. Schmidt, Alttestamentlicher Glaube, 152 ff.: Anders als Tiamat (beim Kampf Marduks gegen Tiamat in den babylonischen Texten) ist Jam in den ugaritischen Texten nicht die vor der Schöpfung der Welt herrschende Chaosmacht. Der Bestand der Welt steht vielmehr bei diesem Kampf nicht auf dem Spiel. Der Kampf Baals gegen Jam endigt auch nicht mit der Weltschöpfung (wie das beim Kampf Marduks gegen Tiamat der Fall ist).

[41] W. H. Schmidt, Alttestamentlicher Glaube, 153 f.

[42] Nur bei Ps 74 ist die Entstehungszeit eindeutig nach 587 anzusetzen, da in ihm die Zerstörung des Tempels vorausgesetzt ist. Vorexilische Entstehungszeit nimmt H.-J. Kraus für Ps 89 und 93 an, bei Ps 104 sei sie »nicht ausgeschlossen« H.-J. Kraus, Psalmen II, 709).

[43] H. Wildberger, Die Völkerwallfahrt zum Zion, 61 ff.

[44] G. Wanke, Zionstheologie, 116.

[45] G. Wanke, Zionstheologie, 106.

[46] B. S. Childs, Crisis, 46.

[47] T. K. Cheyne, Einleitung, 38.

[48] Die zweite Wirkungsperiode Jesajas setzt O. Procksch zwischen 720 und 713 an.

Auch für Jes. 17, 12—14 gehen die zeitlichen Ansetzungen weit auseinander: Zwischen 721 und 710: O. Procksch. 723/22: T. K. Cheyne[49]. 701: B. Duhm, F. Wilke[50]. Zweiter Zug Sanheribs nach Palästina (nach 701)[51]: W. Staerk[52].

b) Diese Schwierigkeiten[53], die sich einer zeitlichen Ansetzung von Jes 8, 9 f. und 17, 12—14 in den Weg stellen, haben ihren Grund vor allem in der Unbestimmtheit und Unbeschränktheit, mit der hier von »den Völkern« geredet wird[54]. Jesaja spricht sonst immer von einer begrenzten Anzahl von Völkern. Namentlich genannt werden diese Völker häufig nicht, jedoch werden sie von Jesaja so charakterisiert, daß klar hervorgeht, welches Volk gemeint ist[55]. Die Unterschiedlichkeit, mit der von anderen Völkern in den Völkerkampftexten einerseits, in den sonstigen Jesajaworten andererseits geredet wird, fällt besonders dann ins Auge, wenn man Jes. 8, 9 f. aus der Zeit des syrisch-ephraimitischen Krieges herleitet, mit den Völkern also Nordisrael und Damaskus gemeint sind. Der Vergleich mit Jes 7, 1—9 — einem Text, dessen Herkunft aus diesem Zeitraum unbestritten ist, und der in Ausdruck und Wortwahl Jes 8, 9 f. nahesteht[56] — veranlaßt H.-M. Lutz zu der Frage: »Wie aber kommt Jesaja dazu, diese beiden weltpolitisch unbedeutenden Staaten, die er in einem anderen Wort als ›qualmende Brennholzstummel‹ (7, 4) verspotten konnte und deren politische Kurzlebigkeit er in drastischer Weise zu demonstrieren wußte (8, 1.4), mit der volltönenden Anrede ›Völker‹ zu belegen?«[57] Für diesen Sachverhalt gibt es — nach H.-M. Lutz — »nur eine Erklärung: Jesaja hat angesichts einer drohenden Gefahr in einer konkreten Situation eine allgemein bekannte Vorstellung aufgegriffen und aktualisiert, derzufolge die ›Völker‹ zu einem Angriff auf Jerusalem rüsten, aber an der jahwegewirkten Uneinnehmbarkeit der Stadt scheitern müssen.«[58] Auf die Unwahrscheinlichkeit der Annahme eines solchen Vorgehens Jesajas, der damit eine religiös-nationale Haltung im Sinn von Mi 3, 11 geradezu gefördert hätte, wurde oben hingewiesen[59].

Die Widerstände, die sich einer zeitlichen Ansetzung der Völkerkampftexte in den Weg stellen, weisen vielmehr auf die Schwierigkeiten hin, diese Texte in die Verkündigung Jesajas einzuordnen.

---

[49] T. K. Cheyne, Einleitung, 96.

[50] F. Wilke, Jesaja und Assur, 85—87.

[51] Zur Annahme eines zweiten Zuges Sanheribs gegen Juda vgl. oben S. 60 Anm. 2.

[52] W. Staerk, Weltreich, 93 f.

[53] Vgl. z. B. H. Wildberger, 331.

[54] H.-M. Lutz, Völker, 155. B. Stade, Weitere Bemerkung zu Micha 4.5, 14, meinte die Völker von Jes 8, 9 f. seien bestimmte Völker, nämlich »die Völker des assyrischen Reiches«. Dies lasse sich der Situation entnehmen, in der Jesaja spricht. Dagegen ist einzuwenden, daß Jesaja sonst nicht so von den Assyrern oder anderen Völkern spricht.
B. Stade selbst meldet in einem anderen Aufsatz Zweifel an der jesajanischen Herkunft von 8, 9 f. an (Miszellen, in: ZAW 4 (1884), 260 Anm. 1).

[55] Das ist z. B. Jes 8, 5—8 der Fall, wo die »starken und vielen Wasser des Stromes« eindeutig auf Assur deuten; ebenso Jes 28, 1—4.14—22.

[56] Vgl. oben S. 75/76.

[57] H.-M. Lutz, Völker, 46.

[58] H.-.M Lutz, Völker, 46/47.

[59] Vgl. oben S. 72.

8. Zusammenfassung

Fassen wir das im Vorhergehenden zur Verfasserfrage von Jes 8, 9 f. und 17, 12—14 Gesagte zusammen, so zeigt sich, daß doch eine große Zahl von Beobachtungen gegen jesajanische Herkunft dieser Texte spricht[60]. Sie sollen hier nochmals aufgeführt werden:

a) Jes 8, 9 f. und 17, 12—14 lassen sich auf dem Hintergrund des Verstehenshorizontes der Hörer Jesajas *nicht als Aufforderungen zum Glauben, sondern nur als Bestärkung des Bewußtseins unbedingter Sicherheit verstehen.*

b) *Jesaja spricht von den Fremdvölkern,* die mit Juda in Kontakt kommen, sonst *nie als von einem »Völkermeer«, »vielen Völkern« oder »Völkern« ohne Beschränkung.*

c) Eine *historische Ortsbestimmung der Texte ist kaum möglich.*

d) *Jesaja spricht sonst nie (im Wir-Stil) als Sprecher des Volkes, um einem nationalen Heilsbewußtsein Ausdruck zu geben*[61].

e) Der *Redaktor* des Buches *korrigiert im allgemeinen nicht ein Jesaja-Wort durch ein anderes*[62].

---

[60] Anders H. Donner, Israel, 26 Anm. 2 (zu Jes 8, 9 f. ohne »mit uns ist Gott«): »Sachlich gewichtige Gründe, den Spruch dem Propheten abzusprechen ..., gibt es nicht.«

[61] Die Abtrennung von 8, 10 b und 17, 14 b vom Vorhergehenden, wie sie von H.-M. Lutz, Völker, 44 f. und 50, u. a. vorgeschlagen wird, wäre nur nötig, wenn sonst keine Einwände gegen jesajanische Verfasserschaft bestünden.

[62] Wenn man Jes 2, 2—4; 9, 1—6 und 11, 1 ff. von Jesaja herleitet, gilt diese Feststellung nicht ausnahmslos.

Kapitel 2

Andere Völker als vermeintliche Helfer Judas

A. ANDERE VÖLKER ALS VERMEINTLICHE HELFER JUDAS IN DER VERKÜNDIGUNG JESAJAS AUS DER ZEIT DES SYRISCH-EPHRAIMITISCHEN KRIEGES

Bei der Interpretation von Jes 7, 1—9 wurde bereits die Vermutung geäußert, Jesaja habe mit seiner Verkündigung zu Beginn des syrisch-ephraimitischen Krieges die Intention verfolgt, die Judäer davon abzuhalten, in Assur ihren Helfer zu sehen[1]. Daß die judäische Führung vom Eingreifen des assyrischen Königs Rettung erwartete, zeigt II Reg 16, 7 f. Umstritten ist jedoch, ob das dort geschilderte Ereignis herangezogen werden darf, um die Intention von Worten Jesajas zu bestimmen. So gibt F. Wilke zu bedenken, »daß wir gar nicht wissen können, wann der judäische König seine direkten Verbindungen mit Assyrien angeknüpft hat . . ., und daß uns nirgends berichtet wird, welche Stellung Jesaja dazu eingenommen hat.«[2] Tatsächlich nimmt Jesaja auf den Plan, die Assyrer zu Hilfe zu rufen und auf die Ausführung dieses Planes nie expressis verbis Bezug. Eine Anspielung darauf könnte in dem Vorwurf enthalten sein, die Judäer hätten »das sanft fließende Wasser Siloas verachtet« (Jes 8, 6). Im Hinblick auf die Frage nach der Berechtigung dieser Annahme, soll im folgenden Jes 8, 5—8 kurz analysiert werden.

---

[1] Vgl. oben S. 26.

[2] F. Wilke, Jesaja und Assur, 34/35.

[3] Daß v. 5 nicht zur ursprünglichen Einheit gehört, geht meines Erachtens aus drei Beobachtungen hervor:

1. V. 5 ist die Einleitung eines Berichtes von einer Audition. Jesaja berichtet, was Jahwe zu ihm gesagt hat. Zu dieser Einleitung passen v. 6 und 7 nicht. V. 7 redet von Jahwe in der 3. Person, während man von v. 5 her die 1. Person erwarten muß. Da v. 6 durch das Stichwort »Wasser« untrennbar mit v. 7 verknüpft ist, wird auch v. 6 ursprünglich keine Rede Jahwes in der 1. Person gewesen sein. Von hier aus legt sich also der Gedanke nahe, die Verbindung von v. 5 und v. 6—8 a für sekundär zu halten.
2. In die gleiche Richtung weist der Wortlaut von v. 5: »Und Jahwe redete noch (*'ôd*) weiter (*jsp*) zu mir.« Diese Formulierung setzt voraus, daß die Hörer oder Leser schon unmittelbar vorher von einem Reden Jahwes zu Jesaja erfahren haben. V. 5 stellt einen Anschluß her. Im jetzigen Zusammenhang verbindet v. 5 die Verse 5—8 mit v. 1—4. Wörtlich wird die Einleitung von Jes 8, 1—4 aufgegriffen. Daß jedoch die beiden so verbundenen Stücke nicht in derselben Stunde

Jes 8, 5—8

(6 a)[3] Weil dieses Volk verachtet hat
das Wasser Siloas, das sanft fließende,[4]

---

hintereinander gesprochen wurden, zeigt schon ihre konträre inhaltliche Aussage: v. 1—4 ist Drohung gegen Israel/Damaskus, v. 5—8 ist Drohung gegen Juda (daß Jes 8, 6—8 eine Drohung gegen das Nordreich oder gegen Juda *und* Israel darstelle, wurde in neuerer Zeit — soweit ich sehe — nicht mehr vertreten; vgl. dazu A. Dillmann). Auch diese Beobachtung führt zur Annahme einer nicht ursprünglichen Zugehörigkeit von v. 5 zu Jes 8, 6—8.

3. Schließlich ist auch noch zu vermerken, daß v. 5 außerhalb des Metrums von v. 6—8 steht (vgl. H. Donner, Israel, 23).

[4] V. 6 b stellt Übersetzung und Auslegung vor erhebliche Schwierigkeiten.

1. Eine wörtliche Übersetzung des MT von v. 6 b würde etwa lauten: »und Freude mit Rezin und dem Remaljasohn« (zum st. cs. vor einer Präposition vgl. GK § 130 a). Schwierig ist der Anschluß an v. 6 a. A. Dillmann macht v. 6 b von *jă'ăn* abhängig (»und wegen des Jubels mit R[ezin]«); dagegen vgl. B. Duhm: »... man kann aus dem *ja'an kî* kein *jă'an* herausnehmen«. Denkbar wäre, v. 6 b als Umstandssatz aufzufassen und zu übersetzen: »... wobei man sich freut (gemeinsam) mit Rezin usw.«.
Die Verachtung des »Wassers Siloas« bestünde nach dieser Übersetzung darin, daß eine größere oder kleinere Gruppe in Juda mit Nordisrael und Samaria sympathisierte und — gegen den Willen des Ahas — einen Anschluß an die antiassyrische Koalition herbeiführen wollte. In diesem Sinn wurde v. 6 b schon von Tg und LXX verstanden:
Tg (nach A. Sperber, The Bible in Aramaic Vol. III):
»Weil dieses Volk der Herrschaft des Hauses Davids überdrüssig ist, das sie ruhig leitete, wie das Wasser Siloas ruhig hinzieht, und Wohlgefallen fand an Rezin und dem Remaljasohn ...«
LXX: ἀλλὰ βούλεσθαι ἔχειν τὸν Ρααασων καὶ τὸν υἱὸν Ρομαλιου βασιλέα ἐφ' ὑμῶν. Vgl. zu diesem Verständnis von v. 6 b auch A. Knobel; F. Wilke, Jesaja und Assur, 28 f., u. a.
Nach A. Dillmann besagt v. 6 b, daß Juda sich an denselben Dingen wie Samaria und Damaskus freut, nämlich an Militär und Bündnissen.
Gegen diese Interpretation von Jes 8, 6 b spricht, daß nach den alttestamentlichen Quellen den Nordisraeliten und Aramäern nicht Freude oder Jubel entgegenschlugen, sondern Angst (vgl. Jes 7, 2).

2. Dem entspricht das Verständnis von v. 6 b, das von den meisten neueren Kommentatoren vertreten wird (vgl. z. B. K. Marti; B. Duhm; W. Staerk, Weltreich, 201 Anm. 2 zu S. 53; T. K. Cheyne, Einleitung, 37 Anm. 1; H. Donner, Israel, 23; H. Wildberger; W. Eichrodt I). Nach ihnen spricht v. 6 b von Judas Furcht vor Damaskus und Nordisrael und dem dieser Furcht entspringenden Hilferuf an Assur. Die Textrekonstruktionen, die diese Auslegung ermöglichen, sind bei den einzelnen Forschern sehr verschiedenartig und müssen hier nicht einzeln genannt werden. Sie stimmen meist darin überein, daß sie entweder *m^{e}śôś* im Sinn von *m^{e}sôs* verstehen oder eine Form von der Wurzel *mss* emendieren. Dazu kommt eine — im einzelnen wieder verschiedenartige — Korrektur der Präposition *'æt (mipp^{e}nê, lipnê, min)*. Etwas anders H. Donner, Israel, 23.

(7 a) deshalb bringt der Herr herauf über sie
das Wasser des Stromes, das starke und große.[5]
Er wird über all seine Bachrinnen steigen
und über all seine Ufer treten.
(8) Er wird über Juda hinweggehen,
wird überschwemmen und überfluten
und bis an den Hals reichen.[6]

1. Die Struktur von Jes 8, 6—8[7]

V. 6 a ist kausaler Vordersatz zu v. 7 a, weist also — als vorangestellter untergeordneter Nebensatz — über sich selbst hinaus auf den folgenden Hauptsatz (v. 7 a). In diesem ist das Ziel der Einheit zu sehen, denn v. 7 b.8 a stellen eine plastische Ausmalung des verheerenden Ereignisses dar, das in v. 7 a angekündigt wurde, beziehen sich also auf diesen Vers zurück. Der *Akzent liegt in dieser Einheit auf dem Drohwort,* so daß man von einem »begründeten Drohwort«[8] sprechen kann.

Die in v. 6 a vorliegende Begründung der Drohung v. 7 f. ist sehr eng mit dem Drohwort verbunden. Dies geschieht zunächst durch »weil« (v. 6 a)[9] und durch »deshalb« (v. 7 a). Auch der Aufbau von v. 6 a und v. 7 a ist parallel: Beide Verse nennen im ersten Satzteil ein Subjekt und eine von diesem Subjekt vollzogene Handlung, bringen dann das Objekt dieser Handlung und geben schließlich eine nähere Beschreibung dieses Objekts. Die auffallendste Verbindung zwischen beiden Versen aber ist das Stichwort »Wasser«:

---

3. Eine dritte Gruppe von Auslegern hält v. 6 b für eine Glosse (z. B. G. B. Gray; G. Fohrer I; zum Teil auch O. Procksch). Dafür scheint mir vor allem zu sprechen, daß die enge Beziehung zwischen v. 6 a und v. 7 a, die durch die Gleichheit des verwendeten Bildes geschaffen wird, durch den ohne Bild formulierten v. 6 b zerrissen wird (vgl. G. B. Gray).
Diese Erwägung spricht auch gegen die Interpretation O. Kaisers, der in v. 6 b eine Drohung sieht (»...soll es gewiß mit Rezin und dem Remaljasohn verschmachten«).
Ich halte also Jes 8, 6 b für eine Glosse.

5 V. 7 b schließt über v. 7 aγ hinweg an das Stichwort »Strom« an und ist auch grammatikalisch auf es bezogen. V. 7 aγ zerreißt also Zusammengehöriges. Mit den meisten Auslegern halte ich deshalb v. 7 aγ für eine Glosse (anders z. B. H. Donner, Israel, 22, und J. Lindblom, Immanuel, 43 f.).

6 V. 8 b verwendet ein ganz neues Bild. Im Vorangehenden findet sich kein Wort, auf das sich das Suffix von *k^enapajw* beziehen könnte. In v. 6 a.7 a$\alpha\beta$.b.8 a wird von Juda in 3. Person geredet; in v. 8 b wird Immanu-El in direkter Rede angeredet.
Aus diesen Gründen scheint mir v. 8 b eine spätere Zufügung zu sein.

7 Unter »Jes 8, 6—8« werden im folgenden diese Verse ohne die eben besprochenen Zusätze verstanden.

8 G. Fohrer I.

9 Zu *jăʿăn kî* vgl. Jes 3, 16; 7, 5; 29, 13.

Dieses Volk da verachtet das *Wasser Siloas,* das sanft fließende.
Der Herr führt herauf das *Wasser des Stromes,* das starke und große.

Was mit dem »Heraufführen des Wassers des Stromes« gemeint ist, ist klar: Jahwe wird die Assyrer gegen Juda aufbieten. Worin aber besteht das »Verachten des Wassers Siloas«, das Jesaja den Judäern zum Vorwurf macht? Dieser Frage soll nun nachgegangen werden.

2. Was ist mit »Verachtung des Wassers Siloas« in Jes 8, 6 gemeint?

Man könnte zunächst annehmen, Jesaja habe das Bild vom »Wasser Siloas« nur gewählt, weil er Assur unter dem Bild »des Stromes« (des Euphrat) darstellen wollte. Aber damit ist die Frage noch nicht beantwortet, wofür das »Wasser Siloas« Bild sein soll; denn daß vom »Wasser Siloas« hier in übertragenem Sinn die Rede ist, zeigt die Verbindung mit dem Verb »verachten«. Es ist zu vermuten, daß die mit dem Bild gemeinte Sache in dem adjektivisch verwendeten und durch ein Adverb näherbestimmten Partizip sichtbar wird, durch das Jesaja das »Wasser Siloas« charakterisiert. Denn wenn ein Bild schon näher beschrieben wird, dann doch wohl in der Hinsicht, auf die es im konkreten Zusammenhang ankommt[10]. Was *hăhol^{e}kîm l^{e}'ăṭ* hier heißt, zeigt der Gegensatz, in dem der Ausdruck hier steht. *hăhol^{e}kim l^{e}ăṭ* steht in Opposition zu *ha'^{a}ṣûmîm w^{e}harăbbîm,* ist also mit »sanft, schwach fließend« o. ä. zu übersetzen, im Gegensatz zu dem gewaltsamen Sich-Bahnbrechen eines über die Ufer getretenen Flusses[11]. Das Wasser Siloas ist demnach Bild für das Sanfte, nicht Gewaltige und Gewaltsame. Dieses verachtet »dieses Volk«.

Es kann hier dahingestellt bleiben, ob in Jes 8, 6 a das Walten Jahwes als sanft, nicht gewaltig und gewaltsam beschrieben, oder — was mir näher zu liegen scheint — ob das den Judäern von Jesaja nahegelegte Sich-Ruhig-Verhalten (Jes 7, 4) bildhaft dargestellt werden soll. Hier geht es um die Frage, was Jesaja den Judäern zum Vorwurf macht, in welchem Verhalten Judas sich für ihn »Verachtung des Sanften, nicht Gewaltigen und Gewaltsamen« ausdrückt. Die naheliegendste Antwort auf diese Frage scheint mir zu sein: Die Verachtung des Sanften, nicht Gewaltigen und Gewaltsamen zeigt sich in der Zuwendung zum Gewaltigen, zu Rüstung und starken Verbündeten. Diese Interpretation wird dadurch gestützt, daß II Reg 16, 7—9 berichtet, Ahas habe sich an den assyrischen König um Hilfe gewandt[12].

Wir kommen damit zu dem Ergebnis, daß Jesaja in Jes 8, 6 a den Judäern die politische Hinwendung zu Assur als dem vermeintlichen Helfer zum Vor-

---

[10] Vgl. W. Richter, Exegese als Literaturwissenschaft, 90; »Adjektiv und Annexion heben die für die Einheit wichtigen Bewertungen und deren Träger hervor.«

[11] Zu *l^{e}'ăṭ* vgl. Gen 33, 14 II Sam 18, 5 und Hi 15, 11. An der zuerst genannten Stelle ist *l^{e}'ăṭ* etwa mit »langsam, gemächlich« wiederzugeben, an den beiden folgenden mit »schonend, sanft«.

[12] Zur genaueren zeitlichen Ansetzung von Jes 8, 5—8 vgl. besonders H. Donner, Israel, 24 f.

wurf macht. Allerdings wird nicht der politische Akt beschrieben, sondern nur die Haltung Judas, die sich in ihm dokumentiert. Und auch Assur erscheint nur im Spiegel des Verhaltens der Judäer als vermeintlicher Helfer. Nur vom Verhalten Judas spricht Jesaja und von diesem wieder nur, um damit das Gericht Jahwes zu begründen und verständlich zu machen. Denn v. 6 a — so zeigten die Überlegungen zur Struktur der Einheit — ist nur begründender Vordersatz für die mit v. 7 a einsetzende Drohung.

Der Tatbestand, daß Juda bei Assur Hilfe sucht, steht also nur hinter Jes 8, 5—8. Er findet in die Einheit nur in Gestalt der negativen Konsequenz Eingang, die Jesaja hinsichtlich des Verhaltens Judas aus diesem Tatbestand zieht, um damit die Antwort Jahwes auf Judas Tun zu begründen. Diese Antwort ist Ziel der Einheit. Zu fragen ist nun noch, wie diese Antwort aussieht, wie also Jesaja in seiner Verkündigung auf den Tatbestand reagierte, daß Juda Assur zu seinem Helfer machen wollte.

3. Jesajas Verkündigung angesichts der Hinwendung Judas zu Assur als vermeintlichem Helfer

a) Jesaja interpretiert das politische Unternehmen als Ablehnung der von Jahwe gewollten Verhaltensweise.

b) Jesaja stellt die von Jahwe selbst herbeigeführten Konsequenzen vor Augen, die sich aus der Hinwendung zu Assur ergeben. Jahwe wird die Assyrer kommen lassen — aber in ganz anderer Weise und mit ganz anderen Folgen, als Juda erhoffte. Der vermeintliche Helfer wird als Vernichter erscheinen. Judas Politik wird zum Gegenteil dessen führen, was man sich von ihr erwartete. Weil Juda das Gewaltige und Gewaltsame wollte, wird es dem Gewaltigen und Gewaltsamen zum Opfer fallen.

B. ANDERE VÖLKER ALS VERMEINTLICHE HELFER JUDAS IN JESAJAS VERKÜNDIGUNG AUS DEN JAHREN 713—711 UND 705—701

Die Sprüche Jesajas aus den Jahren 713—711 und 705—701 können im Hinblick auf die uns hier beschäftigende Frage zusammen betrachtet werden, da die Verkündigung Jesajas angesichts anderer Völker als vermeintlicher Helfer Judas in beiden Zeiträumen gleich ist.

I. Der politische Hintergrund[1]

Mit der Eroberung von Hamat (738), der Einnahme von Samaria (733) und Damaskus (732) und endlich mit der Vernichtung des nordisraelitischen Staates (722) war ganz Syrien-Palästina unter die Oberhoheit der Assyrer gekommen. Schon Tiglatpileser III. hatte am Nahal Musur einen assyrischen Stützpunkt errichtet (734) und Sargon besiedelte die Umgebung dieses Stützpunktes mit Deportierten aus andern Gebieten des Großreichs[2]. Damit sollte die Grenze nach Ägypten gefestigt werden. Das Nordreich Israel war in vier assyrische Provinzen umgewandelt worden (Dor, Megiddo, Gilead und Samerina). Juda und einige andere Staaten im Süden Palästinas blieben als abhängige Vasallenstaaten bestehen. Sie behielten zwar ihre eigene Regierung, waren aber zu Tributzahlungen an Assur verpflichtet. Die letzten 20 Jahre des 8. Jahrhunderts v. Chr. sind nun geprägt von den wiederholten Versuchen der syrisch-palästinischen Staaten und Provinzen, sich von der assyrischen Herrschaft zu befreien. Einen Bundesgenossen fanden sie in Ägypten, wo seit ca. 716 der Äthiope Schabaka regierte (25. Dynastie). Im wesentlichen handelt es sich um folgende drei Aufstandsbewegungen:

720 erhoben sich Hamat, Damaskus, Samaria und Gaza. Sie wurden von Ägypten unterstützt. Doch gelang es Sargon, nachdem er die Ägypter bei Rapihu besiegt hatte, den Aufstand niederzuschlagen.

713—711 versuchte eine Gruppe von Staaten unter der Führung von Asdod und ebenfalls mit ägyptischer Rückendeckung sich von Assur loszusagen. Diesmal war auch Juda in die Ereignisse verwickelt, konnte sich aber noch rechtzeitig zurückziehen, als das Scheitern des Unternehmens abzusehen war. Asdod wurde assyrische Provinz.

---

[1] Zu den geschichtlichen Verhältnissen vgl. M. Noth, Geschichte Israels, 233—243; H. Donner, Israel, 106—110 und 117—119.

[2] Vgl. H. Donner, Israel, 108.

705 schließlich schien der Thronwechsel in Assur, der mit Unruhen auch in anderen Teilen des Reiches verbunden war, eine günstige Gelegenheit für die palästinensischen Staaten zu bieten, sich von Assur zu lösen. Bei dieser Aufstandsbewegung spielte der judäische König Hiskia eine führende Rolle. Er fand Bundesgenossen in einigen Philisterstädten (Askalon und Ekron) und wieder bei Ägypten. Sogar mit Marduk-apla-iddina (Merodach-Baladan) von Babylonien nahm er Verbindung auf. Doch im Jahr 701 besiegte Sanherib zuerst die Philisterstädte und dann Ägypten. Damit stand Juda völlig isoliert. Sanherib nahm eine judäische Stadt nach der anderen ein. Außer Jerusalem leisteten noch Lachis und Libna nennenswerten Widerstand. Jerusalem wurde von assyrischen Truppen unter Führung des »Tartan« belagert. Schließlich ergab sich Hiskia und rettete durch eine Tributzahlung die Stadt vor der Vernichtung[3]. Als abhängiger Vasallenfürst behielt er zwar seine Herrschaft, mußte aber eine Beschränkung seines Gebietes auf den Stadtstaat von Jerusalem hinnehmen. In Jerusalem selbst scheint man die Bewahrung der Stadt — zum Entsetzen des Propheten Jesaja — überschwenglich als Erfolg gefeiert zu haben[4].

Da ein Aufstand gegen Assur — wenn er erfolgversprechend sein sollte — von einer größeren Zahl von Bündnispartnern getragen sein mußte, brachte eine Beteiligung Judas automatisch andere Völker in die Rolle vermeintlicher Helfer. Dies war mit Sicherheit bei der dritten der oben genannten Aufstandsbewegung (705—701) der Fall. 713—711 stand eine Teilnahme Judas und damit ein Sich-Verlassen Judas auf die Hilfe anderer Völker jedenfalls zur Debatte. Zu fragen ist nun, wie Jesaja auf diese Situation Bezug nahm.

II. Untersuchung von Jesaja-Texten aus den Jahren 713—711 und 705—701 im Hinblick auf die Frage, wie in ihnen auf andere Völker als vermeintliche Helfer Judas Bezug genommen wird

Jes 28, 14—22

In dieser Einheit wird kein Fremdvolk mit Namen genannt. Trotzdem ist es — wie sich zeigen wird — ihr Anliegen, Judas Vertrauen auf andere Völker als jahwefeindlich, unnütz und gefährlich auszuweisen. Alle Argumente Jesajas gegen die Einschätzung anderer Völker als Helfer und Sicherheits-

---

[3] Nach biblischer Darstellung wurde der Abzug der Assyrer dadurch veranlaßt, daß der Jahwebote in einer Nacht 135 000 Mann im assyrischen Lager tötete (II Reg 19, 35 par. Jes 37, 36). Falls hinter dieser Notiz ein historisches Ereignis steht (etwa der Ausbruch einer Seuche im assyrischen Lager), erhebt sich die Frage, in welchem Verhältnis dieses zu Hiskias Tributzahlung steht. Zur historischen Problematik vgl. B. S. Childs, Crisis, 11—19; zu den alttestamentlichen Quellen neuerdings O. Kaiser, Die Verkündigung des Propheten Jesaja im Jahre 701.

[4] Vgl. Jes 22, 1—14.

garanten für Juda finden sich in diesem Text[1]. Aus diesem Grund wird die Besprechung dieser Einheit hier an den Anfang gestellt.

(14)[2] Hört Jahwes Wort, ihr Spötter,
ihr Sprüchemacher[3] dieses Volkes in Jerusalem!

(15) Denn ihr sagt[4]:
Wir haben uns den Tod verpflichtet
und uns der Scheol versichert[5].

---

[1] Vgl. unten S. 94—101 und die Zusammenfassung auf S. 101.

[2] *laken* könnte hier als Einleitung eines Spruches die Bedeutung »wohlauf!, auf!« haben. Vgl. dazu KBL *laken* Nr. 3.
Für wahrscheinlicher halte ich es jedoch, daß der Redaktor die v. 14—22 durch *laken* mit dem Vorhergehenden verknüpfen wollte. So H. Donner, Israel, 148, der *laken* deshalb unübersetzt läßt (147). Für diese Auffassung spricht, daß ohne *laken* v. 14 a und v. 14 b eine völlig parallele rhythmische Struktur aufweisen (3 + 2).

[3] Möglicherweise ist *mošelê* auch mit »Führer« o. ä. zu übersetzen.

[4] Die Funktion der sogenannten Tempora im Hebräischen (pf. und impf.) ist noch nicht geklärt. Vgl. zuletzt D. Michel, Tempora und Satzstellung in den Psalmen, besonders 98/99 und 176; P. Kustár, Aspekt im Hebräischen, besonders 45 f. (Kustár begründet seine These allerdings nur sehr unzureichend an Texten; wertvoll sind seine forschungsgeschichtlichen Überblicke und die Einbeziehung der Slawistik). R. Meyer, Hebräische Grammatik, § 100 und § 101; A. Denz, Die Verbalsyntax des neuarabischen Dialektes von Kwayriš (Irak). Mit einer einleitenden allgemeinen Tempus- und Aspektlehre, 1—51; vgl. auch GK § 106 a und § 107 a.

[5] Die hier gegebene Übersetzung basiert auf den Ergebnissen von E. Kutsch, Gesetz und Gnade, 25 Anm. 27: »Wenn dagegen das Gegenüber dessen, der die b^e^rît schneidet, mit *'æt* »mit« eingeführt ist, liegt in der Mehrzahl der Fälle eine Verpflichtung eben dieses andern vor.« Einige Zeilen später verweist E. Kutsch ausdrücklich auf Jes 28, 15.18. In derselben Anmerkung sagt E. Kutsch zur Verwendung der Präposition *'im* im Zusammenhang des b^e^rît-Schneidens: »Ähnlich wie bei dem Sprachgebrauch mit *'æt* steht auch dort, wo der Partner dessen der die b^e^rît schneidet, mit *'im* eingeführt ist, die Verpflichtung des anderen durch das Subjekt der b^e^rît im Vordergrund.«
Die Führer Judas behaupten also, Tod und Scheol zur Übernahme einer Verpflichtung veranlaßt zu haben. »Eine Verpflichtung hat also allein der Tod übernommen, nämlich die, sie [die Regierenden] zu verschonen. Die Regierenden sind das Subjekt der b^e^rît, haben dem Tod diese Verpflichtung auferlegt.« (E. Kutsch, Sehen und Bestimmen, 174.)
In dem zuletzt genannten Aufsatz begründet E. Kutsch auch das Verständnis von *ḥozæ* (Jes 28, 15) und *ḥazût* (Jes 28, 18): »*ḥozæ/ḥazût* meinen also, ebenso wie b^e^rît ›Bestimmung, Verpflichtung‹.« (Sehen und Bestimmen 175). Diesen exegetischen Sachverhalt versucht die obige Übersetzung auszudrücken. Werden diese semantischen und syntaktischen Forschungsergebnisse berücksichtigt, so ergibt sich automatisch ein bestimmtes sachliches Verständnis von v. 15 aβ.γ, das in der vorliegenden Arbeit auf S. 95/96 näher dargelegt wird.

Die überflutende Geißel[6], wenn sie sich daherwälzt[7] —
über uns wird sie nicht kommen.
Wir haben ja Lüge zu unserer Zuflucht gemacht
und uns im Trug geborgen.

(16) Deshalb: So hat der Herr, Jahwe, gesprochen:
Siehe! Ich habe[8] den Zion als Grundstein gelegt[9],
als Bochanstein[10],

---

[6] Zum Verständnis von *šôṭ šôṭep* vgl. H. Gese, Die strömende Geißel des Hadad. Die Wendung »überflutende Geißel« ist eine verkürzte Ausdrucksweise, die etwa folgendermaßen zu umschreiben wäre: die Geißel (als Symbol des Gottes Hadad-Assur), die das Heranströmen gewaltiger Wasserfluten veranlaßt. Vgl. dazu H.Gese, Die strömende Geißel des Hadad, 132.

[7] Mit Q lese ich *jă'ᵃbor.* So auch die meisten Kommentare.

[8] Vokalisiert man *jsd* mit MT als 3. m. sg. pf. pi. (*jissăd;* so z. B. B. Duhm), so muß man *jissăd bᵉzijôn 'abæn* als asyndetischen Relativsatz verstehen, der von *hinᵉnî* abhängig ist (vgl. GK § 155 f.). Doch wäre diese Konstruktion singulär im AT. Ich punktiere deshalb *josed* (mit den meisten Kommentatoren). B. Duhm hat diese Vokalisierung mit der Begründung abgelehnt, daß der Grundstein schon gelegt sei; deshalb sei das pf. *jissăd* beizubehalten. Der Bezug auf ein in der Vergangenheit liegendes Ereignis ist jedoch auch bei *hinᵉnî* + pt. möglich, wie Gen 37, 17 41, 7 zeigen (vgl. GK 116 o; E. Rohland, Erwählungstraditionen, 150; anders H.-J. Hermisson, Zukunftserwartung und Gegenwartskritik, 69 Anm. 39: »*hinᵉnî* + Pt. akt. kann nur präsentisch oder futurisch übersetzt werden;« Gen 37, 17; 41, 7 könnte H.-J. Hermisson damit erklären, daß an diesen Stellen das Traumgeschehen durch die sprachliche Formulierung in die Gegenwart hereingeholt werden solle. Das ändert jedoch nichts daran, daß es sich faktisch um ein Ereignis der Vergangenheit handelt. Gegen präsentische Übersetzung zum Zweck einer verlebendigenden Darstellung eines früher geschehenen Ereignisses wäre auch Jes 28, 16 nichts einzuwenden. Nur darf aus der präsentischen Übersetzung nicht geschlossen werden, daß der Satz im Sinn eines Futurs zu interpretieren sei.

[9] Diese Übersetzung hat zur Voraussetzung, daß die Präposition *bᵉ* in *bᵉzijjôn* mit GK § 119 i als sogenanntes *bᵉ*-essentiae verstanden wird. Sie hat dann die Bedeutung »bestehend in, in Gestalt von«. Vgl. auch C. Brockelmann, Syntax, § 106 g, der allerdings Jes 28, 16 nicht unter den Beispielen für diesen Gebrauch der Präposition *bᵉ* nennt. Eine wörtliche Übersetzung von Jes 28, 16 a*β* müßte etwa lauten: »Siehe, ich habe in Gestalt des Zion einen Stein gegründet.« Der Zion selbst ist also der von Jahwe gelegte Grundstein. Die obige Übersetzung versucht diesen Sachverhalt etwas freier wiederzugeben. Zur Begründung des hinter dieser Übersetzung stehenden Textverständnisses vgl. unten S. 98/99.

[10] Beim »Bochanstein« wird man mit L. Köhler, Zwei Fachwörter der Bausprache in Jes 28, 16, an den aus Ägypten bekannten Thebaicus lapis denken dürfen. Vgl. dazu H. Donner, Israel, 152 Anm. 3, und die dort genannte Literatur.
Das kollektive Verständnis von *'æbæn,* das K. Galling, Serubbabel und der Wiederaufbau des Tempels in Jerusalem, 73, vorschlägt, ist bei der Beziehung von *'æbæn* auf den Zion selbst nicht möglich.

als herrlichen[11] Eckstein des Fundaments[12]!
Wer sich (darauf[13]) verläßt, braucht sich nicht zu sorgen[14]!

(17) Nun setze ich Pflichttreue[15] als Meß-Schnur
Verläßlichkeit[16] als Waage.
Dann fegt Hagel die Lügenzuflucht[17] weg,
Wasser überschwemmen das Versteck[17].

(18) Beseitigt[18] wird eure Verpflichtung des Todes,
und die Versicherung, die die Scheol euch gab,
hat keinen Bestand.
Die überflutende Geißel — wenn sie kommt,
wird sie euch verwüsten[19].

---

[11] *jiqrā* wird in I Q S VIII 7 f. im Sinn von »Kostbarkeit, Herrlichkeit« *(pinăt jᵉqar)* verstanden (vgl. K. Galling, Serubbabel und der Wiederaufbau des Tempels in Jerusalem, 73; H. Donner, Israel, 152 Anm. 3). Diese Deutung von *jiqrā* scheint mir auch im Kontext von Jes 28, 16 am besten zu passen, da *jiqrā* dann die Qualität des Ecksteins beschreibt und insofern parallel zu *boḥăn* steht, durch das der *'æbæn* seiner Qualität nach charakterisiert wird.
L. Köhler, Zwei Fachworte der Bausprache in Jes 28, 16, 390—393, sah in *jiqrā* einen terminus technicus der Bausprache mit der Bedeutung »Zusammentreffen«.

[12] Mit den meisten Kommentaren halte ich *mûssad* für eine Glosse. Falls man es beibehielte, müßte man den Text so verstehen, wie GK § 130 f. Anm. 3, vorgeschlagen wird: »einen Eckstein der Kostbarkeit . . . gegründeter Gründung, d. h. einen kostbaren Eckstein festester Gr.«.

[13] Vom Kontext her halte ich es für am wahrscheinlichsten, daß *hæ'æmîn* hier das Sich-Verlassen auf den von Jahwe gelegten Grund meint.

[14] Zur Bedeutung von *ḥûš* vgl. F. Ellermeier, Das Verbum *ḥûš* in Koh 2, 25. Er ermittelt die Bedeutungen »eilen« und »sich sorgen«, von denen mir die letztere für Jes 28, 16 am besten zu passen scheint. Zu Jes 28, 16 vgl. F. Ellermeier, Das Verbum *ḥûš* in Koh 2, 25, 213 f.

[15] *mišpaṭ* meint — nach K. HJ. Fahlgren, Ṣᵉdaḳa, 128 u. ö. — das »Prinzip des Gemeinschaftsverhältnisses«. »Pflichttreue« scheint mir deshalb eine einigermaßen treffende Übersetzung. Ein deutsches Wort, das die Bedeutung von *mišpaṭ* (und auch *ṣᵉdaqā*) voll wiedergäbe, ist mir nicht bekannt, so daß jede Übersetzung hier ein Notbehelf ist. Die Übersetzung »Pflichttreue« muß natürlich vom alttestamentlichen Hintergrund her verstanden werden. Das Verständnis von »Pflicht«, das im deutschsprachigen Raum besonders durch Kant bestimmt wurde, darf nicht unkritisch eingetragen werden, wenn mir auch gewisse Berührungspunkte zu bestehen scheinen.

[16] *ṣᵉdaqā* ist nach K. HJ. Fahlgren, Ṣᵉdaḳa, 120, mit *mišpaṭ* weitgehend gleichbedeutend.

[17] Zum Fehlen des Artikels vgl. GK § 126 h.

[18] Bei voranstehendem Verb stimmen Verbform und dazugehöriges Nomen oft nicht im genus überein; vgl. GK § 145 o.

[19] Wörtlich: »Ihr werdet für sie zum Zertretenen werden.«

(19) Sooft sie sich daherwälzt, reißt sie euch weg;
denn sie kommt jeden Morgen, bei Tag und bei Nacht.
Dann wird es helles Entsetzen sein, Offenbarung zu deuten.
(20) Dann ist das Lager zu kurz, um sich auszustrecken,
die Decke zu schmal, um sich einzuhüllen.
(21) Denn wie am Berg Perazim wird Jahwe sich erheben,
wie im Tal Gibeon wird er toben,
sein Werk zu wirken — befremdlich sein Werk,
seine Tat zu tun — fremdartig seine Tat.
(22) Jetzt aber: Laßt den Spott,
damit eure Fesseln nicht fest werden.
Denn festbeschlossene Vernichtung
habe ich gehört vom Herrn, Jahwe Zebaoth[20].

1. Andere Völker als vermeintliche Helfer Judas in Jes 28, 14—22

Es ist zunächst zu zeigen, daß Jes 28, 14—22 auf eine Situation bezogen ist, in der Juda ein anderes Volk als seinen Helfer verstand. Dies wird nicht explizit gesagt, geht aber meines Erachtens aus den bildhaften Wendungen, die Jesaja in v. 15 den judäischen Führern in den Mund legt[21], hervor. Diese wähnen sich in Sicherheit vor der »überflutenden Geißel«. Mit dem Bild der gewaltigen, überflutenden Wasser wird bei Jesaja mehrmals Assur symbolisiert (8, 5—8; 28, 1—4). H. Gese[22] hat an Hand von Darstellungen und Inschriften gezeigt, daß die Geißel zum Bild des Gottes Hadad oder des »hadadähnlichen Assur«[23] gehört. Dieser bewirkt mit der Peitsche sowohl den lebenspendenden Regen als auch das »Meere-Wogen-Machen«, »das chaotische Beben von Bergen und Meeren«[24]. Man wird also annehmen dürfen, daß mit

[20] Ab v. 18 wurde die Übersetzung oft in enger Anlehnung an G. Fohrer II gewählt.

[21] Umstritten ist, inwieweit in v. 15 tatsächliches Zitat oder Fiktion eines Zitates vorliegt. Sicher scheint mir zu sein, daß in v. 15b β Jesaja seinen Gegnern eine Wendung in den Mund legt, die sie so nicht selbst ausgesprochen haben (vgl. H. Donner, Israel, 152; H. Gese, Die strömende Geißel des Hadad, 133; M. A. Klopfenstein, Lüge, 133). Doch auch für v. 15 a halte ich dies für wahrscheinlich, weil die äußerst zugespitzte Formulierung zugleich eine Qualifikation der Sicherheit enthält, die sich in diesen Worten ausspricht. Vgl. hierzu unten S. 95/96. Etwas umständlich scheint mir die Annahme M. A. Klopfensteins, Lüge, 148/149, daß Jesaja hier einen Ausspruch seiner Gegner zitiert, mit dem diese ihrerseits Worte Jesajas höhnisch aufgegriffen hatten. Dies ist natürlich möglich, läßt sich aber nicht weiter begründen.

[22] H. Gese, Die strömende Geißel des Hadad, 127—134.

[23] H. Gese, Die strömende Geißel des Hadad, 132.

[24] H. Gese, Die strömende Geißel des Hadad, 131. Allerdings wird man hier ein Unsicherheitsmoment in Geses Argumentation feststellen müssen, insofern keine eindeutigen Belege dafür vorhanden sind, daß Hadad mit der Geißel chaotische Wasserfluten heraufführt.

šôṭ šôṭep in Jes 28, 15.17 die Assyrer gemeint sind, die ihre Siege als Erfolge ihres Gottes feierten[25].

Worauf aber gründete sich das Sicherheitsgefühl der judäischen Führer? Damit stehen wir vor der Frage nach der Bedeutung von v. 15 a:

Wir haben uns den Tod verpflichtet
und uns der Scheol versichert.

Man hat bei diesen Worten an Zauberpraktiken gedacht, deren sich die Judäer bedienten (B. Duhm, Hans Schmidt). Dagegen spricht die »Kultusreform Hiskias«, die wohl in Zusammenhang mit den antiassyrischen Unternehmungen dieses Königs zu sehen ist[26]. Die Sicherheit Judas könnte auch in einem schlagkräftigen Militär gesehen werden. Aber darauf allein konnte sich Juda der assyrischen Großmacht gegenüber nicht verlassen. Deshalb ist anzunehmen, daß Juda die Garanten seiner Sicherheit in seinen Verbündeten sah, vor allem in Ägypten[27]. Dafür spricht auch die Verwendung des Wortes *maḥsæ*. Das von derselben Wurzel gebildete Verb *ḥsā* beschreibt Jes 30, 2—3 die Hinwendung Judas zu Ägypten und Jes 14, 32 das Vertrauen auf Jahwe im Gegensatz zu einem Bündnis mit einem anderen Volk (dort: den Philistern).

Demnach ist in Jes 28, 14—22 das Vertrauen angegriffen, das Juda in andere Völker — vor allem Ägypten, aber auch die übrigen Verbündeten[28] — als vermeintlichen Helfern setzte. Die Hinwendung zu diesen Völkern ist vollzogen. Jesaja war mit seinen früheren Aufrufen nicht durchgedrungen.

2. Jesajas Argumentation gegen Judas Vertrauen auf andere Völker als vermeintliche Helfer

Das Vertrauen auf andere Völker als Grund der Sicherheit Judas greift Jesaja in Jes 28, 14—22 an. In mehrfacher Weise bringt er zum Ausdruck, daß er solche Sicherheit für jahwefeindlich und deshalb für irrig und gefährlich hält. Seine Argumentation soll nun im einzelnen aufgezeigt werden.

a) Theologische Qualifikation der judäischen Politik und der darauf beruhenden Sicherheit

α) Schon die einzelnen Elemente der Anrede (v. 14) enthalten die Kritik Jesajas. Wenn er seine Hörer mit *'ănšê laṣôn* anredet, so ist damit ein reli-

---

[25] Ein Beleg dafür bei H. Gese, Die strömende Geißel des Hadad, 131. Vgl. auch J. L. Seeligmann, Menschliches Handeln und göttliche Hilfe, 394, und in der vorliegenden Arbeit S. 61.

[26] Vgl. G. Fohrer II; M. Noth, Geschichte Israels, 240 f.

[27] Vgl. z.B. H. Donner, Israel, 151 ff.; M. A. Klopfenstein, Lüge, 249. Anders R. Fey, Amos und Jesaja, 122, der in Jes 28, 14.15.17 b—22 einen Frühzeitspruch sieht. In der Interpretation schließt R. Fey sich H. W. Hertzberg an, den er zitiert: v. 15 kann »auch nur heißen, daß jene eine Art Lebensversicherung abgeschlossen zu haben meinen und nun sagen, sie seien jetzt vor dem Tode sicher.« (H. W. Hertzberg, Der erste Jesaja, 112, zitiert bei R. Fey, Amos und Jesaja, 123 f.).

[28] Zu den Verbündeten Hiskias bei dem Aufstand von 705—701 — Askalon, Ekron, Ägypten und Babylon — vgl. M. Noth, Geschichte Israels, 241.

giöses Urteil gefällt. Dies zeigen deutlich einige Belege des Wortes *leṣ*, das zur Interpretation von *'ănšê laṣôn* herangezogen werden soll[29]. *leṣ* erscheint im AT 16 ×, davon 14 × in Prov, je 1 × in Ps und Jes (sekundär). Für uns ist besonders wichtig, daß Prov 9, 7 *leṣ* parallel zu *rašaʿ* steht. Auch Prov 3, 34 bezeichnet es ein gegen Jahwe gerichtetes Verhalten. Zu vergleichen ist auch Ps 1, 1. Man muß hier allerdings beachten, daß die genannten Stellen zum jüngsten Teil des Proverbien-Buches gehören[30]. Zur Interpretation von Jesaja-Texten kann man sie also höchstens als Unterstreichung anderer Argumente verwenden.

haʿam hazzǣ, »dieses Volk da«, ist als Rede Jahwes über Juda eine wegwerfende Bezeichnung[31]. Durch sie wird von vornherein angedeutet, daß Jahwe sich von den Angeredeten distanziert hat[32].

β) Die Sicherheit Judas spricht Jesaja in einem Zitat aus, das er meines Erachtens selbst formuliert hat:

Wir haben uns den Tod verpflichtet
und uns der Scheol versichert.

Jesaja formuliert die Haltung seiner Kontrahenten so, daß sie dadurch zugleich entlarvt wird. Was M. A. Klopfenstein für v. 15 b*β* annimmt, gilt wohl schon für v. 15 a, daß nämlich Jesaja »dem Zitat jeweils gleich sein eigenes Urteil beigemischt« hat[33]. Durch die Stilisierung als Zitat erreicht er, daß sich die Führer Judas ihr Urteil selber sprechen[34]. Aber inwiefern sprechen sie sich so zugleich ihr Urteil? Unwahrscheinlich ist, daß Jesaja hier auf magische Praktiken hinweisen will, mit denen Juda auf die Unterwelt Einfluß zu nehmen versuchte[35]. M. A. Klopfenstein versteht im Anschluß an O. Procksch »Tod« und »Scheol« als »Metaphern für die Verderbensmacht Ägypten«[36].

---

[29] *laṣôn* selbst kommt im AT nur Prov 1, 22 und 29, 8 vor. Natürlich berechtigt die Tatsache, daß *leṣ* und *laṣôn* von der gleichen Wurzel abgeleitet sind, noch nicht dazu, eines vom andern her zu interpretieren (dazu vgl. J. Barr, Bibelexegese und moderne Semantik, 105 ff. u. ö.). Doch wird Prov 1, 22 von den *leṣîm* gesagt: *ḥamᵉdû laṣôn.* Daraus ergibt sich meines Erachtens das Recht, *leṣ* zur Auslegung von *'ănšê 'laṣôn* heranzuziehen.

[30] Eine ganz andere zeitliche Ansetzung wird jetzt von Ch. Kayatz, Studien zu Proverbien, 135 f., vorgeschlagen vgl. dazu: E. Gerstenberger, Zur alttestamentlichen Weisheit, 30—32.

[31] G. Fohrer II; vgl. O. Procksch zu Jes 8, 6: »Das zornige *haʿam hăzzǣ* ›iste populus‹ . . .«. *haʿam hăzzǣ* findet sich bei Jesaja noch an folgenden Stellen: 8, 6.11 f.; 9, 15; 28, 11; 29, 13 f.

[32] Das einleitende *laken* ist wohl redaktionelle Zutat; vgl. oben S. 90 Anm. 2. Es stellt den ganzen Spruch unter ein drohendes Vorzeichen, denn mit *laken* werden häufig die prophetischen Drohworte eingeleitet.

[33] M. A. Klopfenstein, Lüge, 148.

[34] Zu dieser Verkündigungsmethode vgl. G. v. Rad, Theologie I, 404 f. und die dort genannten weiteren Belege.

[35] So B. Duhm; teilweise H. Schmidt.

[36] M. A. Klopfenstein, Lüge, 150.

»Ägypten ist eine Todesmacht und verschlingt mit der unersättlichen Gier der Scheol alle, die zu ihm hinuntersteigen.«[37] Das heißt also: Jesaja stellt die Gefährlichkeit des Bündnisses mit Ägypten dar, indem er diese Macht mit den Bezeichnungen einer Verderbensmacht tituliert. Aus diesem Bündnis — dieser Gedanke soll durch die Benennungen assoziiert werden — kann Juda nur Verderben erwachsen.

Die Deutung M. A. Klopfenstein hängt davon ab, daß man *b^{e}rît* als Bund versteht, aus dem einem Partner Unheil entstehen kann, wenn er den anderen falsch einschätzt und unbegründete Hoffnungen auf ihn setzt. Nun haben aber die Arbeiten von E. Kutsch[38] gezeigt, daß *b^{e}rît* und *ḥozæ/ḥazût* etwa die Bedeutung »Verpflichtung« haben, und daß bei der Konstruktion mit *'æt* und *'im* dem mit dieser Präposition eingeführten Partner eine Verpflichtung auferlegt wird. Dies besagt für Jes 28, 15.18: »Eine Verpflichtung hat also allein der Tod übernommen, nämlich die, sie [die Regierenden] zu verschonen. Die Regierenden sind das Subjekt der b^{e}rit, sie haben dem Tod eine Verpflichtung auferlegt.«[39] Wenn bei diesem Verständnis von *b^{e}rît* und *ḥozæ/ḥazût* Jesaja die Ägypter als die gefährlichen Todesmächte bezeichnete, dann würde er damit seinen Gegnern gerade bestätigen, daß es ihnen mit ihrer Politik gelungen ist, sich Sicherheit vor den gefährlichsten Feinden zu verschaffen.

Mir scheint eine andere Deutung wahrscheinlicher zu sein: Jesaja charakterisiert hier nicht Ägypten als Tod und Scheol, sondern er charakterisiert die maßlose Sicherheit Judas, die dieses auf Grund seiner Verbindungen zu Ägypten und anderen Völkern hat. Die Führer Judas fühlen sich »todsicher«, als hätten sie Tod und Unterwelt — also die Mächte, die den Menschen bedrohen, ohne daß er sich normalerweise gegen sie schützen kann — zu ihren Gunsten verpflichtet. Jesaja charakterisiert die Sicherheit Judas, die sich mit K. Marti in dem Satz zusammenfassen läßt: »Wir sind gegen alles Unglück gefeit.«[40]

Und damit beurteilt er diese Haltung zugleich theologisch. Denn selbstbewußte Sicherheit steht bei Jesaja durchwegs unter einem negativen Vorzeichen. Dies zeigt sich an seiner Beurteilung entsprechender Äußerungen Israels (9, 9), Assurs (10, 13—14.15) und an einigen Sprüchen gegen Juda (22, 1—14; 29, 15 f.[41]; 32, 9—14)[42]. In diesem Sinn liegt also in v. 15 a ein weiteres Moment theologischer Qualifikation vor.

γ) In v. 15 b*β* sind religiöse und rational-politische Argumentation miteinander verbunden. Die Instanzen, bei denen Juda Schutz sucht, werden als *šæqær* und *kazab* bezeichnet.

Beide Wörter können in religiösem Sinn verwendet werden und bezeichnen dann »eine religiös verkehrte innere Haltung, die natürlich in einem ver-

[37] M. A. Klopfenstein, Lüge, 150.

[38] Vgl. oben S. 90 Anm. 5.

[39] E. Kutsch, Sehen und Bestimmen, 174.

[40] K. Marti.

[41] Allerdings ist mir bei diesem Spruch fraglich, ob v. 16 von Jesaja stammt.

[42] Vgl. auch die Darstellung des »Tages Jahwes« in Jes 2, 12—17.

kehrten äußeren Verhalten ihren Ausdruck findet«[43]. *šæqær* kann geradezu Bezeichnung für Götzendienst sein. Man wird annehmen können, daß der religiöse Gehalt dieser Wörter hier herausgehört werden soll, da Jesaja auch mit *măḥsǣ* ein Wort verwendet, das im AT vorwiegend eine übertragene, religiöse Bedeutung hat; an 15 von insgesamt 20 Belegstellen wird Jahwe als *măḥsǣ* bezeichnet[44]. Deshalb ist es eine Verwechslung von Gott und Mensch — also faktisch Götzendienst —, wenn Juda anderes zu seiner Zuflucht macht.

šæqær und *kazab* können aber auch etwas Nutzloses, Wirkungsloses beschreiben, »Lug und Trug«[45]. Nach M. A. Klopfenstein meint *šæqær* in diesem Sinn »eine in sich wesen- und wirkungslose Sache«[46]. So steht Prov 31, 30 *šæqær* parallel zu *hæbæl;* und I Sam 25, 21 ist *laššæqær šamărtî* zu übersetzen mit »umsonst habe ich behütet«[47].

Daß hier Ägypten als wirkungslose und hilflose Größe dargestellt werden soll, wird meines Erachtens sehr wahrscheinlich, wenn man bedenkt, wie Jesaja sonst von Ägypten redet[48]. Ägypten ist für ihn das Volk, für das es sprichwörtlich ist, daß es nicht helfen kann und den enttäuscht, der sich auf seine Hilfe verläßt[49]. Hier, in Jes 28, 15 b*β* argumentiert Jesaja also auch rational: Ägypten kann das auf es gesetzte Vertrauen nicht rechtfertigen. Sich auf Ägypten zu verlassen ist politisch gesehen Dummheit.

M. A. Klopfenstein, der diese Deutung auch erwägt, lehnt sie dann doch ab. Seine Gründe müssen kurz bedacht werden:

1. Wenn *šæqær* und *kazab* Ägypten als nutzlose Verderbensmächte zeichnen, liegt in v. 15 b*β* eine Tautologie zu v. 15 a vor, wo durch die verwendeten Metaphern ebenfalls Ägypten als Verderbensmacht charakterisiert wird. Dieses Argument entfällt bei der oben gegebenen Exegese von v. 15 a.

2. Der Aufbau von v. 15—18 legt nahe, *šæqær* und *kazab* hier im religiösen Sinn zu verstehen. Die »Lug- und Trug-Aussage« rahmt das »Kernstück« (v. 15.17 a). Dies wurde erreicht, indem die Reihenfolge von v. 15 und v. 17 geändert wurde. Daraus schließt M. A. Klopfenstein, daß *šæqær* und *kazab* hier als Antithese zu Treue und Glauben (v. 16.17 a) gedacht sind. Diese Antithese möchte ich nicht bestreiten. Aber sie schließt das oben vorgetragene Verständnis von *šæqær* und *kazab* nicht aus. Daß das Vertrauen auf andere Mächte für Jesaja zugleich jahwefeindlich und politisch nutzlos und töricht ist, liegt

---

[43] M. A. Klopfenstein, Lüge, 150 f. Belege für *šæqær*: M. A. Klopfenstein, Lüge, 81—95; für *kazab*: M. A. Klopfenstein, Lüge, 226 ff.

[44] Vgl. Exkurs III der vorliegenden Arbeit (S. 152—154).

[45] M. A. Klopfenstein, Lüge, 150.

[46] M. A. Klopfenstein, Lüge, 171.

[47] Vgl. weiter die Belege bei M. A. Klopfenstein, Lüge, 171 ff. Für *kazab* in diesem Sinn, von M. A. Klopfenstein mit »eitler Wahn, eitle Einbildung« übersetzt, vgl. M. A. Klopfenstein, Lüge, 239 ff.; aufschlußreich ist besonders die parallele Verwendung von *kazab* und *šaw'* bei Ezechiel.

[48] Vgl. die Zusammenstellung bei M. A. Klopfenstein, Lüge, 249.

[49] Vgl. z. B. Jes 30, 5.6 f.; 36, 6.

in der engen Verbindung von Religion und Politik begründet, die wir bei ihm finden. So sollen hier aus *šæqær* und *kazab* wohl beide Nuancen — die religiöse und die politisch-rationale — herausgehört werden.

δ) Als jahwefeindliches Verhalten wird das Vertrauen auf den Schutz anderer Völker weiterhin dadurch charakterisiert, daß Jesaja den andern Völkern, auf die sich Juda verläßt, das Schutzangebot Jahwes gegenüberstellt (v. 16): Jahwe hat in Gestalt des Zion einen festen Grundstein gelegt. Wenn Juda auf ihn seine Sicherheit baut, braucht es sich durch keine Gefahr beunruhigen zu lassen. Der Zion ist Symbol für Jahwe, das Vertrauen auf den Zion somit Vertrauen auf Jahwe, nicht etwa bloße Kultreligiosität. Dieses ausschließliche Vertrauen auf Jahwe nennt Jesaja »Glauben«.

Die eben gegebene Deutung ist nun noch genauer zu begründen. Meist versteht man das *b*ᵉ von *b*ᵉ*ṣijjôn* in rein lokalem Sinn[50]: Jahwe hat »in Zion« einen Stein aufgestellt[51]. Unter diesem Stein versteht man dann entweder den Grundstein des Tempels, der die Inschrift getragen haben könnte: *hămmă'ᵃmîn lo' jaḥîš*[52], oder den heiligen Fels auf dem Zion[53], oder in übertragenem Sinn den Glauben[54], »Jahwes Verhältnis zu seinem Volk«[55], »das Vertrauen auf Jahwe«[56]. W. Gesenius - E. Kautzsch verstehen das *b*ᵉ von *b*ᵉ*ṣîjjôn* als sogenanntes *b*ᵉ-essentiae[57]: Jahwe hat »in Gestalt des Zion« einen »Stein« gesetzt. In diesem Fall ist der Zion selbst der Stein. Diese Deutung legt sich meines Erachtens nahe, wenn man unseren Vers mit Jes 14, 32 vergleicht:

Jahwe hat den Zion gegründet;
dort ist die Zuflucht für die Elenden seines Volkes.

Auch dort ist das Verb *jsd* mit Jahwe als Subjekt verwendet. Objekt ist der Zion selbst, auf dem die Judäer Schutz suchen sollen. Die Parallelität von Jes 28, 16 und Jes 14, 32 läßt meines Erachtens die Annahme zu, daß auch in 28, 16 der Zion selbst das Objekt der mit *jsd* bezeichneten Tätigkeit Jahwes ist. Jahwe hat den Zion als Grundstein und Fundament gelegt.

Jesaja stellt also der Sicherheit der Judäer (v. 15), die auf dem Fundament einer geschickten Bündnispolitik fußt, die von Jahwe angebotene Sicherheit gegenüber, deren Fundament der Zion als »Symbol des Schutzes Jahwes«[58]

---

[50] B. Duhm; H. Donner, Israel, 147; G. Fohrer II u. a.

[51] H. Donner, Israel, 152 f.; O. Cullmann: Artikel πέτρα, in: ThWNT VI, 96; K. Marti; J. Fichtner, Jahwes Plan, 40. Vgl. dazu G. Fohrer II, 62 Anm. 64.

[52] Dagegen K. Galling, Serubbabel und der Wiederaufbau des Tempels in Jerusalem, 72.

[53] So H. Schmidt; E. Rohland, Erwählungstraditionen, 151/152.

[54] G. Fohrer II.

[55] B. Duhm.

[56] K. Marti. Zur Unsichtbarkeit des Grundsteins, worauf B. Duhm und K. Marti Wert legen, vgl. K. Galling, Serubbabel und der Wiederaufbau des Tempels in Jerusalem, 73.

[57] GK § 119 i; das bekannteste Beispiel für *b*ᵉ-essentiae findet sich Ex 6, 3.

[58] G. Fohrer, Zion, 224; allerdings nicht unmittelbar auf Jesaja bezogen.

ist. Damit wird die vorher charakterisierte Haltung Judas theologisch qualifiziert und zugleich ihre Haltlosigkeit festgestellt: Sie ist auf einem nicht tragfähigen Grund erbaut, denn *nur*[59] wer sich auf das von Jahwe gelegte Fundament verläßt, kann sorglos sein[60].

ε) Daß Judas Bemühen, sich Sicherheit durch andere Völker zu verschaffen, nicht mit dem Verhältnis Jahwe-Juda vereinbar ist, sagt v. 17 a: Wenn Jahwe den Maßstab von *mišpaṭ* und *ṣedaqā* anlegt, wird — so kann man unter der Voraussetzung der folgenden Verse sagen — Juda nicht bestehen.

Daß *mišpaṭ* und *ṣedaqā* nicht situationsunabhängige Normen im Sinn unserer Wörter »Recht« und »Gerechtigkeit« meinen, wird gerade an unserer Stelle sehr deutlich. Von einem allgemeinen Rechtsstandpunkt aus, ist gegen die Bündnispolitik natürlich gar nichts einzuwenden. Erst unter dem Aspekt des konkreten Verhältnisses Jahwe — Juda bekommt sie den Charakter des Illegitimen. *mišpaṭ* meint nach K. HJ. Fahlgren[61]: » Prinzipien, auf denen die Gemeinschaft zwischen den Menschen untereinander und die zwischen Menschen und ihrem Gott beruht«, oder kürzer: »Prinzip des Gemeinschaftsverhältnisses«[62]. Ähnlich bestimmt er *ṣedaqā*, da er beide Wörter für gleichbedeutend hält[63]: »Normen, die aus den Gemeinschaftsverhältnissen zwischen den Menschen und zwischen Gott und den Menschen entspringen«[64] oder kürzer: die «Forderungen des Gemeinschaftsverhältnisses«[65]. In Jes 28, 17 a ist das Gemeinschaftsverhältnis Jahwe—Juda vorausgesetzt. Den Forderungen dieses Gemeinschaftsverhältnisses widerspricht die Politik Judas. So liegt auch hier eine theologische Qualifikation vor. Es wird beispielhaft deutlich, wie Jesaja die zunächst rein politische Frage nach dem Verhältnis Judas zu andern Völkern in den Zusammenhang des Verhältnisses Jahwe—Juda stellt und so die politische Frage zu einer religiös-theologischen macht.

Die Exegeten, die in v. 16.17 a eine Verheißung sehen, verstehen *qaw* und *mišqælæt* nicht im Sinn von »Maßstab, an dem Judas Verhalten gemessen und beurteilt wird«, sondern als die Normen, die in dem von Jahwe gegründeten neuen »Bau« herrschen werden[66], oder als die Werkzeuge, deren sich Jahwe beim Bau des Hauses bedienen wird[67].

---

[59] *hămmă'ᵃmîn* ist betont vorangestellt.

[60] Bedingungslos ist der durch den Zion symbolisierte Schutz also nicht. Vielmehr ist durch das betont vorangestellte *hămmă'ᵃmîn* (Jes 28, 16) eine Bedingung ausgesprochen, da »glauben« (diese Übersetzung für *hæ'æmîn* hat sich eingebürgert; mir schiene »sich verlassen; vertrauen« angemessener) für Jesaja den Verzicht auf andere Helfer einschließt vgl. Jes 7, 9 in seinem Kontext; dazu oben S. 26 und Exkurs IV, S. 236/237).

[61] K. HJ. Fahlgren, Ṣedaḳa, 128.

[62] K. HJ. Fahlgren, Ṣedaḳa, 128.

[63] K. HJ. Fahlgren, Ṣedaḳa, 120.

[64] K. HJ. Fahlgren, Ṣedaḳa, 81.

[65] K. HJ. Fahlgren, Ṣedaḳa, 80.

[66] So z. B. B. Duhm; K. Marti.

[67] So H. Donner, Israel, 153. Nach R. Fey, Amos und Jesaja, 121, sind v. 16.17 a eine Verheißung, die Jesaja erst in seiner Spätzeit einem aus der Frühzeit stammenden Wort eingefügt hat.

Dagegen spricht die sonstige Verwendung der beiden Wörter: *qaw* meint meist die Meß-Schnur, mit der ein Gegenstand, besonders ein Stück Land vermessen wird. Einmal kommt *qaw* neben *mšqlt* in einem prophetischen Drohwort vor (II Reg 21, 13):

Ich werde an Jerusalem die Meß-Schnur Samarias anlegen
und die Waage des Hauses Ahab.

mšqlt findet sich außer Jes 28, 17 a nur noch an der eben zitierten Stelle, und zwar mit der Vokalisation *mišqolæt.*

Von hier aus dürfte G. Fohrer zuzustimmen sein: »Es kann keine Rede davon sein, daß Gott auf dem heiligen Fels, der gleichzeitig als Schlußstein des Erdgewölbes und Grundstein des Tempels gegolten hätte, einen neuen Bau mit Recht und Gerechtigkeit errichten wollte.«[68] Vielmehr sind *mišpaṭ* und *ṣ*e*daqā* die Maßstäbe, an denen Jahwe Juda mißt (vgl. Am 7, 7; Jes 34, 11). Die Fortsetzung des Textes zeigt, daß die Prüfung der erste Akt des Gerichtes ist.

b) Rational-politische Qualifikation der judäischen Politik
und der darauf beruhenden Sicherheit

Bei der Darstellung der Argumente Jesajas, die er gegen das Vertrauen Judas auf andere Völker als vermeintliche Helfer ins Feld führt, wurde bisher dargelegt, wie er das politische Verhalten Judas theologisch qualifiziert. Nun ist ein zweiter großer Komplex zu nennen. Die rational-politische Qualifikation der Politik Judas. Jesaja vollzieht sie vor allem durch den Aufweis der Gefahren, die sich aus der Politik Judas ergeben und von denen Juda somit bedroht ist.

Um Mißverständnissen vorzubeugen, ist freilich grundsätzlich festzustellen, daß die scharfe Trennung dieser zwei Argumentationskomplexe eigentlich nur mit den Anforderungen einer möglichst übersichtlichen Darstellung begründet werden kann. Die sachliche Verbundenheit zeigte sich schon an dem Ineinander von theologischer und rationaler Argumentation in v. 15 b*β*. Daß nach Jesajas Ansicht die judäische Politik Gefahren für das ganze Volk in sich birgt, hängt natürlich mit seiner religiösen Einschätzung dieser Politik zusammen.

α) Vernichtung der vermeintlichen Helfer als Unheil für das hilfesuchende Juda.

In v. 17 wird die Vernichtung der Instanzen angekündigt, auf die Juda seine Sicherheit gründet. Unmittelbar betroffen sind Ägypten und die anderen Völker, die Hiskia zur Teilnahme an der antiassyrischen Koalition der Jahre 705—701 bewegen konnte. Doch zeigen schon die Benennungen der bedrohten Größen, daß Jesaja eigentlich auf das Unheil hinweisen will, das sich aus ihrer Vernichtung für Juda ergibt. Die Bündnispartner Judas werden in der Funktion bedroht, die sie für Juda haben, nämlich als »Zuflucht« und »Versteck«. Und damit ist eigentlich Juda selbst bedroht.

---

[68] G. Fohrer II, 62 Anm. 64.

Hier ist die Drohung gegen andere Völker ganz in die Drohung gegen Juda aufgenommen. Man könnte beim ersten Lesen fast übersehen, daß hier vom Untergang nichtjudäischer Völker die Rede ist. Dies kommt daher, daß erstens die andern Völker nicht angeredet werden; Jesaja redet zu Juda über sie in der 3. Person; zweitens daher, daß die andern Völker nur im Hinblick auf ihre Funktion gegenüber Juda genannt werden. Indem mit den andern Völkern Judas »Zuflucht «und» Versteck« vernichtet werden, ist die Bedrohung anderer Völker eine Bedrohung Judas.

β) Die in der Bündnispolitik für Juda liegende Gefahr sieht Jesaja weiter darin, daß Jahwe genau das Gegenteil von dem eintreffen lassen wird, was Juda beabsichtigte: Juda wollte sich größtmögliche Sicherheit verschaffen; aber diese Sicherheit wird mit den sie garantierenden Verpflichtungen zerbrechen (v. 18 a).Weil Juda dann schutzlos dasteht, wird es gerade der Macht verfallen und ausgeliefert sein, vor der es sich — freilich unzulänglich — schützen wollte (v. 18 b.19).

γ) Dann wird es in Juda am Nötigsten fehlen, wie Jesaja wohl unter Verwendung einer sprichwörtlichen Formulierung sagt (v. 20).

δ) Betont am Schluß wird der eigentliche Grund all dieses genannt: Jahwe selbst wird wie in alten Zeiten als Kämpfender auftreten, aber — und darin liegt die Umkehrung der Juda vertrauten Tradition — nicht für, sondern gegen Juda[69]. Und wie Jahwe im Heranziehen der assyrischen Heere zu Juda redet (28, 11—13), so handelt er auch durch die Assyrer an Juda. Ihr Tun ist sein Werk. Dies deuten die Begriffe *zar* und *nåkrî* (v. 21) an, die eigentlich das Fremde, Ausländische meinen[70].

3. Zusammenfassung

Fassen wir kurz die zwei großen Komplexe von Argumenten Jesajas zusammen, die er gegen Judas Vertrauen auf andere Völker als vermeintlichen Helfern vorbringt:

1. er *qualifiziert diese Politik theologisch* als Jahwefeindschaft.
2. er *qualifiziert sie rational-politisch* als Torheit, durch die sich Juda selbst in Gefahr bringt.

Dabei wird man das erste Argument als das grundlegende ansehen können. Daß die Gefahren, die Juda aus seiner Politik erwachsen, in der Jahwefeindlichkeit dieser Politik begründet sind, wurde oben schon erwähnt[71]. Die rational-politische Argumentation erscheint meist zur Unterstützung der theologischen. Nur einmal steht sie selbständig (30, 6 f.).

---

[69] Zu ähnlichen Umdeutungen alter Traditionen bei Jesaja und anderen Propheten vgl. G. Fohrer, Prophetie und Geschichte, 285 f.; J. Fichtner, Umkehrung, 49; H.-M. Lutz, Völker, 190—200; vgl. auch die bei H.-M. Lutz, Völker, 190 Anm. 6, genannte Literatur.

[70] G. Fohrer II, 57 Anm. 54 und 55.

[71] Vgl. oben S. 100.

Die an Jes 28, 14—22 exemplarisch herausgestellten Argumente werden uns in den übrigen Sprüchen Jesajas aus der 3. und 4. Periode immer wieder begegnen, in verschiedener Betonung und in immer neuen Formulierungen.

Jes 14, 28—32

(28) Im Todesjahr des Königs Ahas erging dies Wort:[72]
(29) Freue dich nicht, ganz Philisterland,
daß der Stab[73], der dich schlug, zerbrochen ist!
Denn aus der Wurzel der Schlange kommt eine Viper,
und deren Frucht ist ein fliegender Seraf[74].

---

[72] Mit J. Begrich, Jes 14, 123/124, nehme ich an, daß die Überschrift bei der schriftlichen Fixierung des Spruches diesem vorangestellt wurde.

[73] Zur Übersetzung des artikellosen *šebæṭ* mit »*der* Stab« vgl. J. Begrich, Jes 14, 126 Anm. 2.

[74] V. 30 halte ich für eine Erweiterung des ursprünglichen Textes. Dafür sprechen meines Erachtens folgende Gründe:

1. V. 30 a läßt sich nur als Heilsankündigung verstehen, die dem Drohwort gegen Philistäa entgegengestellt ist. Man müßte wohl übersetzen: »Aber auf meiner Weide werden die Elenden weiden und die Armen sich lagern.« Dabei wurde *bekôrê* durch *bekarăj* ersetzt. Daß aber Unheil für die Völker und Heil für Israel/Juda untrennbar zusammengehören, ist nicht die Ansicht Jesajas, sondern die einer späteren Theologie. Auch v. 32 ist nicht so zu verstehen, als würde hier der Drohung gegen die Philister eine Verheißung an Juda gegenübergestellt. Es wird vielmehr an Juda die Aufforderung gerichtet, den Schutz Jahwes anzunehmen und sich gegenüber dem verführerischen Angebot der Philister zu ihm zu bekennen.
2. V. 30 b ist Anrede an die Philister, schließt also direkt an v. 29 an. Auch dies spricht gegen eine ursprüngliche Zugehörigkeit von v. 30 a.
3. J. Begrich, Jes 14, 124—126, versetzt v. 30 a hinter v. 32 a. Doch ist seine Begründung dafür, wie v. 30 a an seine jetzige Stelle gekommen ist, meines Erachtens nicht überzeugend: Er nimmt an, daß in v. 32 a etwas ausgefallen ist und daß diese Textverderbnis zur Umstellung von v. 30 a geführt hat: »Die Lücke im Manuskript mag dazu gezwungen haben, die Zeile weiter oben an den Rand zu schreiben. Von da drang sie hinter v. 29 ein.« (125). Wieso die Textlücke zu diesem Eingriff in den Text gezwungen haben soll, ist schon deshalb nicht einleuchtend, weil J. Begrich selbst den Halbvers wieder an die von ihm für ursprünglich gehaltene Stelle zurückversetzt und dabei einen recht sinnvollen Zusammenhang gewinnt.
4. Daß v. 30 b ursprünglich die Fortsetzung von v. 29 war, nehme ich deshalb nicht an, weil der Vers zwar durch das Stichwort »Wurzel« mit v. 29 b verbunden ist, dieses Wort aber in beiden Versen ganz unterschiedlich gebraucht wird. J. Begrich, Jes 14, 124, wollte deshalb *šåršek* mit LXX durch *zärʿek* ersetzen. In diesem Fall wäre zu erwägen, ob man v. 30 b als Fortsetzung von v. 29 verstehen will, wobei allerdings auch noch eine der beiden Verbformen von v. 30 b an die andere angeglichen werden müßte. Mir scheint diese Textrekonstruktion

(31) Weine, Tor! Schreie, Stadt!
Wanke, ganz Philisterland!
Denn von Norden her kommt Rauch,
und unzählbar sind seine Säulen[75].
(32) Was also[76] soll man den Boten des Volkes antworten?
Dies[77]: Jahwe hat den Zion gegründet!
Dort ist die Zuflucht für die Elenden seines Volkes.

1. Die zeitliche Ansetzung des Spruches

In der Frage, wann Jesaja diesen Spruch verkündet hat, gehen die Meinungen auseinander. Vorausgesetzt, daß man den Spruch für jesajanisch hält, geht man entweder von v. 28 (Tod des Ahas) aus[78], oder von v. 29 (Thronwechsel in Assur)[79]. J. Begrich[80] bringt beides zusammen und nimmt an, daß sowohl der Tod des Ahas, wie auch der Tiglatpilesers III. in das Jahr 727/26 fällt. Doch lassen sich auch gegen seine Ansetzung Einwände geltend machen. So weist H. Donner darauf hin, »daß der Thronwechsel von Tiglatpileser III. auf Salmanasser V. anscheinend ohne Komplikationen vonstatten gegangen ist; es verlautet nichts von Aufständen, weder in anderen Teilen des Reiches noch in der philistäischen Küstenebene.«[81] Auch H. Donner scheint beides (Tod des Ahas und Tod Tiglatpilesers III.) zusammensehen zu wollen[82], doch bleibt unklar, in welches Jahr nach ihm der Tod des Ahas fällt.

Angesichts dieser Unklarheiten sehe ich keine Möglichkeit einer sicheren chronologischen Einordnung von Jes 14, 28—32. Entscheidend für uns ist jedoch, daß sich erkennen läßt, wodurch die Situation charakterisiert ist, in der

deshalb nicht wahrscheinlich, weil dadurch die strenge Parallelität von v. 29 und v. 31 zerstört wird (falls man v. 30 b zu v. 29 zieht).

5. Der parallele Aufbau von v. 29 und v. 31 und die antithetische Beziehung der beiden Verse aufeinander, von der unten noch ausführlicher geredet werden muß (vgl. unten S. 104/105), legen es schließlich auch nahe, v. 30 für einen Einschub zu halten.

[75] Der Text von v. 31 b*β* bleibt unsicher. Ich lese in teilweisem Anschluß an J. Begrich, Jes 14, 126: *w*[e]*'ên môded 'ămmûdajw.*

[76] Zu der konsekutiven Übersetzung des *w*[e] vgl. unten S. 106.

[77] *kî* ist hier als deiktische Interjektion verstanden, also als Einwurf, der die Aufmerksamkeit auf das Folgende lenken soll. Vgl. Th. C. Vriezen, Einige Notizen zur Übersetzung des Bindewortes ki, 273: »Das ki ist das Wort, das die Aufmerksamkeit in bestimmter Hinsicht spannt, aber in ganz formeller Weise; die Qualität, die Art, der Ton der Spannung wird bedingt durch den faktischen Zusammenhang, den der Kontext wachruft.«

[78] So z. B. G. Fohrer I.

[79] So z. B. H. Donner, Israel, 111.

[80] J. Begrich, Jes 14, 127—131.

[81] H. Donner, Israel, 112.

[82] H. Donner, Israel, 112.

Jesaja dies Wort sagte. »Die Situation des Wortes ist deutlich, unabhängig von den vorgeschlagenen Änderungen. Fremde Gesandte sind in Jerusalem, denen eine Antwort erteilt werden soll (v. 32). Dem ganzen Zusammenhang nach handelt es sich um den Abschluß eines Bündnisses. Philistäa ist froh, daß der Stab dessen zerbrochen ist, der es schlug. Dies Land hat offenbar die Gesandten geschickt.«[83] Juda soll also dazu bewegt werden, einem antiassyrischen Bündnis beizutreten.

Ob Hiskia hier dem Propheten folgte[84] oder ob er nicht auf Jesaja hörte[85], läßt sich nicht sicher sagen, weil eben die chronologische Einordnung ungewiß bleibt. Doch ist dies in unserem Zusammenhang auch nicht wichtig. Wesentlich ist dagegen, daß deutlich wird, wie Jesaja ein Bündnis mit einem anderen Staat betrachtet, qualifiziert und beurteilt.

2. Die einzelnen Teile des Spruches und seine Gesamtaussage
Jes 14, 28—32
gliedert sich in drei Teile: v. 29; v. 31; v. 32.

a) V. 29 und 31

In v. 29 und 31 redet Jesaja die Philister — genauer: das Philisterland — an. Beide Verse zeigen einen parallelen Aufbau[86]:

Aufforderung:

Freue dich nicht, ganz Philisterland,
daß der Stab, der dich schlug, zerbrochen ist! (v. 29 a)
Weine, Tor! Schreie, Stadt!
Wanke, ganz Philisterland! (v. 31 a)

Begründung (mit »denn« eingeleitet):

Denn aus der Wurzel der Schlange kommt eine Viper,
und deren Frucht ist ein fliegender Seraf. (v. 29 b)
Denn von Norden her kommt Rauch,
und unzählbar sind seine Säulen. (v. 31 b)

Der Unterschied zwischen diesen beiden begründeten Aufforderungen besteht darin, daß die erste dazu auffordert, etwas nicht zu tun, die zweite dazu, etwas zu tun. Da nun die zweite Aufforderung genau das Gegenteil von dem verlangt, was die erste untersagt, kann man wohl annehmen, daß in v. 31 das geboten wird, was man anstelle des in v. 29 abgelehnten Verhaltens tun soll. Die beiden Aufforderungen stehen also nicht bezugslos nebeneinander, sondern in einem scharf antithetischen Verhältnis: freut euch nicht, sondern weint! Die beiden Begründungen besagen, daß Philistäa sich in einer äußerst bedrohlichen Lage befindet und also nicht Grund zu Jubel, sondern eher zur Klage hat.

---

[83] J. Begrich, Jes 14, 127.
[84] So J. Begrich, Jes 14, 130; H. Donner, Israel, 113.
[85] So G. Fohrer I.
[86] Vgl. dazu J. Begrich, Jes 14, 124.

Formal verwendet Jesaja in v. 31 die Form des »Aufrufs zur Volksklage«[87]. In v. 29 wird vielleicht ein als geprägtes Gattungselement vorgegebener Aufruf zum Jubel in sein Gegenteil verkehrt. H. Gunkel—J. Begrich nehmen an, daß es sich um einen in sein Gegenteil verkehrten Hymnus handelt[88]. Vielleicht läßt sich noch genauer an das Siegeslied denken, denn nur in dieser besonderen Form des Hymnus wurde auf die jüngste Vergangenheit Bezug genommen[89]. Ist diese Formbestimmung richtig, dann stellen die beiden Verse nicht nur inhaltlich, sondern auch formal ein zusammengehöriges Gegensatzpaar dar:

nicht Siegeslied, sondern Klagelied!
nicht Freude, sondern Weinen!

Indem Jesaja die Philister zur Volksklage aufruft, nimmt er in prophetischer Gewißheit die Vernichtung der Philister bereits vorweg. So haben wir es zwar der Form nach mit Aufforderungen zu tun, doch haben diese die Funktion eines Drohwortes, weil sie Unheil für die Philister als sicher eintretend voraussetzen[90]. Zu fragen ist nun, wie der dritte Teil des Spruches sachlich mit den beiden ersten Teilen zusammenhängt.

b) V. 32

In v. 32 nimmt Jesaja zu der Frage Stellung, was Juda den philistäischen Diplomaten antworten soll, die für ein antiassyrisches Bündnis werben. Jesaja rät zu einem eindeutig negativen Bescheid: Nicht die Philister braucht Juda als Helfer, sondern: »Jahwe hat Zion gegründet! Dort ist die Zuflucht für die Elenden seines Volkes.«

Offenbar ist v. 32 die Spitze des ganzen Spruches, denn jetzt sind die Landsleute Jesajas angeredet, die Hörer des Spruches, deren Vertrauen zu Jahwe wesentlichstes Anliegen der Verkündigung Jesajas ist. Indem aber Jesaja in der gegenwärtigen Situation zum Vertrauen auf Jahwe aufruft, verlangt er zugleich eine Abweisung des philistäischen Bündnisangebotes.

Von eben diesem Philisterland reden die beiden erste Teile des Spruches: dort bestehe kein Grund zur Freude, sondern zur Klage, weil tödliche Bedrohung bevorsteht. Fragt man nun nach dem gedanklichen Zusammenhang von v. 29 und 31 mit v. 32, so liegt es meines Erachtens am nächsten, in dem Völkerspruch eine Vorbereitung für v. 32 zu sehen. V. 29 und 31 stellen die Lage Philistäas als bedrohte dar und zeigen damit, auf welch gefährliches und unsicheres Gelände sich Juda begeben würde, wenn es sich mit den Philistern

[87] H. W. Wolff, Volksklage, 48—56.

[88] H. Gunkel—J. Begrich, Einleitung in die Psalmen, 48 und 86.

[89] Vgl. H. Gunkel—J. Begrich, Einleitung in die Psalmen, 78/79.

[90] Zur Unterscheidung von Form und Funktion vgl. G. Fohrer, Einleitung, 391; O. Kaiser, Einleitung, 226 und 229; H. W. Hoffmann, Form — Funktion — Intention, 341—345.

verbündete. Insofern zeichnet das Drohwort gegen Philistäa den Hintergrund, von dem sich die Aufforderung an Juda abhebt. Man muß wohl noch genauer sagen, die Drohung gegen Philistäa hat im jetzigen Zusammenhang die Funktion, von einem Bündnis mit den Philisterstädten abzuschrecken. Hier hat also ein Völkerspruch die Funktion einer Anrede an Juda. Indem Jesaja die Erwartung zerstört, die Juda möglicherweise auf die Philister setzt, nennt er damit zugleich einen Grund, warum Juda sich auf den Schutz verlassen soll, den Jahwe ihm anbietet.

Die Interpretation wird noch gestützt durch die Art, wie v. 32 an v. 29—31 anschließt: Durch das *w*ᵉ wird ein Anschluß an das Vorangehende hergestellt. Dieser ist meines Erachtens am besten so zu sehen, daß v. 32 eine Konsequenz aus dem Vorhergehenden zieht. Dann wäre *w*ᵉ mit »also« zu übersetzen:[91]

Was soll man also den Boten des Volkes antworten?

Das will besagen: ist nach der bisher entworfenen Sicht der Dinge überhaupt noch eine andere Antwort als eine abweisende möglich? V. 29 und 31 fordern die Konsequenz eines glatten Nein zum Bündnis mit Philistäa. Und Juda hat diese Hilfe auch nicht nötig, weil es bei Jahwe Hilfe genug hat.

3. Zusammenfassung

a) Die Situation, auf die Jes 14, 28—32 bezogen ist, ist dadurch gekennzeichnet, daß sich ein anderes Volk als Bündnispartner und Helfer für Juda anbietet. Die *Philister erscheinen als vermeintliche Helfer.*

b) Gegen ein Vertrauen auf das Angebot der Philister argumentiert Jesaja in doppelter Weise:

α) Er *qualifiziert ein Sich-Verlassen Judas auf ein anderes Volk theologisch,* indem er der Verbindung mit den Philistern ein »Sich-bergen auf dem Zion« alternativ gegenüberstellt. Dabei ist »Sich-bergen auf dem Zion« wohl mit »Sich-bergen bei Jahwe« identisch. Das in Aussicht stehende politische Bündnis wird theologisch als falsches Vertrauen gedeutet. Juda hat die Hilfe dieses Volkes nicht nötig, weil es in Jahwe seinen Helfer hat. In dieser Hinsicht, als mögliche Helfer Judas, sind Jahwe und andere Völker Konkurrenten. Ein Ja zum Angebot der Philister wäre eine Ablehnung des Angebotes Jahwes.

β) Dazu kommt eine *politische Argumentation:* dieses Volk (die Philister) kann kein Helfer sein, denn es steht selbst am Rande des Abgrunds (v. 29.31). Das Drohwort gegen ein anderes Volk hat hier die Funktion, einer Anrede an Juda Nachdruck zu verleihen. Das Völkerwort ist also einem Wort an Juda ein- und untergeordnet. Das Reden Jahwes zu den Philistern ist eine indirekte Anrede an Juda.

---

[91] Zur konsekutiven Übersetzung des *w*ᵉ (»also«) vgl. KBL s. v. *w*ᵉ Nr. 25; vgl. besonders Ez 18, 32 »Ich habe kein Gefallen am Tod des Sterbenden — Ausspruch Jahwes. Kehrt also um und lebt!«. Vgl. auch GK § 154 b.

Jes 20, 1 a.3.4.6

(1 a)[92] In dem Jahr, als der Tartan nach Asdod kam,
sprach Jahwe:
(3) Wie mein Knecht Jesaja umherging,
nackt und barfuß, drei Jahr lang[93],
Zeichen und Symbol gegen Ägypten und gegen Kusch,
(4) so wird der König von Assur die Gefangenen Ägyptens
und die Verbannten von Kusch wegtreiben,
Alte und Junge nackt und barfuß[94],
mit entblößtem Gesäß[95], Schande Ägyptens.
(6)[96] Dann, an jenem Tag, werden die Bewohner dieser Küste sagen:
Sieh! So steht's mit unserer Hoffnung,
zu der wir um Hilfe flohen,

---

92 Aus zwei Gründen halte ich die zeitgeschichtlichen Erläuterungen von v. 1 für spätere Zutat:

1. Obwohl der ganze Bericht von Jesaja in 3. Person redet, also wohl nicht von ihm selbst geschrieben sein wird, kann man annehmen, daß bei der ersten Niederschrift solche zeitgeschichtlichen Erklärungen noch nicht nötig waren. Dies allein wäre freilich noch kein zureichender Grund für die Annahme, v. 1 sei ab *bišloᵃḥ* spätere Zufügung. Ausschlaggebend ist das Folgende.
2. Wenn — wie allgemein angenommen wird (vgl. z. B. B. Duhm; G. Fohrer I) — die Symbolhandlung den Zweck verfolgte, Juda von einem assurfeindlichen Bündnis abzuhalten oder sich aus einem solchen wieder zu lösen, dann wird wohl auch die Deutung der Handlung noch vor der Einnahme Asdods durch Assur erfolgt sein. Nachher war es nicht mehr nötig, vor einem Bündnis zu warnen. Ich nehme also mit H. Donner, Israel, 115, an, daß die Deutung der symbolischen Handlung »unmittelbar vor Beginn der assyrischen Strafexpedition« gegeben wurde, »als die Entscheidung noch nicht gefallen war«.

Damit ist dann auch die zeitgeschichtliche Erläuterung von v. 1 als unzutreffend erwiesen, weil sie ja annimmt, daß Asdod schon eingenommen war, als die hier berichtete Deutung der Symbolhandlung gegeben wurde.

Auch v. 2 halte ich für späteren Zusatz (mit G. Fohrer I). Er trägt den Befehl zur Ausführung einer Symbolhandlung und die Konstatierung der Ausführung selbst nach. Doch ist beides zeitlich falsch angesetzt: Befehl und Ausführung können nicht in die Zeit fallen, in der der Tartan Asdod einnahm, sondern müssen 2 Jahre vorher stattgefunden haben, wie aus v. 3 hervorgeht.

Außerdem ist das *beјăd* nicht recht verständlich, da im Folgenden nicht durch, sondern zu Jesaja geredet wird.

93 Mit LXX; B. Duhm; K. Marti; O. Procksch; G. Fohrer I; u. a. setze ich den Atnach zu *šanîm*.

94 Zu den Zustandsadjektiven vgl. GK § 118 o.

95 Für *ḥᵃśûpăj* lese ich den st. cs. *ḥᵃśûpê* (mit K. Marti; O. Procksch; G. Fohrer I; H. Donner, Israel, 114; GK § 87 g u. a.).

96 V. 5 paßt nicht in die Konstruktion und ist Vorwegnahme von v. 6 (so auch G. Fohrer I).

uns zu retten vor dem König von Assur.
Wie sollen wir nun entrinnen?

Jes 20, 1 a.3.4.6 ist Bericht von einer symbolischen Handlung Jesajas. Es wird nur die Deutung der Handlung berichtet, in die allerdings die Darstellung der Symbolhandlung eingelegt ist (v. 3). Zur eigentlichen Deutung treten die Zusage Jahwes und eine Aussage über die Symbolbeziehung[97].

Jesaja hat diese Symbolhandlung in den Jahren 713—711 ausgeführt, als eine Koalition palästinensischer Staaten unter Führung Asdods und mit Unterstützung Ägyptens sich aus der Abhängigkeit von Assur befreien wollte. Mit H. Donner[98] nehme ich an, daß auch die Deutung der symbolischen Handlung, die in Jes 20, 3.4.6 wiedergegeben wird, noch vor der Einnahme Asdods erfolgte.

1. Gliederung und Struktur von Jes 20, 1 a. 3.4.6.

a) Auf die historische Einleitung (v. 1 a) folgt eine Jahwerede, die bis v. 6 läuft. Sie enthält in v. 3 und 4 zwei korrelativ einander zugeordnete Verbalsätze (»... wie ... so«). V. 6 a leitet eine zweite direkte Rede ein, die der Jahwerede eingefügt ist. Es handelt sich um ein prophetisch vorweggenommenes Zitat, das einer Gruppe von Menschen (hier »die Bewohner dieser Küste« genannt) in den Mund gelegt wird. Sieht man einmal von den appositionell beigeordneten Nomina ab, die besonders in v. 3 f. ungewöhnlich zahlreich sind, dann zeigt sich die klare Struktur der Jahwerede:

(v. 3) wie umherging ...
(v. 4) so wird führen ...
(v. 6) dann wird sagen ...

b) Das Gewicht der Verse 3 und 4 liegt auf v. 4. Auf ihn weist v. 3 in doppelter Weise voraus: erstens durch das »wie«, das nach einer den Vergleich zu Ende bringenden Fortsetzung verlangt. Zweitens durch das Wortpaar *'ôt ûmôpet,* das im Hörer die Frage wachruft, inwiefern denn das Verhalten Jesajas Zeichen für Ägypten und Kusch sei.

Ihr Gepräge erhalten v. 3 und 4 durch die Appositionen. In jedem Vers finden sich nach dem Verbalsatz, der ein Geschehen schildert, vier zweihebige, appositionell angefügte Reihen[99]. Appositionen haben beschreibenden Charakter[100]. In v. 3 beschreiben sie das Aufsehenerregende an Jesajas Verhalten und seine Zeichenhaftigkeit:

nackt und barfuß, drei Jahre lang,
Zeichen und Symbol gegen Ägypten und gegen Kusch.

---

[97] G. Fohrer, Symbolische Handlungen, 32; G. Fohrer, Amphiktyonie, 97.

[98] H. Donner, Israel, 115.

[99] »Die Schande Ägyptens« wird von den meisten Kommentatoren als Zusatz gestrichen.

[100] Vgl. W. Richter, Exegese, 89.

Die Appositionen von v. 4 beschreiben die Größe des Unheils, das Ägypten trifft:

Alte und Junge, nackt und barfuß,
mit bloßem Hintern, Schande Ägyptens.

»Nackt und barfuß« erscheint in beiden Zusammenhängen und verknüpft so Zeichen und Bezeichnetes. Zu beachten ist, daß die Schilderung der Schändlichkeit in v. 4 noch gesteigert ist. Die Kommentatoren machen darauf aufmerksam, daß *šet* ein sehr derbes Wort sei[101], das man wohl auch im Deutschen entsprechend wiedergeben müßte[102].

c) Läßt sich schon in der Bewegung von v. 3 zu v. 4 eine Steigerung feststellen, so setzt sich diese Klimax in v. 6 weiter fort.

V. 6 ist mit dem Vorangehenden durch die Zeitangabe (»an jenem Tag«) und durch das »so« verbunden. Ein neues Subjekt wird mit Zeit und Geschehen von v. 4 verknüpft. Darin liegt das Überraschende und Weiterführende von v. 6. Nicht das ferne Ägypten ist Ziel der Jahwerede, sondern »die Bewohner dieser Küste«, »wir« (betont am Schluß!). Schon hierin dürfte eine Steigerung liegen: Was über das ferne Ägypten und über Kusch gesagt wurde — bei allem ging es um »uns«[102a].

Auch eine Beachtung der Satzstruktur läßt erkennen, daß in v. 6 die Einheit auf ihren Höhepunkt gekommen ist. Denn in v. 6 findet sich der einzige Nominalsatz des Textes: *hinnē kō măbbaṭenû*. Was W. Richter[103] bezüglich der mit *hinnē* eingeleiteten Nominalsätze in Erzählungen des Richterbuches sagt, scheint mir auch für unseren Text treffend zu sein: »Derartig eingeleitete Nominalsätze tragen einen gewissen Ton. Sie stehen am Ende von Einheiten, wenn sie das Ergebnis zeigen, dessen eine der handelnden Personen oder Gruppen mit Überraschung innewird.«

Hinzuweisen ist weiterhin auf die rhythmische Formung des Zitats von v. 6. Es handelt sich um vier dreihebige Reihen:

hinnḗ kṓ măbbaṭénû
ʾᵃšǽr nåsnû šám leʿæzrā́
lehinnaṣél mippenê mǽlæk ʾaššûr
weʾêk nimmaléṭ ʾᵃnáḥnû

Auch diese poetische Formung verleiht dem v. 6 Gewicht. Freilich sind auch die Appositionen von v. 3 und 4 rhythmisch gestaltet.

Zu fragen ist schließlich noch nach der Bedeutung der Satzfolge für Aufbau und Struktur der Einheit. Dabei ist nicht nur auf den Wechsel von Verbalsatz und Nominalsatz zu achten (auf die herausgehobene Stellung des mit *hinnē* eingeleiteten Nominalsatzes in v. 6 b wurde bereits hingewiesen), son-

---

[101] Vgl. B. Duhm; K. Marti; O. Procksch; u. a.

[102] Vgl. dazu noch II Sam 10, 4.

[102a] Vgl. O. Procksch, 259: »Seine [Jesajas] Hauptdrohung hat natürlich Juda gegolten, wo man ihn täglich in seiner symbolischen Tracht sehen konnte.«

[103] W. Richter, Richterbuch, 365.

dern auch auf den Wechsel der Konjugation und der Reihenfolge in der Prädikat und Subjekt stehen. Nun fehlen freilich auf diesem Gebiet weithin die syntaktischen Untersuchungen. W. Richter, der diese Fragestellung auf einige Erzählungen des Richterbuches angewendet hat, bemerkt: »Der hier unternommene Versuch ist fast ohne Vorgang in der bisherigen Syntax, die wohl die Typen der zusammengesetzten Sätze beschreibt, aber jeden einzelnen für sich bespricht.«[104] Gerade bei der Einheit Jes 20, 1 a.3.4.6 ist jedoch diese Frage unabweisbar. Sollte es bedeutungslos sein, daß das Verb in v. 4 im Imperfekt steht, während v. 6 mit einem sogenannten perfectum-consecutivum beginnt? »Wenn eine Sprache verschiedene Verbformen bildet, ist anzunehmen, daß sie mit ihnen Verschiedenes ausdrücken will.«[105] Unzureichend ist die Auskunft, in *w*^{e}*amăr* liege ein perfectum propheticum vor. Denn dann ist zu fragen, warum ein solches nicht schon bei der Ankündigung von v. 4 steht.

W. Richter hat die Satzfolge in einigen Erzählungen (und den darin enthaltenen Reden) des Richterbuches untersucht[106]. Er schließt sich in der Terminologie an O. Roessler an und verwendet folgende Satzartbezeichnungen:

ḫamṭu-Satz: ein Satz der Form *jqṭl* x.
invertierter ḫamṭu-Satz: ein Satz der Form x *qṭl*.
marû-Satz: ein Satz der Form *qṭl* x.
invertierter marû-Satz: ein Satz der Form x *jqṭl*.

Wir hätten also — in Richters Terminologie — in Jes 20, 4.6 eine Folge: ḫamṭu-Satz — marû-Satz. Bei dieser Folge drückt der marû-Satz eine Klimax aus. »Nach prospektivem ḫamṭu (oder Imp.) steht als typische Folge: Imp. oder prospektives ḫamṭu — marû als Klimax.«[107] Ließen sich diese Einsichten in die Gesetzmäßigkeiten der Satzfolge auf Jesaja übertragen, so würden sie im Fall von Jes 20, 1 a.3.4.6 die bisher zu diesem Text gemachten Beobachtungen völlig bestätigen. Die Steigerung von v. 4 zu v. 6 käme so auch syntaktisch zum Ausdruck[108].

Die Strukturanalyse zeigt also, daß die Jahwerede v. 3.4.6 klimaktisch gestaltet ist und in v. 6 ihren Höhepunkt erreicht.

2. Die Intention von Jes 20, 1 a.3.4.6

a) Jesaja macht den Judäern bewußt, daß ihre Politik ins Unheil führt

Wie eben festgestellt wurde, kommt die Einheit in v. 6 zu ihrem Ziel. Dieser Vers kündigt einer mit »die Bewohner dieser Küste« bezeichneten

---

[104] W. Richter, Richterbuch, 372/373.

[105] Michel, Tempora, 13.

[106] W. Richter, Richterbuch, 353—375.

[107] Daß in den von Richter untersuchten Reden der Erzählungen des Richterbuchs prospektives ḫamṭu immer Wunsch, Befehl, Aufforderung oder Einschränkung enthält (Richterbuch 370 f.), ist zu beachten. Dies ist in Jes 20, 4 nicht der Fall.

[108] Für eine Untersuchung der Bedeutung eines sogenannten pf. cons. (W. Richter: marû) nach einem impf. (W. Richter: ḫamṭu) wären bei Jesaja folgende Stellen aufschlußreich: 8, 7 b.8; 8, 14; 28, 4.13.17.18 ff.; 29, 14 b.15; 31, 3.8.

Gruppe von Menschen eine hoffnungslose Zukunft an: Sie werden erkennen müssen, daß sie Ägypten völlig falsch einschätzten, als sie von ihm Hilfe gegen Assur erhofften.

Wer sind »die Bewohner dieser Küste«? Die Ansicht, diese Bezeichnung schließe Juda mit den Philisterstädten zusammen[109], konnte sich nicht durchsetzen[110]. Gilt also das über »die Bewohner dieser Küste« Gesagte nur den Philistern? Das ist schon deshalb unwahrscheinlich, weil nicht diese, sondern die Judäer die Zeugen der dreijährigen Symbolhandlung Jesajas waren.

Ein Bezug der Ankündigung von v. 6 auf Juda ergibt sich auch sofort, wenn man sich die Situation vor Augen hält, in die hinein Symbolhandlung und Deutung gehören. In der Aufstandsbewegung der Jahre 713—711 stand Juda auf Seiten Asdods. Wird nun Asdod von seinem stärksten Helfer, eben Ägypten, in Stich gelassen, so betrifft dies auch Juda. Die verzweifelte Klage, die Jesaja in v. 6 den Philistern in den Mund legt, ist dann auch die Judas. Daß Jesaja von den Philistern spricht, obwohl er auch — vielleicht sogar in erster Linie[111] — Juda meint, könnte darauf zurückzuführen sein, daß die Initiative zum Aufstand in den Jahren 713—711 von den Philistern ausging. Diese bemühten sich um eine Teilnahme Judas und erreichten — gegen den Einspruch Jesajas — auch ihr Ziel. Wenn Jesaja jetzt die hilflose Verlassenheit der Philister zeichnet, so kann er bei seinen Hörern das Bewußtsein voraussetzen: Dies Geschick erwartet auch uns, denn wir sitzen mit den Philistern in einem Boot.

Ein weiteres Indiz dafür, daß Jesaja in v. 6 eigentlich den Judäern ihre hoffnungslose Zukunft vor Augen führen will, könnte darin liegen, daß die ins Unheil führende Politik als falsches Vertrauen dargestellt wird. In dieser Weise charakterisiert Jesaja häufig die Politik Judas (z. B. Jes 30, 1—5; 31, 1—3).

Wir kommen also zu dem Ergebnis, daß Jes 20, 6 in der Politik der Philister die Judas charakterisiert und im Ergehen der Philister den Judäern ihre Zukunft vor Augen stellt: so geht es dem, der sich auf Ägypten verläßt. Ziel der Einheit Jes 20, 1 a.3.4.6 ist also eine Anrede an Juda. Welche Funktion hat in diesem Zusammenhang die Unheilsankündigung gegen Ägypten in v. 3 und 4?

b) Die Funktion der Unheilsankündigung gegen Ägypten (v. 3 und 4) innerhalb der Einheit Jes 20, 1 a.3.4.6

---

109 So z. B. B. Duhm; E. Jenni, Politische Voraussagen, 81 Anm. 160.

110 Vgl. H. Donner, Israel, 115.

111 Vgl. E. Jenni, Politische Voraussagen, 81: »Die Tendenz Jesajas ist eindeutig auf die Einwirkung auf seine Landsleute bzw. die maßgebenden Politiker in Jerusalem gerichtet.«

Die in der Deutung der symbolischen Handlung (v. 3 und 4) enthaltene Drohung gegen Ägypten und Kusch[112] ist nicht Ziel der Einheit. Sie bereitet vielmehr die mittelbare Anrede an Juda (v. 6) vor: Die Niederlage Ägyptens bringt die in eine so hoffnungslose Situation wie v. 6 sie schildert, die von Ägypten Hilfe erwarteten. In Ägypten wird der vermeintliche Helfer Judas und der Philister (*măbbaṭ*[113] v. 6!) bedroht und damit Juda selbst. Die Unheilsankündigung gegen ein fremdes Volk ist hier also einem Wort an Juda ein- und untergeordnet, hat dienende Funktion.

Es ist hier auf die formale Parallelität von Jes 14, 28—32 und Jes 20, 1 a.3.4.6 hinzuweisen. Beide Male folgen aufeinander: Zeitangabe — Drohung — Konsequenz. Und beide Male liegt das Ziel des Gesamtspruches in der Konsequenz, von der her die Drohung in ihrer Funktion erst verständlich wird.

c) Enthält Jes 20, 1 a.3.4.6 eine Aufforderung an Juda?

Man wird wenigstens in Form einer Frage noch einen kleinen Schritt weitergehen müssen: Hat Jesaja hier nur die Absicht, das kommende Unheil anzukündigen, oder liegt in der Ankündigung zugleich eine Aufforderung? Dann würde Jesaja mit dieser Deutung seiner Symbolhandlung Juda dazu aufrufen, sich nicht länger auf diese trügerischen Helfer zu verlassen, sondern sich zu distanzieren, solange die Möglichkeit dazu noch gegeben ist[114]. Eine solche Deutung wird durch Jes 14, 28—32 nahegelegt, wo aus der Drohung gegen ein anderes Volk explizit die Konsequenz in Form einer Aufforderung an Juda gezogen wird. Dieses Argument wiegt um so schwerer, weil — wie schon vermerkt — auch sonst Parallelen zwischen Jes 14, 28—32 und Jes 20, 1 a.3.4.6 festzustellen sind.

3. Zusammenfassung

a) In Jes 20, 1 a.3.4.6 treten *andere Völker* in zwei verschiedenen Funktionen auf: *als vermeintliche Helfer Judas* (v. 6) und *als Vernichter dieser vermeintlichen Helfer*. Auf die zuletzt erwähnte Tätigkeit eines anderen Volkes — hier der Assyrer — wird unten eingegangen werden[115].

b) Das Vertrauen auf die vermeintliche Hilfe Ägyptens wird von Jesaja politisch und theologisch qualifiziert.

---

[112] Zum Nebeneinander von *miṣrăjim* und *kûš* vgl. H. Donner, Israel, 114 Anm. 3: »Jesaja gebraucht *miṣrăjim* und *kûš* als Hendiadyoin, mit um so größerem Rechte, als die 25. äthiopische Dynastie unter Schabaka um 715 die Herrschaft über ganz Ägypten erlangt hatte.«

[113] B. Duhm übersetzt *măbbaṭ* in Anlehnung an die Grundbedeutung der Wurzel mit »Aussicht«.

[114] So z. B. B. Duhm: Die Symbolhandlung hatte den Zweck, »Juda von einer Beteiligung an dem selbstmörderischen Unternehmen gegen Assur abzuhalten.« Ähnlich G. Fohrer I u. a.

[115] Vgl. unten S. 161—173.

α) Politisch-rationale Qualifikation: Da Ägypten selbst einer Niederlage entgegengeht, kann Vertrauen auf dieses Volk nur in Enttäuschung enden. *β) Theologische Qualifikation:* Als falsch orientiertes Vertrauen (v. 6) ist die Politik Judas nicht nur politisch unklug, sondern auch gegen Jahwe gerichtet, auf den Juda vertrauen soll[116].

Jes 30, 1—5

(1) Wehe den widerspenstigen Söhnen — Ausspruch Jahwes —,
die[117] einen Plan fassen — aber ohne mich[118]
die ein Bündnis schließen[119] — aber nicht in meinem Sinn[120],
um Sünde auf Sünde zu häufen[121];
(2) die hingehen, um nach Ägypten hinabzuziehen —
ohne[122] mich zu befragen,
um Zuflucht zu suchen[123] im Schutz Pharaos
und sich zu bergen[124] im Schatten Ägyptens.
(3) Aber es wird euch Pharaos Schutz zur Schande werden,
die Zuflucht im Schatten Ägyptens zur Schmach!
(4) Wenn auch[125] seine Fürsten in Zoan sind,
und seine Boten bis Chanes gelangen —
(6) Jeder geriet in Schande[126]
über dem Volk, das nichts nützt.
Es brachte ihnen[127] nicht Hilfe[128],
sondern Schande und Schmach.

---

[116] Vgl. in der vorliegenden Arbeit: Exkurs III (S. 148—160).

[117] Der inf. cs. erläutert das *sôr^e^rîm*, sagt also, worin die Abwendung besteht. Zur epexegetischen Verwendung des inf. cs. vgl. I. Soisalon-Soininen, Der Infinitivus constructus mit *l^e^* im Hebräischen.

[118] In syntaktischer Hinsicht ähnliche Formulierungen finden sich Num 16, 28 Jes 29, 9 Hos 8, 4 Thr 3, 23.

[119] Der Terminus ist von dem bei einem Bündnisschluß vollzogenen Ritus genommen; vgl. G. Fohrer II 89 Anm. 98.

[120] Übersetzung im Anschluß an G. Fohrer II 89.

[121] *s^e^pôt* wäre inf. cs. von *sph* »dahinraffen«. Mit B. Duhm; K. Marti; G. Fohrer II u. a. lese ich *sæpæt*, inf. cs. von *jsp*; vgl. auch GK § 69 h.

[122] Verbaler Umstandssatz.

[123] Inf. cs. hier auf *ô*; vgl. GK § 72 q.

[124] Zur Form *lăḥsôt* vgl. GK § 63 i.

[125] Zum konzessiven Gebrauch von *kî* vgl. Th. C. Vriezen, Einige Notizen zur Übersetzung des Bindewortes ki.

[126] K hieße »stinkend werden«. Mit den meisten Auslegern lese ich Q *hôbîš*, hi. von *bôš*, in Analogie zu *p"w* gebildet.

[127] Ich ziehe den Atnach zu *jô'îlû;* betont vorangestelltes »ihnen« ergibt hier einen guten Sinn.

[128] Mit mehreren Kommentatoren streiche ich *w^e^lo' lehô'îl.*

1. Gliederung und Struktur

a) Das mit »Wehe« eingeleitete *Scheltwort* (v. 1 und 2) ist eigentlich eine breit ausgestaltete und erläuterte Schilderung der Adressaten. Die Bezeichnung der Adressaten als »widerspenstige Söhne« stellt bereits eine Beurteilung dar[129]. Worin die Widerspenstigkeit der Angeredeten besteht, wird im folgenden zunächst durch zwei Infinitiv-Konstruktionen mit negativem Umstandssatz erläutert[130], dann durch einen Finalsatz und schließlich (v. 2) durch eine Partizipialkonstruktion mit negativem Umstandssatz, die ihrerseits wieder durch zwei finale Infinitiv-Konstruktionen näher beschrieben wird.

Das Scheltwort setzt nicht mit der konkreten Nennung des angegriffenen Verhaltens ein, sondern mit Wertungen dieses Verhaltens. Worin das verwerfliche Tun der Judäer besteht, sagt erst v. 2: sie ziehen hinab nach Ägypten, um dort Hilfe zu suchen. Doch liegt auch hier keine neutrale Tatbestandsfeststellung vor. Durch den Umstandssatz (v. 2 aβ) und durch die in v. 2 b verwendete Terminologie wird zugleich eine Beurteilung gegeben[131].

Das Scheltwort Jes 30, 1—2 ist also gekennzeichnet durch ein starkes *Überwiegen der wertenden Elemente.*

b) Das *Drohwort* (v. 3) ist mit adversativem *w*ᵉ an das Scheltwort angeschlossen. Es greift die Ausdrücke, mit denen in v. 2 b das Ziel der judäischen Bündnispolitik ausgedrückt worden war, wörtlich auf, kündigt jedoch an, daß Juda das Gegenteil dessen erreichen wird, was es erstrebt: statt Schutz und »Berge« — Schande und Schmach.

c) V. 4 f. antworten wahrscheinlich auf einen Einwand der Hörer[132], die dem Propheten die Stärke des ägyptischen Bündnispartners entgegenhielten[133]. Dagegen verweist Jesaja auf eine Erfahrung, die alle machten, die sich auf Ägypten verließen: sie wurden bitter enttäuscht. Daß der Einwand der Hörer das Drohwort Jesajas nicht widerlegt hat, kommt darin zum Ausdruck, daß Jesajas Antwort mit den Worten »Schmach« und »Schande«[134] schließt, also die Ankündigung des Drohwortes erneut bekräftigt.

Man kann v. 3 f. als *Diskussionswort* bezeichnen.

d) Das *Ziel der Einheit* liegt in der vom Diskussionswort (v. 4 f.) bekräftigten *Ankündigung des Drohwortes (v. 3), daß die Judäer durch ihre Politik*

---

[129] Dasselbe war schon Jes 28, 14 zu beobachten.

[130] Zur epexegetischen Funktion von Infinitiven mit *l*ᵉ vgl. I. Soisalon-Soininen, Der Infinitivus constructus mit *l*ᵉ im Hebräischen.

[131] Zum wertenden Charakter der Terminologie von v. 2 b vgl. Exkurs III S. 148—160.

[132] So z. B. G. Fohrer II, 91.

[133] Ich nehme an, daß sich die Suffixe von *śarajw* und *mäl'akajw* auf den Pharao beziehen.

[134] Allerdings steht *ḥærpā* statt *k*ᵉ*limmā*.

in Enttäuschung und Schande geraten. Es geht Jesaja also darum, aufzuzeigen, wohin der Weg eigentlich führt, den Juda beschreitet, wenn es »nach Ägypten hinabzieht«. Erst in dieser Unheilsankündigung kommt das »wehe«, mit dem das Scheltwort beginnt, zu seinem Ziel.

Das Urteil über die Bündnispolitik Judas wird von Jesaja dadurch untermauert, daß er *das Bündnis mit Ägypten in doppelter Weise wertet:* im Scheltwort (v. 1 f.) *vom theologischen Standpunkt aus;* im Diskussionswort (v. 4 f.) *vom empirisch-historischen Standpunkt aus.*

Diese beiden Wertungen des Bündnisses mit Ägypten sollen nun genauer betrachtet werden.

2. Theologische und empirisch-historische Wertung des Bündnisses mit Ägypten in Jes 30, 1—5

a) Theologische Wertung des Bündnisses mit Ägypten

α) Durch das Bündnis mit Ägypten erweisen sich die Judäer als widerspenstige Söhne.

Schon in der Bezeichnung der Adressaten wird festgestellt, daß Juda sein enges Verhältnis zu Jahwe zerstört hat[135]. Daß dies durch das Bündnis mit Ägypten geschah, zeigt sich daran, daß die folgenden Teile des Scheltwortes eine Explikation der Bezeichnung »widerspenstige Söhne« sind[136].

β) In der Hinwendung zu Ägypten handelt Juda ohne bzw. gegen Jahwe.

Dies kommt in den drei Umstandssätzen zum Ausdruck, durch die Judas Tun charakterisiert wird: »aber ohne mich« (v. 1 a), »aber nicht in meinem Sinn« (v. 1 a), »ohne mich zu fragen« (v. 2 a).

γ) Judas Bündnis mit Ägypten ist Sünde.

Dieser Vorwurf wird noch dadurch gesteigert, daß Jesaja das Anhäufen der Sünde in einem Finalsatz als Absicht Judas darstellt (v. 1 b).

δ) Die Hinwendung Judas zu Ägypten ist falsch bezogenes Vertrauen.

Dies bringt Jesaja dadurch zum Ausdruck, daß er das politische Tun in religiös gefüllten Termini darstellt[137].

Die Aufnahme von Kontakten mit Ägypten wird charakterisiert als ein »Zuflucht suchen im Schutz Pharaos« und als »sich bergen im Schatten Ägyptens.«

ʿôz bᵉmaʿôz begegnet in dieser Wortverbindung nur hier. Eine Verwendung des Wortes *maʿôz* zum Ausdruck dessen, was Jahwe für den einzelnen oder für das Volk ist, findet sich besonders in den Psalmen und in der jüngeren Prophetie[138]. Einige Beispiele seien genannt:

---

135 Vgl. Jes 1, 2 f.

136 Vgl. die auf S. 114 Anm. 130 genannte Arbeit von I. Soisalon-Soininen.

137 Vgl. dazu und zum Folgenden die Zusammenstellung bei G. Fohrer II, 91 f. Anm. 101.

138 Zum Einzelnen vgl. unten S. 154/155.

Ps 27, 1 Jahwe ist meines Lebens Schutz *(ma'ôz hăjjăj)*, vor wem sollte ich erschrecken?

Ps 31, 5 Du bist mein Schutz *(ma'ûzzî)*.

Dagegen gilt vom Gewalttäter:

Ps 52, 9 Siehe der Mann, der nicht Gott zu seinem Schutz *(ma'ûzzô)* machte.

Daß Jesaja hier geprägte Formulierungen der religiösen Sprache aufnimmt, geht meines Erachtens daraus hervor, daß nur in religiösen Texten *ma'ôz*, *ḥsh* bzw. *măḥsæ* und *ṣel* im selben Zusammenhang auftreten. So finden sich: *ḥsh* und *ma'ôz:* II Sam 22, 31.33 Nah 1, 7 Ps 31, 2 f.; 37, 39 f.; *ma'ôz* und *măḥ^a sæ:* Joel, 4, 16; *ma'ôz, ṣel, măḥsæ: Jes* 25, 4 f.

Jesaja konnte vermutlich damit rechnen, daß seinen Hörern bei diesen Prädikaten Ägyptens zu Bewußtsein kommen würde, daß Judas *ma'ôz* eigentlich Jahwe ist. Der Prophet interpretiert die Politik vom Jahweglauben her, indem er sie in theologischer Terminologie beschreibt.

Die von der Wurzel *ḥsh* gebildeten Wörter sind eindeutig religiös gefüllt. Beim Verbum *ḥsh* drücken 32 von 36 Belegen ein Verhältnis des Menschen zu Jahwe aus. Durch *măḥsæ* wird an 16 von insgesamt 20 Stellen Jahwe als Zuflucht bezeichnet[139].

Für *ṣel* gibt es zwei übertragene Bedeutungen: Einmal wird das Wort als Bild für schnelle Vergänglichkeit gebraucht[140]. Zum andern ist »Schatten« Bild für »Schutz«. In dieser letzten Bedeutung findet sich das Wort auch in Aussagen über Jahwe: er ist »Schatten«[141], unter dem »Schatten seiner Flügel«[142] kann der Mensch sich verstecken[143] und bergen[144].

Unsere bisherige Untersuchung der Terminologie, die Jesaja verwendet, wenn er von Judas Bündnispolitik redet, hat ergeben, daß durch die Wortwahl eine theologische Qualifikation der Politik vollzogen wird. Indem Jesaja das politische Bündnis mit Ägypten mit Worten beschreibt, die ein nur Jahwe gegenüber angebrachtes Verhalten bezeichnen, beurteilt er die Bündnispolitik als Absage an Jahwe. Ägypten wird an die Stelle Jahwes gesetzt. In Judas Politik manifestiert sich ein religiöser Irrtum, eine Verwechslung und Vertauschung von Gott und Mensch.

b) Emiprisch-historische Wertung des Bündnisses mit Ägypten

Sie wird in dem Diskussionswort (v. 4 f.) gegeben: Es ist eine Erfahrungstatsache, daß man enttäuscht wird, wenn man sich auf Ägypten verläßt. Man kann Ägypten geradezu »das Volk, das nichts nützt« nennen, so sprichwörtlich ist seine Unzuverlässigkeit und Unfähigkeit zum Helfen.

---

139 Zum Einzelnen vgl. unten S. 152—154.

140 Z B. Ps 144, 4 u. ö.

141 Ps 91,1; 121, 5; Jes 25, 4; Hos 14, 8.

142 Ps 17, 8; 36, 8; 57, 2; 63 ,8.

143 Ps 17, 8.

144 Ps 38, 8; 57, 2.

Freilich liegt hier nicht der Hauptgrund für die Ablehnung der Bündnispolitik durch Jesaja. Judas Bündnisunternehmen wird nicht deshalb scheitern, weil der Bündnispartner zu schwach ist, sondern weil das Bündnis selbst, mit wem auch immer es eingegangen wird, gegen Jahwe gerichtet ist. Auch der — politisch geurteilt — stärkste und verläßlichste Partner könnte hier nicht helfen, weil er in Gegensatz zu Jahwe gerät, indem Juda sich auf ihn verläßt. Jesaja beurteilt ein Bündnis nicht in erster Linie danach, ob es politisch opportun scheint. Er urteilt nicht in erster Linie mit politischer Vernunft, sondern von der Religion her[145].

3. Zusammenfassung

a) Die Rolle, in der in Jes 30, 1—5 ein anderes Volk erscheint, ist die eines *vermeintlichen Helfers für Juda.*

b) *Jesaja wertet* die hochgespannten Hoffnungen, die Juda in Ägypten setzt, *theologisch und empirisch-historisch:*

α) Theologische Wertung: Judas Politik ist falsches Vertrauen (vgl. die Terminologie in v. 1 f. und v. 3), sie geschieht ohne bzw. gegen den Willen Jahwes (v. 1 f.), sie zeigt das Handeln »widerspenstiger Söhne« (v. 1), sie ist »Sünde« (v. 1).

β) Empirisch-historische Wertung: Hier weist Jesaja auf eine allbekannte Erfahrung hin: Ägypten ist ein Verbündeter, bei dem ein Blick in die Geschichte lehrt, daß er zum Helfen unfähig ist (v. 4 f.).

c) Deshalb wird auch Juda aus seiner Hinwendung zu Ägypten nicht Hilfe, sondern Enttäuschung und Schande erwachsen.

Jes 30, 6—7

(6) Spruch: Tiere des Südlandes.
Im Land von Not und Bedrängnis —
Löwe und Leu unter ihnen,
Schlange und geflügelter Seraf.
(7) Sie schaffen auf dem Rücken von Eseln ihren Besitz,
und auf dem Höcker von Kamelen ihre Schätze
zu dem Volk, das nichts nützt[146],
dessen Hilfe nichtig und wertlos ist.
Deshalb nenne ich es gebändigte (oder: vernichtete) Rahab[147].

---

[145] Das wurde häufig hervorgehoben, z. B. von F. Wilke, Jesaja und Assur, 1; W. Staerk, Weltreich, 52 und 54; H. Donner, Israel, 171 f.

[146] *ûmiṣrājim* ist wohl Glosse. So z. B. auch K. Marti; B. Duhm; G. Fohrer II; H. Donner, Israel, 158; O. Procksch.

[147] Ich schließe mich Hensler; H. Gunkel u. a. an, die konjizieren: *răhăb hămmăšbat.* Als Übersetzung ist auf Grund der Bedeutungsbreite von *šbt* sowohl »gebändigte Rahab« als auch »vernichtende Rahab« möglich.

1. Versuch einer Rekonstruktion des ursprünglichen Textbestandes

Eine Interpretation dieses Textes stellt den Ausleger vor Fragen, auf die eine sichere Antwort wohl unmöglich ist. Das zeigt sich schon bei dem Versuch, den ursprünglichen Bestand unseres Textes festzustellen.

a) V. 6 (ab *jiśś*^{e}*ʾû*) und v. 7 a

Lediglich bei dem Mittelteil v. 6 (ab *jiśś*^{e}*ʿû* und v. 7 a steht einer Herleitung des Textes von Jesaja nichts im Weg:

Sie tragen auf Eselsrücken ihren Besitz,
  und auf Kamelhöckern ihre Schätze
zu dem Volk, das nichts nützt,
  dessen Hilfe nichtig und wertlos ist.

Zwar finden sich sonst keine Hinweise auf Geschenklieferungen Judas an Ägypten. Daß jedoch kleinere Völker an Großmächte Geschenke sandten, wenn sie diese um Hilfe ersuchten, geht aus dem Verhalten des Ahas im syrisch-ephraimitischen Krieg hervor:

II Reg 16, 7 f.: Aber Ahas sandte Boten zu Tiglatpileser, dem König von Assur, und ließ ihm sagen: Ich bin dein Knecht und dein Sohn. Komm herauf und hilf mir aus der Hand des Königs von Aram und des Königs von Israel, die sich gegen mich erhoben haben. Und Ahas nahm das Silber und das Gold, das sich im Hause des Herrn und in den Schätzen des Königshauses fand, und sandte dem König von Assur Geschenke.

b) V. 6 a (bis *w*^{e}*śarap m*^{e}*ʿôpep*)

Schwierigkeiten bereitet der erste Teil von v. 6, besonders hinsichtlich seines Verhältnisses zum Folgenden. Was soll heißen: »Im Land von Not ... tragen sie ... ihren Besitz ... zu dem Volk, das nichts nützt«? Man könnte allerhöchstens erwarten: »Durch das Land ...«. Dann bezöge sich die ganze Schilderung im ersten Teil von v. 6 auf die Reiseroute der Gesandtschaft. Doch kommt die Präposition *b*^{e} in dieser Bedeutung nicht vor[148]. Außerdem würde das in v. 6 gezeichnete Bild nicht zu dem Weg nach Ägypten passen[149]. Man könnte allerdings an die etwa 175 km lange Strecke durch die Sinaiwüste denken[150].

Vielleicht hilft die Beobachtung weiter, daß in dem Bruchstück Jes 8, 21 f. ebenfalls die Wörter *ṣarā* und *ṣûqā* zusammen vorkommen. Dort ist wohl an die durch Krieg heraufgeführte Not gedacht. Wenn beide Wörter in 30, 6 f. ähnlich verwendet sind, könnte man vermuten, daß sie den Zustand Judas beim Anrücken Sanheribs (701) beschreiben: In dem so bedrohten Land wendet man sich eiligst an Ägypten um Hilfe.

---

[148] Vgl. KBL 102—105.

[149] Vgl. W. Eichrodt II, 168; H. Donner, Israel, 159: »... der in v. 6 geschilderte äußerste Grad von Unwirklichkeit paßt nicht auf die Küstenstraße nach Ägypten«.

[150] Vgl. M. Noth, WAT, 150.

Ist diese Überlegung richtig, dann wäre »im Land von Not und Bedrängnis« Bestandteil des ursprünglichen Textes. Ein späterer Glossator deutete die Not und Bedrängnis als Gefährdung durch Tiere und machte damit den ersten Teil von v. 6 zur Schilderung einer besonders unwegsamen Gegend. Der ursprüngliche Text hieße dann: »Im notvollen und bedrängten Land sendet man auf Eselsrücken Schätze ...«

Natürlich kann auch diese Deutung nicht mehr als eine Vermutung sein. Für eine sichere Lösung scheinen mir die Kriterien zu fehlen. Auch die Tatsache, daß Jes 8, 21 ein schon verwüstetes, Jes 30, 6 dagegen ein erst bedrohtes Land gemeint ist, kommt als Unsicherheitsfaktor hinzu.

Da die Überschrift (v. 6 a) den ganzen Spruch auf Grund der eingefügten Tiernamen charakterisiert, ist auch sie späterer Zusatz.

c) V. 7 b

V. 7 b ist in seinem jetzigen Wortlaut unverständlich. Am einleuchtendsten scheint mit die von H. Gunkel u. a. übernommene Konjektur H. Henslers zu sein: für *rǎhǎb hem šabæt* lesen sie: *rǎhab hǎmmāšbat*. Diese Konjektur hat den Vorteil, daß der Konsonantenbestand des MT beibehalten wird[151]. Zu übersetzen wäre dann: »Deshalb nenne ich dieses: gebändigte (oder: vernichtete) Rahab.«[152]

H. Gunkel[153] interpretiert diesen Vers folgendermaßen: in Jes 30, 7 b »hat der alte Prophet, in dem Bestreben, seine Zeitgenossen von einem Bunde mit Ägypten abzuhalten, seine Überzeugung, daß dieses Ägypten trotz seiner Rosse und Wagen und Reisigen doch nichts, gar nichts helfen werde, in dem Rätselnamen zusammengefaßt: Ägypten ist das geschweigte Rahab«. Dabei ist ein Mythos vorausgesetzt, der besagte, daß Jahwe das Chaosungeheuer nicht vernichtet, sondern nur gebändigt habe.

G. Fohrer deutet v. 7 b als Drohung gegen Ägypten: »Jesaja bedrohte Ägypten ..., damit es als stillgelegter Dränger nicht helfen kann ... So warnt er vor dem Bündnis mit ihnen [den Ägyptern] ...«[154] G. Fohrers Deutung wird gestützt durch das *laken*, das meist das Drohwort einleitet, nachdem ein Scheltwort vorausgegangen ist. Die Schwierigkeit, daß sich das Scheltwort[155] gegen Juda, das Drohwort aber gegen Ägypten richtet, ließe sich wie bei Jes 14, 28—32 und Jes 20 erklären: die Drohung gegen das andere Volk ist indirekt eine Bedrohung Judas, das sich auf dieses Volk verläßt.

---

151 Zu anderen Konjekturvorschlägen vgl. K. Marti.

152 Zur präsentischen Übersetzung des *qara'tî* vgl. O. Grether, Grammatik, § 79 k.

153 Schöpfung und Chaos, 38/39.

154 G. Fohrer II, 94.

155 Die formalen Kennzeichen eines Schelt- und Drohwortes liegen hier allerdings nicht vor; doch enthält bei Jesaja die Feststellung, daß Juda Geschenke zu einem anderen Volk trägt, um sich dessen Hilfe zu sichern, ein Moment des Tadels. Vgl. G. Fohrer II, 93: V. 6 und 7 a sind »Vorspruch zur Drohung gegen Ägypten«.

Doch steht dieser Deutung meines Erachtens im Weg, daß das Drohwort nur wiederholt, was schon der tadelnde Vordersatz sagte. Man müßte v. 6 f. umschreiben: Weil Juda sich auf das Volk verläßt, das erfahrungsgemäß keine Hilfe bietet, deshalb wird Jahwe bewirken, daß es keine Hilfe bietet. Es läge also eine bloße Tautologie vor. Dies scheint mir für die Annahme zu sprechen, es handle sich bei v. 7 b um die Glosse eines Späteren. Er drückte die Tatsache, daß Ägypten nicht helfen kann dadurch aus, daß er dies Volk mit der gebändigten oder vernichteten Rahab verglich. Das *laken* ist dann nicht die von den Prophetenworten her bekannte Einleitung eines Drohwortes, sondern es leitet die poetisch-bildhafte Formulierung eines vorher direkt ausgesprochenen Sachverhaltes ein.

Für den sekundären Charakter von v. 7 b sprechen noch zwei weitere Argumente[156]:

→ Die Verwendung der Namen mythischer Wesen als Bezeichnung für die Völker findet sich erst in späterer Zeit.

→ *zo't* (f.!) wird sich auf das sekundär eingefügte »Ägypten« (als Land) beziehen.

Rekonstruieren wir die nicht erweiterte Form unseres Textes auf Grund der hier vorgelegten Erwägungen, so kommen wir zu folgender Fassung:

Im notvollen und bedrängten Land
bringen sie auf Eselsrücken ihre Güter
und auf Kamelhöckern ihre Schätze
zu dem Volk, das nichts nützt,
dessen Hilfe nichtig und wertlos ist.

2. Aussage und Anliegen von Jes 30, 6 f.

a) Schilderung der Bemühung Judas um ein Bündnis mit Ägypten

Jes 30, 6 f. enthält zunächst eine Feststellung, man könnte fast sagen: eine Schilderung. Ein Volk, das sich in einer bedrohlichen Lage befindet, schickt eine Karawane mit Geschenken zu einem anderen Volk. Der Sinn dieser Aktion ist klar: man sucht auf diese Weise einen Verbündeten zu gewinnen, der aus der prekären Situation heraushelfen kann. Dies läßt sich aus der negativen Feststellung schließen, daß das aufgesuchte Volk dafür bekannt sei, daß es keine Hilfe leisten könne. Daß dadurch dies Hilfsgesuch mit seinem ganzen Aufwand als ein völlig unsinniges Unternehmen erscheint, ist gerade die Absicht Jesajas.

Wer handelt so unsinnig? Mit Hilfe vergleichbarer Sprüche Jesajas läßt sich ersehen, welche konkreten Vorgänge der Prophet hier im Blick hat. Im vorausgehenden Spruch wird Ägypten »Volk, das nichts nützt« genannt. Dieselbe Formulierung wird in v. 6 b gebraucht. Es ist also anzunehmen, daß die

---

[156] Vgl. dazu B. Duhm und K. Marti.

Glosse »Ägypten« in v. 7 a sachlich zutreffend ist[157]. Daß Juda Gesandtschaften nach Ägypten schickte, wird mehrfach gesagt (Jes 30, 2; 31, 1), ebenso, daß Juda bei Ägypten Hilfe suchte (Jes 30, 2 f.; 31, 1).

b) Wertung dieser judäischen Bündnisbemühung

Die prophetische Schilderung berichtet nicht wertneutral, sine ira et studio, sondern sie wertet durch die Art der Schilderung das Dargestellte als Widersinnigkeit und Dummheit[158]. Was andere für politisches Geschick und Klugheit halten, erscheint in der Perspektive des Propheten als groteske Sinnlosigkeit. Dabei ist zu beachten, daß Jesaja hier von der politischen Vernunft, man könnte auch einfach sagen: vom gesunden Menschenverstand her urteilt, nicht vom Glauben her. Fanden wir in 30, 1—5 zwei Begründungen Jesajas für seine Ablehnung des Vertrauens auf Ägypten, eine theologische und eine empirisch-historische, so verwendet Jesaja hier nur die politisch-rationale Argumentation.

Man könnte dagegen mit Recht einwenden, daß für Jesaja Politik und Religion keine säuberlich zu trennenden Bereiche sind, und daß für ihn immer eine religiöse Entscheidung, und zwar eine Absage an Jahwe, vorliegt, wenn Juda sich dazu entschließt, Hilfe und Schutz bei einem anderen Volk zu suchen. Doch darf dadurch die Eigenart dieses Spruches und die eigentümliche Argumentationsweise, der sich Jesaja gerade in diesem Spruch bedient, nicht verwischt und eingeebnet werden. Von der Gesamtverkündigung Jesajas aus gesehen wird man sagen müssen, daß Jesaja in erster Linie deshalb zur Bündnispolitik Nein sagt, weil er in ihr eine Absage an Jahwe sieht. Doch ändert das nichts daran, daß er daneben auch politisch-rational argumentiert, und daß er — wie eben in Jes 30, 6 f. — sich gelegentlich auch einmal auf diese politisch-rationale Argumentation beschränkt.

Das Bild Ägyptens, das Jesaja hier zeichnet, ist identisch mit dem, das nach den Jesajalegenden der Rab-Schake des Assyrerkönigs entwirft (Jes 36, 6):

> Sieh, du verläßt dich auf diesen geknickten Rohrstab, auf Ägypten, der jedem, der sich darauf stützt, in die Hand dringt und sie durchbohrt. So

---

[157] H. Donner, Israel, 159, wendet gegen diese Auslegung ein, daß Schabaka »ja selbst offenbar nachdrücklich an einer Teilnahme am südpalästinischen Bündnis interessiert« war. Infolgedessen sei es fraglich, »ob die Koalitionsverhandlungen 705—701 Tributzahlungen oder diplomatische Ergebenheitsgeschenke im Gefolge hatten«. Dem ist meines Erachtens entgegenzuhalten, daß auch die aus derselben Zeit stammenden Sprüche Jes 30, 1—5 und 31, 1—3 Juda als den zeichnen, der bei Ägypten Schutz und Hilfe sucht. Von daher sind die Geschenke, von denen Jes 30, 6 f. spricht, durchaus in Analogie zu denen zu sehen, mit denen Ahas sein Hilfegesuch an Tiglatpileser unterstützte (II Reg 16, 8). Fragen kann man allerdings, ob sich die Judäer bei ihrer Bündnispolitik in dem Maß als Schutzsuchende verstanden, wie es auf Grund der Darstellung Jesajas erscheint. Hat vielleicht Jesaja in theologischem Interesse die wirklichen Verhältnisse verzeichnet?

[158] Zum Vorwurf der Dummheit vgl. Jes 1, 3; vgl. auch G. Fohrer II, 93; W. Eichrodt II, 168.

ist der Pharao, der König von Ägypten, für alle, die sich auf ihn verlassen.

Man wird damit rechnen müssen, daß die Verfasser der Jesajalegenden von der Verkündigung Jesajas stark beeinflußt waren und so dem Rab-Schake Jesajas Meinung über Ägypten in den Mund legten.

c) Enthält Jes 30, 6 f. eine Aufforderung an Juda?

Nach dem bisher Gesagten ist Jes 30, 6 f. ein kritisch-ironisierender Kommentar zur Gegenwartspolitik, wobei ein Moment prophetischen Tadels enthalten sein dürfte. Möglicherweise ist damit freilich noch nicht die letzte Absicht unseres Spruches erfaßt. Weist Jesaja hier ein Tun Judas als töricht aus, so könnte dies zugleich eine Aufforderung sein, sich von solcher Dummheit zu distanzieren. So versteht G. Fohrer diesen Text: »So warnt er [Jesaja] vor dem Bündnis mit ihnen [den Ägyptern].«[159] Ebenso schon H. Gunkel: Jesaja rede hier »in dem Bestreben, seine Zeitgenossen von einem Bunde mit Ägypten abzuhalten«[160]. Mit dieser Deutung ist methodisch und sachlich eine nicht unwesentliche Entscheidung getroffen:

methodisch: indem die direkte Aussage eines Spruches auf eine eigentlich gemeinte Absicht hin hinterfragt wird,

sachlich: indem die Botschaft Jesajas als eine im wesentlichen mahnende und auffordernde verstanden wird, auch wenn ausdrücklich nur gescholten oder gedroht wird[161].

3. Zusammenfassung

Jes 30, 6 f. ist die kritisch wertende Darstellung eines Ereignisses der Gegenwartspolitik, nämlich der Entsendung einer mit Geschenken ausgestatteten Gesandtschaft nach Ägypten.

a) Ägypten erscheint in Jes 30, 6 f. als *vermeintlicher Helfer Judas.*
b) *Jesaja wertet* Judas Bemühen um ein Bündnis mit Ägypten *politisch-rational,* indem er Ägypten als das Volk charakterisiert, das zur Hilfeleistung unfähig ist.

Jes 31, 1—3

(1) Weh denen, die nach Ägypten hinabziehen um Hilfe,
im Vertrauen[162] auf Pferde.
Auf Wagen verließen sie sich, weil sie zahlreich sind,
und auf Rosse, weil sie sehr stark sind.

---

159 G. Fohrer II, 94.

160 H. Gunkel, Schöpfung und Chaos, 38 f.

161 Vgl. z. B. den Schlußsatz des Jesaja-Kapitels von G. Fohrer, Einleitung, 409: »In alledem ist Jesaja ein Prophet der Umkehrforderung.«

162 V. 1 aβ ist verbaler Umstandssatz; vgl. dazu GK § 142 und § 156.

Aber auf den Heiligen Israels blickten sie nicht,
und nach Jahwe fragten sie nicht.
(3)[163] Aber Ägypten ist Mensch und nicht Gott,
und seine Rosse sind Fleisch und nicht Geist.
Wenn (jetzt) Jahwe seine Hand ausstreckt,
dann wird der Helfer straucheln,
und stürzen der, dem geholfen werden soll,
und beide zusammen werden zugrundegehen.

1. Die politische Situation, auf die sich Jes 31, 1.3 bezieht

Aus den Angaben von v. 1 läßt sich mit ziemlicher Sicherheit die historische Situation erkennen, die unser Spruch im Blick hat. Juda wendet sich an Ägypten, um dessen Unterstützung gegen Assur zu gewinnen. Aus der Tatsache, daß die Initiative von Juda ausgeht, läßt sich schließen, daß hier von der Aufstandsbewegung der Jahre 705—701 die Rede ist. Damals spielte Hiskia von Juda eine führende Rolle[164].

2. Der Aufbau von Jes 31, 1.3

Jes 31, 1.3 hat folgenden Aufbau:

Scheltwort (v. 1): Es ist mit »wehe«[165] eingeleitet und hat einen affirmativen und einen negativen Teil:

affirmativ (»sie tun ...« v. 1 a.b$\alpha\beta$).
negativ (»sie tun nicht ...« v. 1 b$\gamma\delta$).

Dem vollzogenen falschen Tun wird also kontrastierend das versäumte richtige gegenübergestellt.

Kommentierendes Zwischenglied (v. 3 a): Zwischen Schelt und Drohwort ist ein Glied eingeschoben, in dem Jesaja eine Selbstverständlichkeit ausspricht, die wohl von keinem seiner Hörer bestritten wird. Eine ähnliche Einfügung Jesajas zwischen Schelt- und Drohwort findet sich auch Jes 10, 15[166]. Nach der Funktion dieses Zwischengliedes innerhalb der Einheit Jes 31, 1.3 wird unten gefragt werden.

---

[163] Es scheint mir einiges dafür zu sprechen, daß v. 2 Zutat eines Späteren ist:
a) *w^e^gäm hû'* ist ein ungewöhnlicher Anschluß.
b) In v. 2 wird das strafende Handeln Jahwes als schon geschehen konstatiert:
Aber auch er ist weise und brachte Unheil
und nahm seine Worte nicht zurück.
Sondern er erhob sich gegen das Haus der Frevler
und gegen die Hilfe der Übeltäter.
c) Betrachtet man v. 2 als Ankündigung, dann nimmt er v. 3 b vorweg.
d) Der Anschluß von v. 3 a an v. 1 wäre ausgezeichnet.

[164] Vgl. M. Noth, Geschichte Israels, 240; H. Donner, Israel, 117.

[165] Vgl. G. Wanke, hoj, besonders 218.

[166] Vgl. oben S. 48 Anm. 38.

Drohwort (v. 3 b): Es spricht zunächst in einem realen Bedingungssatz vom Eingreifen Jahwes, dann von den Folgen dieses Eingreifens. Dabei fällt folgendes auf:

→ Vom Eingreifen Jahwes wird nicht in der 1. Person, sondern in der 3. Person geredet.

→ Vom Eingreifen Jahwes ist nur im vorangestellten Bedingungssatz die Rede, so daß der Ton auf der im Hauptsatz stehenden Folge des Eingreifens liegt. Diese Folge ist auch breiter ausgeführt.

Die Grundstruktur der »Gerichtsankündigung an das Volk«, wie C. Westermann[167] sie erarbeitet hat, ist klar zu erkennen. Allerdings sind auch Abweichungen von dieser Grundform festzustellen, besondere Ausprägungen, in deren Bestimmung C. Westermann selbst ein Desiderat der weiteren Forschung sieht[168]. Unter ihnen ist besonders das kommentierende Zwischenglied (v. 3 a) zu nennen.

3. Darstellung und Wertung der judäischen Bündnispolitik in Jes 31, 1.3

Auch Jes 31, 1.3 gibt Jesaja keine Darstellung der Politik Judas von einem neutralen Beobachtungspunkt aus. Vielmehr ist — wie wir schon bei mehreren Sprüchen fanden — in die Darstellung gleich Wertung und Kritik eingewoben[169]. Im folgenden sollen die im Abschnitt 2 (Der Aufbau von Jes 31, 1.3) genannten Teile der Einheit Jes 31, 1.3 im Hinblick darauf betrachtet werden, wie in ihnen die judäische Bündnispolitik dargestellt und gewertet wird.

a) Darstellung und Wertung der judäischen Bündnispolitik im Scheltwort (v. 1).

α) Schon das einleitende »wehe« stellt alles unter ein bedrohliches Vorzeichen. Es weist darauf hin, daß dem hier beschriebenen Verhalten »der Keim des Todes bereits innewohnt«[170].

β) Zu beachten ist weiterhin die Terminologie, in der die Haltung Judas gegenüber Ägypten beschrieben wird: »hinabziehen um Hilfe«, »sich stützen auf«, »vertrauen auf«. Die beiden letzteren sind Wendungen, die sonst Judas Verhältnis zu Jahwe beschreiben[171]. Jesaja bringt also durch die Wortwahl zum Ausdruck, daß Judas Politik theologische Relevanz hat, weil hier Ägypten gegenüber eine Haltung eingenommen wird, die nur Jahwe gegenüber angebracht ist.

γ) Eine Wertung stellen wohl auch die beiden »weil«-Sätze in v. 1 b*α* dar: »weil sie zahlreich sind« und »weil sie sehr stark sind«. Das Große und Eindrucksvolle, worin sich menschlicher Stolz und Macht dokumentieren, gilt

---

[167] C. Westermann Grundformen 122 ff.

[168] C. Westermann, Grundformen, 126.

[169] Vgl. Jes 20 und 30, 1—5.

[170] G. Wanke, hoj, 218.

[171] Vgl. G. Fohrer II, 116, und in der vorliegenden Arbeit: Exkurs III (S. 148—160).

im Denken Jesajas als Angriff auf die Majestät Jahwes. Dagegen richtet sich Jahwes Auftreten am »Tag Jahwes« (vgl. Jes 2, 12—17).

δ) Die Wertung des Verhaltens Judas, die Jesaja in v. 1 a und 1 bα implizit, bei der Darstellung dieses Verhaltens, zum Ausdruck brachte, wird nun direkt formuliert, indem Jesaja konstrastierend gegenüberstellt, was Juda hätte tun sollen, aber zu tun versäumte:

v. 1 bβ Aber auf den Heiligen Israels blickten sie nicht,
und nach Jahwe fragten sie nicht.

Wie ist diese Gegenüberstellung zu verstehen? Handelt es sich um einen ausschließlichen Gegensatz zwischen dem, was Juda tat, und dem, was es hätte tun sollen? Impliziert also das Tun des einen das Nichttun des andern? Oder spricht v. 1 bβ nur von einem Versäumnis: über dem Tun des einen haben sie zwar das andere vergessen, aber damit ist noch nicht gesagt, daß beides unvereinbar ist. Der Prophet könnte ja die Unterlassung der religiösen Pflicht monieren, vor einer politischen Unternehmung Jahwe zu befragen[172]. Doch sprechen zwei Gründe gegen diese Auffassung:

→ Das Verb *drš* meint bei Jesaja keinen kultischen Akt, sondern eine Gesamthaltung, von der alles Handeln geprägt ist. Dies geht aus Jes 9, 12 hervor. Dort stehen in Parallele: »umkehren (*šûb*) zu dem, der ihn schlug« und »Jahwe Zebaoth suchen (*drš*)«.

→ Das kommentierende Zwischenglied (v. 3 a) und das Drohwort (v. 3 b) zeigen, daß Jahwe über Juda und Ägypten deshalb Unheil bringt, weil Juda in Ägypten seinen Helfer sah und sich auf ihn verließ. Die Bündnispolitik selbst und die in ihr zutage tretende Haltung gegenüber Jahwe sind Grund des Gerichts, nicht das Versäumen einer anderen religiösen Pflicht, die — falls man sie erfüllt hätte — auch aus dem Bündnis mit Ägypten eine Jahwe gefällige Handlung gemacht hätte.

In ähnlicher Weise werden in Jes 30, 15—17 Bündnisse und Rüstung selbst als Nein zu Jahwes Willen interpretiert.

Wir kommen also zu dem Ergebnis, daß in Jes 31, 1 scharfe, unvereinbare Gegensätze ausgesprochen sind: Das Vertrauen auf Ägypten und seine Streitwagen läßt sich mit einem Vertrauen auf Jahwe nicht verbinden. Bündnispolitik ist eo ipso eine Absage an Jahwe und wird zu einer solchen nicht erst dadurch, daß andere religiöse Pflichten vernachlässigt werden, neben denen Bündnisse einen durchaus legitimen Platz finden könnten.

b) Wertung der judäischen Bündnispolitik in dem kommentierenden Zwischenglied v. 3 a.

---

[172] C. Westermann, Die Begriffe für Fragen und Suchen im AT, 21/22; und E. Ruprecht, Artikel *drš*, in: THAT I, 463, nehmen an, daß bei den Wendungen *we'æt jhwh lo' darašû* (Jes 31, 1) und *ûpî lo' ša'alû* (Jes 30, 2) an die Institution der Jahwebefragung durch einen Propheten gedacht sei wie sie in mehreren Erzählungen beschrieben wird (z. B.: I Reg 22 II Reg 8, 7—15). Die Jahwebefragung durch einen Propheten spielte sich außerhalb des Kultes ab (E. Ruprecht, 463).

In der Einheit Jes 31, 1.3 ist zwischen Scheltwort und Drohwort ein kommentierendes Zwischenglied eingeschoben:

v. 3 a: Aber Ägypten ist Mensch und nicht Gott,
seine Rosse sind Fleisch und nicht Geist.

Es soll zunächst gefragt werden, was in den beiden Gegensatzpaaren »Mensch und nicht Gott« und »Fleisch und nicht Geist« über die beiden Subjekte »Ägypten« und »ihre Rosse« gesagt wird. Hierauf soll die Funktion des Verses im Gesamtzusammenhang von Jes 31, 1.3 untersucht werden. Dabei wird sich auch zeigen, wie in v. 3 a das Bündnis mit Ägypten gewertet und beurteilt wird.

α) Was besagen die beiden Prädikate »Mensch und nicht Gott« und »Fleisch und nicht Geist« für die beiden Subjekte »Ägypten« und »ihre Rosse«?

Von den beiden Subjekten (»Ägypten« und »ihre Rosse«) wird je eine affirmative und eine negative Aussage gemacht:

»Mensch und nicht Gott«
»Fleisch und nicht Geist«

Es besteht weitgehende Einmütigkeit darüber, daß hier zwei parallele Aussagen vorliegen. »Hier kann man geradezu ein Verhältnis ansetzen: das Fleisch verhält sich zum Geist wie der Mensch zu Gott.«[173] »Gott« und »Geist« sind durch Stärke und Macht ausgezeichnet[174], »Mensch« und »Fleisch« im Gegensatz dazu durch Schwäche und Ohnmacht[175].

Ägypten und vor allem seine Streitmacht, der Juda so große Erwartungen entgegenbrachte (v. 1), wird also jede Stärke abgesprochen. Sie gehören in den Bereich hinfälliger, ohnmächtiger Menschlichkeit.

Ist dies nicht eine Selbstverständlichkeit? Bedarf dies überhaupt der Erwähnung, zumal in Juda? Diese Überlegungen führen zur Frage nach Sinn und Funktion unseres Verses im Zusammenhang von Jes 31, 1.3.

β) Die Funktion von v. 3 a innerhalb der Einheit Jes 31, 1.3 und die Wertung des Bündnisses mit Ägypten in diesem Vers.

Mit den beiden Subjekten in v. 3 a*α* und v. 3 a*β* wird v. 1 aufgenommen, denn dort waren »Ägypten« und »Rosse« in derselben Reihenfolge genannt. »Ihre Rosse« weist auf die Einrichtung hin, die Ägypten für Juda attraktiv

---

[173] L. Köhler, Theologie, 123. An anderer Stelle (Theologie, 104) bezeichnet L. Köhler Jesaja als »Prophet des Geistes Gottes«. Doch ist dieses Prädikat wohl eine Übertreibung, da unter den 26 Vorkommen des Wortes *rûᵃḥ* im Jesajabuch nur zwei in echten Jesajaworten stehen.

[174] Vgl. F. Baumgärtel, Artikel »Geist im Alten Testament«, in: ThWNT VI, 361; G. Fohrer, Religionsgeschichte, 213.

[175] Vgl. F. Baumgärtel, Artikel »Geist im Alten Testament«, in: ThWNT VI, 363; F. Baumgärtel, Artikel »Fleisch im Alten Testament«, in: ThWNT VII, 106; G. Fohrer, Religionsgeschichte, 213; sinngemäß auch L. Köhler, Theologie, 123; F. Maass, Artikel *'adam,* in ThWAT I, 86.

machte: die Streitmacht, deren schlagkräftigste und gefürchtetste Abteilung die von Pferden gezogenen Streitwagen waren.

Daß die Ägypter und ihre Pferde Mensch bzw. Fleisch sind, ist nun in der Tat eine Selbstverständlichkeit. Die Aussage ist so evident, daß eine Begründung dafür nicht gegeben zu werden braucht. Jesaja kann hier der Zustimmung jedes Judäers gewiß sein. Aber das vorher (v. 1) dargestellte Verhalten Judas macht es nötig, diese Selbstverständlichkeit ins Gedächtnis zu rufen. Da Juda auf Ägypten vertraut und von Ägypten Hilfe erwartet, hat es offenbar vergessen, wer wirklich Gott ist. Jesaja stellt die Politik Judas in den Zusammenhang, von dem her sie seiner Ansicht nach beurteilt werden muß und in dem sie erst verständlich wird. Dies ist kein politischer, sondern ein religiöser Zusammenhang. Zuwendung zu Ägypten heißt in diesem Kontext: Abwendung von Jahwe. Gehen nach Ägypten tritt hier in Erscheinung als ein Übergehen Jahwes. In der Bündnispolitik erwartet Juda von Ägypten, was es nur von Jahwe zu erwarten hat und vertauscht somit Gott und Mensch[176].

Wir haben hier Jesajas Beurteilung der Einstellung Judas zu Ägypten in schärfster und zugleich einfachster Gestalt. In der theologischen Interpretation des Propheten erscheint die Politik Judas als eine Verwechslung von Gott und Mensch. Jesaja weist Ägypten den ihm zukommenden Ort zu, den Juda völlig verkannt hat.

Doch gibt Jesaja in 31, 3 a nicht nur eine theologische Interpretation der Bündnispolitik. Er zeigt nicht nur, was Juda tut, sondern auch, was aus diesem Tun entstehen wird. Von »Mensch« und »Fleisch« hat Juda keine Hilfe zu erwarten. Mensch und Fleisch — Inbegriffe des Hilflosen — sind dazu gar nicht in der Lage. Indem Jesaja die Fehleinschätzung Ägyptens durch Juda aufzeigt, fällt er zugleich das Urteil über den Erfolg der Politik, die auf dieser Fehleinschätzung basiert: auf einem Irrtum beruhend kann sie nicht zum Erfolg führen. Hier zeigt sich die enge Verbindung, die für Jesaja zwischen theologischem und politischem Urteil besteht: letzteres ergibt sich als Konsequenz aus dem ersteren. Bezeichnet man also Jesaja mit B. Duhm als »religiösen Politiker«[177], so muß dabei doch die dominierende Rolle des Religiösen festgehalten werden.

Nach unserer Interpretation wird in Jes 31, 3 a Judas Bündnis mit Ägypten also in doppelter Weise gewertet:

→ Es ist Zeichen einer Verwechslung von Gott und Mensch. Damit wird v. 1 aufgegriffen und zusammengefaßt. Die theologische Qualifikation der Politik findet ihren schärfsten Ausdruck.

→ Es ist (eben weil es auf dieser Verwechslung beruht) ohne Aussicht auf Erfolg. Damit wird v. 3 b vorbereitet[178].

---

176 Vgl. G. Fohrer II, 117 f.

177 B. Duhm, 15.

178 Das kommentierende Zwischenglied, das Jesaja zwischen Scheltwort und Drohwort einfügt, und das die Aussage enthält, daß Ägypten nicht helfen könne, berührt sich eng mit Hos 5, 12. Auch dort steht zwischen dem Bericht von Israels Hilfe-

c) Wertung der judäischen Bündnispolitik im Drohwort (v. 3 b).

Das Drohwort wird mit einem realen Bedingungssatz[179] eingeleitet:

Wenn (jetzt) Jahwe seine Hand ausstreckt ...

Hier ist nicht nur von einer Möglichkeit die Rede, sondern von dem, was Juda und Ägypten tatsächlich zu erwarten haben. Als rein hypothetische Annahme wäre der Satz ebenso selbstverständlich wie bedeutungslos für die Hörer. Sie sind erst betroffen, wenn die hier genannte Möglichkeit tatsächlich bevorsteht. V. 3 b*α* kündigt also in der Form eines realen Bedingungssatzes ein strafendes Eingreifen Jahwes an[180]. In unserer Übersetzung soll der reale Charakter des Bedingungssatzes[181] durch das eingeschobene »jetzt« ausgedrückt werden:

Wenn (jetzt) Jahwe seine Hand ausstreckt ...

α) Eine Wertung der judäischen Bündnispolitik kommt in v. 3 b darin zum Ausdruck, daß ihr Scheitern angesagt wird. Das Bündnis mit Ägypten ist für Juda wertlos. Dies ist eine Folge des Eingreifens Jahwes, aber auf dieser Folge liegt in v. 3 b der Ton. Von ihr ist im Hauptsatz die Rede, vom Eingreifen Jahwes dagegen nur im vorangestellten Bedingungssatz.

β) Indem die beiden bedrohten Größen nicht mit ihrem Namen genannt werden, sondern durch die Rolle bezeichnet werden, die sie im vorher kritisierten Bündnisgeschehen spielen (*'ôzer* und *'azur*), wird nochmals auf den Grund des bevorstehenden Unheils angespielt und auf das Scheltwort zurück-

---

gesuch an ein anderes Volk (dort Assur) und der Darstellung des unheilbringenden Handelns Jahwes die Feststellung:

aber er [der Großkönig] kann nicht heilen
und das Geschwür nicht beseitigen.

Ein wesentlicher Unterschied zwischen Jes 31, 1.3 und Hos 5, 12—14 besteht allerdings: Hos 5, 12 liegt Israels Mißverständnis darin, daß es nicht erkennt, daß Jahwe es ist, der *schlägt*. Jes 31, 1.3 ist es Judas Irrtum, daß es nicht Jahwe als den einzigen *Helfer* erkennt.

179 Vgl. auch G. Fohrer II, 118 f.; H. Donner, Israel, 138 Anm. 1.

180 C. Westermann, Grundformen, 132, betrachtet v. 3 als Mahnung. Ich nehme an, daß C. Westermann damit die Intention des Spruches kennzeichnen will. Denn formal kann man v. 3 doch schwerlich als Mahnung auffassen, wie sich unser Vers ja auch von den anderen Sprüchen unterscheidet, die C. Westermann zu den Mahnungen rechnet: Am 5, 4; 5, 14 f. Jes 1, 17; 28, 12. Ob die Absicht unseres Spruches die Mahnung ist, von dieser gefährlichen und jahwefeindlichen Politik Abstand zu nehmen, ist zu erwägen.

G. Fohrers Übersetzung scheint ein rein hypothetisches Verständnis anzudeuten:

streckt der Herr (bloß) seine Hand aus,
so strauchelt ...

Doch wird in der Erklärung deutlich, daß auch er v. 3 b als Realis versteht: »Jetzt wird Gott seine Hand ausstrecken ...«.

181 Zur sprachlichen Möglichkeit eines mit *w*e eingeleiteten realen Bedingungssatzes, dem ein ebenfalls mit *w*e beginnender Hauptsatz folgt, vgl. C. Brockelmann, Syntax, § 164 a, und die dort genannten Beispiele II Sam 18, 11 und Gen 44, 22.

verwiesen. Es ist ja nicht nur so, daß über Juda und Ägypten das Gericht kommt, *obwohl* beide in diese Beziehung zueinander getreten waren, sondern *weil* Juda das getan hatte und damit Jahwe abgelehnt hatte. Mit diesen beiden Wörtern (*'ôzer* und *'azur*) ist das Scheltwort ins Drohwort hineingezogen. Grund des Unglücks und Unglück selbst stehen nun unmittelbar beieinander und weisen somit auf den zwischen ihnen bestehenden Zusammenhang, den Jahwe durch das Ausstrecken seiner Hand in Gang bringt.

γ) In dem bevorstehenden Gericht steht Juda ganz auf Seiten Ägyptens und im Gegensatz zu Jahwe, ist also mit dem Fremdvolk auf eine Stufe gestellt. Ausdrücklich werden beide, Juda und Ägypten, durch *jäḥdaw* und durch das gemeinsame Geschick zusammengebunden.

d) Zusammenfassung: theologische und politisch-rationale Wertung der judäischen Bündnispolitik in Jes 31, 1.3.

In Jes 31, 1.3 erscheint Ägypten als vermeintlicher Helfer Judas. Das Vertrauen Judas auf Ägypten wird von Jesaja theologisch und politisch-rational gewertet und beurteilt.

α) Die *theologische Beurteilung der judäischen Politik* kommt an folgenden Stellen zum Ausdruck[182]:

- → in der verwendeten Terminologie: »hinabziehen um Hilfe«, »sich stützen auf«, »vertrauen auf«.
- → in dem Kontrast von v. 1 b*β*: Juda versäumt das »Blicken auf den Heiligen Israels« und das »Fragen nach Jahwe«.
- → in dem Hinweis darauf, warum Juda sein Vertrauen auf Wagen und Rosse setzt: »weil sie zahlreich sind« und »weil sie sehr stark sind«. Daß hier eine wertende Aussage vorliegt, ergibt sich von der grundsätzlichen Ablehnung des menschlich »Hohen« und Stolzen durch Jesaja her.
- → im Hinweis auf die abgöttliche Fehleinschätzung Ägyptens, die Politik zum Götzendienst macht.
- → in der Benennung der beiden betroffenen Staaten als *'ôzer* und *'azur*. Die Bezeichnungen sprechen zugleich den Grund des Gerichtes aus: als »Helfer« und »Hilfe-Empfänger«, d. h. weil sie in dieses Verhältnis zueinander traten, werden Juda und Ägypten vom Gericht betroffen.

β) Die *politisch-rationale Beurteilung der judäischen Politik* besteht darin, daß Jesaja auf die verhängnisvollen Folgen dieser Politik weist, die zum Gegenteil dessen führt, was ihre Initiatoren bezwecken wollten. Davon ist in Jes 31, 1.3 an folgenden Stellen die Rede:

- → »Wehe« vor dem Scheltwort zeigt an, daß dem getadelten Verhalten »der Keim des Todes bereits innewohnt«[183].

---

[182] Vgl. G. Fohrer II, 116—118.
[183] G. Wanke: hoj, 218.

→ V. 3 a weist auf Ägyptens tatsächliche Beschaffenheit, die Juda total verkennt: Juda sucht Stärke, wo Schwäche ist. Auch hiermit dürften schon die verhängnisvollen Konsequenzen dieses Irrtums angedeutet sein.

→ Beim Drohwort steht die Folge des Eingreifens Jahwes, eben das Scheitern des Vertrauens auf Ägypten, betont im Hauptsatz und ist breiter ausgeführt.

Jes 18, 1—6

(1) Wehe[184] dem Land der geflügelten Grille,
jenseits der Ströme von Kusch[185],
(2) das Boten über das Meer sendet[186],
in Papyruskähnen über das Wasser hin.
Geht, ihr schnellen Boten,
zu dem hochgewachsenen und glatthäutigen[187] Volk,
zu dem Volk, das weit[188] und breit gefürchtet ist,
dem Volk, kraftvoll[189] und niedertretend,
dessen Land Ströme durchschneiden[190].

---

184 B. Duhm; H. Donner, Israel, 121; W. Staerk, Weltreich, 119; G. Wanke, hoj, 217; u. a., schlagen für *hôj* die Übersetzung »Ha!« vor. »Es wird sich um einen langgezogenen Ruf gehandelt haben, mit dem Jesaja die Aufmerksamkeit seiner Zuhörer auf sich lenken wollte.« (H. Donner, Israel, 124). Eine Notwendigkeit für diese Übersetzung, mit der man sich obendrein die einzige Möglichkeit nimmt, den Adressaten der in Jes 18, 1—6 enthaltenen Drohung zu ermitteln, kann ich nicht sehen.
Ob Jesaja in Jes 18, 1 ff. »in ehrenvollen Ausdrücken über die Machtstellung« der Kuschiten spricht (W. Staerk, Weltreich, 120), scheint mir sehr fraglich. Schließlich ist nicht nur von der eindrucksvollen äußeren Erscheinung, sondern auch von Furchtbarkeit und Gewaltsamkeit die Rede. Auch nach W. Janzen, Mourning Cry and Woe Oracle, 60, ist das *hôj* gegen Äthiopien gerichtet.

185 B. Duhm hält v. 1 b für Glosse.

186 Das pt. m. ist wohl darin begründet, daß jetzt nicht mehr das Land, sondern das dort wohnende Volk als Subjekt gedacht ist.

187 *môrat* ist wohl pt. pu. ohne *m*-praeformativum. GK § 52 s, vermutet, daß das Praeformativ deshalb entfiel, weil auch die Wurzel mit *m* beginnt.

188 Zu *min hû'* bemerkt GK § 103 m: »Ganz befremdlich ist *min hû'* (für *mimmænnû*?) Jes 18, 2.7.« KBL und H. Donner, Israel, 122, verstehen *hû'* als Lokaldemonstrativum: »von hier und weiterhin« = »weit und breit«.

189 Ich lese *qăwqaw* und verstehe das Wort als ein von der Wurzel *qwh* abgeleitetes Nomen (mit KBL). Es ist freilich zu beachten, daß sich Wiederholung des ganzen Stammes — nach GK § 84 b o — sonst nur bei Nomina findet, die von Wurzeln ʿ″w und ʿ″ʿ abgeleitet wurden. H. Donner, Israel, 122, hält *qăw qaw* für eine »onomatopoetische Lallform zur Kennzeichnung einer fremden unverständlichen Sprache« und übersetzt: ». . . dem Volk, das stammelt und niederwalzt«.

190 Das Wort *bz'* ist nicht ganz geklärt. KBL verweist auf ein arabisches Wort, für das er die Bedeutung »forttragen (gewaltsam)« angibt. B. Duhm übersetzt das Wort

(4)[191] Denn so hat Jahwe zu mit gesprochen:
Ich will ruhig zusehen an meiner Stätte,
wie die Hitze des Zach[192] über dem Licht,
wei Taugewölk in der Erntehitze.
(5) Denn vor der Ernte, wenn die Blüte vorüber ist,
und zu reifenden[193] Trauben die Blüte wird,
dann schneidet er[194] die Ranken mit Winzermessern ab,
entfernt und reißt ab die Triebe.
(6) Liegengelassen werden sie miteinander für die Raubvögel der Berge
und die Tiere der Erde.
Die Raubvögel werden darauf den Sommer hinbringen,
und alles Getier der Erde darauf überwintern.

Der einzige Anhaltspunkt in diesem Text, dem man etwas darüber entnehmen kann, gegen wen er sich richtet, ist das »Wehe« von v. 1. Demnach handelt es sich um eine Drohung gegen Ägypten[195]. Daß Kusch hier für Ägypten steht, erklärt sich daraus, daß »wahrscheinlich 714 v. Chr. mit dem Pharao Schabaka die 25. äthiopische Dynastie zur Regierung gekommen« war[196].

---

mit »durchschneiden«, weist aber auch auf die ungesicherte Bedeutung hin. Die obige Übersetzung geht davon aus, daß der Stichus auf die Überschwemmung im Nilgebiet hinweist.

[191] V. 3 halte ich für einen Einschub. Er verläßt die hier vorausgesetzte Situation einer Anrede an die äthiopischen Gesandten; vgl. K. Marti.

[192] Zum Monat Zach vgl. J. A. Soggin, Zum wiederentdeckten altkanaanäischen Monatsnamen, *ṣḥ*, 83 ff. Doch machte J. A. Soggin selber in einem Nachtrag in ZAW 77 (1965), 326, darauf aufmerksam, daß die Linie des Ostrakons, die den Namen *ṣăḥ* enthält, sehr undeutlich zu lesen ist.

[193] KBL gibt für *bosær* die Bedeutung »noch nicht reife Trauben« an, zu *gomel* aber schlägt er für Jes 18, 5 die Übersetzung »gereift« vor. Beides läßt sich wohl kaum miteinander verbinden. Ich übersetzte deshalb mit G. Fohrer das pt. präsentisch: »reifend«.

[194] Um den Wechsel von Jahwerede zu Rede über Jahwe zu vermeiden, übersetzen O. Procksch und W. Eichrodt II die 3. P. m. sg. unpersönlich (»man«).

[195] So z. B. C. v. Orelli und G. Fohrer. Als Unheilsankündigung gegen Assur wird der Text verstanden von B. Duhm; A. Alt, Israel und Ägypten, 84; O. Procksch; F. Wilke, Jesaja und Assur, 87 f.; W. Staerk, Weltreich, 122; B. S. Childs, Crisis, 45. Nach H. Donner, Israel, 125 f., enthalten die Verse 1—4 weder eine Drohung gegen Assur noch eine solche gegen Ägypten, sondern die Ankündigung, daß Jahwe »sich in der bevorstehenden Auseinandersetzung zwischen Assur und Ägypten neutral verhalten will, d. h. weder den Sieg der einen noch den der anderen Partei verbürgt!« In einem späteren Nachtrag (v. 5 f.) habe Jesaja jedoch den Untergang Assurs angekündigt. W. Eichrodt II, 62, läßt offen, ob eine Drohung gegen Assur oder gegen Ägypten vorliegt.

[196] M. Noth, Geschichte Israels, 239.

Die politische Situation, in die hinein Jes 18, 1—6 gesprochen ist, ist dadurch gekennzeichnet, daß Boten aus Ägypten nach Juda gekommen waren[197]. Vermutlich sollten sie mit den judäischen Führern über die Bildung einer antiassyrischen Koalition verhandeln. Jesaja kündigt Kusch durch das einleitende »Wehe« eine unheilvolle Zukunft an und fordert die fremden Gesandten auf, in ihre Heimat zurückzukehren.

Da Jesaja in anderen Texten gegen ein Bündnis Judas mit andern Völkern damit argumentiert, daß er den Bündnispartnern Unheil androht (vgl. Jes 20; 28, 14—22; 31, 1.3), liegt die Vermutung nahe, der Prophet habe auch 18, 1—6 vor einem Bündnis mit Ägypten warnen wollen. Dem Text selbst läßt sich jedoch meines Erachtens darüber nichts entnehmen. V. 4—6 sind wegen ihrer Bildhaftigkeit voller Unklarheiten:

— Was ist damit gemeint, daß Jahwe »ruhig zusieht«?
— Wem sieht Jahwe zu?
— Was besagen die Bilder in v. 4 b?
— Was ist mit dem Bild von den reifenden Beeren (v. 5 a) gemeint?

Für eine Beantwortung dieser Fragen scheint mir der Text keine Hinweise zu geben. Daß aus v. 4 zu entnehmen sei, daß das »geheime Schwergewicht« des Spruches auf Juda liegt; daß v. 4 weiter von einer neutralen Haltung Jahwes in der Auseinandersetzung zwischen Assur und Ägypten spricht und Juda zu ebensolcher Neutralität auffordert[198], das alles läßt sich meines Erachtens dem Text selbst nicht entnehmen[199].

Ich verzichte deshalb auf eine Auswertung der Einheit Jes 18, 1—6 für das Thema dieser Arbeit.

Jes 28, 7—13; 29, 15; 30, 8—14; 30, 15—17

In den bisher behandelten Sprüchen Jesajas aus seiner 3. und 4. Tätigkeitsperiode war (mit Ausnahme von Jes 28, 14—22) ausdrücklich von andern Völkern die Rede. Nun soll noch auf einige Texte eingegangen werden, die zwar andere Völker nicht namentlich nennen, die sich aber wahrscheinlich auf eine Situation beziehen, in der Juda von anderen Völkern Hilfe erwartete, diese also in der Rolle vermeintlicher Helfer Judas erscheinen. Es sind dies Jes 28, 7—13; 29, 15; 30, 8—14; 30, 15—17.

---

[197] Zur Frage nach dem Zeitpunkt, an dem die äthiopische Gesandtschaft nach Jerusalem kam, vgl. H. Donner, Israel, 123 f. Eine Diskussion dieser Frage ist hier nicht nötig.

[198] H. Donner, Israel, 125.

[199] Das Stillhalten Judas gründet nicht darin, daß Jahwe sich ebenfalls still verhält, sondern eher darin, daß er handelt.

1. Jes 28, 7—13

a) Gliederung

Der Spruch gliedert sich in drei Teile:

v. 7—8 Scheltwort, in dem Jesaja das trunkene Gebaren von Priestern und Propheten »nahezu onomatopoetisch nachahmt«[200].

v. 9—10 Zitat der spöttischen Antwort, die dem Jesaja entgegengehalten wurde.

v. 11—13 Drohwort, das den Spott der Angegriffenen aufgreift und gegen sie selbst wendet.

Für die zeitliche Ansetzung bietet der Spruch wenig Anhaltspunkte[201].

b) Bezug auf die judäische Bündnispolitik

Nachdem sich Jesaja im Scheltwort und in dem aufgenommenen Zitat mit dem Kultpersonal, Priestern und Propheten, auseinandersetzte, verläßt er im Drohwort den Rahmen dieser Auseinandersetzung und spricht über das Volk im ganzen. Die Antwort des Volkes auf das Angebot Jahwes faßt Jesaja in dem lapidaren Satz zusammen:

Aber sie wollten nicht hören. (v. 12)

An dieser Stelle dürfte auch an die bündnispolitischen Bemühungen Judas gedacht sein. Dafür spricht:

→ Die Beschreibung des Angebotes Jahwes als Angebot einer »Ruhestätte« und eines »Rastplatzes«. Dies erinnert an Jesajas Forderung »ruhig« zu sein, die neben dem Verzicht auf eigene Rüstungsanstrengungen auch zur Abwendung von der Bündnispolitik aufruft (vgl. Jes 7, 4; 30, 15—17).

→ In Jes 30, 15—17 wird das »aber sie wollten nicht hören« näher ausgeführt. Das »Nicht-wollen« des Volkes zeigt sich für Jesaja in Machtentfaltung und Anlehnung an andere Völker, besonders an Ägypten und dessen Streitwagenkorps.

---

200 H. Donner, Israel, 151.

201 B. Duhm; K. Marti; H. Donner, Israel, 151: 705—701.
G. Fohrer II: 716—713 (Ende der dritten Verkündigungsperiode).
J. Lindblom, Der Eckstein in Jes 28, 16, 128 f., setzt Jes 28, 1—22 in der Frühzeit Jesajas an.
Auch der Ort, den der Redaktor des Jesajabuches dem Abschnitt zuwies, läßt keinen sicheren Rückschluß auf den Zeitpunkt zu, in dem Jesaja das Wort sprach. So werden wir uns mit der Feststellung begnügen müssen, daß der Spruch schon eine längere Verkündigungstätigkeit Jesajas voraussetzt, denn v. 12 klingt wie ein Resümee, und der Prophet scheint bei seinen Volksgenossen schon bekannt zu sein. Ein schwacher Hinweis darauf, daß der Spruch aus der Spätzeit Jesajas stammt, könnte darin gesehen werden, daß er sich in einem Punkt inhaltlich mit Jes 30, 9 und 30, 15 berührt: Auch an diesen beiden Stellen spricht Jesaja von einem Nicht-Wollen der Judäer.

So können wir vermutlich auch in Jes 28, 12 eine Bezugnahme auf Judas Verhältnis zu anderen Völkern sehen, wenn damit auch nicht gesagt sein soll, daß das »Nicht-wollen« Judas für Jesaja nicht noch andere Seiten hatte[202].

c) Theologische Qualifikation der judäischen Bündnispolitik

Liegt in v. 12 ein Urteil über Judas Kontakt zu anderen Völkern als vermeintlichen Helfern vor, so haben wir es hier mit einer theologischen Qualifikation dieser Politik zu tun. Sie wird ausgedrückt

→ durch die Konfrontation des Verhaltens Judas mit dem Angebot Jahwes. Wie dieses Angebot zu verstehen ist, vor allem, was mit »dies« *(zo't)* gemeint ist, wird nicht ganz klar. Man könnte immerhin vermuten, daß »dies« den Zion als Symbol des Schutzes Jahwes meint, wie wir es Jes 14, 32 und 28, 16 fanden. Da Jesaja das Wort 28, 7—13 ohnehin im Tempel gesprochen haben wird, könnte er das »dies« durch eine hinweisende Handbewegung verdeutlicht haben. Ist diese Deutung richtig, dann liegt auf dem »dies« eine starke Betonung:

dies (hier) ist die Ruhestätte ...
und *dies* (hier) ist der Rastplatz!

Bei allem darf freilich nicht vergessen werden, daß diese Deutung stark hypothetischen Charakter trägt.

→ durch die Charakterisierung des Handelns der Judäer als ein Nicht-hören-wollen, also als Ablehnung des Angebotes Jahwes.

2. Jes 29, 15[203]

a) Bezug auf die judäische Bündnispolitik

»Der geheime Beschluß, von dem Jahwe nichts wissen soll, ist wahrscheinlich wie 30, 1 f. das Ansuchen der Hilfe Ägyptens.«[204] Diese Annahme kann

---

[202] H. Donner, Israel, 151, geht noch etwas weiter, wenn er im Hinblick auf den ganzen Spruch Jes 28, 7—13 sagt: »So bildet Jesajas Kritik am Trinkgelage den Vordergrund; der Spruch zielt im Grunde auf die verfehlte Außenpolitik, die ohne und gegen Jahwe getrieben wird.« Auch G. Fohrer II, 54 f., scheint bei dem »aber sie wollten nicht hören« ausschließlich an die antiassyrische Politik zu denken.

[203] Gegen eine Herleitung des v. 16 von Jesaja sprechen meines Erachtens folgende Erwägungen:

1. Eine Aufnahme der Schöpfungstradition findet sich bei Jesaja sonst nicht mehr, dagegen ist sie bei Deuterojesaja häufig. In Jes 45, 9 steht auch die nächste Parallele zu Jes 29, 16. Jesaja drückt das Verhältnis Jahwe—Juda anders aus.
2. Von einer Vertauschung von Gott und Mensch spricht Jesaja sonst in anderem Sinn: Juda verwechselt Gott und Mensch, wenn es von Ägypten Hilfe erwartet (31, 3). Dann macht es Ägypten zu seinem Gott. Hier dagegen setzt sich Juda selbst an Gottes Stelle, indem es ihm Einsicht abspricht.

damit begründet werden, daß auch Jes 30, 1 das Wort *'eṣā* gebraucht und den Judäern vorgeworfen wird, ihre Bündnispolitik sei ein ohne Jahwe gefaßter Plan: *lă'ᵃśôt 'eṣā wᵉlo' minnî*[205].

b) Theologische Qualifikation der judäischen Bündnispolitik

Nimmt man an, daß mit dem »geheimen Plan« auf das Bündnis mit Ägypten angespielt ist, so wird dieses politische Unternehmen in Jes 29, 15 theologisch qualifiziert:

→ Es geschieht unter Ausschluß Jahwes. Damit ist wohl auch gleich gesagt, daß es dem Willen Jahwes widerspricht, also jahwefeindlich ist, und daß dies die Initiatoren dieser Politik auch empfinden[206].

→ Zugleich sieht Jesaja bei den judäischen Politikern eine frivole, spöttische Sicherheit. Sie halten Jahwe für völlig irrelevant. Er nimmt nicht einmal wahr, was sie hier tun. Man wird nicht annehmen müssen, daß die Judäer diese für den Glauben Judas unerhörte Unterstellung tatsächlich so offen aussprachen[207]. Aber hinter ihrem Tun erkennt Jesaja diese Geringschätzung Jahwes. Ihr Tun spricht aus, was ihnen Jesaja hier in den Mund legt[208]. In Jes 29, 15 wird also Judas Politik nicht nur als Widerspruch gegen Jahwes Willen, sondern auch als unverhohlener Spott interpretiert.

Man wird bei einer derart eindringlichen theologischen Wertung der Politik jedenfalls nicht sagen können, was B. Duhm gegen die jesajanische Herkunft von v. 15 geltend macht: »Für ihn [Jesaja] sind sie [die judäischen Politiker] Rebellen (30, 1), und die Meinungsverschiedenheit zwischen ihm und ihnen war mit politischen Sätzen (30, 4) auszufechten, nicht aber durch eine naive Theologenlogik zu entscheiden ...«[209]. Uns hat sich immer wieder — so auch Jes 29, 15 — die theologische Argumentation als die für Jesaja entscheidende erwiesen.

---

3. Der Bezug von v. 16 zu v. 15 ist nicht ganz klar: Inwiefern stellt sich Juda mit seinen geheimen Koalitionsbemühungen seinem Schöpfer gleich? Inwiefern bestreitet es, daß Jahwe es geschaffen hat? Man könnte vermuten: Juda bestreitet seine Geschöpflichkeit, weil es sich aus der Abhängigkeit von Jahwe löst. Aber eben diese Abwendung von Jahwe wird von Jesaja sonst durch ganz andere Wörter und Wendungen ausgesprochen, z. B. *pš'* (1, 2.4), *srr* (30, 1), *lo' š'h* (31, 1) u. a.

204 B. Duhm; vgl. auch G. Fohrer II.

205 H. Donner, Israel, 157, vermutet, »daß es sich nicht um einen politischen Plan, sondern um einen geplanten Verstoß gegen die sozialen Ordnungen Jahwes handelt«.

206 Vgl. B. Duhm.

207 Vgl. G. Fohrer II, 83; G. v. Rad, Theologie I, 404.

208 Fingierte Zitate finden sich bei Jesaja noch 28, 15; 5, 19; 22, 12 und wohl auch 10, 13 f. Vgl. dazu G. v. Rad, Theologie I, 404.

209 B. Duhm, 212.

3. Jes 30, 8—14

Der Spruch enthält nach einer einleitenden Aufforderung (v. 8) zunächst ein Scheltwort (v. 9—11). Dem schließt sich in v. 12—14 ein begründetes Drohwort an, das also selbst nochmals einen tadelnden Teil enthält (v. 12)[210].

a) Bezug auf die judäische Bündnispolitik

Jesaja erhebt den Vorwurf, daß Juda Jahwes Weisung nicht hören wollte (v. 9) und »dieses Wort« verachtete (v. 12). Was besagte diese Weisung Jahwes, die Juda mißachtete, und worin bestand die Mißachtung? Diese Fragen müssen zusammen gestellt werden.

Die Mißachtung des Wortes Jahwes sieht Jesaja darin, daß Juda auf Verkehrtes[211] »vertraute« und »sich darauf stützte«. Da Jesaja an anderen Stellen (z. B. 31, 1) mit ebendiesen Wörtern das Verhalten Judas zu andern Völkern als Bündnispartnern und vermeintlichen Helfern beschreibt, kann man auch für Jes 30, 8—14 vermuten, daß Jesaja auf die judäische Außenpolitik anspielt, wenn er von der Ablehnung der Weisung Jahwes spricht.

Allderdings wird man auch die Möglichkeit offenhalten müssen, daß Jesaja bei den sehr allgemeinen Anklagen noch andere Formen der Ablehnung Jahwes im Blick hat, etwa das Vertrauen auf die eigene Rüstung. Die Weisung Jahwes, auf die sich Jesaja in v. 9 bezieht, besteht — so läßt sich aus den eben angestellten Erwägungen folgern — in der Aufforderung zum Vertrauen auf Jahwe, die den Verzicht auf andere Helfer mit einschließt[212].

b) Beurteilung der judäischen Politik in Jes 30, 8—14

Die politische Tätigkeit Judas wird von Jesaja beurteilt, indem er sie theologisch qualifiziert und auf die gefährlichen Folgen hinweist.

→ Theologische Qualifikation: Sie geschieht in der Interpretation der Politik als falsches Vertrauen *(bṭḥ, niš'ăn)* und als *'awon*. Die Beurteilung der Politik als Sünde findet sich auch Jes 30, 1. Dort wird das

---

[210] Zum Aufbau vgl. G. Fohrer II, 96.
Für die uns hier beschäftigende Fragestellung kann dahingestellt bleiben, ob Jesaja in v. 8 den Auftrag erhält, einen Teil seiner Botschaft in einer Buchrolle schriftlich niederzulegen (B. Duhm, 218: »Er sitzt jetzt in seinem Hause und schreibt für die Zukunft!«) oder ob er (möglicherweise an der Stadtmauer) eine kurze Inschrift anbringen soll, die dann wohl in v. 9 zu sehen wäre (so G. Fohrer II).
Auch für die zeitliche Ansetzung lassen sich eindeutige Kriterien nicht finden. B. Duhm meint, daß »die Zeit zwischen 705 und 701 besonders passend erscheinen will«. G. Fohrer II erwägt, ob Jesaja mit der in v. 8 angeordneten Handlung seine dritte Tätigkeitsperiode abgeschlossen habe. Dann befänden wir uns etwa im Jahr 711. Da Jesaja schon ein zusammenfassendes Urteil über die Reaktion des Volkes auf seine Verkündigung hat, wird man den Spruch jedenfalls in der Spätzeit Jesajas ansetzen dürfen. Auch die von Jesaja verwendete Terminologie weist in diese Zeit (»vertrauen«, »sich stützen«).

[211] Ich lese in v. 12 *be'iqqeš* (mit B. Duhm; G. Fohrer II; H. Donner, Israel, 160).

[212] Vgl. Jes 7, 4.9; 30, 15.

Wort *ḥăṭṭa't* verwendet. Durch seine Politik zeigt Juda, daß es »nicht hören will« (vgl. Jes 28, 12; 30, 15).

→ Hinweis auf die verhängnisvollen Folgen: Weil Judas Politik dem Willen Jahwes widerspricht, hat sie verhängnisvolle Folgen. Der Zusammenhang von Sünde und Gericht ist hier besonders anschaulich in dem Bild vom Riß in der Mauer dargestellt.

4. Jes 30, 15—17

Der Spruch, der fast wie eine rückblickende Zusammenfassung der Botschaft des Jesaja und der Reaktion Judas aussieht[213], nennt zunächst die Weisung Jahwes (v. 15 a), stellt dann das Nein Judas fest (v. 15 b.16) und weist schließlich auf die Folgen hin, die sich für Juda aus diesem Nein ergeben (v. 16.17).

Das hier als Nein zu Jahwe charakterisierte Verhalten Judas ist wohl in den militärischen Sicherungsbemühungen überhaupt zu sehen. Dazu gehören vor allem Bündnisse mit andern Völkern und Rüstungspolitik[214]. Jesaja beurteilt diese Politik, indem er sie theologisch qualifiziert und indem er die gefährlichen Konsequenzen aufweist.

→ Theologische Qualifikation: Sie geschieht zunächst dadurch, daß Jesaja die Haltung Judas im Kontrast zur Weisung Jahwes darstellt:

Durch Umkehr und Ruhe könnt ihr gerettet werden,
in Stillhalten und Gelassenheit liegt eure Stärke.[215]

Die theologische Qualifikation der Politik Judas vollzieht Jesaja weiter dadurch, daß er sie als ein »Nicht-wollen« des Willens Jahwes und als ein Nein zu Jahwe interpretiert.

→ Hinweis auf die verhängnisvollen Folgen: Durch die wortspielhafte Verwendung der Wörter *nûs* und *ql/qll* demonstriert Jesaja schon durch den sprachlichen Ausdruck, wie die Katastrophe mit der eigenen Tat zusammenhängt. Man wird ein Moment bitterer Ironie darin sehen dürfen, daß Jesaja die Katastrophe als — freilich ganz unerwartete und unerwünschte — Erfüllung der eigenen Wünsche ankündigt.

In dem sprachlichen und stilistischen Ineinandergreifen von Schelt- und Drohwort prägt sich ein fundamentaler Zug prophetischen Daseinsverständnisses aus. Wie aus dem Vokabular des Scheltwortes die Drohung erwächst, so läßt Jahwe aus dem getadelten Verhalten die Vernichtung erwachsen.

Die in v. 17 verwendeten Bilder zeigen die vernichtende Niederlage an und sind nicht hoffnungsvolle Ausblicke auf einen bleibenden Rest.

---

[213] Vgl. z. B. G. Fohrer II, 101.

[214] Vgl. z. B. B. Duhm; G. Fohrer II; H. Donner, Israel, 162.

[215] Zur Übersetzung vgl. Exkurs II, unten S. 140—147.

C. JESAJAS VERKÜNDIGUNG ANGESICHTS ANDERER VÖLKER ALS VERMEINTLICHER HELFER JUDAS

(Zusammenfassung zu Kapitel 2 des Ersten Teiles)

1. In der Bedrohung durch die israelitisch-damascenische Koalition (734/33) und in den Aufstandsbewegungen der Jahre 713—701 erwartete Juda von andern Völkern Hilfe und Unterstützung. Fremde Völker nahmen also die Rolle vermeintlicher Helfer Judas ein. Diese Haltung Judas gegenüber anderen Völkern beurteilt Jesaja *theologisch, rational-politisch und empirisch-historisch.*

2. *Theologische Beurteilung des Vertrauens auf andere Völker als vermeintliche Helfer.*

In der theologischen Beurteilung und Qualifikation des — erwogenen oder tatsächlich vollzogenen — Vertrauens der Judäer auf andere Völker als vermeintliche Helfer ist ein wesentlicher Unterschied zwischen Jes 8, 5—8 und den Texten aus späterer Zeit nicht festzustellen. Sie geschieht in folgender Weise:

a) Jesaja stellt das Verhalten als *falsch orientiertes Vertrauen* dar (14, 28—32; 20, 6; 28, 12.16; 30, 1—5.12.15 f.; 31, 1 bβ.3).
b) Vertrauen auf andere Völker ist *Ablehnung Jahwes und seines Angebotes* (8, 5—8; 14, 28—32; 18, 12.16; 30, 12.15 f.).
c) Vertrauen auf andere Völker ist eine *Verwechslung von Gott und Mensch* (30, 1 f.3; 31, 3 a).
d) Die durch eine Hinwendung zu andern Völkern als vermeintlichen Helfern gekennzeichnete Politik Judas geschieht *ohne Wissen und Willen Jahwes* (30, 1 f.; 29, 15),
e) sie ist »Lüge« und »Trug« (28, 15);
f) aus ihr sprechen *überhebliche Sicherheit* (28, 15; 31, 1) und *Spott* (29, 15).
g) Schließlich verstößt Juda *gegen die Prinzipien des Verhältnisses, in dem Jahwe zu Juda steht,* und kann deshalb bei einem Anlegen der Maß-Stäbe *mišpaṭ* und *ṣ^{e}daqā* nicht bestehen (28, 17).

Diese theologische Beurteilung spricht Jesaja manchmal direkt aus (8, 6; 28, 12.17; 29, 15; 30, 1 f.13; 31, 1 b). Häufig drückt er sie durch die religiöse Terminologie aus, die er bei der Darstellung politischen Verhaltens verwendet (28, 15; 20, 6; 30, 1 f.; 31, 1), oder dadurch, daß er dem Hilfsangebot anderer Völker das Angebot Jahwes entgegenstellt (14, 28—32; 28, 12.14—22; 30, 15 f; 31, 1 b). Theologisches Urteil zeigt sich schließlich auch schon in manchen Anreden an die Hörer (28, 14; 30, 1; vgl. auch 30, 9 und das »dieses Volk« in 28, 11).

3. Politisch-rationale Beurteilung des Vertrauens auf andere Völker als vermeintliche Helfer.

Hier weist Jesaja auf die *Gefahren* hin, *die Juda durch seine Politik gegen sich selbst heraufbeschwört.*

a) Das von Juda *als Helfer herbeigerufene Volk wird als Vernichter kommen* (8, 5—8).
b) Die *Völker,* von denen Juda Hilfe erhofft, sind *selbst bedroht* (14, 29.31; 20, 1—6; 28, 17 b).
c) Die angeblichen Helfer können nicht helfen, weil sie nur »Mensch« und »Fleisch« sind (31, 3 a).
d) Häufig macht Jesaja den *Zusammenhang zwischen dem falschen Verhalten Judas und dem daraus sich ergebenden Unheil bewußt* (30, 1—5.8—14.15—17; 31, 3 b vgl. auch 28, 14—22).
e) Jahwe selbst bringt durch das Ausstrecken seiner Hand das mit dem getadelten Verhalten heraufbeschworene Verderben über Juda (31, 3 b).
f) So wird Juda genau *das Gegenteil dessen erreichen, was es intendierte* (28, 18 f.; 30, 3.4 f.15—17; 31, 3 b).
g) *Jahwe wird selbst gegen Juda kämpfen* (28, 21).
h) Dann wird es *am Nötigsten fehlen* (28, 20).

In der hier zur Debatte stehenden Hinsicht (andere Völker als vermeintliche Helfer) besteht also ein Unterschied zwischen der Verkündigung Jesajas in den Jahren 734/33 und in den späteren Tätigkeitsperioden. 734/33 kündigt Jesaja an, daß sich die Macht des vermeintlichen Helfers nicht zu Judas Rettung, sondern zu seiner Vernichtung auswirken werde (8, 5—8); in den späteren Texten wird bestritten, daß er überhaupt Macht besitzt.

4. Historisch-empirische Beurteilung des Vertrauens auf andere Völker als vermeintliche Helfer.

Sie liegt in Jes 30, 1—5 und 30, 6 f. vor und besteht in dem Hinweis darauf, daß *alle, die auf Ägypten vertrauten, eine herbe Enttäuschung erlebten* (30, 5), so daß man Ägypten geradezu den Beinamen »Volk, das nichts nützt« zulegen könne (30,5.6).

Daß die drei Komplexe (theologische, politisch-rationale und historisch-empirische Beurteilung) in enger Verbindung miteinander stehen, wurde schon mehrmals erwähnt. Die Gefährlichkeit der judäischen Politik liegt vor allem in ihrer Jahwefeindlichkeit. Paradigmatisch kommt dieser Zusammenhang in dem »Wehe« zum Ausdruck, mit dem Jesaja mehrmals seine Worte einleitet (30, 1; 31, 1). Es leitet einerseits das Scheltwort ein, in dem die Jahwefeindlichkeit der Politik festgestellt wird; andererseits weist es darauf hin, daß dem getadelten Verhalten »der Keim des Todes bereits innewohnt«[216].

---

[216] G. Wanke, hoj, 218.

EXKURS II: SEMANTISCHE ANALYSE DER WÖRTER *biṭḥā* UND *šûbā* IN JES 30, 15

In Jes 30, 15—17 wird dem Vertrauen auf andere Völker als vermeintliche Helfer eine Haltung gegenübergestellt, die durch die Nomina *šûbā, năḥăt, hăšqeṭ* und *biṭḥā* beschrieben wird. Einige Erwägungen zur Bedeutung von *biṭḥā* und *šûbā* sollen dazu verhelfen, die von Jesaja geforderte Haltung möglichst präzis zu erfassen.

I. Zur Bedeutung des Nomens biṭḥā

Die meisten Ausleger verstehen *biṭḥā* als »Vertrauen auf Jahwe«[1]. Mit »Vertrauen« wird *biṭḥā* auch von den meisten Wörterbüchern übersetzt[2]. Doch darf über dieser Einstimmigkeit nicht übersehen werden, daß die semantische Analyse von *biṭḥā* von erheblichen Unsicherheitsfaktoren belastet ist.

Erstens ist *biṭḥā* hapax legomenon, so daß die Bedeutung nicht aus der Funktion des Wortes in verschiedenen Kontexten erhoben werden kann.

Zweitens ist auch der unmittelbare Kontext, in dem sich *biṭḥā* in Jes 30, 15 findet, nicht eindeutig, da er außer *biṭḥā* noch ein weiteres hapax legomenon enthält (*šûbā*).

Unter diesen Umständen bleibt nur die Möglichkeit, bei der semantischen Analyse von *biṭḥā* (wie auch von *šûbā*) von der Etymologie auszugehen und das Ergebnis daran zu prüfen, ob die gewonnene Bedeutung in Jes 30, 15 einen Sinn ergibt[3].

1. Die Bedeutung des Verbums *bṭḥ* in absoluter Verwendung

biṭḥā ist von *bṭḥ* herzuleiten. Da *biṭḥā* Jes 30, 15 absolut steht, seien kurz die Stellen untersucht, an denen absolutes *bṭḥ* auftritt:

Jdc 18, 7 — Die Einwohnerschaft von Lais ist *jôšæbæt labæṭăḥ, šoqeṭ ûboteᵃḥ*.
Jdc 18, 10 — Die Bewohner von Lais sind ein *ʿăm boṭeᵃḥ*.
Jdc 18, 27 — In Lais wohnt ein *ʿăm šoqeṭ ûboṭeᵃḥ*.
Jes 12, 2 — Siehe, Gott ist meine Hilfe,
ʾæbṭăḥ und erschrecke nicht.
Ps 27,3 — Ob ein Heer sich gegen mich lagert,
furchtlos ist mein Herz;
ob Krieg wider mich entbrennt,
beзo't ʾᵃnî bôṭeᵃḥ.[4]

---

[1] So z. B. K. Marti; B. Duhm; H. Donner, Israel, 162; A. Dillmann (»Zuversicht auf ihres Gottes Leitung«); O. Procksch (»Vertrauen ... in Gott begründet«); G. Fohrer II (»Vertrauen auf den heiligen Gott«); W. Eichrodt II (»persönliche Verbundenheit mit dem göttlichen Herrn«).

[2] Vgl. z. B. W. Gesenius, Wörterbuch; KBL.

[3] Zur Problematik der Bestimmung der Bedeutung eines Wortes über die Etymologie vgl. J. Barr, Bibelexegese und moderne Semantik, 111—164.

[4] A. Weiser, Psalmen I, 165, übersetzt: »... so bleib' ich trotz allem ruhig.«

Hi 6,19 f. ›Die Karawanen‹ vom Tema hielten Ausblick,
die Wanderzüge von Saba warteten darauf.
(20) Sie wurden beschämt *kî baṭaḥ*,
sie gelangten hin und wurden enttäuscht.[5]
Hi 11,17 f. Heller als der Mittag geht (dir) das Leben auf;
mag es finster werden, wie (heller) Morgen wird es sein.
(18) *ûbaṭăḥta*, weil es (noch) Hoffnung gibt;
›beschämt‹ liegst du ungestört da.[6]
Hi 40,23 (An dieser Stelle wird vom Nilpferd gesagt:)
Wenn der Strom ›reichlich flutet‹, hastet es nicht fort,
jibṭăḥ, wenn er [...] in sein Maul sprudelt.[7]
Prov. 11,15 Gar schlimm ergeht es, wenn einer bürgt für einen andern,
aber wer Handschlag haßt, *boṭe^{a}ḥ*.[8]
Prov. 14,16 Der Weise fürchtet sich und meidet das Böse,
aber der Tor braust auf *ûbôṭe^{a}ḥ*.[8a]
Prov. 28,1 Es flieht der Frevler, ohne daß ihn einer verfolgt,
aber der Gerechte *kikpîr jibṭaḥ*.[9]
Jer 12,5 ist der Text sehr unsicher, so daß es nicht geraten ist, aus ihm Schlüsse zu ziehen.
Am 6,1 Weh [den Sicheren in Zion und]
den Sorglosen *(häbboṭ^{e}ḥîm)* auf Samarias Berg, ...[10]
Jes 32,9—11 Ihr sorglosen Frauen,
[auf,] hört meine Stimme!
Ihr arglosen Mädchen *(banôt boṭ^{e}ḥôt)*,
vernehmt mein Wort!
(10) Über Jahr und Tag
werdet ihr Arglosen *(boṭ^{e}ḥôt)* zittern,
denn mit der Weinlese ist's dann aus,
keine Obsternte kommt mehr.

---

[5] Übersetzung nach G. Fohrer, Das Buch Hiob, 158. *kî baṭaḥ* ändert G. Fohrer in *kî baṭ^{e}ḥû* und übersetzt: »... da sie voll Vertrauen waren.«

[6] Übersetzung nach G. Fohrer, Das Buch Hiob, 221. *baṭăḥta* übersetzt G. Fohrer mit: »Und du kannst voll Vertrauen sein«.

[7] Übersetzung nach G. Fohrer, Das Buch Hiob, 522. *jibṭaḥ* übersetzt G. Fohrer mit: »... ist voll Vertrauen«.

[8] Übersetzung nach B. Gemser, Sprüche Salomos, 54. *bôṭe^{a}ḥ* übersetzt B. Gemser mit: »... ist sicher«.

[8a] Übersetzung nach B. Gemser, Spüche Salomos, 66: *ûbôṭe^{a}ḥ* übersetzt B. Gemser mit: »... und fühlt sich sicher.«

[9] Übersetzung nach B. Gemser, Sprüche Salomos, 98. *kikpîr jibṭaḥ* übersetzt B. Gemser mit: »fühlt sich sicher«.

[10] Übersetzung nach H. W. Wolff, Amos, 314. Die Worte »den Sicheren in Zion und« hält H. W. Wolff für einen Zusatz, der das gegen Israel Gesagte auch auf Juda beziehen will (H. W. Wolff, Amos 315). Anders z. B. G. Fohrer, Zion, 294. Zu *boṭ^{e}ḥôt* bemerkt H. W. Wolff, Amos, 318, es bezeichne »hier in der Sprache des Amos die Vertrauensseligkeit und das Sicherheitsgefühl als solches«.

(11) Zittert, ihr Sorglosen,
erbebt, ihr Arglosen *(boṭeḥôt)*![11]

An allen Stellen bringt das Verb *bṭḥ*[12] zum Ausdruck, daß sich das Subjekt sicher fühlt. Es wähnt sich (zu Recht oder Unrecht) in einem Zustand der Unbedrohtheit und Gefahrlosigkeit. Dies zeigen die drei Belege aus Jdc 18 besonders deutlich: *boṭeᵃḥ* steht in Parallele zu *jôšæbæt labæṭăḥ* und zu *šoqeṭ*. Dem mit *boṭeᵃḥ* beschriebenen Zustand entspricht also die ruhige, nicht erregte und besorgte Haltung. Zum selben Ergebnis führt Ps 27, 3: in den beiden völlig parallelen Versen entspricht dem *bôṭeᵃḥ* das »furchtlos ist mein Herz«. Dagegen paßt an beiden Stellen die Übersetzung »vertrauen« nicht. Denn wenn auch die Sicherheit und Gelassenheit des Beters von Ps 27, 3 in Jahwe ihren Grund hat, so ist dies doch nicht Ziel dieses Verses. Er stellt vielmehr die Größe der Gefahr und die Gelassenheit des Bedrohten gegeneinander. Nicht über den Grund der Sicherheit spricht er, sondern über den Zustand der Sicherheit und Gelassenheit.

Zum selben Ergebnis hinsichtlich der Bedeutung von *bṭḥ* führt eine Betrachtung von Hi 40, 23 Prov 11, 15; 28, 1.

Das Nilpferd läßt sich durch die Wellen des Stromes nicht aus der Ruhe bringen. In dem chiastisch angeordneten Vers entspricht das *jibṭăḥ* dem »es hastet nicht fort«. Chiasmus liegt auch Prov 11, 15; 28, 1 vor. Dem *bôṭeᵃḥ* von 11, 15 korrespondiert das »Gar schlimm ergeht es ...«, dem *kikpîr jibṭaḥ* von 28, 1 das »er flieht«. Eine Übersetzung von *bṭḥ* mit »vertrauen« ist beide Male nicht möglich: nach 11, 5 ist gerade der sicher, der nicht vertraut und demzufolge »den Handschlag haßt«; die Haltung des Löwen (28, 1) ist nicht durch Vertrauen gekennzeichnet, sondern durch das Bewußtsein der Stärke und der daraus resultierenden sicheren Ruhe.

Auch Prov 14, 16 Am 6, 1 Jes 32, 9.10.11 ist von Menschen die Rede, die sich sicher fühlen und deshalb meinen, sie könnten sorglos und gelassen sein — allerdings ohne Grund.

Von diesem Befund her lassen sich nun auch die drei noch verbleibenden Stellen (Jes 12, 2 Hi 6, 20; 11, 18) verstehen. Bei diesen Versen würde zwar auch eine Übersetzung »vertrauen« passen[13], doch legen die übrigen Belege eher eine Wiedergabe von *bṭḥ* mit »sich sicher fühlen; ruhig, unbesorgt sein« nahe[14].

Wir kommen somit zu dem Ergebnis, daß absolutes *bṭḥ* ein Wortfeld deckt, das im Deutschen etwa mit »sich sicher fühlen«, »ruhig, gelassen, unbesorgt sein« beschrieben werden kann. Dieselbe Bedeutung nahm A. Weiser[15] für *bṭḥ* überhaupt an: *»bṭḥ* bedeutet *sich im Zustand der Sicherheit (bæṭăḥ) befinden.«* »Im Unterschied zu *hæ'ᵃᵉmîn* drückt *bṭḥ* ... nicht eine Beziehung, sondern den Zustand aus, dem etwa

---

[11] Übersetzung nach G. Fohrer.

[12] Es erscheint 10 × im pt., 3 × im impf., 1 × im pf. und 1 × im pf. cons.

[13] Sie wird für die beiden Hiob-Stellen gewählt von G. Hölscher, Das Buch Hiob, 22 und 32; G. Fohrer, Das Buch Hiob, 158 und 221; F. Horst, Hiob, 92 und 163. An der Stelle Jes 12, 2 wird *bṭḥ* allgemein mit »vertrauen« übersetzt.

[14] Bei diesem Verständnis von *bṭḥ* ist doch zu überlegen, ob *wᵉḥuppărta* (wie Hi 11, 18 allgemein gelesen wird) nicht mit G. Hölscher, Das Buch Hiob, 32, von dem arabischen Verb ḫafara her zu deuten ist (»bist wohlbeschirmt«).

[15] A. Weiser, Glauben, 191.

die Übers. *sich sicher fühlen auf Grund von...* (seine Sicherheit gründen auf...) am ehesten entspräche.«[16]

2. Konsequenzen für *biṭḥā*

Was ergibt sich aus den Erörterungen zum absoluten Gebrauch des Verbums *bṭḥ* für die Bedeutung des absolut stehenden Nomens *biṭḥā* in Jes 30, 15?

Der Befund, zu dem die Untersuchung führte, legt es nahe, für *biṭḥā* die Bedeutung »Gelassenheit, Unbesorgtheit« anzunehmen. Dafür spricht auch die Tatsache, daß *boṭeᵃḥ* und *šoqeṭ* in Jdc 18 nebeneinanderstehen und offenbar in dieselbe Bedeutungsrichtung weisen, die Jdc 18, 7 mit *jôšæbæt labæṭăḥ*[17] näher beschrieben wird[17a].

Bevor wir die Kontrollfrage stellen, ob diese Bedeutung von *biṭḥā* in Jes 30, 15 einen Sinn ergibt, ist die Bedeutung von *šûbā* kurz zu untersuchen.

II. Zur Bedeutung des Nomens šûbā

1. Die drei Möglichkeiten der Bedeutung von *šûbā* in Jes 30, 15

Aus denselben Gründen, die oben für *biṭḥā* angeführt wurden[18], muß auch bei einer semantischen Analyse von *šûbā* von der Etymologie ausgegangen werden. *šûbā* ist von der Wurzel *šûb* herzuleiten[19]. *šûb* bezeichnet »das Ergebnis einer Wendung, zu der notwendig sowohl das Moment der Abkehr wie das der Hinkehr gehört. Im Einzelfall fragt es sich noch jedesmal, worauf der Ton liegt, auf dem Gegensatz zur bisherigen Richtung des Blickes und des Handelns, zum bisherigen Zustande, von dem man sich abwendet, oder auf der neuen Richtung des Blickes und des Handelns, der neuen Haltung, dem neuen Ziel, dem man sich zuwendet.«[20] Bei der Hinkehr handelt es sich meist um eine Rückkehr[21]. Einen Hinweis auf die jeweilige Bedeutung von *šûb*

---

[16] A. Weiser, Glauben, 191.

[17] Vielleicht ist mit Tg das Maskulinum *jošeb* zu lesen.

[17a] Herrn Prof. Dr. Kutsch verdanke ich den Hinweis, daß sich bereits in einer kanaanäischen Glosse in EA 147, 56 (vgl. EA I, 610 f.) absolut stehendes *bṭḥ* findet, und zwar stehen — was im Hinblick auf Jes 30, 15 besonders interessant ist — nebeneinander nuḫti und batîti. E. Ebeling gibt in dem Glossar in EA II für naḫu die Bedeutung »ruhig sein«. Das parallel zu nuḫti stehende batîti übersetzt er ebenfalls mit »ich bin ruhig«. Nur diese Bedeutung, nicht etwa »vertrauen«, entspricht dem Textzusammenhang, in dem sich die Glosse findet:

52 »Du bist die Sonne, die aufgeht über mich,
53 und eine Mauer aus Bronze, welche sich erhebt
54 für ihn (= mich), und wegen der mächtigen Hand
55 des Königs, meines Herrn,
56 nuḫti batîti«.
(EA147, 52—56)

[18] Vgl. oben S. 140.

[19] Auch wenn *šûbā* ein inf. mit f.-Endung ist (so O. Procksch), ist er hier wie ein Nomen gebraucht.

[20] H. W. Wolff, Umkehr, 134, im Anschluß an E. Würthwein, Buße und Umkehr, 980.

[21] E. Würthwein, Buße und Umkehr, 980; H. W. Wolff, Umkehr, 134 f.

bieten die Präpositionen, mit denen das Verb verbunden ist: »Das Moment der Rückkehr steht im Vordergrund in der Verbindung mit den Präp *'æl, 'ăd, 'ăl, le* (insgesamt ca 48 mal). Der Gegensatz zum Bisherigen wird betont durch Verbindung mit *min* (ca 40 mal; erst seit Jer begegnend), 1 mal (Jes 59, 20) durch st c-Verbindung: *šabê pæšă'*. Abs[olut] begegnet *šûb* ca 30 mal.«[22] Diese Statistik beschränkt sich allerdings auf die ca 118 (von insgesamt ca 1056) Vorkommen in »religiöser Bedeutung«[23]. Genauere statistische Angaben (mit Erörterung der textlich unsicheren Stellen) bietet jetzt W. L. Holladay[24]. Leider nennen und besprechen weder er noch E. Würthwein und H. W. Wolff die 30 Stellen, an denen sich *šûb* absolut findet. Sie wären für das absolute *šûbā* von Jes 30, 15 besonders wichtig. Allerdings müßten dann auch die Belegstellen für absolutes *šûb* einbezogen werden, an denen keine religiöse Bedeutung vorzuliegen scheint. Da im Rahmen dieser Arbeit für eine eingehende semantische Analyse der Wurzel *šûb* kein Raum ist, stützen wir uns auf die eben referierten Ausführungen E. Würthweins und H. W. Wolffs[25]. Aus ihnen ergeben sich meines Erachtens drei Verständnismöglichkeiten für das absolute *šûbā* von Jes 30, 15:

a) »Umkehr«, wobei nicht näher bestimmt wird, ob in erster Linie an Rückkehr oder an Abkehr gedacht ist.

b) »Rückkehr«, was wohl nur als Rückkehr zu Jahwe verstanden werden kann. Diese Bedeutung wird von den meisten Kommentatoren angenommen[26].

c) »Abkehr«. Diese Bedeutung vertreten B. Duhm, K. Marti und G. Fohrer. Sie verstehen *šûbā* von Mi 2, 8 her als »Abkehr vom Krieg«[27].

2. Diskussion der drei Möglichkeiten

a) O. Procksch hat gegen das Verständnis von *šûbā* als »Abgewandtheit vom Kampfe«, »friedliche Gesinnung« eingewandt, es »läge ganz außerhalb des jasajanischen und prophetischen Sprauchgebrauchs, der *šûb* stets als willentliche Umkehr zu Gott faßt«[28]. Ob diese Behauptung zutrifft, soweit sie sich auf den Sprachgebrauch außerhalb Jesajas bezieht, kann hier nicht geprüft werden. Dies würde eine Untersuchung aller Belegstellen von *šûb* innerhalb der prophetischen Literatur erfordern. Aus den Texten Jesajas lassen sich jedenfalls Gegenbeispiele zu der Behauptung von O. Procksch nennen: In Jes 5, 25; 9, 11.16.20[29] ist der Zorn Subjekt zum Verb *šûb*. Nun mag zwar hinter diesen Aussagen die Vorstellung stehen, daß der Zorn zu Jahwe zurückkehrt. Worauf es jedoch im Kontext ankommt, ist der Sachverhalt, daß sich der Zorn nicht

---

22 Vgl. E. Würthwein, Buße und Umkehr, 980.

23 E. Würthwein, Buße und Umkehr, 980.

24 W. L. Holladay, The root of šubh in the Old Testament, 6—9.

25 E. Würthwein, Buße und Umkehr; H. W. Wolff, Umkehr.

26 Auch E. Würthwein, Buße und Umkehr, 980, schließt sich ausdrücklich dieser Deutung an: *šûbā* wird »von Procksch gegen Duhm u[nd] Marti sicherlich mit Recht als ›willentliche Umkehr zu Gott‹ verstanden.« O. Procksch übersetzt *šûbā* allerdings mit »Einkehr«.

27 B. Duhm: »*šûbā* erklärt man wohl am besten nach Mch 2, 8 *šûbê milḥamā*, abgewandt vom Kampfe, friedlich gesinnt«. Auch O. Eissfeldt, NŪAḤ, 127, erwägt diese Deutung.

28 O. Procksch, 393.

29 Bei Jes 10, 4 ist die Herkunft von Jesaja umstritten.

von denen abgewendet hat, die von ihm betroffen sind. Von Umkehr zu Jahwe ist (ohne daß allerdings der Eigenname Jahwe ausdrücklich genannt wird) in echten Jesajaworten nur 1 ×[30] die Rede, nämlich Jes 9, 12:

Doch das Volk kehrte nicht um zu dem, der es schlug.

Bei dem *wašab wᵉrapa' lô* von Jes 6, 10 ist sowohl die Herkunft von Jesaja (vgl. z. B. B. G. Fohrer) als auch die Übersetzung von *šûb* (vgl. z. B. B. Duhm: »wieder«) umstritten.

b) Die Möglichkeit, *šûbā* in Jes 30, 15 als »Abkehr« zu verstehen, läßt sich auch nicht durch den Hinweis darauf ausschließen, daß *šûb* zusammen mit der Präposition *min* (»sich abwenden von ...«) erst von Jeremia an belegt ist. Gerade die Verwendung von *šûb* bei Jesaja zeigt, daß absolutes *šûb* die Bedeutung »sich abwenden« haben konnte (vgl. 5, 25; 9, 11.16.20; 10, 4).

c) Zur Begründung dafür, daß *šûbā* in Jes 30, 15 »Abkehr (vom Kampf)« heißen könne, wird meist auf Mi 2, 8 *(šabê milḥamā)* verwiesen. Aber abgesehen davon, daß der Text dieses Verses stark verderbt ist, scheint er mir eher ein Argument gegen die Annahme der Bedeutung »Abkehr vom Krieg« für *šûbā* zu liefern: Der erläuternde Genitiv *milḥamā* in Mi 2, 8 weist darauf hin, daß nicht *šûb* alleine »sich vom Krieg abwenden« meint. Zum Ausdruck dessen, wovon man sich abwendet, ist vielmehr eine Näherbestimmung erforderlich[31]. Gerade diese fehlt jedoch Jes 30, 15.

d) Meint *šûbā* allein nicht »Abkehr vom Krieg«, so ergibt sich daraus die Konsequenz, daß es in Jes 30, 15 nicht mit »Abkehr«, sondern mit dem allgemeineren »Umkehr« wiederzugeben ist. Dieses darf freilich auch nicht im Sinn von »Umkehr zu Jahwe« verstanden werden, sondern besagt zunächst nur »das Ereignis der Wendung«[32]. Gewiß gehört zu einer Wendung »notwendig sowohl das Moment der Abkehr wie das der Hinkehr«[33], aber Jes 30, 15 ist weder das eine noch das andere zum Ausdruck gebracht; und hier geht es nur darum, zu erheben, was zum Ausdruck gebracht ist.

III. Geben die gewonnenen Bedeutungen von biṭḥā und šûbā einen Sinn in Jes 30, 15?

Aus den vorangehenden Erwägungen zur Bedeutung von *biḥṭā* und *šûbā* ergibt sich für Jes 30, 15 a*β* folgende Übersetzung:

Durch Umkehr und Ruhe[34] könnt ihr gerettet werden,
in Stillhalten und Gelassenheit liegt eure Stärke.

---

[30] Falls man Jes 31, 6 von Jesaja herleitet, ergeben sich zwei Belege.

[31] Vgl. auch Jes 59, 20: *ûlᵉšabê pæša'*.

[32] H. W. Wolff, Umkehr, 134.

[33] H. W. Wolff, Umkehr, 134.

[34] O. Eissfeldt, NÛAḤ, 127, und G. Fohrer II übersetzen *näḥät* mit »Vertragstreue«: Die Judäer sollen »den Assyrern die geschworene Vertragstreue halten« (G. Fohrer II). Dieser Deutung steht meines Erachtens die Beobachtung entgegen, daß Jesaja sonst den judäischen Bündnissen nie eine Verpflichtung gegenüber Assur konfrontiert. Dem Paktieren mit anderen Völkern stellt er entweder das Vertrauen auf Jahwe oder ein im Jahwevertrauen begründetes Stillhalten entgegen.
näḥät kommt bei Jesaja nur 30, 15 vor. Für die sonstigen Belege gibt KBL die

Diese Übersetzung ist ohne Zweifel sinnvoll und bestätigt so die semantischen Analysen von *biṭḥā* und *šûbā*. Daß »šûbhā evidently stands in chiasmatic parallelism with b^e^biṭḥâ«[35], läßt sich dann freilich nicht mehr sagen, und auch für die folgende Auslegung von W. Eichrodt[36] bietet der Text keinen Anlaß: »Die Anordnung der beiden Wortpaare (Umkehr und Ruhe, Stillhalten und Vertrauen; so übersetzt W. Eichrodt) ist merkwürdig. Denn eigentlich gehören Umkehr und Vertrauen als das zentrale religiöse Verhalten zusammen und ebenso Ruhe und Stillhalten als das daraus fließende praktische Tun. Die Gedankenbewegung geht offenbar das eine Mal von innen nach außen: Umkehr und daraus hervorgehende Ruhe, das andere Mal von außen nach innen: Stillhalten und dadurch ein inneres Fortschreiten, eine innere neue Bewährung im rechten Vertrauen.«

Hinsichtlich des Verhältnisses der beiden Wortpaare zueinander könnte man vorsichtig vermuten, daß Umkehr und Stillhalten ein Handeln, Ruhe und Gelassenheit eine (innere) Haltung beschreiben sollen. Doch ist zu fragen, ob die anthropologischen Vorstellungen, die sich im AT finden, eine solche Trennung überhaupt zulassen.

Es ist schließlich auch nicht nötig, anzunehmen, daß Jes 30, 15 einen »Wendepunkt« in der Bedeutungsgeschichte der Wurzel *šûb* darstelle[37], insofern Jesaja »den Wortstamm mit dem Inhalt seines eigenen Glaubensverständnisses gefüllt u[nd] auch nach dieser Seite hin wie bei *'mn* sprachschöpferisch wirkend der Entwicklung des Sprachgebrauchs neuen Auftrieb gegeben« habe[38]. Daß Jes 30, 15 inhaltlich eng mit Jes 7, 9 und 28, 16 verwandt ist, soll keinesfalls bestritten werden. Damit ist aber noch nicht gesagt, daß Jesaja *biṭḥā* »mit dem Inhalt seines ... Glaubensbegriffes gefüllt« hat[39].

Ein möglicher Einwand gegen das hier vorgetragene Verständnis von *biṭḥā* muß noch besprochen werden:

biṭḥā hat in Jes 30, 15 einen positiven Sinn; die durch *biṭḥā* bezeichnete Haltung hätte Juda einnehmen sollen. Wenn nun *biṭḥā* im Sinn des absolut gebrauchten Partizips *bôṭe^a^ḥ* verstanden wird (wie es hier versucht wurde), stößt man auf die Schwierigkeit, daß *bôṭe^a^ḥ* selbst Jes 32, 9.10.11 negativ gebraucht ist. Aus diesem Grund nahm A. Weiser[40] an, Jesaja habe die Wurzel *bṭḥ* mit neuem Inhalt gefüllt

---

Bedeutungen »Ruhe, Gelassenheit« (Koh 4, 6; 6, 5; 9, 17 Prov 29, 9; zu Prov 29, 9 vgl. aber O. Eissfeldt, NÛAḤ, 127, der für *năḥăt* an dieser Stelle die Übersetzung »Versöhnung, Vergleich« vorschlägt: Ein Weiser setzt sich mit einem Toren auseinander, aber der tobt und lacht und »es kommt keine Versöhnung dabei heraus.«). Die beiden Hiob-Stellen 17, 16 und 31, 16 sind textlich unsicher.

Die Bedeutung »Ruhe, Gelassenheit« paßt meines Erachtens auch für Jes 30, 15 recht gut, da Ruhe im Vertrauen auf Jahwe die Forderung Jesajas an Juda ist. Für eine Übersetzung des *năḥăt* von Jes 30, 15 mit »Ruhe, Gelassenheit« spricht auch die Verwendung eines Wortes von der Wurzel *nû^a^ḥ* in Jes 28, 12:

Dies ist der Ruheplatz *(m^e^nûḥā)*!
Verschafft dem Müden Ruhe!

[35] So W. L. Holladay, The root of šûbh in the Old Testament, 107.

[36] W. Eichrodt II, 176.

[37] So A. Weiser, Glauben, 192.

[38] A. Weiser, Glauben, 193.

[39] So A. Weiser, Glauben, 193.

[40] A. Weiser, Glauben, 192 f.

um »das Wort gg [gegen] den von ihm an anderen Stellen abgelehnten Sinn von *bôṭeᵃḥ* abzugrenzen.« Doch scheint mir diese Konsequenz deshalb nicht nötig zu sein, weil der Kontext, in den *biṭḥā* (30, 15) und *bôṭeᵃḥ* (32, 9.10.11) eingebettet sind, deutlich macht, welche Art von »Gelassenheit« gemeint ist: Jes 30, 15 verbindet sie sich mit Umkehr, Ruhe und Stillhalten, Jes 32, 9—12 mit *šă'ᵃnan.*

Dem Vertrauen auf andere Völker als vermeintliche Helfer wird also in Jes 30, 15 das Vertrauen auf Jahwe nicht explizit gegenübergestellt, wenn auch die den Judäern zugemutete Gelassenheit im Vertrauen auf Jahwe ihren Grund haben dürfte.

EXKURS III: DAS WORTFELD »VERTRAUEN« IN DEN SPRÜCHEN JESAJAS AUS DEN JAHREN 713—711 UND 705—701

Bei der theologischen Qualifikation der Politik Judas in den Worten Jesajas aus den Jahren 713—711 und 705—701 spielt das Wortfeld[1] »vertrauen« eine besonders große Rolle. Im einzelnen handelt es sich um folgende Wörter:

bṭḥ qal	31, 1[2]		
ḥsh qal	14, 32; 30, 2	*ḥasût*	30, 3
ʿûz qal	30, 2	*maʿôz*	30, 2.3
šʿn ni.	31, 1		
šʿh qal	31, 1		
măbbaṭ	20, 5.6[3]		

---

[1] Zur Bestimmung des Terminus »Wortfeld« vgl. K. Koch, Zur Geschichte der Erwählungsvorstellung in Israel, 206 Anm. 6 a.

[2] Für *biṭḥā* (Jes 30, 15) wird in dieser Arbeit nicht die Bedeutung »Vertrauen (auf Jahwe)«, sondern die Bedeutung »Gelassenheit« angenommen (vgl. oben S. 140—147). Das Nomen wird deshalb nicht zu den Wörtern gezählt, die das Wortfeld »vertrauen« konstituieren.

[3] Nicht zum Wortfeld »vertrauen« scheinen mir die Verbformen der Wurzel *nbṭ* zu gehören:
Jes 18, 4 ist Jahwe Subjekt zum Verb *hibbîṭ*. Dieses ist mit »blicken« zu übersetzen, ohne daß an ein vertrauensvolles Blicken gedacht wäre. Für Jes 22, 11 hat G. v. Rad, Theologie II, 168, die Meinung vertreten, »Hinsehen« sei »fast ein Synonym für Glauben«, beschreibe »jedenfalls ... eine sehr wesentliche Seite von dem, was Jesaja ›Glauben‹ nennt«. Dagegen spricht meines Erachtens, daß Jes 22, 8 b.9 a.11 b *nbṭ* hi. mit *r'h* parallel gebraucht ist, Objekt zu *r'h* in v. 9 aber die Risse in der Stadtmauer sind, auf die man natürlich nicht vertraut hat. Als Bedeutung für *nbṭ* hi. kommt etwa »aufmerksam, gebannt blicken« in Frage (vgl. W. Eichrodt II 95: »gesammelte Aufmerksamkeit«).
Unter den übrigen Belegen für *hibbîṭ* im AT findet sich nur einer, an dem *hibbîṭ* als »vertrauensvoll Blicken« zu verstehen sein dürfte, nämlich Ps 34, 6:

Blicket auf ihn, so werdet ihr strahlen,
und euer Antlitz braucht sich nicht zu schämen.

(Übersetzung nach H.-J. Kraus, Psalmen I, 266)
Ansonsten wird *hibbîṭ* folgendermaßen verwendet:
a) Mit Jahwe als Subjekt:
- → In der Bitte von Menschen, Jahwe möge »sehen«: Jes 63, 15; 64, 8 Ps 13, 4; 74, 20; 80, 15; 84, 10; 142, 5 Thr 1, 11; 2, 20; 3, 63; 5, 1(Q) I Chr 21, 21.
- → In der Zusage Jahwes: Jes 66, 2.
- → im Sinn von »anerkennen« (bzw. mit *lo'*: »nicht anerkennen«): Am 5, 22.
- → In der gegen Jahwe gerichteten Anklage im Sinn von »zusehen«: Hab 1, 3.13.
- → In Aussagen über Jahwe: Hab 1, 13 Ps 10, 14; 33, 13; 94, 9; 102, 20; 104, 32 Hi 28, 24 Thr 4, 16 Prov 4, 25.

Hierher gehören schließlich auch Wörter von der Wurzel *ʿzr* in bestimmten Zusammenhängen; so meint z. B. der Ausdruck *jrd miṣrăjim l*^{e}*ʿæzrā* das Hilfesuchen bei Ägypten und insofern ein Vertrauen auf Ägypten. Dies geht auch daraus hervor, daß »hinabziehen nach Ägypten um Hilfe« weitergeführt wird durch »auf Rosse stützen sie sich« und durch »und sie vertrauten«.

ʿzr	q	31, 3	
ʿæzrā		20, 6	(*nûs l*^{e}*ʿæzrā*)
		31, 3	(*jrd miṣrăjim l*^{e}*ʿæzrā*)

Wenn nun der Gebrauch dieser Wörter im AT untersucht werden soll, so soll dies an Hand folgender Fragen geschehen:

→ Mit welchen Subjekten und Objekten sind die untersuchten Verben verbunden?
→ Wer wird als Grund des Vertrauens genannt? Auf wen richtet sich das in einem Verb zum Ausdruck kommende Verhalten?
→ Welchen Größen wird eine bestimmte Bezeichnung beigelegt? Z. B.: Wer wird als »Zuflucht« bezeichnet?
→ Welche Oppositionen oder Parallelen zu einem Wort finden sich?
→ Kommen Wertungen zum Ausdruck? Z. B.: Wird ein Vertrauen als berechtigt oder nicht berechtigt dargestellt?
→ Wie ist ein Wort auf die alttestamentlichen Bücher verteilt?
→ Liegt eigentlicher oder übertragener Gebrauch eines Wortes vor?

Natürlich werden nicht bei jedem Wort alle diese Fragen gestellt. Dies ergibt sich schon daraus, daß wir es sowohl mit Verben als auch mit Nomina zu tun haben.

Es soll nicht verschwiegen werden, daß eine wortstatistische Untersuchung, wie sie hier vorgenommen wird, mit erheblichen Unsicherheitsfaktoren zu rechnen hat: Für zeitliche Ansetzung bieten besonders die Psalmen nur sehr dürftige Hinweise; das uns zur Verfügung stehende Textmaterial ist nur ein sehr schmaler Ausschnitt aus der in etwa einem Jahrtausend entstandenen Literatur Israels; die Tradenten haben nur bestimmte Texte auf uns kommen lassen. Eine Auswertung der Ergebnisse dieser Untersuchung muß deshalb mit Vorsicht und Zurückhaltung geschehen.

bṭḥ[4]

1. Statistisches Material

a) An folgenden Stellen ist Jahwe Grund des Vertrauens:
II Reg 18, 5.22; 19, 10

b) mit Menschen als Subjekt erscheint *hibbîṭ* in folgenden Bedeutungen:
→ »sehen«: Gen 15, 5; 19, 17.26; Ex 3, 6; 33, 8 Num 12, 8; 21, 9 I Sam 16, 7; 17, 42; 24, 9 I Reg 18, 43 (2 ×); 19, 6 Jes 8, 22; 38, 11; 42, 18; 51, 1.2.6; 63, 5 Jon 2, 5 Hab 2, 15 Sach 12, 10 (?) Ps 22, 18; 91, 8; 92, 18.
→ »erleben«: Num 23, 21 I Sam 2, 32.
→ »beachten, respektieren«: II Reg 3, 14 Jes 5, 12.
→ »erkennen«: Ps 119, 15.18.
→ »erwartungsvoll ausschauen«: Hi 6, 19.
→ »vertrauen auf« Ps 34, 6.

[4] Vgl. dazu jetzt E. Gerstenberger, Artikel *bṭḥ* in: THAT I, 300—305.

Jes	12, 2; 26, 4; 36, 7; 37, 10; 50, 10
Jer	17, 7; 39, 18; 49, 11
Zeph	3, 2
Ps	4, 6; 9, 11; 21, 8; 22, 5(2 ×).6; 25, 2; 26, 1; 28, 7; 31, 7.15; 32, 10; 37, 3.5.; 40, 4; 55, 24; 56, 4.5.12; 62, 9; 84, 13; 86, 2; 91, 2; 115, 9.10.11; 125, 1; 143, 8
Prov	3, 5; 16, 20; 28, 25; 29, 25
I Chr	5, 20

Weiter gehören hierher:

Ps	13, 6; 52, 10 (Vertrauen auf Jahwes *ḥæsæd*)
Ps	78, 22 (Vertrauen auf Gottes *j^ešûʿā*)
Ps	119, 42 (Vertrauen auf Jahwes Wort)
Ps	33, 21 (Vertrauen auf »seinen [Jahwes] heiligen Namen«)

b) Vertrauen auf Götzen, Bilder, Menschen, Eigenschaften, Sachen:

auf Götzen und Bilder:	Jes 42, 17 Hab 2, 18 Ps 115, 8; 135, 18
auf Menschen allgemein *(ba'adam)*:	Jer 17, 5 Ps 118, 8
auf bestimmte Personen:	Jdc 9, 26 (Gaal), Jer 46, 25 (Pharao)
auf Fürsten:	Ps 118, 9; 146, 3
auf Ägypten:	II Reg 18, 21(2 ×).24 Jes 36, 6(2 ×).9
auf militärische Macht:	Jes 31, 1 Hos 10, 13[5] Ps 44, 7
auf Mauern:	Dtn 28, 52
auf feste Städte:	Jer 5, 17
auf Schätze:	Jer 49, 4 Ps 49, 7; 52, 9 Prov 11, 28
auf den Tempel:	Jer 7, 14
auf Lügen *(šaqær* und *dibrê sæqær)*:	Jer 7, 4.8; 13, 25
auf seine Schönheit:	Ez 16, 15
auf seinen Verstand *(libbô)*:	Prov 28, 26
auf die eigene *ṣ^edaqā*:	Ez 33, 13
auf Gewalttätigkeit *(ʿošæq)*:	Ps 62, 11 Jes 30, 12 *(ʿošæq w^enalôz)*
auf Nichtiges *(tohû)*, womit dem Zusammenhang nach ebenfalls Gewalttätigkeit gemeint ist):	Jes 59, 4
auf Bosheit:	Jes 47, 10 *(raʿatek)*
auf seinen Bruder:	Jer 9, 3
auf seinen Freund:	Ps 41, 10 *('îš š^elômî)*, Mi 7, 5 *('allûp)*
auf Bäche:	Hi 6, 20
auf den Wildstier:	Hi 39, 11 (in stark abgeschwächter Bedeutung)

Von den unter b genannten Stellen sind im Rahmen dieser Arbeit die besonders wichtig, an denen dem Vertrauen auf andere Instanzen das Vertrauen auf Jahwe konfrontiert ist:

Jer 17, 5 ff. »Verflucht der Mann, der auf Menschen vertraut und Fleisch zu seinem Arm macht.«

---

[5] *dæræk* meint im Zusammenhang von Hos 10, 13 das Bauen auf militärische Macht (vgl. W. Rudolph, Hosea 206). H. W. Wolff, Hosea, 232 und 234, liest mit einem Teil der LXX-Überlieferung *b^erikb^eka*, während andere v. 13 b für Zusatz halten (z. B. K. Marti, Dodekapropheton, 84/85).

»Gesegnet der Mann, der auf Jahwe vertraut, und dessen Sicherheit Jahwe ist.«

Ps 118, 8 f. »Es ist gut, sich bei Jahwe zu bergen und nicht auf Menschen zu vertrauen.«

Ps 52, 9 »Siehe, das ist der Mann, der nicht Gott zu seiner Zuflucht machte, der auf seinen großen Reichtum vertraute, Zuflucht bei seinem Frevel nahm.«

ebenso: Jer 13, 25 Ps 44, 9; 115, 8 ff.

c) An einigen Stellen ist *bṭḥ* absolut, ohne Bezugsgröße verwendet[6]:
Jdc 18, 7.10.27 Jes 12, 2 Ps 27, 3 Hi 6, 19 f.; 11, 17 f.; 40, 23
Prov 11, 15; 14, 16; 28, 1 Jer 12, 5 Am 6, 1 Jes 32, 9.10.11

d) An drei inhaltlich parallelen Stellen wird der Angeredete nach Recht und Grund seiner Sicherheit gefragt:
II Reg 18, 19 f.(2 ×) Jes 36, 4 f.(2 ×) II Chr 32, 10

e) An einer Stelle ist vom berechtigten Vertrauen des Mannes auf seine Frau die Rede: Prov 31, 11. Einmal wird vom Sichverlassen auf einen Hinterhalt gesprochen: Jdc 20, 36.

2. Auswertung des statistischen Materials

An diesem Überblick fällt zunächst auf, daß sich von 113 Belegen für *bṭḥ* 44 in den Psalmen finden. An 28 von diesen 44 Psalmenstellen ist Jahwe Grund des Vertrauens.

Auffällig ist weiterhin, daß *bṭḥ* positiv fast nur auf Jahwe bezogen ist. Mit zwei Ausnahmen[7] ist an allen Stellen, an denen sich das Vertrauen auf eine andere Instanz als Jahwe richtet[8], dies Vertrauen als unbegründet und falsch dargestellt und manchmal ausdrücklich dem Vertrauen auf Jahwe konfrontiert. Auch A. Weiser[9] stellt »die starke Verwendung des Wortes im ablehnenden Sinn bei den Propheten« fest. Doch gilt dies nicht nur für die Propheten, sondern für das ganze AT, wenn die mit *bṭḥ* bezeichnete Haltung sich nicht auf Jahwe richtet. So kennzeichnet *bṭḥ* im AT also eine Haltung, die der einzelne und das Volk Jahwe gegenüber einnehmen sollen[10]. Eine Sicherheit, die sich auf andere Größen stützt, verfällt der Kritik.

Diese theologische Ausprägung von *bṭḥ* findet sich Jes 31, 1[11] und kurz vorher bereits bei Hosea (Hos 10, 13 b). Explizit wird Hos 10, 13 b freilich nur die negative

---

[6] Vgl. dazu die Bemerkungen zu diesen Stellen auf S. 140—143 der vorliegenden Arbeit.

[7] Prov 31, 11: Vertrauen des Mannes auf seine Frau; Jdc 20, 36: sich auf einen Hinterhalt verlassen.

[8] Unberücksichtigt sind hier natürlich die 16 Stellen, an denen *bṭḥ* absolut gebraucht ist.

[9] A. Weiser, Glaube und Geschichte, 343.

[10] Vgl. dazu E. Gerstenberger, Artikel *bṭḥ*, in THAT I, 303 f.: »Spezifisch theologischer Sprachgebrauch liegt im AT überall da vor, wo vorausgesetzt wird, daß allein das Vertrauen auf Jahwe wirklich begründet und tragfähig ist, und daß keine andere Größe letztes Vertrauensobjekt sein kann. Dies trifft auf fast alle Stellen zu, in denen bṭḥ vorkommt; unser Wort ist also ein eminent theologischer Terminus«.

[11] Das Vertrauen auf Ägypten (v. 1) wird als Verwechslung von Gott und Mensch (v. 3) interpretiert.

Seite der oben beschriebenen theologischen Bedeutungsausprägung von *bṭḥ ausgesprochen:*

Weil du vertraut hast auf deinen eigenen Weg[12],
auf die Menge deiner Helden, ...[13]

Doch wird die Ablehnung, die dieses Vertrauen bei Hosea findet, erst verständlich auf dem Hintergrund des anderen Gedankens: daß Jahwe allein der ist, auf den Israel vertrauen soll.

Falls man nicht annehmen will, Hosea und Jesaja hätten unabhängig voneinander das Verb *bṭḥ* in gleicher Weise theologisch gefüllt, kann man aus dem eben dargestellten Sachverhalt den Schluß ziehen, daß beide es in seiner theologischen Ausformung vorfanden und aufgriffen. Indem Jesaja es heranzieht, um die Politik Judas zu beschreiben, qualifiziert er diese theologisch.

Über das Ausmaß der Verbreitung, die diese theologische Ausformung von *bṭḥ* zur Zeit Jesajas gefunden hatte, läßt sich nichts sagen; ebensowenig darüber, wann und durch wen dieser Sprachgebrauch eingeführt wurde[14]. Daß er in der alttestamentlichen Literatur dominierend wurde, so daß man von *bṭḥ* geradezu als von einem »theologischen Terminus«[15] sprechen kann, wurde schon gesagt. Ob die alttestamentliche Literatur für den Sprachgebrauch aller Lebensbereiche in Israel repräsentativ ist, läßt sich allerdings kaum mehr feststellen.

ḥsh, ḥasût, măḥsæ / maḥ^{a}sæ[16]

1. Statistisches Material

ḥsh (nur im qal verwendet) findet sich im AT 37 ×. Verteilung auf die Bücher des AT:

25 × Ps
2 × Jes, II Sam, Prov
1 × Dtn, Jdc, Zeph, Nah, Tritojes, Ruth

Dabei ist noch zu beachten, daß II Sam 22 mit Ps 18 identisch ist, und daß Nah 1, 2—9 ein Psalm ist. Damit finden sich 28 von 37 alttestamentlichen Belegen für *ḥsh* in Psalmen.

Die Bezugsgrößen, bei denen Menschen sich »sich bergen« *(ḥsh)*, sind:

Jahwe 32 ×

Dabei wird das Sich-bergen bei Jahwe folgendermaßen ausgedrückt:

bô	II Sam 22, 3.31 Nah 1, 7 Ps 2, 12; 18, 3.31; 34, 9.23; 37, 40; 64, 11; 144, 2 Prov 30, 5
b^{e}ka (bak)	Ps 5, 12; 7, 2; 16, 1; 25, 20; 31, 20; 57, 2; 71, 1; 141, 8
bî	Jes 57, 13
bah (auf dem Zion)	Jes 14, 32

[12] H. W. Wolff, Hosea, 232 und 234, liest mit einem Teil der LXX-Überlieferung *b^{e}rikb^{e}ka* statt *b^{e}dărk^{e}ka.*

[13] Übersetzung nach W. Rudolph, Hosea, 205.

[14] Auch bei den Psalmenstellen kann man meines Erachtens nicht pauschal annehmen, daß sich in ihnen älterer Sprachgebrauch niedergeschlagen habe.

[15] E. Gerstenberger, Artikel bṭḥ, in: THAT I, 304.

[16] Vgl. E. Gerstenberger, Artikel *ḥsh,* in: THAT I, 621—623.

bjhwh	Ps 11, 1; 31, 2; 118, 8.9
b^{e}*šem jhwh*	Zeph 3, 12
b^{e}*ṣel k*^{e}*napæ̂ka*	Ps 36, 8; 57, 2
b^{e}*setær k*^{e}*napæ̂ka*	Ps 61, 5
tăḥăt k^{e}*napajw*	Ps 91, 4 Ruth 2, 12
absolut (?)	Ps 17, 7
andere Götter	1 × (Dtn 32, 37)
der Schatten des Dornbusches	1 × (Jdc 9, 15)
die eigene Unschuld (Text emendiert!)	1 × (Prov 14, 32[17])
der Schatten Ägyptens	1 × (Jes 30, 2)

Zu beachten ist hierbei noch, daß 3 von den 4 Stellen[18], an denen sich die mit *ḥsh* bezeichnete Haltung nicht auf Jahwe bezieht, von einem unbegründeten Zutrauen reden, das enttäuscht werden wird.

ḥasût findet sich nur Jes 30, 3 (Sich-bergen im Schatten Ägyptens).

măḥsæ/măḥ^{a}*sæ* ist im ganzen AT 20 × belegt.
Verteilung auf die einzelnen Bücher des AT:

12 × Ps
4 × Jes (2 × sekundär: 4, 6; 25, 4)
1 × Jer, Joel, Prov, Hi

Die als *măḥsæ/măḥ*^{a}*sæ* bezeichneten Größen sind:

Jahwe 15 ×
ein von Jahwe errichtetes Schutzdach auf dem Zion 1 × (Jes 4, 6[19])
Berge 1 × (Ps 104, 18)
Felsen 1 × (Hi 24, 8)
Lüge 2 × (Jes 28, 15.17)

2. Auswertung des statistischen Materials

Da die überwiegende Mehrzahl der Belege in Psalmen zu finden ist (40 von 58), kann man das Wort wohl als zur Psalmensprache[20] gehörig bezeichnen.

An 48 von 58 Stellen ist Jahwe der Ort, bei dem man Zuflucht sucht oder findet. An 6 von den verbleibenden 10 Belegen, ist von einem tadelnswerten oder nutzlosen Sich-bergen die Rede.

Wörter von der Wurzel *ḥsh* finden sich also im AT hauptsächlich in religiösem Zusammenhang (Psalmensprache) und beschreiben eine Haltung, die der Mensch Jahwe

---

[17] Mit B. Gemser, Sprüche Salomos, 66/67, und H. Ringgren, Sprüche, 60, ist wohl *b*^{e}*tummô* statt *b*^{e}*môtô* zu lesen.

[18] Die eine Ausnahme ist Prov 14, 32 (textus emendatus).

[19] Der Text ist wohl nicht mehr ganz in Ordnung.

[20] Vgl. E. Gerstenberger: Artikel *ḥsh*, in: THAT I, 621: »Verbum und Nomen haben sich hauptsächlich in der liturgischen Sprache literarisch niedergeschlagen.«

gegenüber einnimmt, oder den Schutz, den Jahwe dem Menschen bietet. Vorjesajanische Belege sind nicht mit Sicherheit nachzuweisen. Trotzdem halte ich es für am wahrscheinlichsten, daß Jesaja *ḥsh* in seiner theologischen Ausprägung schon vorgefunden hat, da die Wendung »sich bergen im Schatten Ägyptens« meines Erachtens am besten als Kontrastbildung zu Ausdrücken wie »sich bergen im Schatten deiner Flügel« (Ps 36, 8; 57, 2) zu verstehen ist.

ʿûz, maʿôz

I. Das Verb ʿûz

findet sich im AT nur 5 × [21].

qal Jes 30, 2

hi. Ex 9, 19 Jes 10, 31 Jer 4, 6; 6, 1

Im qal hat es die Bedeutung »sich in Sicherheit bringen«, im hi. »in Sicherheit bringen« (transitiv) und (wie im qal) »sich in Sicherheit bringen«.

Mit Ausnahme von Ex 9, 19 (und Ps 52, 9; vgl. Anm. 21) wird das Wort immer im Zusammenhang einer Schilderung kriegerischer Ereignisse verwendet. Eine religiöse Haltung wird durch *ʿûz* nicht bezeichnet.

II. maʿôz

1. Statistisches Material

Folgende Größen werden im AT als *maʿôz* bezeichnet:

ein Ort	(14 ×):	Jdc 6, 26 Jes 17, 9; 23, 4.11.14 Es 24, 25; 30, 15 Nah 3, 11 Dan 11, 7.10.19.31.38.39
Jahwe	(15 ×):	II Sam 22, 23 Jes 17, 10; 25, 4(2 ×); 27, 5 Jer 16, 19 Joel 4, 16 Nah 1, 7 Ps 27, 1; 28, 8; 31, 3.5; 37, 39; 43, 2; 52, 9
Jahwes Weg	(1 ×):	Prov 10, 29
die Freude an Jahwe	(1 ×):	Neh 8, 10
ein anderes Volk (bzw. dessen König)	(2 ×):	Jes: 30, 2 f.
Ephraim als Jahwes Helm	(2 ×):	Ps 60, 9 par. Ps 108, 9

Als Grundbedeutung von *maʿôz* wird man wohl die lokale »Zufluchtsort« annehmen dürfen. Darauf weist die Nominalbildung mit m-präformativum, die häufig lokale Bedeutung hat[22].

[21] Möglicherweise handelt es sich auch bei *jaʿoz* (Ps 52, 9) um eine in Analogie zu ʿ''ʿ gebildete Form von *ʿûz* (so KBL 687). Dann hätten wir also 6 Vorkommen von *ʿûz* im AT.

[22] Vgl. GK § 85 e. Da bei den Vorkommen in nichtlokalem Sinn *maʿôz* fast ausschließlich auf Jahwe bezogen ist, wäre auch die von L. Köhler, Theologie, 44, formulierte Regel zu bedenken: »Nach bewährter Regel geht man bei der Aufhellung eines theologischen Begriffes von dem Sinn aus, den der Begriff in seinem untheologischen und noch nicht theologischen Gebrauch hat.«

In den anderen Fällen liegt übertragene Verwendung von *ma'ôz* vor. Dies gilt auch für Jes 30, 2 f., da hier mit *ma'ôz* nicht ein Ort, sondern ein Mensch gemeint ist[23]. Im Hinblick auf eigentlichen und übertragenen Gebrauch ergibt sich für das AT folgendes Bild:

eigentliche Verwendung: 14 ×
übertragene Verwendung: 21 ×

Von den 21 Belegen für *ma'ôz* in übertragener Verwendung sprechen 19 von einer *ma'ôz* des Menschen, 2 (Ps 60, 9 par. Ps 108, 9) von einer *ma'ôz* Jahwes. *ma'oz* des Menschen ist in 17 (von 19) Fällen Jahwe (davon 1 × Jahwes Weg; 1 × die Freude an Jahwe); nur Jes 30, 2 f. ist eine andere Größe *ma'ôz* für Menschen.

2. Auswertung des statistischen Materials

Die Verwendung von *ma'ôz* in Jes 30, 2 f. ist im Verhältnis zum sonstigen alttestamentlichen Sprachgebrauch ungewöhnlich: Nur hier ist eine andere Größe als Jahwe (bzw. etwas mit Jahwe in engem Zusammenhang Stehendes) *ma'ôz* von Menschen. Doch bietet gerade diese Differenz zu den anderen alttestamentlichen Belegen eine Erklärung dafür, warum nach Jesajas Urteil Juda enttäuscht werden wird, wenn es in Pharao seine Zuflucht sieht: Jahwe ist Zuflucht, und die Judäer setzen den Pharao an Jahwes Stelle, wenn sie von ihm erwarten, was eigentlich von Jahwe zu erwarten ist. Jesaja zieht mit *ma'ôz* ein theologisch gefülltes Wort heran, um Judas Politik theologisch zu qualifizieren.

Wenn Jesaja also sagt, Juda mache ein anderes Volk bzw. dessen König für sich zum *ma'ôz*, so will er dasselbe ausdrücken wie der jüngere Ps 52, 9, der vom *'ośē r^emijjā* sagt:

Seht, da ist der Mann, der nicht nahm
  Jahwe zu seiner Zuflucht.[24]

š'n

Das nur im ni. gebrauchte Wort kommt in eigentlicher und in übertragen-bildlicher Bedeutung vor.

I. Eigentliche Bedeutung: »sich stützen« (auf einen Gegenstand, den Arm eines Menschen u. a.): Gen 18, 4 Jdc 16, 26 II Sam 1, 6 II Reg 5, 18; 7, 2.17.

Hierher gehört wohl auch Num 21, 15.

II. Übertragen-bildlicher Gebrauch: »sich stützen« (auf jemanden oder etwas) im Sinn von »vertrauen auf«.

1. Statistisches Material

a) Die mit *niš'ăn* bezeichnete Vertrauenshaltung richtet sich auf folgende Größen:
auf Jahwe: Jes 10, 20; 50, 10 Mi 3, 11 II Chr 3, 18; 14, 10; 16, 7 f.

---

[23] Der Genitiv *păr'ō* ist als epexegetische Näherbestimmung zu *ma'ôz* zu verstehen. Zu dieser Funktion des nomen rectum im Verhältnis zum nomen regens vgl. GK § 128 f und k.

[24] Übersetzung nach H.-J. Kraus, Psalmen I, 392.

auf andere Völker: Jes 10, 20 Ez 29, 7 II Chr 16, 7. Dem Sinn nach gehören hierher wohl auch Jes 30, 12[25]; 31, 1.
auf sein Haus: Hi 8, 15
auf seinen Verstand Prov 3, 5
unbestimmt: Hi 24, 23

b) An einigen von den unter a) genannten Stellen steht *niš'ān* in Parallele zu Wörtern von der Wurzel *bṭḥ*:
parallel zum Verb *bṭḥ*: Jes 30, 12; 31, 1; 50, 10 Prov 3, 5
parallel zu *mibṭaḥ*: Hi 8, 14 f.

c) Für diese Arbeit besonders interessant ist eine Untersuchung der 7 Stellen, an denen *niš'ān* in übertragenem Sinn sich nicht auf Jahwe bezieht.
An allen diesen Stellen erscheint *niš'ān* mit einer negativen Wertung: als überholt (Jes 10, 20), gefährlich (Ez 29, 7 Jes 30, 12; 31, 1), unnütz (II Chr 16, 7), trügerisch und enttäuschend (Hi 8, 15). Prov 3, 5 wird ein solches »Sich-Stützen« untersagt.
An 6 von 7 Stellen, an denen übertragen gebrauchtes *niš'ān* nicht auf Jahwe bezogen ist, findet sich eine ausdrückliche Konfrontation mit einem Vertrauen auf Jahwe: Jes 10, 20; 30, 12; 31, 1 f. Hi 8, 15 Prov 3, 5 II Chr 16, 7.
An 5 Stellen richtet sich das abgewehrte Vertrauen auf ein anderes Volk: Jes 10, 20; 30, 12; 31, 1 f. Ez 29, 7 II Chr 16, 7.
In diesem Zusammenhang muß auch Jes 36, 4—7 genannt werden. Dieser Text ist durch das Bild vom Rohrstab Ägypten zunächst mit Ez 29, 6 f. verwandt: Ägypten ist ein *miš'ænæt qanæ*, der zerbricht, wenn man sich auf ihn stützt. Für »sich stützen« verwendet Jes 36 *smk;* Ez 29 *š'n;* immerhin enthält auch Jes 36 die Wurzel *š'n* im Nomen *miš'ænæt*. Außerdem dürften *smk* und *š'n* gleichbedeutend sein. In der weiteren Ausgestaltung weichen die Bilder wieder etwas voneinander ab. Jes 36, 4—7 steht außerdem in sachlicher Nähe zu Jes 30, 4 f.6 f., wo Ägypten als das Volk erscheint, das bekanntermaßen nicht hilft.
Auch Jes 36, 4—7 steht also »sich stützen«, bildhaft im Sinn von »vertrauen«. Zugleich wird dieses Vertrauen als grundlos, ja, als eine Selbstgefährdung dargestellt.

2. Auswertung des statistischen Materials

Die uns zur Verfügung stehenden Texte zeigen *niš'ān* im übertragenen Sinn als ein theologisch geprägtes Wort: die mit *niš'ān* bezeichnete Haltung darf sich ausschließlich auf Jahwe richten. Daß auch Jesaja *niš'ān* in diesem religiös-theologischen Sinn gebraucht, geht schon daraus hervor, daß *niš'ān* parallel zu *bṭḥ* steht (31, 1), und daß von Judas Vertrauen auf die Streitmacht Ägyptens im Scheltwort die Rede ist. Durch das religiös gefüllte Wort wird Judas Politik theologisch gedeutet[26].

Achtet man auf das Alter der Stellen mit *niš'ān* in übertragen — bildlicher Bedeutung, so sind die jesajanischen Belege neben Mi 3, 11 die ältesten. Trotzdem ist es wohl zu gewagt, diesen Sprachgebrauch auf einen der Propheten zurückzuführen. Dazu ist die Basis der uns zur Verfügung stehenden Texte zu schmal.

---

[25] So z. B. B. Duhm.

[26] Zu diesem Gebrauch des Wortes *š'n* vgl. G. Fohrer II 99.

šʿh

1. Statistisches Material

a) Jahwe als Subjekt: Der Sinn von *šʿh* ist in diesen Fällen:
»beachten«: Gen 4, 4.5
»beobachten«: Hi 7, 19; 14, 6 Ps 39, 14

b) Menschen als Subjekt: Hier hat *šʿh* folgende Bedeutungen:
»blicken auf«: Jes 22, 4
»beachten«: Ex 5, 9
»vertrauensvoll, hilfesuchend o. ä. blicken auf«: II Sam 22, 42 Jes 17, 7 f.; 31, 1 Ps 119, 17
Jes 32, 3 ist wohl anders zu lesen.

2. Auswertung des statistischen Materials

Die kleine Zahl der Belege läßt nicht erkennen, daß eine bestimmte Bedeutungsnuance von *šʿh* dominierend gewesen wäre. Hier können wir also — anders als bei *bṭḥ, ḥsh, maʿôz* und *nišʿān* — nicht sagen, daß Jesaja schon durch die Heranziehung dieses Wortes politische Sachverhalte theologisch gedeutet hätte.

Daß Jes 31, 1 das Wort in der Bedeutung »vertrauensvoll blicken auf« verwendet wird, ergibt sich daraus, daß *šʿh* in Parallele mit *bṭḥ* und *drš* steht. An anderer Stelle (22, 4) gebraucht Jesaja das Verb in der einfachen Bedeutung »blicken auf«, ohne das Moment des Vertrauens.

ʿzr, ʿozer, ʿezær, ʿæzrā

I. Statistisches Material

1. Das Verb *ʿzr:*
Das Verb ist mit den verschiedensten Subjekten und Dativ-Objekten verbunden:
   a) Jahwe hilft oder wird darum gebeten zu helfen:
   dem Volk Israel: Gen 49, 25 I Sam 7, 12 Jes 41, 10.13.14; 44, 2; 49, 8 II Chr 14, 12 (2 ×); 25, 8; 32, 8 Ps 79, 9
   dem Gerechten: Ps 37, 40
   der Gottesstadt: Ps 46, 6
   dem einzelnen Beter: Ps 86, 17; 109, 26; 118, 13; 28, 7; 119, 86.173.175
   dem Ebed: Jes 50, 7.9
   dem David: I Chr 12, 19
   den Leviten: I Chr 15, 26
   dem Josafat: II Chr 18, 31
   den »Verständigen« (in passivischer Formulierung): Dan 11, 34

den Rubeniten (in passivischer Formulierung): I Chr 5, 20
dem Ussia: II Chr 26, 7.15

b) Israel oder einzelne Stämme oder einzelne Israeliten als Subjekt des Helfens:
der Stamm Ruben hilft den andern Stämmen: Jos 1, 14
der Stamm Benjamin hilft dem David: I Chr 12, 18
die Manassiten helfend David: I Chr 12, 22
die Oberen Israels helfen dem Salomo: I Chr 22, 17
die Obersten helfen (im Sinn von »stimmen zu«) dem Hiskia: II Chr 32, 3
Israels Männer helfen dem König: II Chr 26, 13
einige Israeliten helfen den anderen: Esr 10, 15
einige Ungenannte helfen dem David: I Chr 12, 23
Josua hilft den Gibeoniten: Jes 10, 6
David hilft nicht den Philistern: I Chr 12, 20
David hilft seinem Heer: II Sam 18, 3
Abisai hilft dem David: II Sam 21, 17
Joab und Abjathar helfen dem Adonja: I Reg 1, 7
Josafat hilft dem Ahab: II Chr 19, 2

c) andere Völker oder einzelne Personen aus anderen Völkern als Subjekte des Helfens. Die Hilfsempfänger sind hier immer nichtisraelitische Völker oder nichtisraelitische Persönlichkeiten: Jes 10, 4.33 I Chr 18, 5 II Sam 8, 5 I Reg 20, 16

d) fremde Völker oder fremde Götter als Subjekte des Helfens, die aber für Israel keine Hilfe bringen: II Chr 28, 23 (vgl. auch Sach 1, 15).

2. *ʿozer*
Auch hier ist nie ein anderes Volk als Helfer Israels genannt. Jahwe oder einzelne Menschen sind Subjekte des Helfens, einmal wohl Chaosmächte (Hi 9, 13).

3. *ʿezær*
Als Hilfe oder Bewirker von Hilfe erscheinen Gott (Dtn 33, 26.29 Hos 13, 9 Ps 33, 20; 115, 9.10.11; 124, 8) oder Menschen (Gen 2, 18.20 Ez 12, 14). An der einzigen Stelle, an der ein anderes Volk Subjekt der Hilfe ist (Jes 30, 5), wird die Wertlosigkeit dieser Hilfe ausgesagt.

4. *ʿæzrā*
Jahwe als Subjekt des Helfens
für einzelne: Ps 22, 20; 27, 9; 35, 2; 38, 23; 40, 14.18; 63, 8; 70, 2; 71, 12; 94, 17
für das Volk: Ps 44, 27; 46, 2; 60, 13; 108, 13
andere Völker als Subjekt: Jes 20, 6; 31, 1.2 Jer 37, 7 Thr 4, 17 II Chr 28, 21 Nah 3, 9
Jedesmal wird gesagt, daß die anderen Völker ihren Schützlingen keine Hilfe sind.
Einzelne als Subjekt: Jdc 5, 23 Hi 31, 21

II. Auswertung des statistischen Materials im Hinblick auf das Thema dieser Arbeit

Für das Thema dieser Arbeit ist besonders wichtig, daß in den wenigen Fällen, in denen andere Völker oder deren Repräsentanten Subjekt des Helfens sind und Israel der Empfänger der Hilfe ist, immer gesagt wird, daß die Völker keine Hilfe bringen können. Die Verwendung der Wurzel *ʿzr*[27] entspricht damit dem Sachverhalt, daß — soweit ich sehe — in der gesamten geschichtlichen Überlieferung des AT nur an einer einzigen Stelle (I Reg 15, 16—22) davon berichtet wird, daß ein anderes Volk Israel/Juda geholfen habe[28]. Nach alttestamentlicher Darstellung hatte Israel in der Zeit von der Wüstenwanderung bis Salomo eine Vielzahl von Kämpfen mit einzelnen Völkern und mit Koalitionen auszufechten — Israel selbst (als Einheit dargestellt) steht immer allein. Nach der Reichsteilung suchen beide Reiche bei verschiedenen Völkern Hilfe. Doch verläuft nur ein einziges derartiges Unternehmen erfolgreich: die Unterstützung des Königs Asa durch Damaskus (I Reg 15, 16—22). Während in I Reg 15 diese Aktion des Asa tatsächlich als ein Erfolg für Juda dargestellt wird, ist in I Chr 16 der Bericht über sie in sehr aufschlußreicher Weise erweitert:

»Zu der Zeit kam der Seher Hanani zu Asa, dem König von Juda, und sprach zu ihm: Weil du dich auf den König von Aram verlassen hast und nicht auf den Herrn, deinen Gott, darum ist das Heer des Königs von Aram deiner Hand entronnen. Hatten nicht die Kuschiten und Lybier eine große Heeresmacht mit sehr viel Wagen und Reitern? Doch der Herr gab sie in deine Hand, da du dich auf ihn verließest. Denn des Herrn Augen schauen alle Lande, daß er stärke, die mit ganzem Herzen bei ihm sind. Du hast töricht getan, darum wirst du auch von nun an Krieg haben.« (II Chr 16, 7—9)[29].

In allen anderen Fällen, in denen Israel oder Juda bei anderen Völkern Hilfe suchten, verliefen diese Versuche erfolglos oder sogar zum Schaden der Hilfesuchenden. Von den Propheten wurden die Anlehnungsversuche an andere Völker aufs entschiedenste bekämpft. Das oben zitierte Stück II Chr 16, 7—9 geht »ganz in den Bahnen der großen Propheten, namentlich Jesajas«[30]. Erst bei Jeremia beginnt sich diese Einstellung zu den anderen Völkern zu ändern, und in der Sicht des Kyros bei Deuterojesaja erreicht dieser Umschwung seinen Höhepunkt. Doch müßte wohl im

---

[27] Dasselbe ließe sich an der Wurzel *jšʿ* zeigen, denn *jšʿ* ist »bedeutungsmäßig *ʿzr* parallel« (G. Fohrer, σῴζω, 278 Anm. 13). Vgl. Ps 60, 13; 108, 13 Thr 4, 17 Hos 1, 7; 14, 4 Ps 33, 16 f. Dtn 33, 26—29 und G. Fohrer, σῴζω, 282 f.

[28] Dem scheint zu widersprechen, daß Jesaja selbst in der Anfangszeit des syrisch-ephraimitischen Krieges in Aussicht stellt, die israelitisch-aramäische Koalition werde durch die Assyrer geschlagen werden. Hier wäre also doch ein anderes Volk, nämlich Assur, Judas Helfer. Doch ist zu beachten, daß Jesaja ebendiese Aussage, Assur werde Juda Hilfe bringen, nicht macht. Vielmehr wird die angebotene Hilfe betont als Werk Jahwes dargestellt. Der Name Assur fällt nur ein einziges Mal (in den Texten aus der Frühzeit des syrisch-ephraimitischen Krieges), und an dieser Stelle ganz unbetont (Jes 8, 4).

[29] Übersetzung nach revidiertem Luthertext.

[30] W. Rudolph, Chronik, 247; K. Galling, Die Bücher der Chronik, Esra, Nehemia, 117, weist II Chr 16, 7—10 dem von ihm Chron ** genannten letzten Bearbeiter des chronistischen Werkes zu.

einzelnen differenzierter betrachtet werden, wie Jeremia und Deuterojesaja dies Verhältnis der andern Völker zu Juda sehen.

Da bei der alttestamentlichen Geschichtsschreibung der theologische Aspekt eine große Rolle spielt[31], legt sich die Frage nahe, ob nicht auch der Sachverhalt, daß in der alttestamentlichen Geschichtsüberlieferung nur 1 × ein anderes Volk Israel/Juda hilft, auf dem Hintergrund eines theologischen Urteils zu verstehen ist. Dieses Urteil — darauf weist II Chr 16, 7—9 — könnte besagen, daß Jahwe allein der Helfer Israels bzw. Judas ist. Vermutlich war diese Vorstellung schon vor Jesaja und Hosea ausgeprägt[32]. Wann und durch wen sie entstanden ist, läßt sich allerdings nicht mehr sagen.

Zusammenfassung des Exkurses

Wir haben in diesem Exkurs das Wortfeld »vertrauen« genauer untersucht, um schärfer erfassen zu können, wie Jesaja mit Hilfe von Wörtern aus dieser Wortgruppe die Politik seiner Zeit zugleich darstellt und beurteilt. Hierzu läßt sich nun zusammenfassend folgendes sagen:

1. Mit *bṭḥ*, den Wörtern von der Wurzel *ḥsh*, *maʿôz* und *nišʿăn* in übertragener Bedeutung verwendet Jesaja religiös geprägte Wörter. Sie bezeichnen das Verhalten der Menschen Jahwe gegenüber. Indem Jesaja mit ihrer Hilfe die Haltung Judas gegenüber anderen Völkern beschreibt, charakterisiert er diese Politik als jahwefeindlich. In ihr setzt Juda andere Völker an die Stelle Jahwes[33].

2. Letzteres soll auch die Verwendung der Wörter *šʿh* und *măbbaṭ* leisten, wenn Jesaja mit ihrer Hilfe Judas Politik schildert. Allerdings handelt es sich hier nicht um religiös geprägte Wörter. Zumindest läßt das uns zur Verfügung stehende Textmaterial eine derartige Ausformung nicht erkennen. Jesaja gebraucht die Wörter jedoch als theologisch gefüllte. Die durch sie beschriebene Haltung wäre Jahwe gegenüber angebracht und ist also andern Völker gegenüber abzulehnen.

3. Bei den Bildungen von der Wurzel *ʿzr* schließlich ist weder für das ganze AT noch für Jesaja festzustellen, daß es sich um religiös gefüllte Wörter handelt. Nach Jesajas Urteil ist es für Juda nicht nur nutzlos, sondern sogar gefährlich, wenn es Hilfe bei andern Völkern sucht. Hinter diesem Urteil Jesajas — wie hinter der gesamten Geschichtsdarstellung des AT — könnte der theologische Gedanke stehen, daß Juda (bzw. Israel) nur auf Jahwe vertrauen und von ihm Hilfe erwarten soll.

---

[31] Vgl. M. Noth, Artikel »Geschichtsschreibung, biblische I. Im AT«, in: RGG³ II, 1499: »Jedenfalls war die G[eschichtsschreibung] in Israel von Anfang an nicht an den geschichtlichen Vorgängen als solchen interessiert, sondern am Wirken Gottes in der Geschichte«. Vgl. auch R. Smend: Elemente alttestamentlichen Geschichtsdenkens, 27 und 36 f.

[32] Vgl. unten S. 217.

[33] Eine Zusammenstellung von Stellen, an denen zum Ausdruck gebracht wird, worauf »der Fromme des Alten Bundes alles *nicht* vertrauen soll«, findet sich bei H. D. Preuss, Zukunftserwartung, 104 Anm. 154.

Kapitel 3

Andere Völker als Jahwes Gerichtsvollstrecker

I. Die Texte, in denen andere Völker als Gerichtsvollstrecker Jahwes erscheinen

In einer großen Anzahl von Texten aus allen Tätigkeitsperioden Jesajas werden andere Völker als Jahwes Gerichtsvollstrecker genannt.

1. An einigen Stellen findet sich eine *namentliche Nennung dieser Völker.*

Jes 7, 18 f.

Assur und *Ägypten* werden von Jahwe herbeigepfiffen.

Die Ursprünglichkeit der Nennung Ägyptens in diesem Spruch ist allerdings nicht unbestritten. So wendet H. Wildberger ein, daß der Imker den Bienen pfeift, »bei Fliegen wird das gewiß niemand tun«[1]. Außerdem drohte von Ägypten zur Zeit des syrisch-ephraimitischen Krieges keine Gefahr[2]. H. Wildberger nimmt deshalb an, daß Ägypten in den Text eingefügt wurde, als 726/25 die äthiopische Dynastie zur Macht kam.

O. Kaiser meint, »wohl ein Zeitgenosse der Kämpfe zwischen den Seleukiden und den Ptolemäern« habe Ägypten vermißt und eingefügt[3]. B. Duhm will zwar nicht eine Beziehung auf Ägypten in Jes 7, 18 f. bestreiten, doch hält er die namentliche Nennung nicht für ursprünglich. Er möchte die beiden Relativbestimmnugen streichen, da sie »sachlich so überflüssig wie möglich« seien[4]. Dasselbe erwägt H. Donner[5], allerdings ohne eine Entscheidung zu treffen.

Das wichtigste Argument bei diesen Versuchen einer Textrekonstruktion scheint mir der Hinweis darauf zu sein, daß Ägypten im syrisch-ephraimitischen Krieg keine Rolle spielte. Aber es wird doch zu fragen sein, ob wir so genau darüber Bescheid wissen, welche Bedeutung Ägypten damals für die politischen Unternehmungen der palästinensischen Staaten hatte. Immerhin zog Tiglat-Pileser zuerst bis zum Bach Ägyptens, offenbar um ein Eingreifen Ägyptens auszuschließen. Ein solches schien damals also durchaus im Bereich des Möglichen.

---

[1] H. Wildberger, 303.

[2] H. Wildberger, 303.

[3] O. Kaiser, 86.

[4] B. Duhm, 76.

[5] H. Donner, Israel, 140: Die relativen Bestimmungen »machen allerdings den Eindruck von Glossen«.

Das Argument, daß man Fliegen nicht pfeife, überschätzt wohl unsere semantische Kenntnis des Verbs *šrq*. Ebenso scheint es mir unstatthaft, die relativen Bestimmungen aus stilistischen Gründen auszuscheiden. Über den Stil Jesajas liegt noch viel zu wenig rein statistisches Material vor, als daß wir mit Sicherheit sagen könnten, derartige Formulierungen seien bei ihm stilistisch ausgeschlossen.

Jes 8, 1—4

Assur wird den Reichtum von Damaskus und die Beute Samarias wegschleppen (v. 4).

Jes 9, 11

Aram (Damaskus) und die *Philister* »verschlangen Israel mit vollem Mund«.

Jes 10, 5—15

Assur war dazu ausersehen, den Gerichtsbeschluß Jahwes an den Völkern, die sich seinen Zorn zugezogen hatten, zu vollstrecken (10, 5 f.).

Jes 20, 1—6

Assur wird die Ägypter als Kriegsgefangene in die Verbannung führen (v. 4).

Jes 22, 5 f.

Elam und *Kir* belagerten Jerusalem und drohten es zu stürmen[6]. Einige Kommentatoren sehen in v. 5 noch die von Ez 23, 23 her bekannten Völkerschaften Ko^{a}ʿ und Scho^{a}ʿ genannt, wobei *qir* in *qô*^{a}ʿ geändert wird[7].

H. Donner versteht *šô*^{a}ʿ als nomen gentilicium, ohne *qir* in *qô*^{a}ʿ zu ändern. O. Procksch ändert außerdem in v. 6 in *rakăb* ʾ^{a}*ram parašîm,* so daß dort von Damaskus die Rede ist. Dies wird auch von C. v. Orelli und H. Donner erwogen.

Nun hat jedoch M. Weippert einen meines Erachtens sehr einleuchtenden Versuch unternommen, das *m*^{e}*qărqăr qir* von v. 5 zu erklären[8]. Er geht von dem ugaritischen qr aus, das Krt 119 ff. = 222 ff. parallel zu ql (»Stimme«) steht »und demnach etwa ›Geräusch, Klang‹ bedeutet«[9]. »*qrqr* ist dann ein onomatopoetisch von der Wurzel *qr* durch Reduplikation gebildetes Intensivum«[10]. Ist M. Weipperts Deutung richtig, dann sind also in Jes 22, 5 f.

---

[6] Aus den folgenden Versen geht hervor, daß auch v. 5 f. von bereits in der Vergangenheit liegenden Ereignissen sprechen.

[7] So etwa O. Procksch und KBL.

[8] M. Weippert, Zum Text von PS 19, 5 und JES 22, 5, 97—99.

[9] M. Weippert, Zum Text von PS 19, 5 und JES 22, 5, 98.

[10] M. Weippert, Zum Text von PS 19, 5 und JES 22, 5, 98.

nicht Ko$^{a'}$ und Scho$^{a'}$ als Hilfsvölker Assurs genannt. Auch J. Simons weist dieses Verständnis ab, das nach seiner Ansicht, »lacks all critical support.«[11] Bei v. 6 a*β* ist es mir wahrscheinlich, daß *b^{e}rækæb 'adam parašîm* sekundärer Zusatz ist[12].

So sind also in Jes 22, 1—14 nur Elam und Kir namentlich genannt. Es besteht aber weitgehende Einigkeit darüber, daß es sich dabei um Hilfsvölker Assurs handelt, so daß Assur der eigentliche Gerichtsvollstrecker ist.

2. Einige Male wird das *Heranziehen eines feindlichen Heeres geschildert, ohne daß der Name des Feindes ausgesprochen wird.*

Jes 5, 26—29

Die Verse stellen den Abschluß von 9, 7—20 + 5, 25—29 dar (anders z. B. O. Procksch). Jesaja zeichnet den Anmarsch eines glänzend gerüsteten Heeres; nach Ansicht der meisten Kommentatoren sind die Assyrer gemeint[13].

Jes 14, 31

Das vor allem im zweiten Stichus unklare Bild vom Rauch, der aus dem Norden gegen die Philister kommt, symbolisiert wohl ebenfalls die Assyrer[14].

Jes 28, 2 f.

Im Bild des alles vernichtenden Unwetters beschreibt Jesaja die Vernichtung des Nordreichs durch einen von Jahwe beauftragten mächtigen Gegner. Daß Jesaja an Assur denkt, wird allgemein angenommen[15].

Jes 1, 4—9

Der Text spricht in klagendem Ton von dem schon bis zur Unkenntlichkeit zerschlagenen Juda. Die Schilderung des Zustands, in dem sich das Volk befindet, weist darauf hin, daß Jesaja die Ereignisse von 701 vor Augen hat. Dann sind unter den »Fremden« von v. 7 die assyrischen Truppen zu verstehen.

3. In diesem Zusammenhang sind auch die Texte zu nennen, in denen die *namentliche Benennung des Gerichtsvollstreckers dem Jesaja-Wort wahrscheinlich sekundär zugefügt* wurde.

---

[11] J. Simons, The Geographical and Topographical Texts of the Old Testament, 440.

[12] So z. B. K. Marti; B. Duhm; G. Fohrer I; H. Donner, Israel, 127.

[13] Anders z. B. H. Fredriksson, Jahwe als Krieger, 33: »Der geheimnisvolle Ursprung und die übermenschliche Kraft deuten an, daß es hier sich ... um ein überirdisches Heer handelt.«

[14] So z. B. O. Procksch; G. Fohrer I; H. Donner, Israel, 113; anders B. Duhm: er hält den Spruch für nichtjesajanisch und versteht ihn von der Zeit Alexanders d. Gr. her.

[15] Vgl. z. B. B. Duhm; K. Marti; O. Procksch; G. Fohrer II; H. Donner, Israel, 77.

Jes 7, 17

Der Vers wird von mehreren ganz als sekundär betrachtet[16]. Andere halten Teile aus v. 17 für Glossen[17]. Weitgehende Übereinstimmung besteht darin, daß v. 17 b (»den König von Assur«) nicht dem ursprünglichen Text zuzurechnen ist.

Jes 7, 20

Die sachlich und metrisch nachhinkende Näherbestimmung »mit dem König von Assur« wird eine sekundäre Erweiterung sein[18]. B. Duhm nimmt an, daß durch einen Abschreiber versehentlich eine Randglosse in den Text geraten ist.

Jes 8, 7

Die Näherbestimmung »den König von Assur und all seine Herrlichkeit« sprengt das Bild vom überströmenden Fluß, das in v. 7 a*α* beginnt und 7 b fortgesetzt wird[19].

4. In einer Reihe von Texten kündigt Jesaja *Verheerungen und Unheil an. Dabei ist einige Male eindeutig an Kriegsfolgen gedacht, das Auftreten eines feindlichen Volkes also vorausgesetzt:* 1, 4—9; 1, 20; 3, 26—4, 1; 5, 13. Für einige andere Texte ist diese Voraussetzung möglich: 3, 8; 5, 9; 6, 11; 10, 1—4; 32, 9—13.

5. Öfter *nennt Jesaja nur Jahwe als Bewirker des für Juda unheilvollen Geschehens, wobei aber an die Aktion eines anderen Volkes gedacht ist, dessen sich Jahwe bedient.*

Jes 3, 16 f.24

Während O. Procksch feststellt: »Welcher Art die Heimsuchung ist ... bleibt dunkel«[20], denkt B. Duhm an »Mißhandlung seitens des Pöbels«[21]. O. Kaiser, G. Fohrer und H. Wildberger sehen hier die Entehrung der jerusalemischen Frauen durch Feinde und Eroberer angekündigt. Diese Deutung scheint auch mir am naheliegendsten zu sein, wenn sich auch letzte Sicherheit wohl kaum erreichen läßt.

---

[16] So B. Duhm; K. Marti; G. Fohrer I; H. Donner, Israel, 18. G. Fohrer scheint die Frage in G. Fohrer I, 16 und in G. Fohrer, Jes 7, 14, 169, unterschiedlich zu beantworten.

[17] So z. B. O. Procksch; O. Kaiser; H. W. Wolff, Frieden, 10 Anm. s und t; E. Jenni, Politische Voraussagen, 16; H. Wildberger.

[18] So z. B. B. Duhm; O. Procksch; E. Jenni, Politische Voraussagen, 16; G. Fohrer I; O. Kaiser; H. Wildberger.

[19] So auch B. Duhm; O. Procksch; E. Jenni, Politische Voraussagen, 16; O. Kaiser; G. Fohrer; anders F. Delitzsch; H. Donner, Israel, 22.

[20] O. Procksch, 81.

[21] B. Duhm, 49.

Jes 3, 25—4, 1

Außer von B. Duhm wird hier — soweit ich sehe — von allen Auslegern an Kriegsfolgen, also an die Einwirkung von Feinden gedacht.

Jes 28, 11

Jahwe wird zu »diesem Volk da« sprechen, aber »durch Leute mit stammelnder Rede und in fremder Sprache«.

Jes 28, 21

Jahwe wird gegen Juda kämpfen wie er am Berg Perazim und im Tal von Gibeon für Israel kämpfte. Aber wie er sich damals des davidischen Heeres bediente, so bedient er sich jetzt der *šôṭ šôṭep* (v. 18).

Jes 31, 3

Jahwe wird seine Hand ausstrecken, so daß Helfer und Hilfeempfänger fallen. Angesichts der Situation des Spruches, nämlich eines Bündnisses zwischen Juda und Ägypten, das die Verbündeten in den Kampf mit Assur trieb, scheint es mir am wahrscheinlichsten, daß an Assur als den Vernichter gedacht ist, dessen sich Jahwes Hand bedient. Auch in 9, 7—20 + 5, 25—29 wird die zornig ausgestreckte Hand Jahwes (9, 11.16.20; 5, 20) im Ansturm Assurs (5, 26—29) wirksam.

Jes 29, 1—4

Auch hier droht Jesaja meines Erachtens den Jerusalemern eine Belagerung durch Feinde an[22]. Doch ist von dem Spruch wirklich zu sagen, daß er »bristles with problems«[23]. Umstritten ist, wieweit er in seinem ursprünglichen Bestand reicht, ob bis v. 4 a oder bis v. 7 oder gar bis v. 8. Umstritten ist die Interpretation von v. 4[24] und umstritten ist neuerdings auch, wer mit dem Belagerer von v. 2 f. gemeint ist, ob Jahwe selbst[25] oder irdische Völker im Auftrag Jahwes. Damit sind nur die Probleme angerissen, die für die hier behandelte Frage wichtig sind. Hinzu kommt, daß die Meinungen auch darüber auseinandergehen, welche Traditionen Jesaja hier aufgreift[26] und was die Gesamtaussage des Spruches ist: unbedingtes Heil, bedingtes Heil oder Unheil.

---

[22] Zur Begründung vgl. unten S. 169/170.

[23] B. S. Childs, Crisis, 54.

[24] Sieht G. Fohrer II 75, in v. 4 die Bedingungen für eine Rettung genannt, nämlich »wirklich ernsthafte Umkehr, Reue und Buße«, so behauptet B. S. Childs, Crisis, 55: »V. 4 does not offer any note of repentance which might form a transition to deliverance.«

[25] So neuerdings H.-M. Lutz, Völker, 100, 106 f. 109 f. 114.

[26] Vgl. dazu vor allem die Ausführungen von B. S. Childs, Crisis, 53—57.

a) Das Verständnis von Jes 29, 4 und der ursprüngliche Umfang der mit Jes 29, 1 beginnenden Einheit.

Die Entscheidung über die Abgrenzung des Spruches fällt am Verständnis von v. 4. Gehört v. 4 zum Drohwort, stellt er also die demütigende Situation dar, in die Jerusalem durch die Belagerung gerät[27], dann wird man v. 5—8[28] kaum für ursprünglich halten können[29]. Eine solche Aufeinanderfolge von Schelt- und Drohwort einerseits und Verheißung andererseits findet sich bei Jesaja auch dann nicht, wenn man 17, 12—14 und andere Belege der Zionstradition für jesajanisch hält[30]. Anders verhält es sich freilich, wenn man in v. 4 die Bedingung für das Wirksamwerden der in v. 5—8 geschilderten Rettung genannt findet[31]. Es ist also zunächst nach dem Verständnis von v. 4 zu fragen.

α) Zum Verständnis von Jes 29, 4

Die Interpretation von Jes 29, 4 entscheidet sich an der Bedeutung der beiden Verben *špl* und *šḥḥ*. Sie sind unter der Fragestellung zu betrachten, ob sie eher eine reuevolle Selbstdemütigung bezeichnen oder eine gewaltsame Demütigung durch andere. Natürlich muß auch mit der Möglichkeit gerechnet werden, daß das uns zur Verfügung stehende Material keine eindeutige Antwort auf die so gestellte Frage gibt.

---

[27] So z. B. B. Duhm; O. Procksch; H. Donner, Israel, 155; G. v. Rad, Theologie II, 165; H.-M. Lutz, Völker, 107.

[28] Von einer genaueren Analyse der v. 5—8 kann hier abgesehen werden. Nach Ansicht der Mehrzahl der neueren Kommentare stellen sie jedenfalls keine ursprüngliche Einheit dar.

[29] Für die ursprüngliche Zusammengehörigkeit von v. 1—4 und 5—8 votieren z. B. O. Procksch; H. Gressmann, Messias, 100 ff.; G. v. Rad, Theologie II, 165. H. Gressmann hat — soweit ich sehe — zuerst die von G. v. Rad dann aufgenommene These vertreten, daß Jesaja hier eine Zionstradition verwende, in der Bedrohung und plötzliche Rettung des Zion miteinander verbunden seien. Nun hat jedoch B. S. Childs, Crisis, 56, durch eine vor allem formkritische und traditionskritische Untersuchung festgestellt, daß die Aufeinanderfolge von Schelt- und Drohwort einerseits und Verheißung andererseits, wie sie Jes 29, 1—8 vorliegt, in der Zionstradition, als deren charakteristisches Beispiel B. S. Childs Jes 17, 12—14 nimmt, nicht zu finden ist. Dazu kommt, daß »such an abrupt transition from judgement to promise after the manner of 29, 1—8 is most unusual in the primary level of Isaianic material.« (B. S. Childs, Crisis, 56). In v. 1—4 und v. 5 sei zwar die Zionstradition verwendet, v. 6 jedoch greife Motive der Theophanie auf. Alles deutet »to the fact of two different layers in vv. 1—8. The primary oracle (vv. 1—4, 5 c—6) was an invective-threat directed against Jerusalem. A secondary level (5 a, b, 6) transformed the oracle into a promise by adding a word of threat to the nations which was drawn from the language of the older Zion tradition.« (B. S. Childs, Crisis, 57).

[30] B. S. Childs, Crisis, 56; (vgl. die vorige Anmerkung).

[31] So G. Fohrer II.

špl kommt im qal 11 × vor:

Jes 9 ×[32] (mindestens 1 × nichtjesajanisch[33])

Dtjes 1 × (40, 4)

Koh 1 × (12, 4)

Betrachten wir die 8 Jesajastellen (29, 4 muß natürlich hier zunächst ausgenommen werden), so ist in allen Fällen von einem gewaltsamen Erniedrigtwerden die Rede. 5 × wird ausdrücklich gesagt, daß Menschen erniedrigt werden[34], 2 × wird von der Erniedrigung von Naturgegenständen gesprochen[35], 1 × sind Natur, Werke des Menschen und die Menschen selbst zusammengefaßt im Ausdruck »alles Hohe und Erhabene«[36].

Jes 40, 4 sollen Berge nieder gemacht werden und Koh 12, 4 wird davon gesprochen, daß das Geräusch der Mühle »niedrig«, d. h. leise sein wird.

Für *špl* hi. haben wir 18 Belege im AT, 15 × besagt *hišpîl* eine Demütigung oder Erniedrigung durch einen anderen[37], manchmal fast im Sinn von »vernichten«[38]. 3 × ist *hišpîl* verbum relativum[39].

Fassen wir zusammen: An 25 von 29 Belegen drückt *špl* die Demütigung oder Erniedrigung durch einen andern aus, nie aber eine reuige Selbstdemütigung.

šḥḥ qal ist im ganzen 12 × belegt. 6 × bezeichnet es ein Gebeugtwerden durch einen andern[40], 4 × die Haltung eines über ein Unglück Trauernden, also doch wohl eine Selbstdemütigung[41], 1 × beschreibt es das Sichducken des lauernden Löwen[42], 1 × ist der Text sehr unsicher[43].

Im ni. (4 Belege) wird ein Gebeugtwerden durch einen andern[44] bzw. ein Leiserwerden der Stimme[45] ausgedrückt und im hi. (2 Belege) das Erniedrigen (transitiv)[46].

---

32 Jes 2, 9.11.12.17; 5, 15 (2 ×); 10, 33; 29, 4; 32, 19.

33 Jes 32, 19. Bedenken wird man aber auch bei 2, 12; 10, 33 und 5, 15 haben müssen.

34 Jes 2, 9.11.17; 5, 15 (2 ×).

35 Jes 10, 33; 32, 19.

36 Jes 2, 12.

37 I Sam 2, 7 Jes 13, 11; 25, 11.12; 26, 5 Ez 17, 24; 21, 31 Ps 18, 28; 75, 8; 147, 6 Hi 22, 29; 40, 11 Prov 25, 7; 29, 23. Hierher gehört wohl auch II Sam 22, 28, das man von der Parallele Ps 18, 28 her verstehen muß. An diesen Stellen ist nicht immer eine gewaltsame Erniedrigung gemeint (vgl. z. B. Prov 25, 7), aber immer eine Erniedrigung durch einen andern, manchmal in ausdrücklichem Gegensatz zur eigenen Bescheidenheit (vgl. wieder Prov 25, 7).

38 Jes 13, 11 steht *hišpîl* parallel zu *hišbît*.

39 Jer 13, 18 Ps 113, 6. Hierher gehört wohl auch Jes 57, 9.

40 Jes 2, 11.17 Hab 3, 6 Ps 107, 39 Hi 9, 13 Prov 14, 19.

41 Jes 60, 14 Ps 35, 14; 38, 7 Thr 3, 20, wobei an der letzten Stelle mit Q *tašôaḥ* zu lesen ist.

42 Hi 38, 40.

43 Ps 10, 10.

44 Jes 2, 9; 5, 15.

45 Koh 12, 4 Jes 29, 4.

46 Jes 25, 12 26, 5.

Ergebnis: Durch *šḥḥ* wird zwar in der Mehrzahl der Fälle eine Erniedrigung durch einen andern ausgedrückt, jedoch kann es auch die Haltung trauernder Selbstdemütigung beschreiben.

Daß Jes 29, 4 von einer erzwungenen Demütigung spricht, ist also nicht so selbstverständlich wie H.-M. Lutz[47] und B. S. Childs[48] annehmen. Trotzdem halte auch ich diese Interpretation für am wahrscheinlichsten, und zwar auf Grund folgender Überlegungen:

Die Wurzeln *špl* und *šḥḥ* werden bei Jesaja immer im Sinn einer Demütigung durch einen anderen verwendet. Umgekehrt ist die Aufeinanderfolge von Schelt- und Drohwort, prophetischer Vorwegnahme der Reue und Verheißung bei Jesaja meines Wissens nicht mehr belegt.

Zu beachten ist weiter, daß *weˇšapălta* ein pf. cons. ist, also eine Folge des Vorangegangenen ausspricht. Von hier aus scheint mir die Annahme nahe zu liegen, daß in 29, 4 die Folge des in v. 2 f. angedrohten strafenden Eingreifens Jahwes genannt wird. C. Westermann hat die Aufeinanderfolge von strafendem Eingreifen Jahwes und Folge dieses Eingreifens als für die Form des Drohwortes[49] gegen ein Volk charakteristisch bezeichnet[50]. Von den Jesajabelegen[51], die er nennt, stellen 28, 7—13; 29, 13 f.; 30, 15—17 formale Parallelen zu 29, 1—4 insofern dar, als in 28, 13 b; 29, 14 b; 30, 17 b dargestellt wird, welche Konsequenzen sich für den Bedrohten aus dem Eintreffen der Drohung ergibt.

β) Bestimmung des Umfangs der mit Jes 29, 1 beginnenden Einheit

Spricht Jes 29, 4 von einer gewaltsamen Demütigung als der Folge der Strafe Jahwes, dann ist die ursprüngliche Zugehörigkeit von v. 5—8 zu der mit v. 1 beginnenden Einheit sehr unwahrscheinlich. Das zeigen folgende Erwägungen:

Der Gedanke, daß Jahwe zuerst Völker zur Bestrafung Jerusalems heranführt, um sie dann auf Grund einer Sinnesänderung der Jerusalemer zu vernichten, wie es 29, 5 beschreibt, findet sich bei Jesaja sonst nicht. Dagegen taucht er Joel 2 auf[52]. Sehr fraglich scheint mir weiter, ob Jesaja eine Umkehr Judas so fest erwartet hat, daß er sie in Form einer prophetischen Vorwegnahme zum Ausdruck bringt.

Schließlich scheint mir auch die Sprache von v. 5 f. auf eine Abhängigkeit von der in Jes 17, 12—14 greifbaren Tradition hinzuweisen: *hamôn, moṣ*

---

[47] H.-M. Lutz, Völker, 107 Anm. 2. Die Argumentation von H.-M. Lutz leidet etwas darunter, daß er als Belege dafür, daß das Reden aus dem Staub »den tiefsten Grad der Demütigung und Entehrung« andeute, nur solche Stellen nennt, an denen das Stichwort »Staub« erscheint, nicht aber die Wendung »reden aus dem Staub«.

[48] B. S. Childs, Crisis, 55.

[49] C. Westermann sagt »Gerichtsankündigung« statt »Drohwort.«

[50] C. Westermann, Grundformen, 122.

[51] Vgl. C. Westermann, Grundformen, 122.

[52] Vgl. H.-M. Lutz, Völker, 38: »Ungewöhnlich jedoch ist, daß sich Jahwe, wie es Jl 2, 20 breit ausmalt, *gegen* sein Gerichtswerkzeug wendet, um es zu vernichten.«

und *sûpā* werden in beiden Texten verwendet. Auch die Plötzlichkeit der Wendung wird in 17, 12—14 und in 29, 5 ff. betont.

Diese Erwägungen veranlassen mich, im großen und ganzen der Analyse von H.-M. Lutz[53] zuzustimmen. Ich nehme also an, daß der ursprüngliche, von Jesaja stammende Spruch in v. 1—4 enthalten ist. Er läßt sich formal gliedern in eine scheltende Aufforderung (v. 1), ein Drohwort (v. 2 f.) und die Schilderung der Folge des strafenden Handelns Jahwe (v. 4)[54]: Jerusalem wird am Boden, im Staub, liegen.

Allerdings kann ich der Hauptthese von H.-M. Lutz nicht zustimmen, daß nämlich nach v. 1—4 Jahwe selbst, ohne das Medium eines irdischen Vollstreckers, gegen Juda kämpfe, während in v. 5 ff. andere Völker an seine Stelle gesetzt worden seien. Darauf ist im folgenden genauer einzugehen.

b) Andere Völker als Jahwes Gerichtsvollstrecker in Jes 29, 1—4

Obwohl in Jes 29, 1—4 nichts von menschlichen Vollstreckern der Drohung Jahwes gesagt wird, nehmen mehrere Kommentatoren an, es sei an Belagerung durch Judas Feinde gedacht[55]. Nachdem schon O. Procksch festgestellt hatte, die Stelle enthalte keinen Hinweis darauf, daß sich Jahwe irgendwelcher irdischen Werkzeuge bediene, hat nun H.-M. Lutz mit Nachdruck die These verfochten, in Jes 29, 1—4 sei die Drohung ausgesprochen, Jahwe selbst werde gegen Jerusalem kämpfen, ohne das Medium anderer Völker[56]. H.-M. Lutz vermutet hierin eine Umkehrung der Jahwekriegstradi-

---

[53] H.-M. Lutz, Völker, 100—110. Dagegen erhebt neuerdings H.-J. Hermisson, Zukunftserwartung und Gegenwartskritik, 56 Anm. 8, folgenden Einwand: »Aber die angeblich ursprüngliche Einheit 29, 1—4 a kann mit v. 4 a nicht geendet haben: der Text würde mit dem Moment höchster Spannung abbrechen (das hat selbst B. Duhm, Jesaja HKAT III/1, 1922⁴, z St., verkannt); auf Belagerung und höchste Bedrängnis der Stadt müßte entweder ihre Einnahme oder ihre Rettung im letzten Moment folgen; das letztere ist hier gemeint.«
Dagegen ist zu fragen, ob die Ankündigung, daß Jerusalem im Staub liegen werde, nicht die Einnahme der Stadt impliziert, zumal es Jahwes Werk ist, das die Belagerer vollstrecken? »Jerusalem liegt vor dem Belagerer im Staube, sein Stolz und Jubel sind verschwunden.« (K. Marti).

[54] Für unser Thema unerheblich ist, ob v. 4 b noch zu diesem Spruch gehört oder nicht. Tatsächlich stellt v. 4 b*β* eine stilistisch recht harte Wiederholung von v. 4 a*β* dar.

[55] Vgl. B. Duhm 207: »Jahwe wird sich gegen die Stadt ... mit einem feindlichen Heer lagern.« H. Donner, Israel, 155: »Die Schilderung läßt erkennen, daß eine Belagerung gemeint ist. Sollte der Spruch aus der Zeit unmittelbar vor der assyrischen Belagerung Jerusalems 701 stammen?« G. Fohrer II 73: »Die Assyrer werden ihr Kriegslager aufschlagen, um zur Belagerung und Eroberung zu schreiten.« G. v. Rad, Theologie II, 169: »Hier ist also Jahwe zuerst in dem Angriff der Feinde auf den Zion aufs persönlichste gegenwärtig, dann aber wendet er sich gegen diese Feinde.«

[56] H.-M. Lutz, Völker, 100, 106, 107, 109, 110, 114, 190.

tion, derzufolge Jahwe zugunsten Israels kämpfte[57]. Doch lassen sich meines Erachtens gegen die Deutung von Jes 29, 1—4 durch H.-M. Lutz einige Einwände erheben.

α) Die Aussage, daß Jahwe kämpfen werde, muß nicht unbedingt wörtlich verstanden werden, so daß ein Kämpfen Jahwes mittels anderer Völker ausgeschlossen wäre. Dies geht etwa aus dem von H.-M. Lutz selbst angeführten Vers Jes 28, 21 hervor:

Denn wie am Berg Perazim wird Jahwe sich erheben,
wie in der Ebene von Gibeon wird er toben.

Gemeint ist aber im Zusammenhang von 28, 14—22 Jahwes Handeln mittels der *šôṭ šôṭep*, also Assurs. Auch die durch die Ortsnamen von Jes 28, 21 in Erinnerung gerufenen Ereignisse von II Sam 5, 17—25 wissen nichts von einem Kampf Jahwes allein, sondern von Kriegen Davids, die Jahwe zum Sieg führte. Ebenso ist an den oben[58] bereits erwähnten Stellen 3, 25—4, 1 und 31, 3 nur von einem Handeln Jahwes explizit die Rede, mit ziemlicher Sicherheit aber an die Wirksamkeit von Feinden gedacht.

β) Wurde im letzten Abschnitt der Nachweis versucht, daß die Nichterwähnung anderer Völker noch nicht mit Notwendigkeit die Annahme ausschließe, daß an menschliche Werkzeuge Jahwes gedacht sei, so läßt sich meines Erachtens aus Jes 29, 1—4 auch ein positives Argument dafür entnehmen, daß in diesen Versen eine Belagerung durch Feinde angedroht wird. Die Konkretheit der Belagerungsschilderung in v. 3 läßt sich nur als Aktion eines feindlichen Heeres denken. Dies ist selbstverständlich, wenn *muṣṣab* und *m^eṣurôt* mit »Posten« und »Wachen« zu übersetzen ist[59]. Aber auch bei der von H.-M. Lutz[60] im Anschluß an B. Duhm und O. Procksch gewählten Übersetzung »Sturmbock« und »Festungswälle« läßt sich doch schwer Jahwe als alleiniger Akteur vorstellen, wobei die Frage kaum zu umgehen sein dürfte, ob Jahwe nach Jesajas Ansicht solche Belagerungsinstrumente nötig gehabt hätte.

Ich komme also auch für Jes 29, 1—4 zu dem Ergebnis, daß Jesaja hier eine Belagerung durch Feinde androht. Diese Überlegungen waren nötig, um die Auswertung dieses Textes für die Frage zu rechtfertigen, wie Jesaja andere Völker als Gerichtsvollstrecker Jahwes darstellt.

II. Die Eigenart der jesajanischen Ankündigung anderer Völker als Gerichtsvollstrecker: In den andern Völkern handelt Jahwe an Juda

Man könnte es für eine Selbstverständlichkeit halten, daß das vom Propheten angekündigte Geschehen ein Handeln Jahwes ist, da er ja im Namen

[57] H.-M. Lutz, Völker, 190—200. Dort auch ein Hinweis auf eine Arbeit von J. A. Soggin (VT 10 (1960), 79—83), der ebenfalls auf die prophetische Umkehrung dieser Tradition aufmerksam gemacht hat.

[58] Vgl. oben S. 165.

[59] So z. B. G. Fohrer II.

[60] H.-M. Lutz, Völker, 106.

Jahwes redet. Aber es ist doch beachtlich, in welchem Maße Jesaja die anderen Völker, die in dem angedrohten Geschehen auf den ersten Blick eine Hauptrolle zu spielen scheinen, in den Hintergrund drängt. Jesaja stellt nicht ein Handeln der Völker dar, sondern ein Handeln Jahwes. *Jahwe* wird handeln — und sich dabei manchmal eines anderen Volkes bedienen. Man kann also im Hinblick auf die Verwendung anderer Völker als Strafvollstrecker durch Jahwe kaum sagen, hier sei Jahwes Welt- und Geschichtslenkung in universaler Weise ausgedehnt. Vielmehr ist das Verhältnis Jahwe — Juda der Rahmen; nur im Rahmen dieses Verhältnisses spielen andere Völker eine Rolle, und zwar eine recht untergeordnete Rolle.

Damit sind wir beim zweiten Gedanken, der mir für die jesajanische Darstellung anderer Völker als Gerichtsvollstrecker charakteristisch zu sein scheint: Jesaja beschreibt dieses Wirken der Völker nicht nur als Handeln Jahwes, sondern als Handeln Jahwes speziell an Juda. *Im Handeln der Völker handelt Jahwe an Juda.* Zwischen diese beiden Pole — Jahwe und Juda — ist das Auftreten anderer Völker eingespannt, ohne daß diese Gegenstand eigenen Interesses würden.

Daß Jesaja mit seiner Darstellung anderer Völker als Gerichtsvollstrecker diesem Anliegen Ausdruck verleihen möchte, soll im folgenden veranschaulicht und an Hand der Texte belegt werden.

1. Betrachtet man die einschlägigen Texte unter diesem Aspekt, so fällt zunächst auf, wie *selten andere Völker namentlich genannt* sind. Nach der oben gegebenen Übersicht ist dies nur an 6 Stellen der Fall[61]. In drei weiteren Fällen wurde der Name wahrscheinlich später zugefügt[62].

Besonders interessant ist hier Jes 22, 5 f., wo zwar Elam und Kir als Belagerer Jerusalems genannt sind, damit aber der Hauptgegner, nämlich Assur, gar nicht erwähnt wird. Jesaja kommt es auf eine genaue Fixierung der Angreifer offenbar nicht an. Man könnte vermuten, daß Elam und Kir nur um der anschaulichen Schilderung willen angeführt werden.

Häufig werden nur die verheerenden Folgen des Kriegsgeschehens erwähnt[63], woraus man wohl schließen kann, daß es Jesaja wesentlich auf diese Folgen ankam, die sich für Juda ergaben. Ebenso ist es, wenn nur Jahwe als Handelnder genannt ist[64].

Auch in den beiden Unheilsankündigungen gegen das Nordreich Jes 5, 26—29 und 28, 1—4[65] wird der Name des geschilderten Feindes nicht genannt.

---

[61] Vgl. oben S. 161—163.

[62] Vgl. oben S. 163 f.

[63] Vgl. oben S. 164.

[64] Vgl. oben S. 164—170.

[65] Vgl. B. Duhm zu 28, 2 f.: hier und 5, 26—29 werde Assur »noch in ganz idealer Weise gedacht«. In diesem Zusammenhang ist wohl auch 10, 27 b—32 zu nennen. Doch ist die Absicht von 10, 27 b—32 schon deshalb sehr schwer zu ermitteln, weil v. 33 f. nicht mehr zum vorhergehenden gehören und damit 10, 27 b—32 ein eigentlicher Schluß fehlt. Auch die für eine Interpretation wichtige zeitliche Ansetzung

Möglicherweise war es für die Hörer klar, wen Jesaja meinte. Ebenso klar aber scheint mir zu sein, warum Jesaja die Schlagkraft der feindlichen Truppen so eindrücklich ausmalt. Beide Worte münden nämlich in eine Aussage darüber, was sich aus der Mächtigkeit des Bedrohers für den Bedrohten ergibt: Ihm bleibt keine Möglichkeit der Rettung:

5, 29 Er brüllt und packt seine Beute,
schleppt weg, und keiner kann helfen.
28, 2 Er wirft mit Gewalt zu Boden.
Diese Aussage wird in v. 3 f. noch speziell im Hinblick auf das Nordreich Israel konkretisiert und durch ein Bild verdeutlicht.

Nicht also um des heranziehenden Feindes willen und jedenfalls nicht nur aus Bewunderung entwirft Jesaja ein derart plastisches Bild des Gegners. Dadurch soll vielmehr die Größe der drohenden Gefahr bewußt gemacht werden.

Jes 5, 26—29 und 28, 1—4 widersprechen freilich auf den ersten Blick der oben aufgestellten These, daß Jesaja von einem Handeln anderer Völker nur als von einem Handeln Jahwes an Juda rede. Berücksichtigt man jedoch daß Jesaja die Bedrohungen des Nordreiches wahrscheinlich den Judäern verkündete, so könnte sich aus der Verkündigungssituation eine Anrede an Juda entnehmen lassen, etwa eine Aufforderung, sich vor dem bedrohten Nordreich nicht zu fürchten. Die Exegese steht hier allerdings vor der Schwierigkeit, daß die zeitliche Ansetzung beider Worte umstritten ist[66]. Es ist deshalb zuzugeben, daß Jesaja in einigen wenigen Fällen möglicherweise auch von einem Handeln Jahwes mittels anderer Vöker an Israel sprach — ohne Bezug auf Juda.

2. Daß es bei den Unternehmungen anderer Völker eigentlich um das Verhältnis Jahwe — Juda geht, kann man auch dem *Grund für diese Gerichtsakte* entnehmen. Es handelt sich immer um ein *Fehlverhalten Judas gegenüber*

---

bereitet Schwierigkeiten. H. Donner, Israel, 36, hat mit guten Gründen die Deutung auf das Anrücken der Assyrer 701 bestritten (701 zogen die Assyrer von Lachis im SW her gegen Jerusalem). Aber auch H. Donners eigene Auslegung (Israel 36—38) (Vorrücken der aramäisch-israelitischen Koalition 733, kurz vor Absendung des judäischen Hilfegesuches an Tiglatpileser III.) wirft Fragen auf: Hat Jesaja die aramäisch-israelitischen Verbündeten als einen so schlagkräftigen Gegner vorgestellt, wie es 10, 27 b—32 geschieht? Dagegen spricht Jes 7, 1—9. Außerdem ist es für H. Donners Auslegung des Gesamtspruches unbedingt nötig, daß v. 33 zum Vorangehenden gehört. Dagegen scheint mir eine gewisse Beziehungslosigkeit dieses Verses zum Vorhergehenden unbestreitbar. Angesichts dieser Komplikationen verzichte ich auf eine Auswertung dieses Spruches für das Thema der vorliegenden Arbeit.

[66] Hier wurde vorausgesetzt, daß Jes 5, 26—29 eine Drohung gegen das Nordreich enthalten (anders z. B. O. Procksch). Was die zeitliche Ansetzung betrifft, so denken O. Procksch und O. Kaiser an Jesajas Frühzeit vor dem syrisch-ephraimitischen Krieg, G. Fohrer I an die Zeit des syrisch-ephraimitischen Krieges und H. Donner, Israel, 70—75, an die Zeit des Untergangs des Nordreiches.

Jahwe: Juda hat den von Jahwe angebotenen Schutz »verworfen« (8, 6), es wollte nicht auf Jahwes Angebot eingehen (28, 11 f.; 28, 16 f.; 30, 15—17).

3. Dem entspricht auch die *Darstellung der Völker in diesen Texten.* Die Benennungen und Bilder, mit denen sie bezeichnet werden, machen entweder den *instrumentalen Charakter der Völker* deutlich: sie sind Werkzeuge Jahwes. Oder es wird *die Funktion ausgedrückt, die sie Juda gegenüber haben*[67]. Auch die Worte, die explizit nur von einer Bedrohung anderer Völker sprechen, haben einen Bezug zu Juda, falls die oben[68] gegebene Interpretation dieser Texte zutrifft.

---

[67] Zur Begründung sei auf die Zusammenstellung von Belegen auf S. 175—177 in der vorliegenden Arbeit hingewiesen.

[68] Vgl. oben S. 29—31. 102—113.

Zweiter Teil

Juda und sein Verhältnis zu Jahwe als das leitende Interesse Jesajas bei seinen Aussagen über andere Völker

Im Ersten Teil dieser Arbeit wurde eine verhältnismäßig große Zahl von Worten Jesajas, in denen von anderen Völkern die Rede ist, im Hinblick darauf untersucht, in welcher Rolle diese Völker erscheinen. Dabei wurde zugleich deutlich: Andere Völker sind für Jesaja nie selbständiges Thema. Es ist auch nicht eine die Grenzen der eigenen Nation übersteigende weltgeschichtliche Perspektive oder ein universales religiöses Denken, das ihn zum Reden von andern Völkern führt. Vielmehr ist auch in all den Sprüchen, die von anderen Völkern handeln, das Verhältnis Judas zu Jahwe das Hauptthema. Auf dieses zentrale Thema sind die Aussagen Jesajas über andere Völker bezogen.

Dies zeigt sich schon an den im Ersten Teil dargestellten Hauptgesichtspunkten, unter denen Jesaja andere Völker sieht. Sie erscheinen als

→ eigenmächtige Bedroher Judas

→ vermeintliche Helfer Judas

→ Jahwes Gerichtsvollstrecker an Juda.

Nur an 2 Stellen, an denen das Nordreich bedroht ist (Jes 5, 26—29; 28, 1—4), war ein Bezug auf Juda nicht mit Sicherheit festzustellen.

Die zentrale Stellung Judas und seines Verhältnisses zu Jahwe in der Prophetie Jesajas ist keine neue Erkenntnis[1]. Es ist mir jedoch keine Untersuchung bekannt, die zusammenstellt, in wie vielfältiger Weise Jesaja zum Ausdruck bringt, daß das durch und an andern Völkern Geschehende in Bezug auf Juda und sein Verhältnis zu Jahwe zu verstehen ist. Eine solche Zusammenstellung soll nun versucht werden. Dabei muß natürlich auf die Ergebnisse des Ersten Teils zurückgegriffen werden, wodurch sich auch die Kürze dieses Zweiten Teiles erklärt.

I. Jesaja stellt andere Völker so dar, daß dadurch ihre Bedeutung für Juda und dessen Verhältnis zu Jahwe zum Ausdruck kommt

Daß Jesajas Aussagen über andere Völker in erster Linie Aussagen über Juda sind, und daß es Jesaja gerade darum geht, diese Bedeutung für Juda bewußt zu machen, kann man besonders gut daran sehen, *wie* der Prophet

---

[1] Vgl. z. B. die in der vorliegenden Arbeit S. 6 zitierten Sätze aus M. Noth, Geschichte Israels, 231 f. Ähnliche Aussagen finden sich häufig in der Literatur.

von diesen Völkern redet[2]. Die sprachlichen Nuancen verraten die Intention der Aussagen. Vieles, das auf den ersten Blick als Rhetorik erscheinen könnte, erweist sich als planvoll gesetzter Stein im Gesamtbild. Einzelne Wörter werden zu Pfeilen, die auf dasselbe Ziel gerichtet sind, und die ihrerseits zeigen, wie das Ziel die Sprache bis ins einzelne bestimmt.

So fällt bei den Aussagen über andere Völker als erstes auf, daß Jesaja diese Völker häufig *nicht mit Namen nennt, sondern Bezeichnungen und Bilder wählt, durch die zum Ausdruck kommt, was Juda fälschlicherweise von jenen Völkern erwartet und was es in Wirklichkeit von ihnen zu erwarten hat.*

1. Ägypten wird »Helfer« (31, 3), »Versteck« und »Zuflucht« (28, 17) genannt. Die Bezeichnungen beschreiben Ägypten als Ziel der Hoffnungen Judas. Allerdings werden diese Hoffnungen bitter enttäuscht werden, denn dem »Helfer« ist selbst schon der Untergang bereitet, Versteck und Zuflucht werden weggefegt werden. Ägypten kann keine Hilfe bieten. Dies hebt Jesaja mit der anderen Bezeichnung für Ägypten hervor: »Volk, das nichts nützt« (30, 5.6).

2. Anders verhält es sich im syrisch-ephraimitischen Krieg. Hier zittern König und Volk vor zwei Angreiferstaaten, von denen nach Jesajas Meinung keine wirkliche Gefahr droht. Darauf weist er hin, indem er von Damaskus und Nordisrael als von »diesen zwei rauchenden Brandscheitstummeln« spricht (7, 4).

Daß Juda auch von Assur nichts zu fürchten hat, soll die wohl sprichwörtliche Wendung einschärfen, die Jesaja in ein Wort aus seiner letzten Tätigkeitsperiode einfügt: im Verhältnis zu Jahwe ist Assur wie eine Axt oder eine Säge in der Hand des Arbeiters (10, 15). Und weil Jahwe beschlossen hat, den maßlosen Plänen Assurs Einheit zu gebieten, hat auch Juda von dieser Seite nichts zu befürchten.

3. Meist allerdings weist Jesaja auf die Gefahr hin, die den Judäern von Assur droht. Dem entsprechen die Bilder, die Jesaja für Assur wählt:

Überflutende Wassermassen (8, 7; 28, 15.17.18),
Hagel (28, 17),
Schermesser (7, 20),
Biene (7, 18).

---

[2] Das Interesse, das einen Redner bei seiner Aussage leitet, bestimmt die Wahl der sprachlichen Mittel. Dies läßt sich an einem einfachen Beispiel verdeutlichen: Wenn ein Werbefachmann und ein Gesellschaftskritiker über Werbung reden, werden beide möglicherweise von einem sehr unterschiedlichen Interesse geleitet. Und dies wird seinen Niederschlag darin finden, *wie* beide von ihrem Gegenstand reden, wie sie ihn bezeichnen, welche Adjektive sie verwenden usw. Dafür, daß das leitende Interesse einer Rede, ohne beim Namen genannt zu werden, durch geschickte Wahl der Sprache zum Ausdruck kommt, ließen sich aus der Weltliteratur mehrere Beispiele bringen. Man denke nur an die Leichenrede des Marc Anton in Shakespeare's Julius Caesar.

Neben die Biene aus Assur tritt die Fliege »vom Ende der Ströme Ägyptens« (7, 18).

4. Häufig wird neben den aufgeführten Bezeichnungen der Name des anderen Volkes überhaupt nicht mehr genannt. Dies mag seinen Grund darin haben, daß für die Hörer eindeutig war, wen Jesaja meinte. Doch geht hieraus wohl auch hervor, in welche Richtung Jesajas Aussagen über andere Völker zielen. Sie sind in Aussagen über Juda transformiert, indem die Völker von ihrer Funktion gegenüber Juda her dargestellt werden. So werden die zur Vollstreckung des Gerichts an Juda beauftragten Völker nur 2 × mit Namen genannt (7, 18; 22, 5)[3]. An 3 Stellen hat ein späterer Redaktor die Namen der Völker hinzugefügt (7, 17.20; 8, 7)[4]. Häufig werden nur die verheerenden Folgen des Krieges erwähnt[5], woraus man schließen kann, daß es Jesaja wesentlich auf diese Folgen, die sich für Juda ergaben, ankam. Dasselbe gilt für Jes 30, 17, wo der Prophet ohne genauere Angaben von »eueren Verfolgern« spricht. Wichtig ist nur die Wirkung auf Juda. Welches Volk sie ausübt, kann unbestimmt bleiben.

II. In andern Völkern handelt Jahwe an Juda

Im Bisherigen wurde der Nachweis versucht, daß die Art des Redens von anderen Völkern das Interesse spiegelt, das Jesaja bei seinen Aussagen über andere Völker leitet: er will deren Bedeutung für Juda hervorheben.

Damit verbindet sich meines Erachtens eine zweite Absicht Jesajas: er will das Handeln anderer Völker als ein Handeln *Jahwes* an Juda verstehen lehren. Wie Jesaja diese Absicht sprachlich zum Ausdruck bringt, soll im folgenden gezeigt werden.

8, 7	*Jahwe* bringt die gewaltigen und starken Wasser des Stromes gegen die Glieder »dieses Volkes da« herauf.
7, 18	*Er* pfeift die Völker herbei; vgl. 5, 26.
28, 21	*Er* selbst kämpft gegen sein Volk; vgl. 29, 1—4.
28, 21	*Sein* fremdartiges Werk ist, was Assur vollführt.
7, 20	*Er* schert ab wie der Hirt bei der Schafschur.
22, 11	*Er* war es, der die für Jerusalem verheerenden Geschehnisse plante und tat.
22, 5	Die Belagerung und Bestürmung Jerusalems war der »Tag Jahwes«.
7, 10—17	Die Verwüstung des Landes (wohl durch Assur, wie ein Zusatz erläutert) ist das von Jesaja angekündigte »Zeichen« Jahwes.

[3] Vgl. oben S. 161—163. Die übrigen dort genannten Belege sprechen nicht von einem Gericht an Juda.

[4] Vgl. oben S. 163 f.

[5] Vgl. oben S. 164.

28, 11 Durch die Assyrer redet Jahwe zu »diesem Volk«.
22, 12 Im Ansturm Assurs rief Jahwe zu Selbstdemütigung und Besinnung.

Die Vielzahl dieser teilweise recht kühnen Bilder und Wendungen dürften deutlich gezeigt haben, worauf es Jesaja ankommt: das Tun anderer Völker, besonders Assurs, will er als ein Handeln und Reden Jahwes an und zu Juda verstehen lehren. Das Verhältnis Jahwe — Juda ist also der Bezugsrahmen, innerhalb dessen Jesaja andere Völker sieht.

III. Das Handeln Jahwes an anderen Völkern ist ein mittelbares Handeln an Juda

Wie ist es nun in den Fällen, in denen eine Bedrohung nicht Juda, sondern einem anderen Volk gilt, wenn also Juda gar nicht unmittelbar in das Geschehen einbezogen ist? Hier scheint Jesaja ein Handeln Jahwes an Völkern zu kennen, das nicht auf Juda abzielt, bei dem also der bisher immer wieder festgestellte Rahmen des Verhältnisses Jahwe-Juda verlassen zu sein scheint.

Nun wurden oben schon Texte besprochen, bei denen zwar unmittelbar kein Bezug zu Juda vorhanden war, ein solcher sich aber bei näherem Zusehen doch herausstellte. Sehr deutlich ist dies in Jes 7, 1—9, wo die Bedrohung von Damaskus und Samaria im Dienste der Aufforderung an Juda stand, sich vor diesen beiden Mächten nicht zu fürchten[6]. Ähnlich war es Jes 14, 28—32: die Bedrohung der Philister durch Assur soll die Judäer vor nutzlosen Helfern warnen und so das in v. 32 formulierte Bekenntnis vorbereiten, daß Jahwe den Zion gegründet habe und dort für die »Armen seines Volkes« Zuflucht sei[7]. In Jes 20, 1—6 schließlich zeigt der letzte Vers, warum Jesaja die Niederlage Ägyptens gegen Assur androht. Er will nicht eine universale Geschichtslenkung Jahwes proklamieren, sondern Juda und seinen Verbündeten den Untergang ihrer »Hoffnung« *(măbbaṭ)* vor Augen halten. Die Heere Assurs sollen Juda von Ägypten und Philistäa weg und zu Jahwe hintreiben[8]. Dieselbe Verkündigungsabsicht fanden wir Jes 31, 3. Doch ist der Befund hier insofern noch eindeutiger als bei den drei vorher genannten Stellen, als hier die Bedrohung des »Helfers« *(ʿôzer)* Ägypten einem Drohwort an Juda eingeordnet ist, der Bezug des Völkergeschehens auf Juda von Jesaja also selbst hergestellt wurde[9]. Dasselbe gilt für Jes 28, 14—22: werden mit »Zuflucht« und »Versteck« auch die Völker »weggefegt«, die für Juda Zuflucht und Versteck zu sein versprachen (v. 17), so ist natürlich Juda selbst höchst empfindlich betroffen[10].

---

[6] Vgl. oben S. 11—26, besonders S. 19—21.
[7] Vgl. oben S. 102—106.
[8] Vgl. oben S. 107—113, besonders S. 110—112.
[9] Vgl. oben S. 122—130.
[10] Vgl. oben S. 89—102, besonders S. 100/101.

Bei drei weiteren Sprüchen ergab sich eine indirekte Anrede an Juda aus der Situation, in der Jesaja Drohungen gegen andere Völker aussprach: In Jes 8, 1—4 hat die Bedrohung von Damaskus und Israel dieselbe Funktion wie in Jes 7, 1—9. Sie soll die Furcht vor diesen Gegnern nehmen[11]. Gleiches trifft für Jes 28, 1—4 zu, wenn man den Spruch von den Ereignissen des syrisch-ephraimitischen Krieges her verstehen darf. Ebenso liegen die Dinge bei 9, 7—20 + 5, 26—29, wo freilich die zeitliche Ansetzung mit noch größeren Unsicherheitsfaktoren belastet ist[12].

Wir können also feststellen, daß auch die Worte, die von einem Geschehen sprechen, das unmittelbar nur nichtjudäische Völker betrifft, im Dienst der Verkündigungsabsicht Jesajas gegenüber Juda stehen. Dies gilt auch für die Worte gegen Assur (10, 5.6 a.7 a.13—15 + 14, 24—25 a.26.27; 31, 8.9 a), falls die oben[13] versuchte Interpretation dieser Texte zutrifft. Bei ihnen ist ein Bezug auf Juda am wenigsten greifbar, weshalb W. Staerk im Hinblick auf Jes 10, 5—15 schreibt: »Es ist hier mit keinem Worte gesagt, daß dieses Gericht in geschichtlichem Zusammenhang mit Juda und Jerusalem stehen wird, denn die Erwähnung Jerusalems ist dem ursprünglichen Text fremd.«[14] Dagegen ist in 14, 24—27 und 30, 4 ff. auch nach W. Staerk »der Untergang Assurs mit der Errettung Judas in engste Verbindung gebracht«[15]. Zu den vier Texten 10, 5—15; 14, 24—27; 31, 4 ff.; 17, 12—14 bemerkt W. Staerk schließlich zusammenfassend: »Es läßt sich nicht verkennen, daß in diesem Gedankenkreis auch das Verhältnis Gottes zu seinem Volk eine bestimmte Stelle hat, aber es steht nicht beherrschend im Mittelpunkt.«[16] Falls die oben[17] vorgetragenen Überlegungen stichhaltig sind, die für die Worte gegen Assur zu einem den übrigen Worten gegen andere Völker als eigenmächtige Bedroher Judas analogen Verständnis führten, müßte man doch sagen, daß der Mittelpunkt auch dieser Sprüche Juda und sein Verhältnis zu Jahwe ist. Ihre Absicht ist eine Anrede an Juda, die Aufforderung, sich angesichts des Bedrohers nicht zu fürchten, sondern sich auf die eigentliche Hilfe zu besinnen.

Zu bedenken ist schließlich noch der Vers Jes 10, 6 a:

> Ich sandte ihn [den Assyrer] (immer wieder) gegen ein gottloses Volk
> und beorderte ihn (jeweils) gegen das Volk meines Zorns.

Dem in dieser Übersetzung zum Ausdruck kommenden Verständnis[18] steht ein anderes gegenüber, demzufolge mit *gôj ḥanep* und *ʿăm ʿæbratî* Israel und

---

[11] Vgl. oben S. 27—31.
[12] Vgl. oben S. 172 Anm. 66.
[13] Vgl. oben S. 35—67, besonders S. 59—66.
[14] W. Staerk, Weltreich, 90.
[15] W. Staerk, Weltreich, 91.
[16] W. Staerk, Weltreich, 94.
[17] Vgl. oben S. 35—67.
[18] In diesem Sinn wird der Vers z. B. von B. Duhm und G. Fohrer I verstanden.

Juda gemeint sind[19]. O. Procksch, der diese Auffassung vertritt, übersetzt folgendermaßen:

Frevlem Volk ihn wollt ich entsenden
der Nation meines Zorns ihn entbieten.

Sprachlich sind beide Übersetzungen (und deshalb auch die hinter ihnen stehenden Interpretationen) möglich[20]. Bei der zuletzt genannten ist ein Bezug auf Juda gegeben. Aber auch die erstere zwingt nicht zu der Annahme, der Vers spreche von einem Handeln Jahwes in der Völkerwelt, ohne daß dieses zu Juda in Beziehung steht. Vielmehr könnte man an solche Fälle denken, wie sie Jes 14, 28—32 oder 20, 1—6 angesprochen werden. Dort kündigt der Prophet zwar ein Vorgehen Assurs gegen nichtjudäische Völker an; aber dieses ist für Juda von großer Bedeutung[21].

IV. In den Inkonsequenzen innerhalb seiner gesamten Verkündigung zeigt sich das leitende Interesse Jesajas

Wie sich für die einzelnen Aussagen Jesajas über andere Völker zeigen ließ, daß sie auf Juda und sein Verhältnis zu Jahwe bezogen sind, so geht auch aus dem Verlauf der gesamten Verkündigungstätigkeit Jesajas hervor, daß das zentrale Anliegen des Propheten darin bestand, Juda in das rechte Verhältnis zu Jahwe zurückzubringen. Dies soll nun noch kurz aufgewiesen werden.

Die Verkündigung Jesajas weist an einigen Stellen Inkonsequenzen auf: Nachdem Jesaja in seiner Frühzeit Vernichtung angekündigt hatte (3, 16; 4, 1), geht er zu Beginn des syrisch-ephraimitischen Krieges doch davon aus, daß Jahwe den Judäern eine Möglichkeit der Rettung biete (7, 1—9)[22]. Da Juda sich nicht auf Jahwe verläßt, droht Jesaja Unheil durch Assur an (8, 5—8). Diese Ankündigung trifft nicht ein. Auch der Prophet selbst scheint nicht an ihr festgehalten zu haben, denn Jes 14, 28—32 verrät die Überzeugung, daß das Schutzangebot Jahwes an Juda noch gültig sei, daß Jahwe also die Judäer vor Assur schützen werde, wenn sie sich nur ihm anvertrauten. Leider ist eine eini-

---

[19] So O. Procksch und wohl auch H. Donner, der zwar präsentisch übersetzt, in der Auslegung aber schreibt: »Assur war... dazu bestimmt, den göttlichen Zorneswillen erst an Israel, dann auch an Juda zu vollstrecken.« (Israel 144).

[20] Vgl. GK § 107 e und m.

[21] Vgl. oben S. 102—106 und S. 107—113.

[22] Die Notwendigkeit, hier von einer Inkonsequenz zu sprechen, entfällt freilich, wenn man annimmt, Jesaja habe nach wie vor mit der Vernichtung Judas durch eine Weltmacht gerechnet, nur habe er in Damaskus und Samaria nicht diese Weltmacht gesehen und deshalb für diesen Augenblick Rettung verkündet (so J. Lindblom, Immanuel, 14 f. 41 u. ö.). Die Botschaft Jesajas im Jahr 734 wäre dann gewesen: Ihr werdet zwar untergehen, aber noch nicht jetzt. Wäre es dann sinnvoll gewesen, in Jes 8, 5—8 den Einfall der Assyrer als Strafe für den Unglauben und das falsch bezogene Vertrauen anzukündigen? Im Assyrereinfall hätte sich ja die von Jesaja längst erwartete Vernichtung durch die Weltmacht vollzogen.

germaßen sichere zeitliche Ansetzung von Jes 14, 28—32 nicht möglich[23]. Jedenfalls setzt in den Jahren 705—701 die Verkündigung Jesajas mit einer Drohung gegen Assur und damit — falls das oben vorgetragene Verständnis der assurfeindlichen Worte richtig ist[24] — einer Aufforderung an Juda zum Vertrauen auf Jahwe ein. Trotz aller früheren Unheilsankündigungen rechnet Jesaja also auch jetzt noch mit einer Möglichkeit der Rettung. Auch diesmal achten die Judäer nicht auf die Worte des Propheten, weshalb er wieder Untergang androht (30, 1—5; 31, 1—3). Tatsächlich wird das Land Juda von Sanherib erobert und auch Jerusalem gerät in äußerste Gefahr, aus der es nur durch schnelle Unterwerfung Hiskias gerettet wird[25]. Die Unheilsankündigung Jesajas ist also wenigstens zum Teil eingetroffen. Als der Prophet aber auf die Belagerung Jerusalems zurückblickt, die er selbst als Strafe Jahwes angesagt hatte, interpretiert er sie als Aufruf Jahwes zur Selbstdemütigung (22, 12), also zur Umkehr[26].

Jesaja bot also »den zum Sodom-Gomorra-Schicksal verurteilten Judäern doch immer wieder die Rettung und Bewahrung im Falle der Umkehr [in unserem Falle: des Vertrauens auf den Schutz Jahwes] an, um sie schließlich beim Versagen nach dem Abzug der Assyrer von Jerusalem im Anschluß an

---

23 Vgl. S. 103/104.

24 Für W. A. Irwin, The Attitude of Isaiah in the Crisis of 701, 406—418, stehen Jesajas Worte gegen Assur aus dem Jahr 701 nicht in Spannung zur vorherigen Verkündigung des Propheten, weil sie sich auf »some indefinite future period« (417) beziehen, wenn Jahwe sein Werk am Zion beendet hat (vgl. Jes 10, 12). Dies ist mit den Ereignissen von 701 noch nicht geschehen.
Es ist W. A. Irwin meines Erachtens darin zuzustimmen, daß sich Jesajas assurfeindliche Worte weder als die prophetische Reaktion auf eine Hinwendung von König und Volk zu Jahwe verstehen lassen (Jes 37 ist nichtjesajanisch; vgl. W. A. Irwin 412—417), noch als die Folge dessen, daß Jesaja im Jahr 701 das grausame Vorgehen der Assyrer mit eigenen Augen beobachten konnte.
Gegen W. A. Irwins eigene Lösung spricht folgendes:
1. Jes 10, 12 läßt sich kaum als jesajanisch erweisen.
2. Es ist unwahrscheinlich, daß Jesaja den erst in ferner Zukunft liegenden Untergang Assurs ankündigt, noch dazu in einem Augenblick, wo er durch solche Botschaft nur das nationalreligiöse Bewußtsein seiner Hörer gestärkt hätte.
3. Wenn Jahwe Assur »in seinem Land und auf seinen Bergen« (Jes 14, 25) vernichten wird, dann doch wohl bei einem Angriff Assurs auf dieses Land. Da im Augenblick der Verkündigung dieser Worte ein solcher im Gang war, ist eine Beziehung auf dieses Ereignis am naheliegendsten.

25 Zu den historischen Problemen vgl. M. Noth, Geschichte Israels, 242 f., und B. S. Childs, Crisis, 11—19.

26 Daß die in v. 12 genannten Riten nicht »Trauerriten« sind, sondern Selbstdemütigung ausdrücken, wodurch Gott »zum Ablassen von seinem Zorn« bewegt werden soll, zeigt E. Kutsch, »Trauerbräuche« und »Selbstminderungsriten« im Alten Testament, 23—37 (die oben zitierten Worte stehen auf S. 28). Zum Zusammenhang dieser Riten mit der Umkehr vgl. besonders Jon 3, 5—10, dazu E. Kutsch 27 f.

die Tributzahlung Hiskias endgültig zu verdammen (Jes 22, 1—14; 32, 9—14)«[27]. Den hier zutage tretenden Inkonsequenzen, die übrigens Jesaja durchaus selbst bewußt waren und wohl auch von seinen Zeitgenossen bemerkt wurden (vgl. Jes 28, 23—29), läßt sich meines Erachtens entnehmen, daß es Jesaja nicht auf eine Deutung der Weltpolitik oder der Weltgeschichte ankam, sondern daß er in erster Linie die in der politischen Lage enthaltene Aufforderung Jahwes an Juda zu Bewußtsein bringen wollte. Und das immer neue Aufflammen der Aufforderung zum Vertrauen zeigt, daß Jesajas Interesse hauptsächlich darauf gerichtet war, Juda in das rechte Verhältnis zu Jahwe zurückzubringen.

V. Ergebnis

In diesem Teil wurde der Nachweis versucht, daß Jesaja auch bei seinen Aussagen über andere Völker von dem Interesse an Juda und seinem Verhältnis zu Jahwe geleitet ist. Zugleich wurde dargelegt, wie Jesaja seinem »leitenden Interesse« sprachlich Ausdruck verleiht. Nur im Rahmen des Verhältnisses Judas zu Jahwe ist also von andern Völkern die Rede, und es ist von ihnen so die Rede, daß die Beziehung auf diesen Rahmen zum Ausdruck kommt. In Abwandlung einer Formulierung Martin Bubers[28] können wir deshalb sagen: Die Beziehung zwischen dem Gott Judas und Juda ist das Thema aller Worte Jesajas; auch die Aussagen über andere Völker sind diesem zentralen Thema untergeordnet.

---

[27] G. Fohrer, Religionsgeschichte, 278.

[28] M. Buber, Der Glaube der Propheten, 11.

Dritter Teil

Theologische Voraussetzungen der Aussagen Jesajas über andere Völker

Kapitel 1

Die Verfügungsgewalt Jahwes über andere Völker

I. Die Verfügungsgewalt Jahwes über andere Völker ist in vielen Worten Jesajas vorausgesetzt

1. Jahwe bedroht andere Völker mit Unheil und Vernichtung[1]. In scharfem Gegensatz zu den Weltmachtansprüchen Assurs betont Jesaja, daß Jahwes Hand es sei, die über die ganze Erde ausgestreckt ist[2].

2. Jahwe bedient sich anderer Völker bei der Durchführung seiner Gerichtspläne. Die Assyrer vollziehen das von Jahwe beschlossene Unheil an Juda[3], aber auch an Samaria[4], Damaskus[5] und Ägypten[6]. Außerdem »pfeift« Jahwe die Ägypter gegen Juda herbei[7] und »stachelt« die Philister und Aramäer gegen Israel auf[8]. Daß alle diese Texte zu Juda in Beziehung stehen, wurde schon erwähnt[9].

Auch die nichtisraelitischen Völker liegen also nach Jesajas Meinung im Herrschaftsbereich Jahwes. Er ist »Herr der Welt«[10]. Immer wieder hebt Jesaja hervor, daß Jahwe der eigentlich Handelnde im internationalen Geschehen ist[11].

3. Die Souveränität Jahwes kommt in den Bildern zum Ausdruck, die Jesaja verwendet, wenn er vom Handeln Jahwes an und durch andere Völker spricht:

---

[1] Vgl. Jes 8, 1—4; 7, 1—9; 17, 1—6; 10, 5—15; 14, 24—27.
[2] Jes 14, 26 f.
[3] Jes 8, 5—8 u. ö.
[4] Jes 7, 1—9; 8, 1—4; 17, 1—6.
[5] Jes 7, 1—9; 8, 1—4; 17, 1—6.
[6] Jes 20.
[7] Jes 7, 18 f.
[8] Jes 9, 11.
[9] Vgl. oben S. 175—182.
[10] Z. B. M. Noth, Geschichte Israels, 232 (zur Prophetie allgemein).
[11] Jes 22; 29, 1—4.

→ Jahwe »pfeift« Assyrer[12] und Ägypter[13] herbei.
→ Er hantiert mit den Assyrern wie mit einem Schermesser[14].
→ Assur ist Jahwes Rute und Stock[15].
→ Im Verhältnis zu Jahwe ist Assur wie eine Axt oder eine Säge in der Hand des Arbeiters[16].
→ Wenn Jahwe seine Hand ausstreckt, dann stürzen Juda und andere Völker miteinander[17].

II. Verfügungsgewalt Jahwes über andere Völker und universale Geschichtslenkung

Jahwe hat Macht über andere Völker und ist insofern Herr der Völker — das ist gemeint, wenn wir von der Verfügungsgewalt Jahwes über andere Völker reden. Aber ist damit sein Verhältnis zu diesen Völkern schon hinreichend umschrieben? Wäre es nicht treffender von einer »universale[n] Geschichtslenkung Jahwes«[18] zu sprechen?

1. Klärung des Terminus »universale Geschichtslenkung Jahwes«

Zur Vorstellung der universalen Geschichtslenkung Jahwes gehören folgende Momente, die sie von dem Gedanken der Verfügungsgewalt Jahwes unterscheiden:

a) Das Moment des *kontinuierlichen Handelns* an den Völkern. Lenkt Jahwe die Geschichte der Völker, so heißt dies, daß er diese Völker durch ihre ganze Geschichte führt, nicht, daß er nur gelegentlich in sie eingreift.

b) Das Moment eines bestimmten Planes, nach dem Jahwe die Völker zu einem bestimmten Ziel führt, oder eines universalen Gesetzes, nach dem er Heil und Unheil verteilt. Fehlt beides, so bliebe höchstend die Behauptung einer göttlichen Allkausalität, ohne daß Warum und Wozu der einzelnen Akte des Wirkens Gottes dem Menschen einsichtig wären. In diesem Fall sollte man nicht von Geschichtslenkung reden.

Man kann sich demnach zwei Ausprägungen der Vorstellung einer universalen Geschichtslenkung Jahes denken:

---

[12] Jes 5, 26; 7, 18.
[13] Jes 7, 18.
[14] Jes 7, 20.
[15] Jes 10, 5.
[16] Jes 10, 15.
[17] Jes 31, 3.
[18] So H. Donner, Israel, 171/172. Vgl. auch H. Ringgren, Israelitische Religion, 100—102. Er sieht in Am 9, 7 Jes 10, 5 ff.; 44, 28; 45, 1—4 Belege dafür, »daß Jahwe ebenfalls die Weltgeschichte lenkt«. (101).

a) Kontinuierliche Lenkung der Geschicke aller Völker nach einem bestimmten Plan auf ein bestimmtes Ziel hin[19].

b) Kontinuierliche Lenkung der Geschicke aller Völker nach einem bestimmten Gesetz[20].

2. Kannte Jesaja die Vorstellung einer Lenkung aller Völker durch Jahwe nach einem universalen Plan zu einem bestimmten Ziel?

a) Diese Vorstellung stellt W. Staerk als den Kern der Verkündigung Jesajas dar. Er nennt Jesaja »den großen Verkünder des göttlichen Heilsplanes«[21] und spricht von der »theologischen Weltbetrachtung« Jesajas[22], derzufolge »der Wille Gottes letzlich auf die Herbeiführung jenes Reiches höchster sittlicher Güter gerichtet« sei[23], auf das »Werden und Wachsen eines Reiches, wo Gottes Wille geschieht[24]. In der Hoffnung auf ein universales Friedensreich »erreicht sein [Jesajas] Glaube den Höhepunkt«[25]. Diese Absicht des göttlichen Willens, die die Geschichte zur Heilsgeschichte macht, spiegle sich in der Weltgeschichte, weshalb Staerk von einer »Offenbarung des göttlichen Willens im geschichtlichen Völkerleben«[26] spricht, von Jesajas »Überzeugung von der Weltgeschichte als der Stätte der Offenbarung Gottes«[27]. Nur von daher sei der Umschwung in der Beurteilung Assurs verständlich: Weil Assur sich der weltgeschichtlichen Absicht Gottes widersetzte, indem es »die Grenzen zwischen Geschöpf und Schöpfer mit frecher Hand verschoben und in Hochmut und Grausamkeit die Welt niedergezwungen hat«[28], verfällt es dem Gericht.

Die Vorstellung von »Jahwes Plan in der Botschaft des Jesaja« hat dann J. Fichtner zum Gegenstand einer ausführlichen Darstellung gemacht[29]. Nach J. Fichtner beinhaltet der Plan Jahwes die Erhaltung eines Rests, die »Bewahrung des Zion« und die Einsetzung eines messianischen Herrschers[30]. »Entscheidend ist für den Propheten«, daß sich mit der Verwirklichung dieses

---

[19] Vgl. K. Löwith, Weltgeschichte und Heilsgeschehen, 26: Die Universalität der Geschichte »beruht nicht schon auf dem Glauben an *einen* allmächtigen Herrn, sondern auch darauf, daß er der Menschheitsgeschichte Einheit verleiht, indem er sie von Anfang an auf ein letztes Ziel hin lenkt«.

[20] Es besteht z. B. bei Herodot darin, das Hybris bestraft wird. Vgl. K. Löwith, Weltgeschichte und Heilsgeschehen, 16.

[21] Weltreich, 116.

[22] Weltreich, 105.

[23] Weltreich, 105.

[24] Weltreich, 95/96.

[25] Weltreich, 105.

[26] Weltreich, 95.

[27] Weltreich, 75/76.

[28] Weltreich, 94.

[29] J. Fichtner, Jahwes Plan, 27—43. Vgl. auch B. S. Childs, Crisis, 37 f., 67 u. ö.; W. Eichrodt, Religionsgeschichte, 70, 107.

[30] J. Fichtner, Jahwes Plan, 39.

Planes »Jahwes Heiligkeit und sein unbedingter Herrschaftsanspruch planvoll und zielsicher durchsetzt«[31]. Das Gericht sei die Kehrseite dieses Heilsplanes, insofern es die treffe, die sich seiner Durchführung in den Weg stellen[32]. Dieser Plan sei kein starres Programm[33], aber er sei auch nicht »Reaktion auf das Handeln der Völker (oder des Gottesvolkes)«, »sondern das Wesen dieses Planes« sei »tiefer zu fassen«[34]. Wie es zu fassen sei, sagt J. Fichtner nicht.

b) Gegen die Annahme, Jesaja habe von einem Plan Jahwes gewußt, den dieser durch seine universale Weltlenkung verwirkliche, spricht vor allem, daß sich ein einheitlicher Plan aus der Verkündigung des Propheten nicht erheben läßt. Hatte schon J. Fichtner »mancherlei Spannungen«[35] innerhalb des Planes konzediert, so ist nach G. Fohrer[36] »das angebliche Planen so veränderlich . . ., daß es sich vielmehr um von Fall zu Fall gefaßte und aufhebbare Entschlüsse handelt«. »Das ›Planen‹ Jahwes ist bei Jesaja veränderlich, wie die verschiedene Beurteilung der Assyrer zeigt«[37]. »Die konkrete Durchsetzung des ›Planes‹ ist vielmehr abhängig von der jeweiligen menschlichen Entscheidung«[38]. In dieselbe Richtung geht die Kritik von B. Albrektson, der die Vorstellung vom Plan Jahwes einer eingehenden Prüfung unterzogen hat[39].

Er stellt fest, daß »›the divine plan in history‹ is an ambiguous word and may mean two rather different things«[40], nämlich:

→ »a limited series of events, an episode or an epoch«, oder

→ »all history, the entire succession of events from creation to consummation, . . . universal history . . . History with capital H«[41].

Nach Prüfung aller alttestamentlichen Wörter mit der Bedeutung »Plan, planen usw.«[41a] kommt er zu dem Ergebnis, daß sich im AT nur das erste der beiden eben genannten Verständnisse von »Plan Jahwes in der Geschichte« findet. »That Yhwh has a plan means nothing more than that he intends something by what he does«[42]. »Not one of these passages can be quoted in support of the alleged Old Testament ›idea of the history of Israel as the

---

[31] Jahwes Plan, 42.

[32] Jahwes Plan, 42.

[33] Jahwes Plan, 42; vgl. auch W. Eichrodt, Religionsgeschichte, 129.

[34] Jahwes Plan, 37 f.

[35] Jahwes Plan, 42.

[36] Einleitung, 409 Anm. 35.

[37] J. Vollmer, Rückblicke, 143 Anm. 72.

[38] J. Vollmer, Rückblicke, 143 Anm. 72.

[39] B. Albrektson, History, 68—97. Vgl. dazu allerdings die Kritik von W. G. Lambert, History and the Gods: A Review Article, 172—177.

[40] History, 87.

[41] History, 87.

[41a] Von echten jesajanischen Texten nennt B. Albrektson Jes 14, 24.26.27 (*jʿṣ, ʿeṣā*) und 5, 19 (*ʿeṣā*). B. Albrektson hält also Jes 8, 9 f. für nichtjesajanisch. In diesem Text finden sich das Verb *ʿûṣ* und das Nomen *ʿeṣā*.

[42] History, 77.

realization of a fixed divine plan from its beginning to its end‹«[43]. Da jedoch die Wendung »Jahwes Geschichtsplan« dieses universale Verständnis nahelegt, schlägt B. Albrektson vor, auf sie zu verzichten und stattdessen »to use less precise terms: Yhwh pursues certain aims, a divine purpose is discernable in all that happens.«[44] Zugleich weist B. Albrektson nach, daß sich absichtsvolles Handeln der Götter in der Geschichte auch in anderen altorientalischen Texten findet[45], wenn auch nicht im selben Ausmaß wie im AT[45a].

---

[43] History, 77; Zitat von J. Lindblom, Prophecy, 325.

[44] History, 89. Dagegen wendet sich W. G. Lambert, History and the Gods: A Review Article, 173: »The author [Albrektson] tries to argue that one can only speak of a plan in history if all nations were involved in it all the time.« Das ist nicht ganz richtig. Nach B. Albrektson ist es unmöglich »to speak of *the* divine plan in history (B. Albrektson, History, 89; *»the«* ist von B. Albrektson durch Kursivschreibung hervorgehoben). Aus diesem Grund geht auch die folgende Kritik von W. G. Lambert an B. Albrektson vorbei: »We think that most people are content to accept that there ist a plan in history if something is being worked out, if an ultimate goal is being reached, however much or little individual nations at a given moment may be affected by this plan.« (173). »Ultimate goal« wird dabei von W. G. Lambert sehr weit verstanden. Die Situation zur Zeit Davids und Salomos wird ebenso als »letztes Ziel« angesehen wie die Zukunftshoffnung der Apokalyptik (173). Die terminologische Differenzierung B. Albrektsons, der von »a divine plan in history ... without considerable reservations« (History, 88) lediglich bei den Geschichtskonzeptionen der Apokalyptik sprechen möchte (History, 88), scheint mir gegenüber W. G. Lamberts Ausführungen auf S. 173 seiner Kritik den Vorzug zu verdienen.

[45] History 89—98. Vgl. H. D. Preuss, Zukunftserwartung, 11: »Daß Götter Geschichte gestalten, wußte man auch sonst im Alten Orient. Neu und entscheidend ist aber das Gewicht, das diese Aussage in Israel erhält.« Auch nach B. Albrektson, History, 115 f., spielt das göttliche Geschichtshandeln in Israel eine größere Rolle als bei jedem anderen altorientalischen Volk.
H. D. Preuss, Zukunftserwartung, 74 f., betont den Unterschied zwischen dem linearen Geschichtsverständnis Israels und dem »naturgebundene[n] Kreislaufdenken« (75) des Alten Orients (in Anlehnung an ältere Arbeiten; vgl. Zukunftserwartung 74 Anm. 17, und 75 Anm. 20). Dagegen kommt B. Albrektson zu dem Ergebnis, »that there is very little foundation for the not uncommon view that history was regarded as cyclic in Mesopotamia.« (History 95; vgl. die Begründung für diese These auf S. 93—95). »There is no reason to attempt to make the Old Testament conceptions more unitary than they are, nor to exaggerate their difference from the neighbouring peoples.« (History, 97).

[45a] Daß die Unterschiede zwischen dem Geschichtshandeln Jahwes und dem der Götter des sonstigen Alten Orient von B. Albrektson in ihrer Bedeutung unterschätzt werden, hebt überzeugend W. G. Lambert, History and the Gods: A Review Article, 173—176, hervor: »The chief difference between the two peoples is that among the Hebrews the intervention of God was conceived as serving two ends, both to maintain His standards among men and to work out a purpose which He planned in history, while in ancient Mesopotamia only the former purpose is asserted.« (174). Eine solche göttliche Ordnung (standard) ist z. B. das Königtum,

Damit dürfte erwiesen sein, daß für Jesaja dem Handeln Jahwes an Israel und andern Völkern kein universalgeschichtlicher Plan zugrundeliegt, »daß es sich vielmehr um von Fall zu Fall gefaßte und aufhebbare Entschlüsse handelt«[46].

3. Kannte Jesaja die Vorstellung einer Lenkung aller Völker durch Jahwe nach einem bestimmten Gesetz?

Als Bejahung dieser Frage könnte man es verstehen, wenn G. Fohrer[47], H. Wildberger[48] und J. Vollmer[49] im Rahmen ihrer Argumentation gegen die Planvorstellung darauf hinweisen, daß Jahwes Entschlüsse »abhängig von der jeweiligen menschlichen Entscheidung« seien[50]. Was »Gottes Ratschluß und sein Tun sein wird, ist mit von der Haltung Israels und der Völker abhängig gemacht«[51]. Jahwe lenkt die Geschicke aller Völker in Korrelation zu deren eigenem Handeln[52], so daß das »Handeln Jahwes in und an Israel lediglich einen Ausschnitt aus seinem Handeln im Leben und Geschick aller Völker und Menschen« darstellt[53]. Das Gesetz, nach dem sich die Geschichtslenkung Jahwes vollzieht, bestünde demnach darin, daß Jahwe an den Völkern in Korrelation zu deren eigenem Verhalten handelt. Um von »Geschichtslen-

---

von dessen göttlichem Ursprung und dessen Ausbreitung die sumerische Königsliste spricht. Das Ziel des göttlichen Handelns ist damit erreicht, daß die erste Stadt das Königtum einführt. »No further goal was reached when the last king recorded received this divinely given norm.« (174). Das göttliche Handeln — so hoffe ich W. G. Lambert richtig zu verstehen — beschränkt sich in dem sumerischen Text auf die Einsetzung einer bestimmten Ordnung und deren Aufrechterhaltung. Die sumerischen bzw. akkadischen Wörter, die von B. Albrektson u. a. mit »destiny« (Fügung, Lenkung) u. ä. übersetzt werden, (sumerisch: nam tar, me, giš.hur; akkadisch: parsu, uṣurtu) meinen eigentlich Normen und Ordnungen zur Regelung des privaten und öffentlichen Lebens, die von den Göttern am Anfang eingesetzt wurden und von ihnen nur in seltenen Fällen geändert werden (W. G. Lambert, Destiny and Divine Intervention, 66 f.). Soweit das Eingreifen der mesopatamischen Götter in den irdischen Bereich absichtvoll geschah, »it was intended to maintain the norms or ›destinies‹«. (W. G. Lambert, Destiny and Divine Intervention, 71). So faßt W. G. Lambert das Verständnis der Geschichte in Mesopotamien in folgendes Bild: »History ... is like the vibrations of a taut string when plucked — in due course the string ceases to vibrate and returns to the state it was in at the beginning.« (Destiny and Divine Intervention 71).

[46] G. Fohrer, Einleitung 409 Anm. 35.

[47] G. Fohrer I 30; zitiert bei J. Vollmer, Rückblicke, 143 Anm. 72.

[48] H. Wildberger, Jesajas Verständnis der Geschichte, 103.

[49] Rückblicke, 142 f. u. ö.

[50] J. Vollmer, Rückblicke, 143 Anm. 72.

[51] H. Wildberger, Jesajas Verständnis der Geschichte, 103.

[52] So G. Fohrer, Religionsgeschichte, 276 (an dieser Stelle allerdings nur in bezug auf Israel gesagt).

[53] G. Fohrer, Religionsgeschichte, 277.

kung« reden zu können, ist diese Bestimmung allerdings zu allgemein. Vor allem ist durch sie nicht ausgeschlossen, daß Jahwe den verschiedenen Völkern gegenüber in ganz unterschiedlicher Weise reagiert. Ein solches Handeln wäre aber von Willkür nicht mehr zu unterscheiden, so daß es sinnlos wäre, in diesem Fall von »Geschichtslenkung« zu sprechen. Von »Geschichtslenkung Jahwes« kann man vielmehr nur dann reden, wenn sein korrelatives Handeln allen Völkern gegenüber den gleichen Gesetzen folgt. Findet sich bei Jesaja die so verstandene Vorstellung einer Lenkung aller Völker durch Jahwe nach einem bestimmten Gesetz?

Folgende Beobachtungen legen eine negative Antwort auf diese Frage nahe:

a) An einigen Stellen wird überhaupt kein Grund dafür angegeben, weshalb anderen Völkern Unheil angedroht wird (7, 1—9; 8, 1—4; 17, 1—6). Man kann zwar vermuten, daß der Grund darin liegt, daß die bedrohten Völker einen eigenmächtigen Angriff auf Juda unternommen haben, Aber dies sagt Jesaja nicht. Dagegen spricht er an einer Stelle (7, 4) ausdrücklich von der Konsequenz, die Juda aus der andere Völker betreffenden Ankündigung ziehen soll. Dies weist darauf hin, daß es Jesaja nicht auf die universale Geschichtslenkung Jahwes ankam, sondern auf das durch Jahwes Geschichtshandeln ermöglichte und geforderte Verhalten Judas.

b) Jes 31, 1—3 werden Juda und Ägypten mit Unheil bedroht. Es ist aber ausgeschlossen, daß dies bei Ägypten denselben Grund hat wie bei Juda. Denn Juda wird zugrunde gehen, weil es nicht auf Jahwe vertraut, sich nicht seinem Verhältnis zu Jahwe entsprechend verhalten hat, sondern anderswärts Hilfe gesucht hat. Dies kann natürlich nicht der Grund dafür sein, weshalb Ägypten Verderben angekündigt wird. Die Ägypter sind als Helfer Judas, also um Judas willen, vom Untergang bedroht. Ein anderer Grund läßt sich jedenfalls dem Text nicht entnehmen. Dasselbe gilt für Jes 20 und 28, 14—22.

Bei Jes 20 zeigt der letzte Vers, daß der Grund der Unheilsankündigung über Ägypten in der abschreckenden Wirkung liegt, die diese Ankündigung auf Juda haben soll[54].

Jes 28, 14—22 droht andern Völkern Vernichtung an, weil Juda sie für sich zu »Versteck« und »Zuflucht« machen wollte[55].

Hier handelt also Jahwe an andern Völkern nicht in Korrelation zu deren Handeln, sondern deshalb, weil sie in den Bereich seines Handelns an Juda geraten sind.

c) Das besondere Verhältnis, in dem Juda nach Jesajas Meinung zu Jahwe steht[56], spricht dagegen, daß Jahwes Handeln an Juda sich nach denselben Gesetzen vollzieht, wie das an den Völkern. So kann z. B. Juda darauf vertrauen, daß Jahwe es schützen wird, wenn es sich unter seinen Schutz stellt (14, 32). Für die Philister gilt dies gewiß nicht.

---

[54] Vgl. oben S. 107—113.

[55] Vgl. oben S. 89—102.

[56] Vgl. unten S. 204—229.

Nun gibt es allerdings einen Text, in dem für ein strafendes Handeln an einem andern Volk ein Grund genannt wird, mit dem an anderer Stelle auch das den Judäern drohende Unheil begründet wird: in dem Spruch gegen Assur Jes 10, 5.6 a.7 a.13—15 + 14, 24.25 a.26.27 ist Assurs Überheblichkeit als Grund des Einschreitens Jahwes genannt. Hier scheint tatsächlich ein Beleg dafür vorzuliegen, daß Jahwe sein Handeln an anderen Völkern von deren eigenem Verhalten abhängig macht[57], und daß er an Juda und an anderen Völkern nach denselben Gesetzen handelt. Daß sich dieser Gedanke den anderen Unheilsankündigungen Jesajas über andere Völker nicht entnehmen läßt, wurde schon gesagt. Und auch bei Jes 10, 5.6 a.7 a.13—15 + 14, 24.25 a.26.27 spricht einiges dafür, daß nicht Assurs Überheblichkeit der Anlaß dafür ist, daß Jesaja ihm den Untergang ankündigt[58]. Die Unheilsankündigung Jesajas gegen Assur — so wurde oben[59] zu zeigen versucht — ist vielmehr dadurch veranlaßt, daß Jesaja die außenpolitische Existenzbedrohung Judas im Jahr 701 von seinen theologischen Voraussetzungen her versteht. Diese theologischen Voraussetzungen sind:

→ Die Verfügungsgewalt Jahwes über andere Völker.

→ Juda steht in einem Vertrauensverhältnis zu Jahwe, das gerade in Situationen der Gefahr zum Vertrauen auf die Hilfe Jahwes berechtigt, zugleich aber das Vertrauen auf jeden anderen Retter ausschließt[60].

→ Die außenpolitische Lage stellt Juda in eine religiöse Entscheidungssituation[61].

Von diesen theologischen Voraussetzungen her mußte die politische Lage von 701 zu einer Unheilsankündigung gegen Assur führen, deren Intention allerdings ist, Juda zum Vertrauen auf Jahwe aufzufordern.

Es sei ausdrücklich darauf hingewiesen, daß hier kein Zirkelschluß vorliegt in dem Sinn, daß oben Jes 10, 5—15 von denselben Voraussetzungen her verstanden wurde, zu deren Begründung nun Jes 10, 5—15 in seinem oben vertretenen Verständnis herangezogen wird. Das ist nicht der Fall. Die theologische Voraussetzung, von der her Jes 10, 5—15 interpretiert wurde, ist die Vorstellung von der Verfügungsgewalt Jahwes. Diese läßt sich bei Jesaja unabhängig vom Verständnis von Jes 10, 5—15 nachweisen.

Es geht jedoch um die Frage, ob die von den anderen Jesaja-Texten her gewonnenen theologischen Voraussetzungen auch zum Verständnis von Jes 10, 5—15 hinreichen. Daß dies der Fall ist, wurde in der Besprechung von Jes 10, 5—15 zu erweisen versucht.

Jes 10, 5.6 a.7 a.13—15 zeigt zwar, daß Jesaja dann, wenn er ein Handeln Jahwes an anderen Völkern begründen wollte, die für Judas Verhältnis zu Jahwe gültigen Normen mit Selbstverständlichkeit auf Assur übertragen

---

[57] Auf diesen Text verweist auch J. Vollmer, Rückblicke, 143 Anm. 72.

[58] Vgl. oben S. 49/50.

[59] Vgl. oben S. 63/64.

[60] Vgl. unten S. 204—229.

[61] Vgl. unten S. 230—232.

konnte. Aber es handelt sich um eine ganz situationsgebundene Ausweitung des Jahweglaubens und seiner Normen im Interesse einer Anrede und Aufforderung an Juda. Pointiert gesagt: Es wurde nicht das Verhältnis Jahwe-Juda erweitert, sondern ein Volk wurde für einen Augenblick in den Rahmen des Verhältnisses Jahwe-Juda einbezogen. Nicht von einer Lenkung der Geschicke aller Völker nach gleichen Gesetzen ist die Rede, sondern von einer zeitlich begrenzten Ausdehnung des Gesetzes, nach dem Jahwe an Juda handelt, auf ein anderes Volk.

Es zeigt sich also, daß die Vorstellung einer universalen Geschichtslenkung bei Jesaja nicht vorliegt, wenn man darunter eine kontinuierliche Lenkung der Geschicke aller Völker nach denselben Gesetzen versteht.

4. Ergebnis

Wir kommen zu dem Ergebnis, daß Jesaja wohl die Vorstellung der Verfügungsgewalt Jahwes über andere Völker kennt, nicht aber die einer universalen Geschichtslenkung Jahwes.

III. Verfügungsgewalt Jahwes über andere Völker und Universalismus

1. Die Bestimmung der Position Jesajas zwischen den Polen Partikularismus und Universalismus in der Forschung[62]

Die Position Jesajas zwischen den Polen Partikularismus und Universalismus wird sehr unterschiedlich bestimmt.

E. Würthwein[63] und G. Fohrer[64] sprechen (im Hinblick auf die Prophetie insgesamt) von einem Durchbruch zum Universalismus. E. Würthwein sieht ihn darin belegt, daß für die Propheten »der Niedergang Israels nicht die Schwäche, sondern die Größe seines Gottes, Jahwes Weltüberlegenheit und Heiligkeit bezeugt.«[65] Nach G. Fohrer bestand »die Universalität der [prophetischen] Botschaft ... nicht nur darin, daß sie alle anging und an alle gerichtet war, sondern auch darin, daß in ihr von einer universalen Sache die Rede war: von der Möglichkeit und Notwendigkeit des Lebens unter der Gottesherrschaft und in der Gottesgemeinschaft und von dem Weg dazu.«[66] In dieselbe Richtung

---

[62] Im folgenden soll nur an einigen Beispielen die Verschiedenartigkeit der Urteile veranschaulicht werden. Es handelt sich nicht um einen vollständigen Forschungsüberblick. Zur Frage von Universalismus und Partikularismus in der alttestamentlichen Theologie des 19. Jahrhunderts vgl. R. Smend, Universalismus und Partikularismus in der Alttestamentlichen Theologie des 19. Jahrhunderts.

[63] E. Würthwein, Artikel »Gott II. In Israel«, in: RGG[3] II, 1710.

[64] Religionsgeschichte, 295 f.

[65] E. Würthwein, Artikel »Gott II. In Israel«, in: RGG[3] II, 1710.

[66] Religionsgeschichte, 295.

zielt K. Marti, allerdings aus einem anderen Grund und ohne das Wort Universalismus zu verwenden. Er sieht in den Worten der Propheten des 8. Jahrhunderts »ein Zeugnis von der alleinigen, uneingeschränkten und unwiderstehlichen Macht Jahwes«[67], deren ethischer Monotheismus[68] die »nationalen Fesseln ... sprengen« mußte[69]. »Gut hat von vornherein, recht verstanden, eine internationale Bedeutung.«[70]

Nach M. Hallers Meinung[71], die von J. Hempel[72] ausdrücklich bestätigt wird, ist »das ganze AT« von einer »Spannung zwischen dem natürlichen Partikularismus Israels ... und einem in die Höhe und Weite weisenden Universalismus« durchzogen. Dies gelte auch für Jesaja[73]. Der erst von Deuterojesaja formulierte Universalismus sei »im Grunde Gemeingut aller Propheten«[74]. Doch habe sich bei ihnen auch der Partikularismus »noch nicht völlig verflüchtigt.«[75] Als Beispiel dafür nennt M. Haller Jesaja[76] und Deuterojesaja: »Im Mittelpunkt von Jesajas Lieben und Hoffen steht Jerusalem, das künftige Wallfahrtsziel der Völker (Jes 2, 2—4), der Berg des Gottesfriedens (11, 9), nicht die Völkerwelt, und auch für Deuterojesaja sind die Völker letztlich dazu bestimmt, Israel-Juda zu Diensten zu stehen (Jes 43, 3; 45, 14; 49, 22 f.).«[77] Dasselbe Nebeneinander konstatiert H. Gunkel[78].

W. W. Graf Baudissin und L. Köhler heben das partikularistische Element stärker hervor. Ersterer stellt bei Jesaja zwar »einen großen Fortschritt fest, insofern »Jahwe die Völker als Zuchtrute für Israel verwerthet.«[79] Aber auch hier »kommt ein Verhältnis der Völker zu Jahwe um ihrer selbst willen nicht in Betracht.«[80] L. Köhler schreibt im Hinblick auf Jes 2, 2—4, das er von Jesaja herleitet: »Die Menschheit ruht im Blickfeld Gottes, in seinem Machtbereich, unter seinem Frieden und am freien Zugang seiner Lehre. Aber im Gnadenfelde Gottes ruht Israel allein.«[81]

H. Schmökel schließlich spricht im Bezug auf Jesaja von der »nationalen Gebundenheit des Propheten«[82]. Den Drohworten gegen Assur entnimmt er,

[67] Religion des AT, 44.
[68] Religion des AT, 54.
[69] Religion des AT, 57.
[70] Religion des AT, 57.
[71] M. Haller, Universalismus, 1381.
[72] J. Hempel, Universalismus, 1160.
[73] J. Hempel, Universalismus, 1161, verweist auf Jes 10, 5 ff. einerseits, auf Jes 14, 24 ff. andererseits.
[74] M. Haller, Universalismus, 1381.
[75] M. Haller, Universalismus, 1382.
[76] M. Haller nennt die Heilsweissagungen Jes 2, 2—4 und 11, 9, die er von Jesaja herleitet.
[77] M. Haller, Universalismus, 1382.
[78] H. Gunkel, Gottesglaube, 1366/67.
[79] Studien zur Semitischen Religionsgeschichte, 160.
[80] Studien zur Semitischen Religionsgeschichte, 160.
[81] Theologie, 223.
[82] Fremdvölker, 82.

daß Jesaja »ins vaterländische Lager überschwenkte«[83], sich »zu den Patrioten geschlagen« habe[84] und sich »der Front der Heilsprophetie« eingereiht habe[85]. Als Jesaja »das Plündern, Brennen und Morden assyrischer Kriegsvölker, deren unerhörte Grausamkeit damals der Schrecken der Welt war,« sah, kam er zur Erkenntnis, daß Assur nicht mehr Jahwes Werkzeug, sondern dem Zorn Jahwes verfallen war. Dieser Gedanke »verband sich ihm mit der tief im Herzen schlummernden Vorstellung von Zion als Jahwes uneinnehmbarer Feste, eine Anschauung, die sonst vom prophetischen Höhenflug überwunden, nun aus dem Unterbewußtsein lebendig und ungebrochen wieder hervortrat.«[86]

Die große Unterschiedlichkeit dieser Urteile liegt zumindest zum Teil an dem Verständnis von Universalismus, das ihnen zugrundeliegt. Deshalb muß zunächst dieser Terminus geklärt werden.

2. Klärung des Terminus »Universalismus«

Zur Begründung seiner These, daß sich bei Jesaja wenigstens Ansätze einer universalistischen Religion finden, weist M. Haller darauf hin, daß hier Gott »über Israels und Kanaans Grenzen hinaus wirksam« gedacht, ihm »universale Geltung« zugeschrieben werde[87]. Die Ausweitung von Jahwes Wirkungsbereich, die wir oben als Verfügungsgewalt Jahwes über andere Völker bezeichneten, wird also als Anzeichen von Universalismus verstanden. Bei dieser Auffassung von Universalismus sind Universalismus und Partikularismus keine einander ausschließenden Gegensätze. Sie können vielmehr nebeneinander bestehen, so daß man ganz zurecht die Botschaft derselben Person als universalistisch, als partikularistisch oder als beides zugleich bezeichnen kann. Ein klares Bild ergibt sich erst, wenn man Universalismus und Partikularismus zueinander in Beziehung setzt. Dann ergäben sich verschiedene Grade von Universalismus[88], was allerdings die Verwendung dieses Terminus erheblich komplizieren würde.

Deshalb scheint es mir sinnvoll, die Bedeutung von Universalismus anders zu bestimmen. Einen Weg hierfür hat G. van der Leeuw gewiesen[89]. Er geht von der Bestimmung von Partikularismus aus: Partikularismus ist »Beschränkung der religiösen Güter auf eine bestimmte Gruppe, Familie, Stamm und Geschlecht, Stadt, Staat, Volk, Rasse.«[90] Universalismus ist »die Verneinung

---

83 Fremdvölker, 41.

84 Fremdvölker, 77.

85 Fremdvölker, 41.

86 Fremdvölker, 42. Sachlich wäre gegen H. Schmökel dasselbe zu sagen, was oben gegen F. Wilke eingewendet wurde. Vgl. oben S. 38—40.

87 M. Haller, Universalismus, 1381.

88 So stellt z. B. G. Fohrer, Universale Vorstellungen, 18, der häufig vorkommenden »Verflochtenheit von universalen und nationalen oder partikularistischen Ideen« die »rein universale Auffassung« gegenüber.

89 G. van der Leeuw, Universalismus, 1379.

90 G. van der Leeuw, Universalismus, 1379.

dieser Beschränkung«[91]. Dieses Verständnis von Universalismus wird in der vorliegenden Arbeit übernommen. Universalismus liegt nur dann vor, wenn jede Prärogative einer bestimmten Gruppe ausgeschaltet ist. »Verfügungsgewalt Jahwes über andere Völker« und »Universalismus« sind damit in ihrer Bedeutung voneinander unterschieden.

3. Universalismus im Alten Testament

Universalismus im eben festgelegten Verständnis findet sich im AT nur sehr selten.

Der früheste Beleg liegt wohl Am 9, 7 vor. »Dieser Vers muß so genommen werden, wie er dasteht.«[92] Dann bietet er für die Einschränkungen W. W. Graf Baudissins und anderer keinen Anhalt[93]. Die Bestreitung einer Prärogative Israels ist das Ziel dieses Wortes[94]. Jahwe hat mit den Philistern und Aramäern eine eigene Geschichte, unabhängig von Israel. Zöge man den Gedanken von Am 9, 7 bis in die letzten Konsequenzen aus, so müßte man zu einer universalen Geschichtstheologie kommen. Doch »gibt es Boten Gottes, denen etwas zu sagen verliehen, ohne daß sie selber die weitreichenden Folgerungen zu ziehen vermögen, die sich aus ihren Formulierungen ziehen ließen, wenn man sie zu Ende denkt.«[95]

Universalismus liegt weiter im Jonabuch vor[96], wobei die Gestalt Jonas zeigt, welche Schwierigkeiten es bereitete, »aus dem theoretisch feststehenden Monotheismus praktische Folgerungen im Sinne einer Bejahung des Heilswillens Jahwes auch für die Heiden zu ziehen.«[97]

Schließlich findet sich eine universalistische Religion noch Mal 1, 11, bei dem universalistischen Glossator des Zephanja-Buches[98] und wohl auch in einigen Hymnen (vgl. z. B. Ps 96, 13).

---

[91] G. van der Leeuw, Universalismus, 1379.

[92] R. Smend, Das Nein des Amos, 411.

[93] W. W. Graf Baudissin, Studien zur Semitischen Religionsgeschichte, 161: »Allein hier wird eine Leitung der Völker durch Jahwe nur zu dem Zweck ins Auge gefaßt, um daraus ein Verhältnis Jahwe's zu Israel zu illustrieren; die Stellung der Völkerwelt an und für sich zu Jahwe fällt noch nicht in den Gesichtskreis dieses Propheten.« Gegen ähnliche Auslegungen wendet sich R. Smend, Das Nein des Amos, 411 auch Anm. 33.

[94] Vgl. R. Smend, Das Nein des Amos, 411.

[95] L. Köhler, Amos-Forschungen von 1917—1932, in ThR NF 4 (1932), 212; zitiert bei R. Smend, Das Nein des Amos, 410. Anm. 31.

[96] Vgl. M. Haller, Universalismus, 1382. J. Hempel, Universalismus, 1162. H. Schmökel: Fremdvölker, 120—124. Er sieht in der Botschaft des Jonabuches die »Krönung israelitischer Gotteserkenntnis«.

[97] J. Hempel, Universalismus, 1162.

[98] Zeph 2, 11; 3, 9 f. Vgl. dazu P. Altmann, Erwählungstheologie, 29 f. Die Weisheit beschäftigt sich zumeist mit allgemein-menschlichen Fragen. Das Problem von Partikularismus und Universalismus spielt in ihr keine Rolle.

Dagegen ist die biblische Urgeschichte kein Zeugnis universalistischer Religion. Sie zielt auf Israel ab, »das vor allen gesegnete Volk, dem die entscheidende Stellung auf Erden zukommt.«[99] G. v. Rad nennt die Urgeschichte »eines der wesentlichsten Elemente einer theologischen Ätiologie Israels«[100]. Das Verhältnis der Völker zu Gott bleibt offen[101].

Von eigentlichem Universalismus kann man nicht einmal bei Deuterojesaja reden. Im Zentrum steht auch bei ihm Israel[102]. Die universale Verfügungsgewalt Jahwes steht im Dienst der Heilsbotschaft für Israel, also im Dienst des Partikularismus[103]. Und diese Einordnung der Vorstellung der universalen Verfügungsgewalt Jahwes in ein partikularistisch-nationales Konzept bestimmt im wesentlichen die Aussagen über andere Völker in der eschatologischen Prophetie[104] und in der Apokalyptik[105].

Eigentlicher Universalismus liegt auch in der Verkündigung Jesajas nicht vor, denn im Zentrum steht Juda und sein Verhältnis zu Jahwe[106]. Unabhängig von Juda kommen andere Völker gar nicht in den Blick. Daß diese Feststellung nicht zu einem Werturteil gemacht werden darf, wird unten[107] näher begründet. Zu fragen ist allerdings, ob sich bei Jesaja Ansätze finden, die — konsequent weitergedacht — zum Universalismus führen würden.

4. Jesaja auf dem Weg zum Universalismus?

Nach W. W. Graf Baudissin beruhte es nur auf »Mangel an Reflexion über das Verhältnis Jahwes zu der außerisraelitischen Welt«[108], daß die älteren Propheten noch keinen Monotheismus vertraten. Ähnlich bemerkt L. Köhler im Hinblick auf Amos: »Jahwe, der Volksgott, ist auf dem Wege zum Menschheitsgott.«[109] Daß er »unterwegs als Gott einer Reihe von Völkern (der für Israel wichtigen)« stehenbleibt[110], liegt daran, daß Propheten »nicht Systematiker mit folgerichtigen reinen Gedanken« sind[111]. Kann man analog bei Jesaja sagen, er befinde sich auf dem Weg zum Universalismus? Ist — anders gefragt — der Universalismus bei ihm schon im Keim vorhanden, so daß eine

[99] So G. Fohrer zur Urgeschichte von J (Einleitung 163). Vgl. jedoch neuerdings das Verständnis von Gen 1—11 durch C. Westermann, der den »spezifisch urgeschichtlichen Sinn« der Urgeschichte, und d. h. ihre »menschheitliche[n] Bedeutung« hervorhebt. Vgl. C. Westermann: Genesis 1—11, Erträge der Forschung, Band 7, Darmstadt 1972, 107 und 108.

[100] Theologie I, 178.

[101] Theologie I, 177.

[102] Vgl. M. Haller, Universalismus, 1382.

[103] Z. B. Jes 49, 22 ff.

[104] Zu den wenigen Ausnahmen vgl. G. Fohrer, Eschatologie, 45.

[105] Vgl. H.-G. Gadamer, Geschichte, 1490: »Es gibt jedoch auch für die apokalyptische Geschichtsauffassung des antiken Judentums keine Weltgeschichte, sondern alles wird auf das »Volk der Heiligen des Höchsten« bezogen.«

[106] Vgl. oben S. 175—182.

[107] Vgl. unten S. 202/203.

[108] Studien zur Semitischen Religionsgeschichte, 175.

[109] Theologie, 64.

[110] Theologie, 64.

[111] Theologie, 64.

konsequente Entfaltung und Weiterentwicklung seiner Botschaft zum Universalismus hätte führen müssen?[112]

Für eine Beantwortung dieser Frage müssen drei Elemente der Verkündigung Jesajas auf die in ihnen liegenden Möglichkeiten der Weiterentwicklung hin untersucht werden:

→ Die Verfügungsgewalt Jahwes über andere Völker.

→ Die zentrale Stellung Judas und seines Verhältnisses zu Jahwe.

→ Das Verständnis der außenpolitischen Lage als Entscheidungssituation für Juda.

Die Vorstellung der Verfügungsgewalt Jahwes über andere Völker könnte ein Ansatz zum Universalismus sein. Dagegen enthält die Zentralstellung Judas eher eine Tendenz zum Partikularismus. Eine Kombination beider Elemente könnte zu einer Einbeziehung der Völkerwelt in einen partikularistischen Rahmen führen, wie es bei Deuterojesaja der Fall ist. Dabei ist aber noch unbeachtet, daß nach Jesajas Ansicht Juda durch die außenpolitische Lage in eine religiöse Entscheidungssituation gestellt war. Dies zeigt Jesajas Botschaft in den Jahren 734/33 und 705—701. In all diesen Entscheidungssituationen hat Juda versagt. Die letzten Worte Jesajas nach 701[113] enthalten für Juda nur noch das Todesurteil[114]:

> Dieses Vergehen soll euch nicht vergeben werden,
> bis ihr es mit dem Tod bezahlt.
> (22, 14 b)

Mit diesem Nein endet die Verkündigung Jesajas und an diesem Nein scheitern auch unsere Versuche, die Konsequenzen seiner Botschaft zu konstruieren. Wie Jesaja sich das Handeln Jahwes nach dem Tod Judas vorgestellt hat, darüber können wir nichts Begründetes sagen. Daß die Vorstellung von der

---

[112] Bei dieser Fragestellung ist es wichtig, eine methodische Forderung B. Albrektsons zu beherzigen. Er gibt zu, daß »the basic conceptions of an auther are not always explicitly stated. But before one can maintain that an idea is ›im Grunde‹ implied by an auther, it must be shown to be prerequesite to his message.« (History 69 Anm. 8).

[113] Jes 22, 1—14; 32, 9—14.

[114] Anders R. Fey, Amos und Jesaja, 127 zu Jes 14, 24—27. Nach ihm hat das Gericht nicht »das letzte Wort behalten.« Ähnlich die meisten Exegeten, die Jes 2, 2—4; 9, 1—6 und 11, 1—8 von Jesaja herleiten. Diese Texte fallen nach B. Duhm 16, »wahrscheinlich in das Greisenalter des Propheten«. Wenn dieses Verständnis zuträfe, wäre natürlich besonders aus Jes 2, 2—4 ersichtlich, wie sich Jesaja das Verhältnis Jahwe — Juda — Völker vorgestellt hat. Mit völliger Sicherheit wird sich wohl nie entscheiden lassen, ob diese Heilsankündigungen von Jesaja stammen oder nicht. Das wichtigste Argument gegen jesajanische Verfasserschaft ist immer noch, daß sie in Spannung zu Jesajas sonstiger Verkündigung stehen. Aber die Entscheidung darüber, welche Spannungen innerhalb seiner Botschaft einem Propheten zuzutrauen sind, ist bei jedem Exegeten von den vielen kaum mehr aufzuhellenden Zufälligkkeiten abhängig, die bei der Entstehung seines »Prophetenbildes« mitgewirkt haben.

Verfügungsgewalt Jahwes nicht geradewegs zum Universalismus führen muß, zeigt der tatsächliche Verlauf der israelitischen Religionsgeschichte. Die Botschaft Jesajas soweit sie uns erhalten ist, bietet keinen Anhaltspunkt für die Beantwortung der Frage, ob der Prophet im Universalismus die einzig sachgemäße Weiterentwicklung seines Denkens gesehen hätte. Unsere Neigung, dies anzunehmen, hat ihren Grund mehr in der Hochschätzung Jesajas als in der Analyse seiner Worte. Zu beachten ist vielmehr, daß sich Jesaja unseres Wissens nicht veranlaßt sah, das Verhältnis Jahwes zu den Völkern unabhängig vom Verhältnis Jahwes zu Juda zu bedenken. Dies muß keine bedauerliche »Schranke des prophetischen Gottesglaubens«[115], sondern könnte auch eine Konzentration auf das ihm wichtig Erscheinende sein.

Eine Tendenz zum Universalismus ist in der jesajanischen Verkündigung also nicht nachweisbar.

IV. Ist die Vorstellung von der Verfügungsgewalt Jahwes über andere Völker ein Novum der prophetischen Verkündigung?

»Die Vorstellung von Jahwe als dem Führer nicht-israelitischer Heere ist eine Schöpfung der Propheten und baut auf deren neuer Geschichtsbetrachtung auf.«[116] Der erste Teil dieses Satzes ist unbestreitbar: erst die Propheten sprechen davon, daß Jahwe fremde Heere herbeiführt. Aber hat dies seinen Grund in »deren neuer Geschichtsbetrachtung«[117] für die sich »der Horizont der Geschichte ... geweitet« hatte[118]. Daß Jahwe nichtisraelitische Heere einsetzt, hat zur Voraussetzung, daß er über sie verfügen kann. Diese Voraussetzung bezeichneten wir oben[119] als »Verfügungsgewalt Jahwes über andere Völker«. Ist diese Vorstellung ein Novum der Propheten oder findet sie sich auch schon in älteren Zeugnissen des Jahweglaubens?

1. Vorprophetische Ansätze für die Vorstellung der Verfügungsgewalt Jahwes über andere Völker

Hier ist besonders auf die älteste Quellenschicht (bzw. die beiden ältesten Quellenschichten[120]) des Pentateuch hinzuweisen[121]. Die gesamte Völkerwelt

[115] H. Gunkel, Gottesglaube, 1367.

[116] H. Fredriksson, Jahwe als Krieger, 27/28.

[117] H. Fredriksson, Jahwe als Krieger, 27/28.

[118] H. Fredriksson, Jahwe als Krieger, 28.

[119] Vgl. oben S. 184.

[120] Da es hier nur auf die Feststellung vorprophetischer Belege ankommt, kann von einer Aufteilung der Belege auf J und eine weitere vorprophetische Quellenschicht außer dem Elohisten (N oder L) und einer Erörterung der damit gegebenen quellenkritischen Fragen abgesehen werden.

[121] So auch M. Haller, Universalismus, 1381.
Nach H. Schmökel sah schon Mose in Jahwe den »sittlichen Gott und allmächtigen Schützer seines Volkes« (Fremdvölker 11). Auf die Mosezeit folgte — so Schmö-

verdankt Jahwe ihre Existenz[122]. Jahwe schlägt den Pharao und sein Haus[123]. Er lenkt die Geschicke Josephs auch in Ägypten[124]. Obwohl er der »Gott der Hebräer« genannt wird[125], soll an seinen Taten auch der Pharao erkennen, »daß keiner wie Jahwe, unser Gott, ist«[126]. Schließlich »schüttelt« *(nʿr)* Jahwe die ägyptische Streitwagentruppe ins Meer[127]. Und bei alledem handelt er, »als seien die ägyptischen Götter nicht da; vor seiner Übermächtigkeit werden sie bedeutungslos«[128]. Jahwes Wirkungsbereich ist nicht auf ein bestimmtes Gebiet oder auf eine bestimmte Gruppe beschränkt[128a]. Vergleicht man allerdings diese Aussagen, mit der Darstellung des Handelns Jahwes an anderen Völkern wie sie sich bei manchen Propheten findet, so muß man feststellen, daß diese von einer noch weitaus souveräneren Machtausübung Jahwes sprechen: Jahwe schützt nicht nur seine Verehrer im fremden Land und vor fremden Menschen und Völkern, sondern er verfügt über diese Völker. Ältere Vorstellungen wurden von den Propheten weiterentwickelt und gesteigert.

Sprechen wir im Bezug auf die Propheten von der Vorstellung der »Verfügungsgewalt Jahwes über andere Völker«, so kann man in den Erzählungen von Jahwes Handeln in fremden Ländern und an anderen Völkern, wie sie in

---

kel — eine Zeit des Abfalls, in der der Jahweglaube nur in einzelnen »jahwistischen Kreisen« weiterlebte, deren »Exponent« schließlich der Jahwist wurde. Der Gott der Jahwistischen Kreise war »der All-Eine, Absolute ... der Gott des Himmels und der Gott der Erde« (Fremdvölker 13). H. Gunkel, Gottesglaube, 1365: Schon bei J gilt Jahwe als »Herr der Welt und Machthaber über die Menschheit: die Propheten konnten an längst Bekanntes anknüpfen.« H. Gunkel nimmt an, daß diese Züge des Jahwebildes von den »großen Himmelsgötter[n] der Kulturvölker, in erster Linie der Babylonier« übernommen wurden (Gottesglaube 1364).

[122] Völkertafel von J in Gen 10.

[123] Gen 12, 10—20.

[124] Gen 37—50 (Josephsgeschichte).

[125] Ex 7, 16; 9, 1.13; 10, 3.

[126] Ex 8, 6 vgl. 8, 18. Vgl. dazu W. Zimmerli, Erkenntnis Gottes nach dem Buche Ezechiel, 61—63.

[127] Ex 14, 27 b.

[128] E. Würthwein, Gott, 1707.
Mit Verweis auf Ex 15 sagt W. W. Graf Baudissin, Studien zur Semitischen Religionsgeschichte, 158: »In allen alttestamentlichen Aussagen steht unwandelbar fest, daß Jahwe der an Macht alles Überragende ist und daß darum auch die Völker seinem Willen sich fügen müssen.«
M. Peisker, Die Beziehungen der Nichtisraeliten zu Jahwe nach der Anschauung der altisraelitischen Quellenschriften, 91, sagt im Hinblick auf J, E und die vordeuteronomischen Stücke in Jdc, Sam und Reg: »... wenn Jahwe nichtisraelitische Völker braucht, dann stehen sie ihm zur Verfügung, und zwar ohne daß dabei der Existenz ihrer eigenen Götter irgendwie gedacht wird«.

[128a] Vgl. z. B. H. D. Preuss, Zukunftserwartung, 12: »Die Rettung am Meer hatte Jahwe als Herrn der Geschichte offenbart.«

den vorprophetischen Pentateuchquellen vorliegen, Ansätze zur Vorstellung der Verfügungsgewalt Jahwes über andere Völker sehen[128b].

Daß die Propheten an ältere Ansätze anknüpfen konnten, zeigt auch die Erwählungsvorstellung[129]. Denn »Erwählung« besagt, »daß Jahwe Israel zu seinem Volk erwählt habe aus der Menge der Völker, daß er also statt seiner ein anderes Volk hätte erwählen können«[130]. »Jahwes universale Macht ist notwendig, daß er ein Volk aus allen Völkern der Erde erwählt.«[131]

Wir kommen somit zu dem Ergebnis, daß die Vorstellung der Verfügungsgewalt Jahwes über andere Völker eine prophetische Weiterbildung älterer Ansätze ist[132]. Von diesen ist sie nur graduell unterschieden und selbst für die Zeitgenossen Jesajas akzeptabel. Dies zeigt die folgende Beobachtung.

2. Die Verfügungsgewalt Jahwes über andere Völker wird auch von Jesajas Hörern nicht bestritten

Die Worte Jesajas lassen erkennen, wo der Prophet auf Widerspruch stieß. Gelegentlich wird die gegnerische Meinung in direkter Rede wiedergegeben[133], wobei allerdings mit der Möglichkeit gerechnet werden muß, daß die Zitate fingiert sind[134]. Besonders aber zeigen die Scheltworte, wo die Differenzpunkte zwischen Jesaja und seinen Hörern lagen: In der Beurteilung des Kultes[135], der sozialen Verhältnisse[136], des Reichtums[137], der luxuriösen Lebensführung[138],

---

[128b] Vgl. M. Peisker, Die Beziehungen der Nichtisraeliten zu Jahwe nach der Anschauung der altisraelischen Quellenschriften, 91: Jahwe bestimmt auch nach J, E und den vordeuteronomischen Stücken in Jdc, Sam und Reg über andere Völker, »so daß z. B. Amos' Ansicht, daß Jahwe auch die Geschicke anderer Völker geleitet habe, nicht als ein Novum erscheint«.

[129] Der terminus technicus *bḥr* erscheint zwar erst im Dtn, die Vorstellung ist jedoch weit älter.

[130] W. W. Graf Baudissin, Studien zur Semitischen Religionsgeschichte, 154.

[131] P. Altmann, Erwählungstheologie, 7. Da P. Altmann auch den in der vorliegenden Arbeit »Verfügungsgewalt Jahwes über andere Völker« genannten Sachverhalt »Universalismus« nennt, spricht er von einem »notwendige[n] Zusammenhang von Universalismus und Erwählungstheologie«. (Erwählungstheologie 6).
Vgl. auch N. A. Dahl, Das Volk Gottes, 26: »Ein gewisser Universalismus ist die Voraussetzung des Erwählungsglaubens.«
Ebenso G. v. Rad, Theologie I, 192; G. Fohrer, Religionsgeschichte, 181; H. D. Preuss, Jahweglaube, 49.

[132] Vgl. auch H. Gunkel, Gottesglaube, 1364.

[133] Z. B. Jes 28, 9 f.

[134] Kriterien dafür, wann dies der Fall ist, bietet H. W. Wolff: Das Zitat im Prophetenspruch, 68—75.

[135] Jes 1, 10—20; 29, 1.13 f.

[136] 3, 12—15.

[137] 5, 8—10.

[138] 5, 11—13.22.

der rechtlichen Verhältnisse[139], der Bündnispolitik[140]. All dem lag ein unterschiedliches Verständnis der Konsequenzen zugrunde, die sich für Juda aus seinem Verhältnis zu Jahwe ergaben, besonders im Hinblick darauf, worauf Juda sich verlassen könne und dürfe[141].

So sehr aber auch die Vorstellungen Jesajas und seiner Hörer auseinandergingen — die Verfügungsgewalt Jahwes über andere Völker scheint zwischen ihnen nicht strittig gewesen zu sein. An zwei Stellen zitiert Jesaja freilich Leute, die Jahwes Macht grundsätzlich in Frage zu stellen scheinen:

Jes 5, 19 Beeilen soll sich sein Werk, damit wir es sehen!
Es komme endlich des Heiligen Israels Plan,
daß wir ihn erkennen.

Die hier Zitierten zweifeln wohl nicht an Jahwes Macht, sondern an Jesajas Vollmacht. Der Spott gilt dem Propheten, der von einem Werk und Plan Jahwes spricht, die nicht eintreffen, dessen »Gerichtsgerede ... nichts als Unsinn ist«[142]. Und für Jesajas Volksgenossen war eine Verspottung des Propheten noch keine Verspottung Jahwes.

Jes 29, 15 Weh' denen, die vor Jahwe ihren Plan tief verbergen,
deren Werk im Dunkeln geschieht
und die sagen: Wer sieht uns und wer bemerkt uns?

Daß es sich hier um kein wörtliches Zitat handelt, liegt auf der Hand. Die so Sprechenden hätten ihre Heimlichkeit mit diesen Worten selbst preisgegeben. Hier interpretiert Jesaja ein Verhalten, das die Betroffenen wahrscheinlich ganz anders beurteilt haben.

Die Verfügungsgewalt Jahwes über andere Völker mußte Jesaja nicht begründen oder verteidigen. Nicht daß Jahwe über andere Völker verfügt, stieß auf Widerspruch, sondern daß er sie gegen Juda einsetzt[143].

---

[139] 10, 1—4; 5, 23 f.

[140] 30, 1—5; 31, 1—3.

[141] 20; 14, 28—32; 28, 16; 30, 15—17.

[142] G. Fohrer I 84.

[143] Auch für diesen Gedanken (Verfügungsgewalt eines Gottes über fremde Völker) gibt es altorientalische Vorbilder. Unter den vielen altorientalischen Texten, mit denen B. Albrektson belegt, daß auch andere altorientalische Völker (außer Israel) in der Geschichte ein Handeln der Götter sahen, finden sich auch einige, in denen davon die Rede ist, daß die Götter fremde Völker herbeiführen:
Im »Fluch über Akkad« (letztes Jahrhundert des 3. Jahrtausends) wendet sich Inanna von der eigenen Stadt ab und gibt sie so der Vernichtung preis. Enlil führt die Gutäer gegen Akkad zur Strafe dafür, daß Naram-Sin Enlils Heiligtum in Nippur zerstört hat (History 24—27).
In der »Klage um Ur« sind die Subaräer der »Sturm« Enlils, den dieser trotz der Fürsprache der Göttin Ningal sendet (History 27 f.). Eines der Pestgebete des Muršiliš spricht davon, daß »the Hattian Storm-god had brought people of Kurustana to the country of Egypt» (History 40).

3. Die Betonung der Souveränität Jahwes in der jesajanischen Ausprägung der Vorstellung von der Verfügungsgewalt über andere Völker

Wenn auch schon vor Amos und Jesaja von einem Handeln Jahwes in andern Ländern und an andern Völkern erzählt wird, so kann man von Verfügungsgewalt doch erst bei den Propheten sprechen. Von Jesaja wurde besonders Jahwes Souveränität hervorgehoben[144]. Wurde in den vorprophetischen Texten Jahwe als Kämpfer gegen Israels Feinde geschildert[145], der natürlich auch seine Hilfe verweigern und damit den Feinden den Sieg geben konnte[146], so bedarf es bei Jesaja nur noch eines Winkes — im Bild Jesajas: eines Pfiffes[147] —, um die Völker zu rufen. Mußte Jahwe vorher kämpfen — wobei seine Überlegenheit freilich nie gefährdet war —, so kann er jetzt verfügen. Pointiert gesagt: An die Stelle des kämpfenden und siegenden Kriegers ist der herrschende König getreten[148].

4. Lassen sich Gründe für diese Entfaltung älterer Ansätze durch Jesaja erkennen?

Man kann darauf hinweisen, daß erst jetzt Israel mit den Weltreichen in engeren Kontakt kam, was dazu führte, die Herrschaft Jahwes über diese Weltreiche auszudehnen. Aber wenn das Auftreten der Weltreiche auch der

[144] Vgl. oben S. 183/184.

[145] H. Fredriksson, Jahwe als Krieger, 7—23 und 81—94.

[146] Z. B. Num 14, 39—45.

[147] 5, 26; 7, 18.

[148] Damit soll nicht bestritten werden, daß Jahwe auch schon vorher König genannt wurde, obwohl Jes 6, 5 der älteste Beleg ist.
W. H. Schmidt, Königtum Gottes, 30 Anm. 92 und 72 Anm. 42, hat darauf hingewiesen, daß auch schon den kanaanäischen Göttern »universale Weite« eignete (72 Anm. 42) und daraus den Schluß gezogen, daß Jahwe Weltkönig geworden sei, »sobald der (kanaanäische) König über die Götter und die Erde zum König Israels wird« (72 Anm. 42). Dies scheint der oben vertretenen Ansicht zu widersprechen, erst bei den Propheten werde Jahwes Handeln an den Völkern als souveränes Herrschen dargestellt. Doch schließt die Annahme einer Übertragung des Königtitels auf Jahwe in vorprophetischer Zeit nicht aus, daß erst die Propheten Jahwes überlegene Herrschaft über die Völker proklamierten, obwohl sie möglicherweise mit dem Königstitel schon implizit gegeben war.
Letzteres ist allerdings nicht ganz sicher, da in den ugaritischen Texten wohl ein Königtum der Götter über die Erde, nicht aber ein Königtum über die Völker belegt ist (W. H. Schmidt, Königtum Gottes, 72 f.). Die Veränderungen, die sich im Verständnis des Königtitels vollzogen, nachdem er auf Jahwe übertragen worden war, faßt W. H. Schmidt »ein wenig zugespitzt« folgendermaßen zusammen: »Jahwe wurde vom König über die Erde zum König über die ganze Welt und alle Zeit, vom König über die Götter zum König über Israel und den einzelnen« (W. H. Schmidt, Alttestamentlicher Glaube, 131, vgl. auch 134). Auf die Bedeutung, die die Übertragung der Prädikate der ugaritischen Götter El und Baal auf Jahwe für die Ausbildung des Universalismus hatte, weist auch G. Fohrer, Universale Vorstellungen, 16—18.

äußere Anlaß gewesen sein mag, der Jesaja zu seiner Ausprägung der Vorstellung von der Verfügungsgewalt Jahwes über andere Völker veranlaßte, so kann darin doch nicht der Ermöglichungsgrund für die Verkündigung des souveränen Herrschens Jahwes über andere Völker liegen. Der Lauf der Geschichte in der zweiten Hälfte des 8. Jahrhunderts konnte an sich nicht den Gedanken nahelegen, in ihr die Verfügungsgewalt des Gottes Israels am Werk zu sehen. Israel und Juda mußten die Weltgeschichte über sich ergehen lassen und sie erleiden[149]. Wenn gerade jetzt Jesaja die Verfügungsgewalt Jahwes über andere Völker betonte, so konnte der Ermöglichungsgrund für diese Entfaltung älterer Ansätze nicht im Lauf der Geschichte liegen. Man kann höchstens sagen, daß diese Entfaltung durch den Gang der Geschichte »mitbedingt« war[150]. Der eigentliche Grund wird vielmehr im prophetischen Gottesverständnis liegen und im Verständnis des Verhältnisses Jahwes zu Juda. Da letzteres nach jesajanischem Verständnis für Juda eine Verpflichtung implizierte, deren Erfüllung Juda ständig verweigerte, konnte Judas Niedergang als Strafe Jahwes verstanden werden. Jahwe mußte nicht mit seinem Volk untergehen. Dazu kam die prophetische Erfahrung der Mächtigkeit Jahwes[151]. Das Zusammentreffen beider Elemente machte es möglich, auch im Niedergang des Volkes Jahwes Jahwe am Werk zu sehen[152].

V. Ergebnis

1. Jesaja stellt Jahwes Handeln an andern Völkern als ein souveränes Verfügen dar. Die Vorstellung von der Verfügungsgewalt Jahwes über andere Völker wie sie sich bei Jesaja findet, ist eine Entfaltung älterer Ansätze. Jesaja betont vor allem die Souveränität Jahwes.

2. Dagegen läßt sich den Worten Jesajas weder die Vorstellung einer universalen Weltlenkung Jahwes noch die eines wirklichen Universalismus entnehmen. Im Zentrum seiner Verkündigung steht Juda und sein Verhältnis zu Jahwe.

3. Daß Jesaja weder einen religiösen Universalismus, noch den Gedanken einer universalen Weltlenkung Jahwes vertrat, darf nicht als Werturteil verstanden werden[153]. Jesaja ging es weder um Theologie im Sinn einer mit allen Konsequenzen durchdachten Gotteslehre, noch um die theoretische Ausformung einer Geschichtstheologie. Beurteilt man ihn danach, wie nahe er dem Univer-

---

[149] Vgl. z. B. M. Noth, Geschichte Israels, 230—232.

[150] So H. D. Preuss, Zukunftserwartung, 57.

[151] Vgl. Jes 6.

[152] Vgl. hierzu J. Wellhausen, Israelitische und jüdische Geschichte, 115.

[153] Auch G. van der Leeuw wendet sich dagegen, »den Partikularismus als Engherzigkeit ohne weiteres abzutun, den Universalismus als Fortschritt zu verherrlichen.« (Universalismus 1380).
Vgl. auch R. Smend, Die Mitte des Alten Testaments, 56.

salismus gekommen ist, so mißt man ihn an einem Ziel, das nicht in der Richtung seines Weges lag[154], das er also gar nicht erreichen wollte. Man kann nicht etwas, das er nicht gesagt hat, zum negativen Charakteristikum seiner Verkündigung machen.

Es ist vielmehr danach zu fragen, in welche Richtung sein eigenes Interesse ging: Jesaja war es um Juda und sein Verhältnis zu Jahwe zu tun, und in dieser Beschränkung ist nicht Beschränktheit, sondern Konzentration zu sehen[155]. Der von der Sorge um die eigene Gemeinschaft völlig Eingenommene kann schwerlich am Maßstab eines religiösen Universalismus gemessen werden.

---

[154] So z. B. H. Schmökel, Fremdvölker, 41.77.

[155] Von Jesaja gilt, was W. W. Graf Baudissin vom ganzen AT sagte: »Es ist eben kein philosophisches Religionssystem, sondern lebendige Religion in den Schriften des A.T. niedergelegt. Dafür war es genügend, zu wissen, was Israel an seinem Gotte besaß und was die Forderungen dieses Gottes an Israel seien. Darum bewegen sich die prophetischen Aussprüche der älteren Zeit nicht in Speculationen über den Gott Israels ...« (Studien zur Semitischen Religionsgeschichte 175).
Vgl. auch E. Würthwein, Gott, 1710: Den Propheten »war es nicht um ein neues Gottesbild oder Ethos zu tun, sondern darum, daß der alte Gott, der Israel erwählt und verpflichtet hatte, in seiner Verheißung wie in seiner Forderung unbedingt ernst genommen wurde.«

Kapitel 2

Das besondere Verhältnis Jahwes zu Juda

Daß es Jesaja in einem geradezu exklusiven Sinn um Juda und sein Verhältnis zu Jahwe geht, wurde bereits mehrfach gesagt[1]. Juda soll sich der Tatsache bewußt sein, daß es in einem besonderen Verhältnis zu Jahwe steht und soll sich in seinem Handeln von diesem Bewußtsein bestimmen lassen[2]. Jesajas Worte über andere Völker, deren eigentliches Thema — wie sich ergab — Judas Verhältnis zu Jahwe ist, zeigen: Auch in seinem Verhältnis zu andern Völkern, also in außenpolitischen Entscheidungen, soll sich Juda von seinem Verhältnis zu Jahwe leiten lassen. Jesajas Aufforderungen und Jesajas Anklagen weisen beide auf ein bestimmtes Verständnis des besonderen Verhältnisses Judas zu Jahwe zurück. Die ersteren, indem sie zu einem Handeln rufen und ermutigen, das diesem Verhältnis entspricht. Die letzteren, indem sie ein Handeln anprangern, das diesem Verhältnis widerspricht. Aus beiden läßt sich ein Bild gewinnen vom jesajanischen Verständnis des Verhältnisses Jahwes zu Juda wie es sein sollte und wie es ist. Andere Aussagen Jesajas, die sich nicht unmittelbar mit anderen Völkern befassen, können dieses Bild bestätigen und ergänzen.

Für die Beurteilung des Verhältnisses Judas zu andern Völkern durch Jesaja ist wichtig, daß er das Verhältnis Jahwe-Juda als personales Verhältnis, als Vertrauensverhältnis und als verpflichtendes Verhältnis sieht. Dies soll im folgenden dargestellt werden.

---

[1] Vgl. besonders oben S. 175—182.

[2] Vgl. Jes 1, 2 f.; 5, 1—7; 14, 28—32; 28, 16.17 a; 28, 12; 30, 15—17.

A. DAS VERHÄLTNIS JUDAS ZU JAHWE ALS PERSONALES VERHÄLTNIS

Wenn Jesaja von Juda in seinem Verhältnis zu Jahwe spricht, verwendet er oft Nomina, die dem personalen Bereich entstammen. So wird an 10 Stellen von Juda als Jahwes *ʿam*[3] gesprochen[4]. Dreimal werden die Judäer *banîm* genannt[5].

Dagegen verwendet Jesaja für andere Völker häufig dinghafte Bezeichnungen oder er redet von ihnen in Tiervergleichen: Assur wird Stab und Stock Jahwes genannt[6] und mit Säge und Axt verglichen[7]. Von Assur und Ägypten ist im Bild von Biene und Fliege die Rede[8], vom assyrischen König als von Schlange, Viper und Drache[9].

Man wird aus diesem Befund keine weitreichenden Folgerungen ziehen dürfen, zumal auch von Juda gelegentlich in Bildern aus der Dingwelt gesprochen wird[10]. Immerhin kann man sagen, daß Jesaja das Verhältnis Jahwes zu Juda vorwiegend unter personalem, das zu den Völkern vorwiegend unter instrumentalem oder funktionalem Aspekt sieht. Damit wäre die Feststellung von L. Rost bestätigt, daß in der Prophetie Jesajas die Weltmacht zwar im Machtbereich Jahwes ist, aber keine personale Beziehung zu Jahwe hat: »Die Ahnherren der Völker, die in Davids Reich eingegangen waren, hatten eine personhafte Beziehung zu Jahwe. Er redete sie an. Das Werkzeug wird in die Hand genommen und weggelegt, ohne daß es angeredet und in seiner Personhaftigkeit angesprochen sein müßte.«[11]

---

3 Zur Bedeutung und Verwendung des Wortes *ʿam* vgl. G. Fohrer, Religionsgeschichte, 70; N. Lohfink, *ʿm jhwh*, 275—305.

4 *ʿămmi* Jes 1, 3; 3, 12 (2 ×); 3, 15; 5, 13; 10, 2; 32, 13.
ʿămmô Jes 3, 14; 5, 25; 14, 32.
Nicht genannt sind die mit einiger Wahrscheinlichkeit sekundären Belege im Jesajabuch. In Jes 2, 6 (*ʿămmᵉka)* ist nicht von Juda, sondern von Israel die Rede.
Zur Statistik vgl. N. Lohfink, *ʿm jhwh*, 276 Anm. 5.6.7.

5 Jes 1, 2; 30, 1; 30, 9.

6 Jes 10, 5.15.

7 Jes 10, 15.

8 Jes 7, 18.

9 Jes 14, 29.

10 Vgl. Jes 3, 14; 5, 1—7 (Weinberg). Die Frage nach der Bedeutung des Weinbergbildes in Jes 5, 1—7 braucht hier nicht erörtert zu werden. Vgl. zuletzt W. Schottroff, Das Weinberglied Jesajas (Jes 5, 1—7), 81—84.

11 L. Rost, Weltmacht, 245.

B. DAS VERHÄLTNIS JUDAS ZU JAHWE ALS VERTRAUENSVERHÄLTNIS

I. Die jesajanische Vorstellung vom Vertrauensverhältnis Judas zu Jahwe und ihre Bedeutung für Judas Verhältnis zu andern Völkern

Jesajas Beurteilung der Beziehung Judas zu andern Völkern ist wesentlich davon bestimmt, daß der Prophet das Verhältnis Jahwe — Juda als ein Vertrauensverhältnis versteht. Daß und inwiefern dies der Fall ist, läßt sich an folgenden Texten zeigen: Jes 7, 9 b; 8, 5—8; 14, 32; 20; 28, 12; 28, 16; 30, 1—5; 31, 1.3[1]. Diese These soll im folgenden begründet werden. Da es sich bei dem Vertrauensverhältnis Judas zu Jahwe um einen Spezialfall des personalen Verhältnisses handelt, gehören die Abschnitte A und B dieses Kapitels eng zusammen.

Jes 7, 9 b[2]

Dieser Vers, der innerhalb der Einheit Jes 7, 1—9 die Funktion einer Begründung der Ermutigung von v. 4 hat, interpretiert diesen zugleich in doppelter Weise:

1. Er bringt die religiöse Qualität des in v. 4 durch Stillhalten und Furchtlosigkeit charakterisierten Verhaltens zum Ausdruck, indem er es als *hæ'ᵆmîn* bezeichnet.

Diese Auslegung von *hæ'ᵆmîn* in v. 9 b setzt allerdings ein bestimmtes Verständnis dieses Wortes voraus:

→ Die Bedeutung von *hæ'ᵆmîn* entspricht etwa der des deutschen Wortes »vertrauen«. Dies zeigt der Gebrauch von *hæ'ᵆmîn* im AT[3].

---

[1] Daß Jes 30, 15 und 22, 8.11 hier nicht zu nennen sind, wurde für Jes 30, 15—17 oben S. 140—147 zu begründen versucht, für Jes 22, 8.11 vgl. S. 148 Anm. 3.

[2] Zum Verhältnis von v. 9 b zu v. 1—9 a vgl. oben S. 20/21.

[3] Vgl. H. Wildberger, Artikel *'mn,* in: THAT I, 187 f.; A. Jepsen, Artikel *'mn,* in: ThWAT I, 331; J. Barr, Bibelexegese, 189.
A. Weiser, Glauben, 335 f., umschreibt *hæ'ᵆmîn* zwar mit »zu etw[as] Amen sagen mit allen Konsequenzen für Obj[ekt] und Subj[ekt]«, findet diese Bedeutung aber auch in »(ver)trauen«, denn: »In dem Vertrauen gegenüber dem Vasallen (1 S 27, 12), dem Freund (Mi 7, 5; Jer 12, 6) . . . ist einerseits die Anerkennung des Anspruchs enthalten, der in der Bezeichnung »Freund, Diener usw.« liegt, anderseits zugleich auch die Gültigkeit dieses Anspruchs für den Vertrauenden selbst.«
Zur methodischen Vorrangigkeit der Frage nach der Verwendung des Wortes vor den Fragen nach der Bedeutung der Wurzel und nach dem Verständnis des hi vgl. A. Jespen, Artikel *'mn,* in: ThWAT I, 321, und grundsätzlich J. Barr, Bibelexegese, 178—189.

→ *hæ'ᵃmîn* in Jes 7, 9 b ist als »Vertrauen auf Jahwe« zu interpretieren. Dabei ist noch nicht darüber entschieden, ob ein Objekt zu ergänzen ist und — wenn ja — welches (Jahwe?, das eben gesprochene Prophetenwort?, die Nathanverheißung?)[4].

Da *hæ'ᵃmîn* im Zusammenhang von Jes 7, 4—9 das Einnehmen der Haltung meint, zu der Jesaja in v. 4 im Namen Jahwes aufgefordert hatte, hat die mit *hæ'ᵃmîn* bezeichnete Haltung ihren Grund in der Zusage Jahwes und kann also mit »vertrauen auf Jahwe« umschrieben werden.

2. Erst v. 9 b spricht aus, daß Juda durch die Aufforderung von v. 4 in eine Entscheidungssituation gestellt ist, in der Rettung und Untergang, Leben und Tod des Volkes auf dem Spiel stehen. Die als *hæ'ᵃmîn* interpretierte Haltung des Stillhaltens und der Furchlosigkeit ist conditio sine qua non des Bestehens.

Aus Jes 7, 9 b läßt sich also entnehmen, daß im Vertrauen auf Jahwe für Juda die Möglichkeit der Rettung besteht. Dies zeigt die Verbindung von v. 9 b mit v. 4—9 a, besonders mit v. 4. Greift *hæ'ᵃmîn* die Aufforderung zum Stillhalten und zur Furchtlosigkeit (v. 4) auf, so ergibt sich daraus weiter, daß das Vertrauensverhältnis Judas zu Jahwe einen Rettungsversuch mit Hilfe von Rüstung und Bündnispartnern ausschließt. Deshalb entscheidet sich — drittens — am Vertrauen auf Jahwe das Geschick Judas.

Jes 28, 16 bβ[5]: »Der Vertrauende ist unbesorgt[6].«

Der Satz zieht die Konsequenz, die sich aus dem vorher genannten Tun Jahwes für das Verhalten der Judäer ergibt. Das Subjekt ist vorausgestellt.

---

[4] Vgl. dazu außer den Kommentaren die in der vorigen Anm. genannten Arbeiten, besonders J. Barr, Bibelexegese, 179.

[5] Die jesajanische Herkunft der letzten drei Worte von Jes 28, 16 ist nicht unbestritten. Die wichtigsten Argumente gegen die ursprüngliche Zugehörigkeit der drei letzten Worte zu Jes 28, 16 sind (vgl. J. Boehmer, Glaube, 84—93):

1. Der Satz stört den Zusammenhang. Für J. Boehmer ergibt sich dies daraus, daß unter dem »Stein« (v. 16) Recht und Gerechtigkeit (v. 17) zu verstehen seien. Dieses Argument entfällt bei dem in der vorliegenden Arbeit vertretenen Verständnis von *mišpaṭ* und *ṣᵉdaqā* in v. 17 (vgl. oben S. 99). Ist in v. 17 a eine Prüfung des Verhaltens der Judäer angekündigt, dann stört der letzte Satz von v. 16 nicht den Zusammenhang, stellt vielmehr ein für das Verstehen unerläßliches Glied zwischen v. 16 und v. 17 dar, indem er die Konsequenz nennt, die sich für Juda aus dem vorher beschriebenen Tun ergibt.
2. Das Verb *ḥûš* hi. ist in seiner Bedeutung an dieser Stelle unklar. Die Übersetzung »eilen«, in der das Verb Jes 5, 19 auftritt, scheint Jes 28, 16 nicht zu passen, weshalb schon verschiedene Emendationsvorschläge gemacht wurden *(jaḥîl, jeḥăt, jebôš, jamûš)*. Nachdem aber F. Ellermeier, Das Verbum *ḥûš* in Koh 2, 25, 213 f. und 217, zwei Wurzeln *ḥûš* wahrscheinlich machen konnte (*ḥûš* I »eilen«, *ḥûš* II »sich sorgen«), deren zweite im Zusammenhang von Jes 28, 16 einen sehr guten Sinn ergibt, liegt auch hierin kein Grund mehr, den letzten Satz von v. 16 für einen Zusatz zu halten.

Diese im Verbalsatz ungewöhnliche Wortstellung weist darauf hin, daß der Akzent des Satzes auf dem Subjekt liegt: Der Vertrauende — und nur er — kann unbesorgt sein. Vertrauen kann hier kaum etwas anderes meinen als: Vertrauen auf den im Zion symbolisierten Schutz Jahwes.

Betrachtet man Jes 28, 16 bβ im Kontext von Jes 28, 14—18, so läßt sich ihm folgendes im Hinblick auf Jesajas Verständnis des Vertrauensverhältnisses Jahwes zu Juda entnehmen:

1. Im Vertrauen auf Jahwe liegt der Grund für Judas Sorglosigkeit, allerdings nur für die Sorglosigkeit im jesajanischen Verständnis.

2. Das Vertrauen auf Jahwe schließt den Schutz durch Bündnispartner aus. Dies ergibt sich aus der Gegenüberstellung der von den Judäern gerühmten Sicherheit durch Bündnisse (v. 15) und des von Jahwe angebotenen Schutzes (v. 16).

3. Am Vertrauen auf Jahwe entscheidet sich Judas Geschick. Dies ist aus v. 17 f. zu entnehmen.

Jes 14, 32

Jesaja fordert dazu auf, ein Bündnisangebot von Seiten der Philister abzulehnen, und zwar mit dem Hinweis darauf, daß Juda sich auf dem von Jahwe »gegründeten« Zion bergen solle. Es werden also einander gegenübergestellt:

→ Bündnis mit den Philistern.

→ Sich-Bergen auf dem Zion.

Inwiefern handelt es sich hier um Gegensätze? Das Bündnis mit den Philistern scheint von diesen angeregt worden zu sein. Es wird zwischen gleichwertigen Partnern geschlossen und dient einer Offensive. Dagegen ist der Zion als Symbol des Schutzes Jahwes Zuflucht für selbst Hilflose und Bedrohte. Liegt also beides nicht auf verschiedenen Ebenen und läßt sich deshalb weder vergleichen noch zueinander in Gegensatz bringen?

Ein wirklicher Gegensatz liegt hier nur dann vor, wenn jedes Bündnis mit einem anderen Volk als Widerspruch zum Vertrauen auf Jahwe gesehen wird. Nur auf diesem theologischen Hintergrund scheint mir die in Jes 14, 28—32 vollzogene Kontrastierung verständlich zu sein. Sie weist zurück auf das religiöse Denken Jesajas, in dessen Rahmen eine solche Gegenüberstellung erst möglich wurde. Für Jesaja stellte sich offenbar jedes Bündnis als unvereinbar mit dem Vertrauen auf Jahwe und somit als falsches Vertrauen dar.

---

3. J. Boehmer, Glaube, 89—91, verweist darauf, daß Jes 28, 16 noch weitere textliche Unklarheiten enthalte. Doch selbst wenn dies in dem von J. Boehmer angenommenen Ausmaß der Fall ist, läßt sich daraus nicht entnehmen, daß der letzte Satz von v. 16 Glosse ist.

In der vorliegenden Arbeit wird deshalb angenommen, daß die letzten drei Worte von Jes 28, 16 zum ursprünglichen Text gehören und jesajanisch sind.

[6] Zu dieser Bedeutung von *ḥûš* vgl. F. Ellermeier, Das Verbum *ḥûš* in Koh 2, 25, 213 f. und 217.

Hinsichtlich der Frage nach den theologischen Voraussetzungen Jesajas läßt sich also aus Jes 14, 28—32 folgendes entnehmen:

1. Der Schutz Judas lag für Jesaja im Vertrauen auf Jahwe.
2. Das Vertrauen auf Jahwe schloß ein Bündnis mit einem anderen Volk als falsches Vertrauen aus.

Jes 8, 5—8

»Die Wasser Siloas verwerfen« ist wohl Gegensatz zu dem »Sich-ruhig-Verhalten im Vertrauen auf Jahwe«[7]. Dieses Verwerfen ist im Hilferuf an Assur vollzogen[8].

Auch Jes 8, 5—8 zeigt also, daß für Jesaja im Vertrauen auf Jahwe der Schutz Judas lag, daß es die Hilfe durch andere Völker ausschloß, und daß sich am Vertrauen auf Jahwe Judas Geschick entschied.

Jes 20, 1—6[9]

Die Einheit, die ihr Ziel in v. 6 erreicht, spricht von den verheerenden Folgen des Bündnisses mit den Philistern und mit Ägypten (713—711). Doch werden die Philister und Judäer nicht als Bündnispartner der Ägypter dargestellt: Sie »flohen (!) um Hilfe, um sich zu retten«. Jesaja stellt sie also eher als Geschlagene oder wenigstens von einem übermächtigen Gegner Bedrohte dar, vor dem sie die Flucht ergreifen mußten. Es kam Jesaja offenbar darauf an, die Bündnisbemühungen Judas als Schutz-Suchen und Sich-Bergen von Bedrohten zu zeichnen. Warum? Eine Antwort scheint mir von Jes 14, 32 her möglich: Juda soll sich im Schutz Jahwes bergen, der im Zion symbolisiert ist. Um herauszustellen, daß ein Bündnis Judas mit einem anderen Volk im Gegensatz steht zum Schutzangebot Jahwes, mußte Jesaja die politischen Bündnisse als Schutz-Suchen, Sich-Bergen und Fliehen um Hilfe charakterisieren.

Ist es berechtigt, Jes 20 von Jes 14, 28—32 her zu interpretieren, so steht hinter Jes 20 die aus den vorher besprochenen Texten bereits bekannte Vorstellung vom Vertrauensverhältnis Jahwe—Juda:

1. Im Vertrauen auf Jahwe liegt Judas Schutz.
2. Das Vertrauen auf Jahwe schließt Bündnisse mit andern Völkern aus.
3. Falsches Vertrauen stürzt Juda in große Gefahr.

Jes 28, 12[10]

Wenn mit *zo't* auf den Zion hingewiesen werden soll[11] als Symbol der Hilfe durch Jahwe im Gegensatz zu fremder Hilfe, dann steht auch hinter

---

[7] Vgl. oben S. 86/87.

[8] Vgl. oben S. 86/87.

[9] Vgl. dazu oben S. 107—113.

[10] Vgl. dazu oben S. 133/134.

[11] Vgl. oben S. 134.

diesem Vers die Vorstellung vom Vertrauensverhältnis Jahwes zu Juda, in dem Judas einziger Schutz liegt.

Jes 30, 1—5[12]

Die Judäer haben sich als »widerspenstige Söhne« Jahwes (v. 1) erwiesen, indem sie sich mit Ägypten verbündeten. Der Pakt mit Ägypten war also eine gegen Jahwe gerichtete Handlung. Warum? Auf diese Frage gibt das Scheltwort (v. 1—2) eine doppelte Antwort:

1. Der Bund mit Ägypten wurde ohne Jahwes Willen geschlossen und ist deshalb ein Zeichen von »Sünde«.

2. Der Bund mit Ägypten ist ein Versuch Judas, »Zuflucht zu suchen beim Schutz Pharaos und sich im Schatten Ägyptens zu bergen« (v. 2 b).

Zwei Argumente sprechen dafür, daß mit dieser Darstellung das Bündnis mit Ägypten als jahwefeindlich charakterisiert werden soll:

a) Der Gebrauch der Wörter *ma'ôz* und *ḥsh*.

Von den 20 Belegen, an denen *ma'ôz*[13] übertragen, d. h. in nicht-lokaler Bedeutung vorkommt, ist es 18 × Zuflucht für Menschen. Die mit *ma'ôz* bezeichneten Größen sind:

Jahwe	17 ×
Jahwes Weg	1 ×
Jahwes Freude	1 ×
Pharao	1 × (Jes 30, 2)

ma'ôz in übertragener Bedeutung wird also — mit Ausnahme von Jes 30, 2 — immer dazu verwendet, die Bedeutung Jahwes für Menschen auszudrücken. Betrachten die Judäer den Pharao als ihre *ma'ôz* — und dies geschieht nach Jesajas Meinung im Bündnis mit Ägypten — so setzen sie ihn damit an Jahwes Stelle.

Die Statistik von *ḥsh*[14] führt zu einem ganz ähnlichen Ergebnis. Von insgesamt 37 Belegen ist 33 × davon die Rede, daß Menschen sich bei Jahwe bergen[15], 3 × bei anderen Instanzen, die aber die in sie gesetzten Erwartungen nicht erfüllen werden, 1 × wird gesagt, daß der *ṣăddîq* sich *b^emôtô* berge, was vielleicht in *b^etummô* zu ändern ist (Prov 14, 32). Wenn Juda sich im Schatten Ägyptens birgt, nimmt es Ägypten gegenüber eine Haltung ein, die es Jahwe gegenüber einnehmen sollte und setzt ein anderes Volk an die Stelle Jahwes.

b) Der Vergleich mit Jes 14, 32.

Jes 14, 32 und 30, 2 interpretieren sich gegenseitig.

Jes 14, 32 bestätigt die Annahme, daß die Schilderung des Bündnisses mit Ägypten in 30, 2 dieses als jahwefeindlich qualifizieren will und sagt zugleich,

---

[12] Vgl. dazu oben S. 113—117.

[13] Vgl. oben S. 154 f.

[14] Vgl. oben S. 152—154.

[15] Zu den Formulierungen im einzelnen vgl. oben S. 153/154.

warum dies der Fall ist: Juda soll sich nicht bei anderen Völkern, sondern auf dem Zion als dem Symbol der Hilfe Jahwes bergen.

Jes 30, 2 erklärt, wieso in 14, 28—32 ein Bündnis mit einem anderen Volk und das Sich-Bergen bei Jahwe (auf dem Zion) einander als Gegensätze gegenübergestellt werden können: das ist deshalb möglich, weil ein Bündnis mit einem anderen Volk in Jesajas Augen ein Sich-Bergen bei diesem Volk ist.

Der Verstehenshintergrund für Jesajas Darstellung des Bündnisses Judas mit Ägypten ist also die Vorstellung, daß Juda ausschließlich bei Jahwe Schutz und Hilfe suchen darf. Das Vertrauen auf Jahwe schließt das Vertrauen auf Bündnispartner aus. Zugleich entscheidet sich am Vertrauen auf Jahwe das Geschick Judas (30, 3).

Jes 31, 1—3[16]

Auch Jes 31, 1—3 versteht das Bündnis mit Ägypten als falsches Vertrauen, bei dem man vergessen hat, daß Ägypten »Mensch und nicht Gott« ist und bei dem man von Ägypten etwas erwartet, was man nur von Jahwe erwarten kann. Die Vorstellung vom Vertrauensverhältnis Jahwe — Juda steht also auch hinter diesem Text.

Zusammenfassung

Es hat sich gezeigt, daß für mehrere Worte Jesajas, die sich mit Judas Beziehungen zu anderen Völkern beschäftigen, die Vorstellung vom Vertrauensverhältnis Jahwe — Juda von Bedeutung ist. Sie läßt sich folgendermaßen beschreiben:

1. Im Vertrauen auf Jahwe liegt *Judas Schutz.*
2. Das Vertrauen auf Jahwe steht in unvereinbarem *Gegensatz zu Bündnissen mit anderen Völkern.*
3. Am Vertrauen auf Jahwe *entscheidet sich Judas Geschick.*

II. Zur Vorgeschichte der jesajanischen Vorstellung vom Vertrauensverhältnis Jahwe — Juda

Es hat sich gezeigt, daß Jesajas Vorstellung vom Vertrauensverhältnis Jahwe — Juda für das Thema dieser Arbeit (Verhältnis Juda — Völker) vor allem deshalb von Bedeutung ist, weil nach dem Verständnis Jesajas das Vertrauen auf Jahwe jedes Vertrauen auf andere Völker als vermeintliche Helfer ausschließt. Wenn im folgenden — in etwas abgekürzter Form — von der jesajanischen Vorstellung vom Vertrauensverhältnis Jahwe — Juda gesprochen wird, so ist damit immer die oben[1] skizzierte Ausprägung dieser Vorstellung

---

[16] Vgl. oben S. 122—130.

[1] Vgl. S. 211 (Zusammenfassung).

gemeint, derzufolge das Vertrauen auf Jahwe die Negation des Vertrauens auf andere Völker impliziert[2].

Es ist zuerst zu fragen, ob es sich hierbei um eine genuin jesajanische Ausprägung handelt, oder ob sie sich auch neben oder vor Jesaja im AT findet (1). Hierauf soll auf die Frage der Vorgeschichte dieser Vorstellung eingegangen werden (2).

1. Die Ablehnung der Bündnispolitik bei Hosea und ihre Begründung

Wie Jesaja so lehnt auch Hosea Bündnisse mit andern Völkern ab. Jesaja tut dies mit dem Hinweis auf das Vertrauensverhältnis Jahwe — Juda, das ein Vertrauen auf andere Völker ausschließt. Wie begründet Hosea seine Ablehnung? Folgende Texte sind daraufhin zu befragen: Hos 5, 12—14; 7, 8 f.11 f.[3]; 8, 8—10[4]; 12, 2; 14, 4.

a) Die Einheiten Hos 5, 12—14; 7, 8 f. 11 f.; und 8, 8—10

α) Der Aufbau dieser Einheiten

Die Einheiten Hos 5, 12—14; 7, 8 f.11 f. und 8, 8—10 lassen — trotz Modifikationen im einzelnen — denselben Aufbau erkennen:

---

[2] Zum Nebeneinander von göttlicher und menschlicher Hilfe, das sich an anderen Stellen des AT findet, vgl. J. L. Seeligmann, Menschliches Handeln und göttliche Hilfe, 385—411.

[3] Hos 7, 10 hebt sich vom Kontext ab (Verbformen im Plural, *jhwh 'ᵉlohîm* in der Jahwerede). Der Vers gehört also wohl nicht ursprünglich zu 7, 8 f. 11 f. So z. B. auch K. Marti, Dodekapropheton; W. Nowack, Die kleinen Propheten. H. W. Wolff, Hosea, 161, neigt dazu, den Vers für ursprünglich zu halten; W. Rudolph, Hosea, 150 f. hält nur v. 10 a für Glosse.

Auch die Zusammengehörigkeit von v. 8 f. und v. 11 f. zu einer Einheit ist nicht unbestritten. K. Marti, Dodekapropheton, nimmt 7, 8—8, 3 zusammen, Th. H. Robinson, Die Zwölf kleinen Propheten, verbindet 7, 7—10, G. Fohrer, Einleitung, 464, betrachtet v. 8 f. und v. 11 f. als getrennte Einheiten, H. W. Wolff, Hosea, 131—167, sieht in Hos 5, 8—7, 16 eine »kerygmatische Einheit«. Für Zusammengehörigkeit der Verse 8 f. und 11 f. zu einer Einheit lassen sich folgende Gründe anführen:

1. V. 11 f. läßt sich vom Inhalt her als Fortsetzung von v. 8 f. verstehen.
2. Ebenso ist es syntaktisch möglich, v. 11 f. an v. 8 f. anzuschließen. Die Perfekta in v. 8 f. bringen dann ein Geschehen zum Ausdruck, das bei Beginn der Handlung von v. 11. f. schon abgeschlossen vorlag (vgl. GK § 106 f., und z. B. Gen 29, 10).
3. Nimmt man v. 8 f. und v. 11 f. zu einer Einheit zusammen, so weist ihr Aufbau große Ähnlichkeit mit dem von Hos 5, 12—14 und 8, 8—10 auf (vgl. unten S. 212 bis 214).

[4] Die Interpretation dieses Textes wird dadurch erschwert, daß die Bedeutung von *tnh* (v. 9 hi., v. 10 qal) nicht sicher zu ermitteln ist. Ich schließe mich in Rekonstruktion und Übersetzung an W. Rudolph, Hosea, 159 f., an.

→ *Schilderung der Notsituation:*

5, 12 Ich aber bin wie Eiter[5] für Ephraim
und wie Knochenfraß für das Haus Juda

7, 8 f. Ephraim: unter die Völker läßt es sich mengen[6]!
Ephraim wurde wie ein Fladen,
den man nicht wendete.
Fremde verzehrten seine Erträge,
er aber merkte es nicht.
Ihm wuchs sogar graues Haar,
ohne daß er es merkte.

8, 8 Verschlungen ist Ephraim.
Jetzt ist es unter den Völkern geworden
wie ein wertloses Gefäß.

→ *Verhalten des Volkes in der Notsituation* (teilweise mit Wertung dieses Verhaltens):

5, 13 Als Ephraim seine Krankheit sah
und Juda sein Geschwür,
da ging Epraim zu Assur
und sandte zum Großkönig[7].
Der aber kann euch nicht heilen
und euer Geschwür nicht entfernen.

7, 11 Doch wie eine Taube war Ephraim,
einfältig, ohne Verstand.
Ägypten riefen sie,
nach Assur liefen sie.

8, 9 Doch sie[8] — sie stiegen nach Assur hinauf!
Ein Wildesel bleibt für sich.
Ephraim warb um Liebschaften.

---

5 Zur Übersetzung von *ʿaš* vgl. H. W. Wolff, Hosea, 134, und W. Rudolph, Hosea, 124.
Zum Artikel vor *ʿaš* und *raqab* (v. 12), *šăḥăl* und *k*^{e}*pîr* (v. 14) vgl. GK § 126 r, und z. B. Am 5, 19.

6 Möglich wäre auch, v. 8 a als Ausruf zu verstehen (so z. B. H. Donner, Israel, 79; W. Rudolph, Hosea), der dann nicht zur Schilderung der Notsituation gehört, sondern eine vorangestellte »grundsätzliche Feststellung und einen Vorwurf« (H. Donner, Israel, 79) darstellt: »Ephraim läßt sich mit den Völkern ein.« (Donner, Israel, 79).

7 Ich lese mit H. W. Wolff, Hosea, u. a. *mălkî rab;* W. Rudolph, Hosea, versteht *jareb* als ein Adjektiv »groß«, in dem er eine Spracheigentümlichkeit des Nordreiches sieht.
Da in v. 12 und v. 14 Ephraim und Juda genannt werden, erwartet man auch in v. 13 die Erwähnung beider Staaten. Möglicherweise muß also der MT geändert werden. Auf eine Diskussion und Entscheidung dieses Problems kann hier verzichtet werden, weil die Beantwortung der hier zur Debatte stehenden Frage nach dem Grund der ablehnenden Haltung Hoseas gegenüber der Bündnispolitik Israels davon unabhängig ist.

8 *kî* wird hier als hinweisender Ausruf (deiktische Interjektion) verstanden.

→ *Scheitern der Rettungsbemühungen:*

5, 14 Denn ich bin wie ein Löwe für Epraim
und wie ein Junglöwe für das Haus Juda.
Ich, ich reiße und gehe davon,
schleppe weg, ohne daß einer rettet.
7, 12 Wie sie hingehen,
werfe ich über sie mein Netz.
Wie Vögel des Himmels hole ich sie herunter.
Ich züchtige sie[9] entsprechend der Kunde von ihrer Bosheit[9].
8, 10 Mögen sie unter den Völkern werben,
jetzt ›hacke ich sie ab‹[10].
Und sie werden in Bälde ›sich winden‹[10]
unter der Last des Königs der Fürsten.

Die drei Einheiten schildern also übereinstimmend die Hinwendung Israels (Ephraims) zu andern Völkern als den Versuch, sich aus einer Notsituation zu retten. Zu diesem Zweck wendet sich Ephraim an Assur (5, 13; 8, 9) bzw. an Assur und Ägypten (7, 11). Von Bündnispolitik kann man dabei nur in eingeschränktem Sinn sprechen. Denn mit Assur schloß sich Ephraim nicht als freier Bündnispartner zusammen, sondern war als abhängiger Vasall an das Großreich gebunden. Offenbar hat aber Hosea zwischen der erzwungenen Bindung an Assur und der freiwilligen an Ägypten nicht unterschieden, sondern beide als Versuche verstanden, dem kranken Staat Heilung zu verschaffen. Deshalb wird auch in dieser Arbeit für beides die Bezeichnung »Bündnispolitik« beibehalten, womit also jede Bindung an ein anderes Volk gemeint ist.

Die Rettungsversuche Ephraims — darin stimmen die drei besprochenen Einheiten wieder überein — werden scheitern.

β) Die Gründe für das Scheitern der Bündnispolitik

Die Gründe, die für das Scheitern der Bündnispolitik angegeben werden, sind unterschiedlich.

Hos 5, 12—14 wird die Bündnispolitik im Gegensatz zu einer von Jahwe selbst bewirkten Not gesehen[11] und von hier aus als unangemessen und nutzlos beurteilt, weil es gegen ein Handeln Jahwes keinen Retter gibt *('ên mășșîl).*

Nach Hos 7, 8 f.11 f. ist die Bündnispolitik ein Zeichen von Unverstand *(pôtā 'ên leb).* Daraus, daß ihr Erfolg von Jahwe vereitelt wird, kann man wohl schließen, daß sie gegen Jahwes Willen ist. Warum dies der Fall ist, wird nicht gesagt.

---

[9] Mit H. W. Wolff, Hosea, lese ich *’^{a}jässe^{e}rem* und *l^{e}ra‘atam.*

[10] Zur Übersetzung vgl. W. Rudolph, Hosea; ich lese *’^{a}qāșșe^{e}bā* statt *’^{a}qăbb^{e}șā* und *w^{e}jaḥîlû* statt *w^{e}jaḥellû.*

[11] Daß Judas und Israels Unheil von Jahwe selbst bewirkt ist, wird dreimal hervorgehoben (v. 12.14 a.14 b); vgl. W. Rudolph, Hosea, 130.

Hos 8, 8—10 stellt die Bündnispolitik unter dem Bild der Hurerei dar[12] und stellt sie damit mit Götzendienst in eine Linie. Mit dem etwas dunklen Satz *pæræ bôded lô* soll möglicherweise ein Gegensatz zwischen dem Namen Ephraim und dem Verhalten Ephraims angedeutet werden[13].

Schließlich läßt sich daraus, daß Jahwe den Erfolg dieser Politik verhindert, wohl entnehmen, daß sie gegen Jahwes Willen ist.

In den drei bisher besprochenen Einheiten finden sich also folgende Beurteilungen der Bündnispolitik:

→ Sie ist ein ungeeignetes Mittel, wenn sie eine von Jahwe selbst bewirkte Not beheben soll (5, 12—14).
→ Sie ist ein Zeichen von Unverstand (7, 11).
→ Sie widerspricht dem Namen, den Ephraim trägt (?) (8, 9).
→ Sie ist Hurerei und steht insofern in einer Linie mit dem Götzendienst (8, 9 f.).
→ Sie ist gegen Jahwes Willen (7, 12; 8, 10).

Ein Hinweis darauf, warum Hosea die Bündnispolitik so negativ beurteilt, liegt möglicherweise in ihrer Darstellung als Hurerei. Damit wird die Hinwendung zu anderen Völkern mit der Hinwendung zu anderen Göttern in eine Linie gestellt, die anderen Völker nehmen also eine Stelle ein, die eigentlich Jahwe zusteht. Unklar bleibt freilich noch, inwiefern dies der Fall ist.

b) Hos 12, 2 und 14, 4

In Hos 12, 2 werden wieder Ephraims Hinwendung zu Assur und zu Ägypten nebeneinandergestellt. Für Hosea liegen also das Vasallenverhältnis zu Assur und der Pakt mit Ägypten auf einer Ebene. Beide Bindungen bringen für Ephraim Verpflichtungen mit sich. Die beiden Stichen von v. 2 b können inhaltlich parallel verstanden werden:

Eine Verpflichtung gegenüber Assur übernehmen sie,
Öl nach Ägypten bringen sie.[14]

Diese politischen Kontakte wertet Hosea als nutzlos und gefährlich. Die Nutzlosigkeit bringt v. 2 aα zum Ausdruck:

Ephraim weidet Wind . . .

Die Gefährlichkeit wird in dem Bild von v. 2 aβ dargestellt:

. . . und jagt dem Ostwind nach den ganzen Tag.

Was Hosea zu seiner Beurteilung veranlaßt, wird auch hier nicht gesagt.

---

[12] Das sonst in diesem Zusammenhang verwendete Verbum *znh* wird allerdings Hos 8, 8—10 nicht gebraucht.

[13] Vgl. W. Rudolph, Hosea, 166.

[14] Zur Übersetzung vgl. E. Kutsch, Artikel *b^{e}rît*, in: THAT I, 343. Damit entfällt auch die von H. Donner, Israel, 92, festgestellte Schwierigkeit, daß in Hos 12, 2 das Wort *b^{e}rît* eine sehr blasse Bedeutung habe: »es kann doch nicht im Ernst davon die Rede sein, daß der Rumpfstaat Ephraim seinerseits eine B^{e}rit mit dem neuassyrischen Großreich geschlossen hätte.« (Israel 92).

Hos 14, 4 ist Teil eines Bußliedes, das Hosea dem Volk in den Mund legt. Der Vers enthält eine Absage an Bündnispolitik, Rüstung[15] und Götzendienst:

Assur soll uns nicht helfen,
auf Rossen wollen wir nicht reiten,
und nicht mehr »unser Gott« sagen
zum Machwerk unserer Hände.[16]

In dem Verbalsatz v. 4 aα_1 steht das Subjekt »Assur« betont voran. Wollte man dies in der deutschen Übersetzung zum Ausdruck bringen, so müßte man sagen:

Nicht *Assur* soll uns helfen.

Damit ist die Frage gestellt: Wer soll denn helfen? Die Antwort auf diese Frage läßt sich dem Kontext entnehmen:

→ Assur steht (wie Hos 8, 8—10) in v. 4 parallel zu den Götzen. Nicht zu diesen wird Israel in Zukunft »unser Gott« sagen, sondern — so ergibt sich aus der Tatsache, daß dieser Satz in einem an Jahwe gerichteten Bußlied steht — zu dem, der in diesem Bekenntnis angeredet ist: zu Jahwe. Werden die Götzen beseitigt, weil sie illegitimerweise die Stelle Jahwes eingenommen haben, dann gilt wohl auch für Assur, daß ihm von Israel eine Rolle zugebilligt wurde, die nur Jahwe zusteht: die des Helfers für Israel[17].

→ Zum selben Ergebnis führt die Beobachtung, daß in v. 6—9 die von Jahwe gewährte Hilfe geschildert wird. Sie kann wirksam werden, wenn sich Israel von den Größen distanziert hat, die es an Jahwes Stelle setzte: Bündnispartner (Assur), eigene militärische Macht, Götzen.

Hos 14, 4 zeigt also, warum Hosea die Bündnispolitik ablehnt: weil Jahwe Israels Helfer ist, der keinen anderen Helfer neben sich duldet[18]. Von Jahwe soll Israel erwarten, was es jetzt von Assur erwartet. Wie für Jesaja so ist also

---

[15] Es ist nicht ganz klar, ob v. 4 aβ_1 auf eigene Rüstung oder auf ein Abkommen mit Ägypten anspielt. Da anzunehmen ist, daß auch Israel damals Streitwagen besaß, und da Hosea auch an anderer Stelle (10, 13) das Vertrauen auf die eigene Kriegsmacht angreift, wird Hos 14, 4 aβ_1 hier auf die eigene Rüstung Israels gedeutet.

[16] V. 4 b halte ich für Zusatz (mit den meisten Kommentaren).

[17] Eine scharfe Konfrontation Jahwe — Assur findet sich auch Hos 5, 12—14, wo dem dreimaligen *'ᵃnî* (bzw. *'anokî*) das in v. 13 b betont vorangestellte *hû'* (Assur bzw. der Großkönig) gegenübersteht (vgl. W. Rudolph, Hosea, 130). Doch sind Hos 5, 12—14 nicht Jahwe und Assur als Helfer einander konfrontiert, sondern Jahwe als Vernichter ist dem Assyrer als vermeintlichem Helfer gegenübergestellt.

[18] Direkt ausgesprochen wird dieser Gedanke Hos 13, 4 b:

Einen Gott außer mir kennst du nicht,
und einen Helfer außer mir gibt es nicht.

Doch erinnert die Sprache dieses Verses stark an Deuterojesaja, so daß seine Herkunft von Hosea zumindest unsicher ist.

auch für Hosea das Verhältnis des Volkes zu Jahwe ein Vertrauensverhältnis, und dieses impliziert auch für Hosea Ablehnung der Bündnispolitik.

c) Konsequenzen

Der Befund bei Hosea läßt einige Konsequenzen zu im Hinblick auf die Vorgeschichte der jesajanischen Vorstellung vom Vertrauensverhältnis Jahwe — Juda.

α) Diese Vorstellung ist — auch in ihrer polemischen Zielrichtung gegen die Bündnispolitik — keine Schöpfung Jesajas oder Hoseas. Da sich eine Abhängigkeit Jesajas von Hosea oder umgekehrt sonst nicht nachweisen läßt, müßte man annehmen, daß beide gleichzeitig aber unabhängig voneinander dieselbe Vorstellung ausgebildet haben. Ist dies nicht völlig ausgeschlossen, so ist es doch unwahrscheinlich. Viel näher liegt die Annahme, daß beide eine ihnen schon vorgegebene Vorstellung aufgegriffen haben.

β) Die Vorstellung, daß das Vertrauensverhältnis Jahwe — Volk ein Vertrauen auf die Hilfe anderer Völker ausschließt, wurzelt nicht in der Nathanverheißung[19] oder einer schon vor Jesaja ausgebildeten[20] Zionstheologie[21]. Beide spielen in der Verkündigung des im Nordreich tätigen Hosea keine Rolle. Da sich bei ihm jedoch die Vorstellung findet, daß das Vertrauen auf Jahwes Hilfe in unvereinbarem Gegensatz zum Vertrauen auf eine von anderen Völkern gewährte Hilfe steht[22], kann diese Vorstellung ihre Wurzel nicht in der Nathanverheißung oder der Zionstheologie haben[23].

2. Wurzeln der jesajanischen Vorstellung vom Vertrauensverhältnis Jahwe — Juda

Wenn Nathanverheißung und Zionstheologie als Wurzeln für die jesajanische Vorstellung vom Vertrauensverhältnis Jahwe — Juda ausscheiden, welche anderen Wurzeln lassen sich dann erkennen?

Die Fragestellung muß zunächst noch etwas eingeengt werden. Die Eigenart der jesajanischen (und hoseanischen) Vorstellung vom Vertrauensverhältnis Jahwe — Juda (bzw. Israel) besteht in der negativen Komponente: Ausschluß von Rüstung und Bündnissen. Natürlich existierte in Israel und Juda auch eine Vertrauensvorstellung, die gerade diese Komponente nicht enthielt, wie Mi 3, 12

[19] Dies sagt auch E. Würthwein nicht, obwohl er die Bedeutung der Nathanverheißung für Jes 7, 1—9 sehr stark betont (vgl. E. Würthwein, Jes 7, 138—143).

[20] Auf die Frage, wann und durch wen diese Zionstheologie ausgeprägt wurde, braucht hier nicht eingegangen zu werden. Vgl. dazu zuletzt Jörg Jeremias, Lade und Zion, 183—198.

[21] So z. B. E. Rohland, Erwählungstraditionen, 145—178.

[22] Diese Vorstellung wird in der vorliegenden Arbeit als jesajanische Vorstellung vom Vertrauensverhältnis Jahwe—Juda bezeichnet (vgl. oben S. 211).

[23] Damit ist noch nichts darüber gesagt, ob Jesaja Nathanverheißung oder Zionstheologie mit der Vorstellung vom Vertrauensverhältnis Jahwe — Juda verbunden hat.

und Jer 7 zeigen. Da es uns hier um die Wurzeln der jesajanischen Vorstellung vom Vertrauensverhältnis Jahwe — Juda geht, für diese aber der negative Zug (Ablehnung von Rüstung und Bündnissen) charakteristisch ist, können wir uns darauf beschränken, im folgenden nach dem Ursprung dieses Zuges zu fragen.

Drei Vorschläge sind hier zu diskutieren:

a) Die Wurzel der jesajanischen Vorstellung vom Vertrauensverhältnis Jahwe — Juda liegt in einer gemeinaltorientalischen Staats- und Kriegsideologie.

b) Die Wurzel der jesajanischen Vorstellung vom Vertrauensverhältnis Jahwe — Juda liegt im Verhältnis Jahwe — Juda allgemein.

c) Die Wurzel der jesajanischen Vorstellung vom Vertrauensverhältnis Jahwe — Juda liegt in der Darstellung der Jahwekriege in der »nachsalomonischen Novellistik«[24].

a) Die Wurzel der jesajanischen Vorstellung vom Vertrauensverhältnis Jahwe — Juda liegt in einer gemeinaltorientalischen Staats und Kriegsideologie.

Diese These wurde in jüngster Zeit von F. Stolz[25] vertreten. Er geht auf die Vorgeschichte der jesajanischen Vorstellung vom Vertrauensverhältnis Jahwe — Juda im Zusammenhang mit zwei verschiedenen Vorstellungen ein (»Gottes Kraft und menschliche Ohnmacht«[26] und »Ausschließliche göttliche Wirksamkeit (»Gottesschrecken«)«[27]), zwischen denen er jedoch selbst eine Verbindung sieht[28]. Ich hoffe ihn nicht falsch zu verstehen, wenn ich in den Ausführungen auf S. 187—191 eine Fortsetzung der traditionsgeschichtlichen Erörterung von S. 115—119 sehe. Denn während auf S. 115—119 unter der Überschrift »Gottes Kraft und menschliche Ohnmacht« gezeigt werden soll, daß die in Ps 20, 7 f.; 44, 4.7 f.; 60, 12 f. Jes 30, 15 f.; 31, 1.3 vorliegende Vorstellung »schon im vorexilischen Kult von Jerusalem beheimatet ist«[29], wird auf S. 187—191 zu zeigen versucht, auf welchem Wege das Thema »Ausschließliche göttliche Wirksamkeit« in den jerusalemer Kult kam, und es wird ausdrücklich festgestellt, daß »in diesem Lichte ... die oben erwähnten Psalmen *auch* zu verstehen« seien[30]. Ebenso wird auch in diesem Rahmen auf Jes 31, 3 verwiesen[31].

---

[24] So G. v. Rad, Heiliger Krieg, 58.62 u. ö., von dem auch die Bezeichnung »nachsalomonische Novellistik« stammt (vgl. G. v. Rad, Heiliger Krieg, 33).

[25] F. Stolz, Kriege, bes. 187—191.
M. Weippert, Heiliger Krieg, nennt zwar außerisraelitisches Vergleichsmaterial, stellt jedoch die Frage nach den Wurzeln der israelitischen Vorstellung nicht explizit.

[26] F. Stolz, Kriege, 115—119.

[27] F. Stolz, Kriege, 187—191.

[28] F. Stolz, Kriege, 191.

[29] F. Stolz, Kriege, 117.

[30] F. Stolz, Kriege, 190 f.

[31] F. Stolz, Kriege, 191.

Ist der Zusammenhang der beiden Erörterungen von F. Stolz richtig gesehen, so läßt sich ihnen folgendes Bild von der Geschichte der jesajanischen Vorstellung vom Vertrauensverhältnis Jahwe — Juda entnehmen:

→ Die Vorstellung von der ausschließlichen göttlichen Wirksamkeit findet sich schon in einigen ägyptischen und babylonischen Texten. (Zu ihnen soll im folgenden noch einiges gesagt werden).

→ Diese Vorstellung wurde im vorisraelitischen jerusalemer Kult auf die Götter El und Šalem übertragen.

→ »Nach der Israelitisierung Jerusalems und der Ausschaltung Šalems wurde El mit Jahwe identifiziert — und in dieser Identifikation übte nun Jahwe Funktionen des Kosmoskämpfers aus. Entsprechend konnte man von ihm sagen — wie ein Ägypter von seinem Nationalgott, den er aus dem Mythos kannte — er allein sei es, der den Sieg schaffe, ohne menschliches Zutun.«[32]

→ Daß »die theologische Thematik von Gottes (alleiniger) Macht und menschlicher Ohnmacht schon im vorexilischen Kult von Jerusalem beheimatet« war[33], sieht F. Stolz durch die Texte Ps 20, 7 f.; 44, 4.7 f. und 60, 12 f. erwiesen[34].

Die eben skizzierte Sicht von F. Stolz scheint mir in folgenden Punkten anfechtbar:

a) Nur einer der vier außeralttestamentlichen Texte, die F. Stolz als Belege für das Thema »ausschließliche göttliche Wirksamkeit« anführt, enthält diesen Gedanken ausdrücklich, nämlich der Satz Ramses III.: »Du (das heißt Amun-Re) machst den Sieg des Landes Ägypten, deines einzigen Landes, ohne daß die Hand eines Soldaten oder irgend eines Menschen dabei ist, sondern nur deine große Stärke, die es errettet.«[35] In einem weiteren von F. Stolz zitierten Text ist davon die Rede, daß der König (Amenhotep II.) ohne jede Hilfe den Sieg errang[36]. Möglicherweise steht hinter dieser Aussage die Vorstellung von dem göttlichen König, der alleine kämpft und die Feinde vernichtet, wie es auf ikonographischen Darstellungen zu sehen ist[37]. Dann kann man auch in der Aussage über Amenhotep II. einen Beleg für den Gedanken der ausschließlichen göttlichen Wirksamkeit sehen.

In den beiden anderen von F. Stolz genannten Texten ist von der Ausschließlichkeit des Wirkens des Gottes oder Königs — wie mir scheint — nicht die Rede, sondern in einem Fall davon, daß die Feinde erschraken und Tribut

---

32 F. Stolz, Kriege, 191.

33 F. Stolz, Kriege, 117.

34 F. Stolz, Kriege, 115—117.

35 So bei F. Stolz, Kriege, 190, zitiert nach S. Morenz, Gott und Mensch im Alten Ägypten, 66.

36 F. Stolz, Kriege, 189.

37 Vgl. O. Keel, Die Welt der altorientalischen Bildsymbolik und das Alte Testament. Am Beispiel der Psalmen, 270—285.

leisteten, als sie »von den numinosen Qualitäten« Ramses II. hörten[38], im andern Fall davon, daß »das Werk vieler Menschen« nichts sei im Vergleich zu Amun-Re[39].

β) Man wird kaum annehmen können, daß alles von Amun-Re Gesagte auch von El oder Šalim ausgesagt wurde, wenn sich nicht Texte finden, die eine solche Annahme rechtfertigen.

γ) Die von F. Stolz genannten Psalmen (20, 7 f.; 44, 4.7 f.; 60, 12) lassen zwar den Schluß zu, daß das Thema der ausschließlichen göttlichen Wirksamkeit schon im vorexilischen Kult von Jerusalem beheimatet war; damit ist aber noch nicht die vorjesajanische Entstehung dieses Gedankens erwiesen, so daß man an diesem Punkt eine Abhängigkeit Jesajas von Gedanken konstatieren könnte, die im jerusalemer Kult bewahrt wurden.

Die Tatsache, daß sich das Thema »Gottes Kraft und menschliche Ohnmacht« auch bei Hosea findet, erklärt F. Stolz mit der Annahme, daß »an eine entsprechende Vermittlung [d. h. wohl: entsprechend der Vermittlung an Jesaja durch den jerusalemer Kult] auch im Nordreich zu denken« sei[40]. Aber was heißt das? Läuft hier der Weg von Amun-Re über irgendeine lokale El-Gottheit zu Jahwe?

Die Erwägungen von F. Stolz sind also durch mehrere Hypothesen belastet, was eine Zustimmung erschwert.

Nach M. Weippert[41] gehört der Gedanke, daß »in der Schlacht vor allem die Götter« kämpfen, »während die Menschen ihnen zu Hilfe kommen«, zu einer gemeinaltorientalischen »Kriegsideologie«[42]. Als Belege führte er Texte Assarhaddons und Assurbanipals an[43]. Besonders eng berührt sich mit dem AT ein Passus aus einem Hymnus Assurbanipals an Ištar von Nineve und Ištar von Arbela:

Nicht durch meine eigene Kraft,
  nicht durch die Stärke meines Bogens —
durch die Kraft meiner Götter,
  durch die Stärke meiner Göttinnen
beugte ich die Länder . . . unter das Joch Assurs.[44]

Doch ist zu beachten, daß in den assyrischen Texten menschliches und göttliches Handeln keine einander ausschließenden Gegensätze sind. Vielmehr ergänzen beide einander, wenn auch der Aktivität der Götter die größere Bedeutung zukommt. Bei Jesaja und Hosea findet sich also jedenfalls eine Radikalisierung der in den assyrischen Texten belegten Vorstellung, und es bleibt die Frage, wo die Wurzel für diese spezifisch israelitische Ausprägung zu suchen ist.

---

[38] F. Stolz, Kriege, 189.
[39] F. Stolz, Kriege, 190.
[40] F. Stolz, Kriege, 118.
[41] M. Weippert, Heiliger Krieg, 484.
[42] M. Weippert, Heiliger Krieg, 485.
[43] M. Weippert, Heiliger Krieg, 480—483.
[44] M. Weippert, Heiliger Krieg, 483.

b) Die Wurzel der jesajanischen Vorstellung vom Vertrauensverhältnis Jahwe — Juda liegt im Verhältnis Jahwe — Juda allgemein.

Von einigen Forschern wird die Ansicht vertreten, die jesajanische Vorstellung vom Vertrauensverhältnis Jahwe — Juda, für die die Negation des Vertrauens auf andere Völker charakteristisch ist, habe ihre Wurzel im Verhältnis Jahwes zu Juda allgemein, das meist mit dem Terminus »Bund« bezeichnet wird[45]. Das Verhältnis Judas zu Jahwe macht »die Verbindung mit allen nichtisraelitischen Völkern und — was ja immer eingeschlossen ist — mit deren Göttern ein für allemal unmöglich«[46]. Das für den Jahweglauben Anstößige in den Bündnissen mit anderen Völkern liegt darin, daß mit dem politischen Pakt die Übernahme eines fremden Kultes verbunden war[47]. Zur Begründung verweist E. Würthwein auf den Hilferuf des Ahas an Tiglatpileser und die kultischen Konsequenzen dieses Aktes (II Reg 16, 7 ff.). »Schon die Unterwerfung mußte bei dem Gott Schamasch, dem besonderen Schützer des Rechts, beschworen werden, schloß also eine für einen Jahweverehrer unerhörte Anerkennung der fremden Gottheit ein. Sie mußte sich aber auch auf kultischem Gebiet auswirken, wie sich schon bald zeigte.«[48] Doch ist zu beachten, daß es sich bei der Hinwendung des Ahas zu Assur weniger um ein Bündnis als um eine Unterwerfung des Ahas handelt, wie E. Würthwein selbst sagt[49]. Daß dagegen auch ein Pakt zwischen gleichberechtigten Staaten, wie etwa zwischen einzelnen Philisterstädten und Juda, mit der Einführung des Kultes des Bündnispartners verbunden war, ist sehr unwahrscheinlich. Jesaja aber lehnt nicht nur die Unterwerfung unter Assur, sondern auch die Bündnisse mit anderen Staaten ab. Nur die Ablehnung einer Unterwerfung ließe sich mit dem Hinweis auf kultische Konsequenzen erklären. Ein Grund dafür, warum nach Jesajas Ansicht das Vertrauensverhältnis zu Jahwe eine Verbindung mit anderen Völkern grundsätzlich ausschließt, ist damit noch nicht gefunden.

---

[45] Vgl. z. B. F. Weinrich, Der religiös-utopische Charakter der »prophetischen Politik«, 11; E. Würthwein, Jes 7, 137 f.; vgl. auch (ohne den Terminus »Bund«) G. Fohrer I 107 Anm. 50: »Sich Gott anzuvertrauen und ihn handeln zu lassen, ist für den alttestamentlichen Glauben überhaupt und erst deshalb für Kriegserzählungen kennzeichnend.«
Da sich das Wort *b^e^rît* bei weitem nicht zur Charakterisierung aller alttestamentlichen Darstellung des Verhältnisses Jahwes zu Israel eignet, und die Übersetzung »Bund« nur für eine kleine Anzahl von Belegen zutreffend ist (vgl. E. Kutsch, Gesetz und Gnade), wird in der vorliegenden Arbeit allgemein vom »Verhältnis Jahwe — Israel (bzw. Juda)« gesprochen.
Auch E. Würthwein, Jes 7, 142, versteht »Bund« nicht »im Sinne des Vertragsdenkens«, sondern als »Gemeinschaft mit Gott«.

[46] E. Würthwein, Jes 7, 137.

[47] F. Wilke, Politische Wirksamkeit, 26—47, bes. 36—38.

[48] E. Würthwein, Jes 7, 135.

[49] E. Würthwein, Jes 7, 135; vgl. II Reg 16, 7: »Ahas schickte Boten zu Tiglat-Pileser, dem König von Assur, und ließ ihm sagen: Ich bin dein Knecht und dein Sohn. Komm herauf und hilf mir ...«.

c) Die Wurzel der jesajanischen Vorstellung vom Vertrauensverhältnis Jahwe — Juda liegt in der Darstellung der Jahwekriege in der »nachsalomonischen Novellistik«.

G. v. Rad hat zu erweisen versucht, daß Jesaja mit seiner Ablehnung der Bündnispolitik in der Darstellung der Jahwekriege[50] wurzelt, wie sie in der — von ihm so genannten — »nachsalomonischen Novellistik« gegeben wurde[51]. In einer exemplarischen Behandlung von Jos 6, Jdc 7, Ex 14 und I Sam 17 zeigt G. v. Rad, daß sich hier »die Gleichsetzung des heiligen Krieges mit dem absoluten Jahwewunder, das jede menschliche Mitbeteiligung ausschließt, durchgesetzt hat.«[52] Diese Tendenz zur Ausschließung jedes menschlichen Synergismus wird von Jesaja noch radikalisiert[53].

Tatsächlich wird in den von G. v. Rad genannten vier Texten der Sieg Israels ausschließlich als Werk Jahwes geschildert. Wenn Israel doch in Aktion tritt, dann nur, um durch die Demonstration der eigenen militärischen Unzulänglichkeit die Tat Jahwes zu vergrößern.

In Jdc 7, 2—7 reduziert Gideon auf Befehl Jahwes seine Streitmacht auf 300 Mann, und dies geschieht deshalb, damit Israel nicht auf den Gedanken komme sich zu rühmen und zu sagen: »Meine (eigene) Hand hat mich gerettet« (v. 2), d. h.: Ich habe mich selbst gerettet. Und selbst der Einsatz dieser 300 Ausgewählten beschränkt sich darauf um das Lager der Gegner zu stehen, während diese sich selbst vernichten (v. 16—22).

In Ex 14 wird die Verfolgung Israels durch die Ägypter darauf zurückgeführt, daß Jahwe das Herz Pharaos verstockt habe. So wollte sich Jahwe verherrlichen und die Ägypter sollten erkennen, »daß ich Jahwe bin« (V. 4.17 f. vgl. auch v. 8). Israel soll sich still verhalten und dem helfenden Handeln Gottes zusehen: »Jahwe wird für euch kämpfen, ihr aber werdet still sein« (v. 13 f.). Tatsächlich geschieht die Vernichtung der Ägypter ausschließlich durch Jahwe, ohne jedes menschliche Zutun (v. 24 f.27). Israel sah »die Großtat, die Jahwe an den Ägyptern getan hatte. Und sie fürchteten Jahwe und glaubten seinem Knecht Mose« (v. 31).

In I Sam 17 kommt die Alleinwirksamkeit Jahwes besonders in der bekenntnisartigen Rede Davids an Goliat zum Ausdruck (v. 45—47):

> (45) Du kommst zu mir mit Schwert, Speer und Lanze, ich aber komme zu dir im Namen Jahwe Zebaots, des Gottes der Schlachtreihen Israels, den du verhöhnt hast. (46) Heute wird Jahwe dich in meine Hand geben, und ich werde dich erschlagen und dir den Kopf abhauen. Die Leichen des Philisterheeres werde ich heute den Vögeln des Himmels und dem Getier

[50] Während G. v. Rad vom »Heiligen Krieg« sprach, setzt sich neuerdings die Bezeichnung »Jahwekrieg« durch (entgegen der Vermutung von R. Smend, Jahwekrieg, 28 Anm. 49); vgl. z. B. H.-M. Lutz, Völker, 181 Anm. 1; R. Bach, Der Bogen zerbricht, 19. 22 u. ö.

[51] G. v. Rad, Heiliger Krieg, 33—62.

[52] G. v. Rad, Heiliger Krieg, 50.

[53] G. v. Rad, Heiliger Krieg, 62.

der Erde vorwerfen, damit die ganze Welt erkennt, daß es einen Gott für Israel gibt. (47) Und diese ganze Gemeinde wird erkennen, daß Jahwe nicht durch Schwert und Speer rettet. Vielmehr steht der Kampf bei Jahwe und er gibt euch in unsere Hand.

Auch Jos 6 läßt von einer kämpferischen Betätigung Israels nichts mehr erkennen. Der Umzug um die Stadt hat eher kultischen als militärischen Charakter.

In den von G. v. Rad genannten Texten (Ex 14 Jos 6 Jdc 7 I Sam 17) findet sich also die Vorstellung, daß Jahwe allein es ist, der seinem Volk hilft. In polemischer Ausprägung gegen Bündnispolitik und Rüstungsanstrengungen begegnete uns diese Vorstellung auch bei Jesaja und Hosea. Ist damit die Wurzel der jesajanischen Vorstellung vom Vertrauensverhältnis Jahwe — Juda gefunden?[54] Diese Folgerung ist selbst dann fragwürdig, wenn sich zeigen ließe, daß sich die Vorstellung von der Alleinwirksamkeit Jahwes schon in einem zeitlich vor Jesaja liegenden Entwicklungsstadium von Ex 14, Jos 6, Jdc 7 und I Sam 17 findet. In diesem Fall hätten wir zwar eine Vorstufe der jesajanischen Vertrauensvorstellung gefunden, nicht aber deren Wurzel. Vielmehr stünden wir nun vor der Frage, wer die Jahwekriege in dieser Weise darstellte und was ihn dazu veranlaßte. Denn daß diese Darstellung dem historischen Hergang nicht entspricht, wird allgemein angenommen[55]. Erst nach Beantwortung der eben gestellten Frage, bekämen wir vielleicht die Wurzel der jesajanischen Vorstellung vom Vertrauensverhältnis Jahwe — Juda zu Gesicht.

Auch die Frage nach dem Zeitpunkt, an dem die Vorstellung von der Alleinwirksamkeit Jahwes mit der Schilderung der Jahwekriege verbunden wurde, bedürfte genauerer Erörterung, die im Rahmen dieser Arbeit freilich nicht geleistet werden kann[56]. Vorjesajanische Entstehung der Passagen, in

---

[54] So zuletzt R. Bach, Der Bogen zerbricht, 21/22: »Wo jene prophetische und nachprophetische Polemik gegen militärische Rüstung ihrerseits ihre überlieferungsgeschichtliche Wurzel hat, ist längst erkannt: G. v. Rad hat überzeugend nachgewiesen, daß hier Nachwirkungen der Überlieferung von den Jahwekriegen aus Israels Frühzeit vorliegen. Allerdings besteht keine unmittelbare Verbindung zwischen den Jahwekriegen und diesen polemischen Äußerungen gegen militärische Machtmittel. Verständlich werden diese Äußerungen nur auf dem Hintergrund der erzählenden Überlieferung von den Jahwekriegen, in der Jahwe immer stärker zum allein Handelnden und die einstigen Kämpfer des Heerbanns zu bloßen Zuschauern des Wirkens Jahwes geworden waren.«

[55] Vgl. z. B. G. v. Rad, Heiliger Krieg, 44 f. (mit Verweis auf Jdc 5, 23).

[56] Vgl. außer den Kommentaren, Einleitungen und M. Noth, Überlieferungsgeschichtliche Studien:

zu Ex 14: G. Fohrer, Überlieferung und Geschichte des Exodus, 97—110.
K. v. Rabenau, Die beiden Erzählungen vom Schilfmeerwunder in Ex 13, 17—14, 31.
F. Stolz, Kriege, 94—97.

denen der Sieg als reines Jahwewunder dargestellt wird, kann jedenfalls für keinen der vier Texte Ex 14, Jos 6, Jdc 7 und I Sam 17 mit Sicherheit behauptet werden[57].

Deshalb bleibt es ungewiß, ob Jesaja und Hosea mit ihrer Vorstellung vom Vertrauensverhältnis Jahwe — Juda (bzw. Israel) und seinen Implikationen von der »erzählenden Überlieferung von den Jahwekriegen«[58] abhängig sind, oder ob das Abhängigkeitsverhältnis umgekehrt zu sehen ist[59]. Da aber nicht wahrscheinlich ist, daß Jesaja und Hosea zu gleicher Zeit dieselbe Vorstellung entwickelten, ist deren Wurzel weiterhin ungeklärt.

3. Liegt die Wurzel der jesajanischen Vorstellung vom Vertrauensverhältnis Jahwe — Juda in der Auseinandersetzung zwischen Prophetie und Königtum?

Da das Königtum die Tendenz hatte, den Gesetzen politischer Vernunft zu folgen und sich nicht »von Jahwe das Gesetz des Handelns vorschreiben zu lassen«[60], kam es früh zum Konflikt zwischen Königtum und Prophetie[61].

zu Jos 2:	J. Maier, Das altisraelitische Ladeheiligtum, 32—39.
	F. Stolz, Kriege, 66—68.
zu Jdc 7:	W. Richter, Richterbuch, 168—246.
	W. Beyerlin, Geschichte und heilsgeschichtliche Traditionsbildung im Alten Testament.
	F. Stolz, Kriege, 113—123.
zu I Sam 17:	J. H. Grønbaek, Die Geschichte vom Aufstieg Davids, 80—100.
	F. Stolz, Kriege, 141 f.

57 Vgl.

zu Ex 14:	F. Stolz, Kriege, 94—97;
zu Jos 2:	J. Maier, Das altisraelitische Ladeheiligtum, 39.
zu Jdc 7:	W. Richter, Richterbuch, 221 f. und 321;
zu I Sam 17:	G. Fohrer, Einleitung, 244; vgl. auch die Bemerkung von F. Stolz, Kriege, 142 Anm. 47.

Am unbestrittensten war vorjesajanische Entstehung für die entsprechenden Stellen aus Ex 14. Sie wurden allgemein dem Jahwisten zugewiesen. Doch fand F. Stolz bei einer Untersuchung von Wortwahl und Vorstellungen »eine Verwandtschaft zu deuteronomistischen Gedanken einerseits, zu Zügen der Jerusalemer Tradition andererseits«. (F. Stolz, Kriege, 96). Er weist diese Teile von Ex 14 deshalb einer Überarbeitungsschicht zu J (J^{sek}) zu, die er allerdings nicht zeitlich fixiert. Doch weisen die deuteronomistischen Züge jedenfalls nicht in vorjesajanische Zeit.

58 So (im Anschluß an G. v. Rad, Heiliger Krieg, 33—62) R. Bach, Der Bogen zerbricht, 22.

59 So z. B. G. Fohrer, Einleitung, 244, zu I Sam 17: »Der prophetischen Ergänzungsschicht ist wohl auch die Erweiterung der Erzählung von Davids Sieg über Goliat I Sam 17 zuzuschreiben, worauf besonders die theologischen Ausführungen v. 45 ff. hinweisen.«

60 G. v. Rad, Heiliger Krieg, 52/53.

61 Vgl. z. B. M. Noth, Geschichte Israels, 162 f.: G. v. Rad, Heiliger Krieg, 33—38 und 50—53.

Dieser Konflikt würde noch verständlicher, wenn R. Rendtorff mit seiner Vermutung recht hätte, daß sich Königtum und Prophetie in die Funktionen der sogenannten großen Richter teilten[62]: »Aus der Trennung des charismatischen[63] Elements von den Führungsaufgaben würde ja ohne weiteres die eigenartige Spannung erklärbar, durch die das Verhältnis zwischen König und Prophet gekennzeichnet ist.«[64] Ist die grundsätzliche Beurteilung des Königtums bei den einzelnen Propheten auch unterschiedlich[65], so sehen sie doch die Könige ihrer Zeit ständig damit befaßt, sich von Jahwe und seinem Anspruch zu emanzipieren. Aus einer solch kritischen Betrachtung des Königtums könnte die Radikalisierung des Gedankens von Jahwe als dem einzigen Helfer, der jede menschliche Selbsthilfe ausschließt, erwachsen sein und damit die jesajanische Vorstellung vom Vertrauensverhältnis Jahwe — Juda[66]. Es handelte sich dann um eine genuin prophetische Vorstellung.

Der hypothetische Charakter dieser Überlegungen braucht kaum eigens hervorgehoben zu werden. Zudem bleiben viele Fragen unbeantwortet. Es wurde ja lediglich eine im AT belegte Situation genannt, in der die Entstehung der bei Jesaja vorgefundenen Vorstellung vom Verhältnis Jahwe — Juda möglich gewesen wäre. Alle Einzelheiten bleiben im Dunkeln: Die Entstehungszeit läßt sich nicht genauer fixieren; wir wissen nichts Genaueres über den Tradentenkreis, der diese Vorstellung lebendig hielt, und wir wissen nicht, auf welchem Weg sie zu Jesaja und Hosea kam. Das uns zur Verfügung stehende Quellenmaterial scheint mir — beim augenblicklichen Stand seiner Erforschung — eine Antwort auf diese Fragen nicht zuzulassen.

---

[62] R. Rendtorff, Frühgeschichte des Prophetentums, 145—167; vgl. auch G. v. Rad, Heiliger Krieg, 54 f.; R. Bach, Flucht und Kampf, 111 f.

[63] Die Berechtigung der Bezeichnung »Charismatiker« für die sogenannten Großen Richter braucht im Rahmen der vorliegenden Arbeit nicht diskutiert zu werden; vgl. z. B. G. Fohrer, Religionsgeschichte, 85.

[64] R. Rendtorff, Frühgeschichte des Prophetentums, 164.

[65] Während sich bei Hosea grundsätzliche Ablehnung findet, scheint Jesaja das Königtum Davids als eine Idealzeit zu betrachten.

[66] In ähnliche Richtung scheinen mir die vorsichtigen Bemerkungen von Johann Michael Schmidt: Probleme der Prophetenforschung, 51, zu weisen.

C. DAS VERHÄLTNIS JUDAS ZU JAHWE ALS VERPFLICHTENDES VERHÄLTNIS

Das personale und das Vertrauensverhältnis Judas zu Jahwe enthalten für Juda eine Verpflichtung. Damit ist die Möglichkeit gegeben, daß Juda an seiner besonderen Beziehung zu Jahwe scheitert, und so für die Judäer das zum Untergang führt, was Rettung und Heil hätte sein können. Genau dies ist nach Ansicht Jesajas eingetreten bzw. wird noch eintreten. Aus diesem Grund kommt der verpflichtende Charakter des Verhältnisses Judas zu Jahwe gerade in den Texten zum Ausdruck, die vom Scheitern Judas an dieser Verpflichtung sprechen. Das besondere Verhältnis Judas zu Jahwe wird zur Verschärfung der Anklage. Dies soll im folgenden an zwei Beispielen gezeigt werden.

I. Judas Scheitern am personalen Verhältnis zu Jahwe und der mit diesem gegebenen Verpflichtung

Daß Juda nach Jesajas Ansicht an der mit dem personalen Verhältnis zu Jahwe gegebenen Verpflichtung scheiterte, läßt sich an Jes 1, 2 f. zeigen:

(2) Hört, Himmel! Und merke auf, Erde!,
denn Jahwe hat geredet:
Söhne zog ich auf und machte sie groß,
aber sie — sie wandten sich ab von mir.
(3) Es kennt ein Stier seinen Besitzer
und ein Esel die Krippe seines Herrn —
Israel: nicht hat es Kenntnis!
mein Volk: nicht hat es Einsicht![67]

Das Wort enthält eine Anklage[68] Jahwes gegen sein Volk, die vielleicht in die Form einer Gerichtsrede gekleidet ist[69]. »Der Prophet fungiert gleichsam

---

[67] Die Übersetzung hält sich besonders hinsichtlich der Wortstellung möglichst eng an den hebräischen Text, da die Wortstellung für das Verständnis der Verse von besonderer Wichtigkeit ist.

[68] Daß Jes 1, 2 f. anklagenden Charakter hat, ist meines Erachtens gegen I. v. Loewenclau: Zur Auslegung von Jes 1, 2—3, festzuhalten. Sie versteht Jes 1, 2 b.3 »als Klage, nicht als Anklage« (297), und zwar »als Klage eines verlassenen Vaters« (301 u. ö.). Aber Jahwe beklagt in Jes 1, 2 f. nicht *sein* Geschick, er redet ja nicht über sich wie die Beter der Klagepsalmen, sondern er spricht vom »empörenden« *(pšʿ)* Verhalten anderer. Solches Reden wird meines Erachtens am besten als »anklagend« bezeichnet.

[69] Vgl. G. Fohrer, Jes 1, 152; H.-J. Boecker, Redeformen des Rechtslebens im Alten Testament, 83 f.; J. Vollmer, Rückblicke, 146.

als Gerichtsdiener, der die beiden Zeugen Himmel und Erde zur Aufmerksamkeit auffordert und die Gerichtsrede Jahwes ankündigt.«[70]

Der zunächst überraschende Sachverhalt, daß in einer Anklagerede die Beschuldigten als »Söhne« und »mein Volk« bezeichnet werden[71], wird verständlich, wenn man erkennt, daß die Anklagerede ihre Schärfe durch die in ihr enthaltenen Kontraste erhält[72]. Die harte Gegeneinanderstellung von eigentlich Unvereinbarem bestimmt den Spruch bis in seine formale und stilistische Gestaltung. So besteht v. 2 b aus zwei Gliedern, die durch formale Parallelität die inhaltliche Antithetik aufs schärfste zuspitzen:

v. 2 bα: wie Israel (Juda)[73] von Jahwe behandelt wurde.
v. 2 bβ: wie Israel an Jahwe gehandelt hat.

Die ungewöhnliche Stellung des Akkusativobjekts »Söhne« am Satzanfang macht klar, wer die Empörer gegen Jahwe sind: es sind dieselben, die als Söhne von Jahwe in einzigartiger Weise behandelt wurden. *banîm . . . w^ehem:* die antithetische Stellung dieser beiden Wörter (*w^e* ist adversativ zu übersetzen), unterstreicht die Unvereinbarkeit des in beiden Sätzen Gesagten[74]. Jesaja greift also das Selbstbewußtsein Israels von seiner Sonderstellung zu Jahwe und der daraus resultierenden Sonderstellung unter den Völkern auf, um damit die Anklage gegen Israel zu verschärfen[75]. Das Handeln Jahwes an Israel in der Vergangenheit, in dem Israels besondere Stellung innerhalb der

[70] J. Vollmer, Rückblicke, 146.

[71] I. v. Loewenclau sieht in dem »mein Volk« ein Indiz dafür, daß Jes 1, 2 b—3 keine Anklage darstellt: ». . . ginge es Jahwe also darum, als Vater Anklage gegen seine unbotmäßigen Söhne zu erheben und ihnen damit die Todesstrafe anzudrohen, die er als Richter selbst verhängen kann, dann hätte er sich von diesem Volk trennen müssen: ›nicht-mein-Volk‹ (vgl. Hos, 1, 9).« (I. v. Loewenclau, Zur Auslegung von Jes 1, 2—3, 296). Bei dieser Konsequenz aus dem Vorkommen der Wendung »mein Volk« wird die Funktion dieser Wendung im Kontext nicht beachtet; vgl. dazu die in der vorliegenden Arbeit S. 227/228 vorgetragenen Beobachtungen.

[72] I. v. Loewenclau, Zur Auslegung von Jes 1, 2—3, 301; J. Vollmer, Rückblicke, 146.

[73] Zum Namen »Israel« vgl. Rost, Israel bei den Propheten, 45 f. Er vertritt die Ansicht, daß Jes 1, 3 mit »Israel« die judäischen Landsleute Jesajas als Jahwes Volk gemeint sind.

[74] Vgl. J. Fichtner, Umkehrung, 45 Anm. 3: »Die Antithese der beiden Vershälften ist durch das betonte Subjekt (w^ehem) besonders stark unterstrichen.«
Auf die Bedeutung der Wortstellung im Satz für das Verständnis hebräischer Texte weisen nachdrücklich hin:
L. Köhler, Deuterojesaja (Jesaja 40—55) stilkritisch untersucht, 58—62.
D. Michel, Tempora und Satzstellung in den Psalmen, 11 f. u. ö.
W. Richter, Richterbuch, 353—361.
W. Richter, Exegese, 179 ff.
Vgl. auch E. Kuhr, Die Ausdrucksmittel der konjunktionslosen Hypotaxe in der ältesten hebräischen Prosa, 30—32.

[75] J. Vollmer, Rückblicke, 147, spricht davon, daß »der geschichtliche Rückblick der Begründung der Anklage« dient.

Völkerwelt begründet liegt, wird nicht bestritten. Aber was M. Buber von Amos und Hosea sagt, gilt auch von Jesaja: ihm »ist es nicht um die Vorgeschichte des Volkes, nur um den Anfang seiner Geschichte zu tun, um die Gegenwart damit zu konfrontieren.«[76]

Auch v. 3 a und 3 b bilden ein Gegensatzpaar. Allerdings soll meines Erachtens durch den Vergleich mit den Tieren nicht die Undankbarkeit Israels gebrandmarkt werden. Das ist das Anliegen von v. 2 b. V. 3 zeigt Israels Verhalten als blanke Dummheit. Es ist kein Zeichen von Dankbarkeit bei einem Stier, wenn er seinen Besitzer kennt, und noch weniger zeigt der Esel seine Dankbarkeit, wenn er weiß, wo sein Futtertrog steht. Das ist eben ihr — freilich sehr bescheidenes — Wissen und Verstehen. Aber nicht einmal soviel Einsicht hat Israel. Es hat absolut nicht erkannt[77].

Die Verständnislosigkeit Israels wird nun noch dadurch in ein besonderes Licht gerückt, daß Israel »mein Volk« genannt wird. Auch hier wird an das personale Verhältnis zu Jahwe wohl deshalb erinnert, um die Anklage zu verschärfen.

Daß Judas (Israels) Verhalten seiner personalen Beziehung zu Jahwe seltsam widerspricht, ließe sich auch an anderen Texten Jesajas zeigen: Jes 5, 1—7[78]; 30, 1—5; 30, 8—14.

II. Judas Scheitern am Vertrauensverhältnis zu Jahwe und der mit diesem gegebenen Verpflichtung

Daß Juda an der Verpflichtung scheiterte, die das Vertrauensverhältnis zu Jahwe impliziert, zeigt Jes 30, 15—17:

(15) Denn so hat der Herr, Jahwe, der Heilige Israels gesprochen:
Durch Umkehr und Ruhe könnt ihr gerettet werden!
In Stillhalten und Gelassenheit liegt eure Stärke![79]
Doch ihr habt nicht gewollt.
(16) Sondern ihr spracht: Nein,
auf Rossen wollen wir fliegen —
deshalb werdet ihr fliehen!
Auf Rennern wollen wir reiten —
deshalb werden rennen eure Verfolger!
(17)[80] Vor dem Drohen von fünfen werdet ihr fliehen,
bis nur noch ein Rest von euch da ist,

[76] M. Buber, Der Glaube der Propheten, 166/167.

[77] Die objektlose Konstruktion von *jd'* und *hitbônan* in v. 3 b ist wohl mit Bedacht gewählt. Vgl. J. Vollmer, Rückblicke, 145; I. v. Loewenclau, Zur Auslegung von Jes 1, 2—3, 306 besonders Anm. 66.

[78] Es ist allerdings unsicher, ob »Weinberg« hier bildhafte Bezeichnung für »Braut« ist. Vgl. W. Schottroff, Das Weinberglied Jesajas (Jes 5, 1—7), 81—84.

[79] Zur Übersetzung von v. 15 vgl. oben S. 140—147, besonders S. 145.

[80] V. 17 aα halte ich für nicht zum ursprünglichen Text gehörig.

wie die Signalstange am Gipfel des Berges,
wie das Feldzeichen auf dem Hügel.

Die Rüstungs- und Bündnispolitik Judas sind eine Ablehnung des Angebots Jahwes. Daß es sich aber nicht nur um die Ablehnung eines Angebots, sondern um die Verweigerung einer Verpflichtung handelt, geht daraus hervor, daß Judas Nein bestraft wird. Aus dem Verhältnis zu Jahwe erwächst den Judäern der Untergang, wenn sie sich nicht einlassen auf die Verpflichtung, die mit dem Verhältnis zu Jahwe gegeben ist.

Kapitel 3

Der religiöse Charakter außenpolitischer Entscheidungen

I. Durch die außenpolitische Lage ist Juda in eine Entscheidungssituation gestellt

Die Verkündigung Jesajas steht zur Außenpolitik Judas in außerordentlich enger Beziehung. In den Jahren 734/33, 713—711 und 705—701 ist das Verhältnis Judas zu anderen Völkern nicht nur Anlaß der jesajanischen Verkündigung, sondern es steht im Zentrum der prophetischen Botschaft, insofern sich an Judas Verhältnis zu anderen Völkern sein Verhältnis zu Jahwe entscheidet. Es handelt sich um zwei nicht voneinander trennbare Aspekte derselben Frage. Entscheidet Juda über sein Verhältnis zu anderen Völkern, so ist damit auch über sein Verhältnis zu Jahwe entschieden und umgekehrt. Wird Juda durch die Furcht vor seinen Feinden zum Vertrauen auf irgendwelche Bundesgenossen veranlaßt, so hat es sich damit von Jahwe losgesagt. Und ebenso gilt: Entschließt sich Juda zum Vertrauen auf Jahwe, so sind damit die Furcht vor anderen Völkern und das Vertrauen auf Bundesgenossen ausgeschlossen. Politik und Religion bilden eine Einheit[1], bei der es freilich entscheidend ist, ob die Kriterien des Handelns vom politischen oder vom religiösen Element dieser Einheit bestimmt werden. Dies zeigt sich nach Jesajas Ansicht im außenpolitischen Verhalten Judas. Insofern ist Juda durch die außenpolitische Lage in eine Entscheidungssituation gestellt.

Diese Entscheidungssituation macht Jesaja bewußt, indem er in Augenblicken der Bedrohung für Juda das Vertrauen auf Jahwe als — freilich einzige — Möglichkeit der Rettung aufzeigt. Zumindest gilt dies für Jesajas Verkündigung im syrisch-ephraimitischen Krieg und in den Jahren 705—701[2]. Die Aufforderung zum Vertrauen auf Jahwe spricht der Prophet entweder direkt aus (z. B. 7, 4; 14, 32) oder in Gestalt von Unheilsankündigungen gegen

---

[1] Auf die Verbindung von Politik und Religion wurde häufig hingewiesen. Dem folgenden Zitat aus H. Donner, Israel, 170/171, ließen sich viele weitere mit ähnlichem Inhalt anfügen: »Also war Jesaja ein Politiker? Das war er nicht. Denn es zeigt sich bereits bei der Betrachtung seiner politischen Urteile, daß er die Außenpolitik Judas nur im Lichte der Jahwereligion zu sehen imstande war; nicht in dem Sinne, daß er sein theologisches Urteil dem politischen überordnete, dieses in jenem aufgehoben sein ließ, sondern so, daß politische und theologische Motive eine unauflösliche Einheit bildeten.«

[2] Für die Jahre 713—711 läßt sich dies nicht mit Sicherheit sagen, da sich meines Erachtens nicht eindeutig feststellen läßt, welche Worte aus diesem Zeitraum stammen.

eigenmächtige Bedroher (z. B. 8, 1—4; 7, 4—9). Für die letzte Tätigkeitsperiode Jesajas (705—701) läßt sich eine Aufforderung zum Vertrauen den Worten gegen Assur entnehmen, falls die oben[3] gegebene Deutung dieser Texte zutrifft. In der prophetischen Interpretation erscheint die politische Existenzbedrohung Judas im Jahr 701 als ein Aufruf Jahwes an Juda (Jes 22, 12), als ein geradezu pädagogischer Akt Jahwes. Letzteres geht aus Jes 1, 4—9 hervor. Dieser Text spricht von Juda im Bild eines schon völlig zerschlagenen Körpers. Warum aber Juda so geschlagen wurde, zeigt Jahwes Frage (v. 5):

Wohin wollt ihr noch geschlagen werden,
die ihr in der Abkehr verharrt?

Hinter der ausweglosen Situation, in die Juda durch den Angriff Assurs geraten war, stand also eine Absicht Jahwes: Juda sollte veranlaßt werden, die Abkehr von Jahwe aufzugeben und dazu gezwungen werden, sich für Jahwe zu entscheiden. »Jahwes Schläge sind zugleich die Reaktion seines Zorns auf den Abfall des Volkes und der Versuch, diesen aufzuhalten.«[4]

Juda freilich versagt in den Entscheidungssituationen. Es schlägt das Angebot des Propheten aus und stürzt sich damit — nach der Meinung Jesajas — selbst ins Verderben. Deshalb endet die Verkündigung Jesajas sowohl in den Jahren 734/33 als auch 705—701 mit einer Unheilsankündigung für Juda (8, 5—8; 22, 1—14; 32, 9—14).

II. Die jesajanische Interpretation außenpolitischer Situationen läßt sich als Deutung der historischen Lage im Licht des Verhältnisses Judas zu Jahwe verstehen

1. Die Bedeutung der als Vertrauensverhältnis verstandenen Beziehung Judas zu Jahwe für das Verständnis außenpolitischer Situationen

Das personale Verhältnis Judas zu Jahwe ist nach Jesaja ein Vertrauensverhältnis, und d. h. für den Propheten, daß Juda sich weder vor den eigenmächtigen Bedrohern zu fürchten braucht, noch sich auf vermeintliche Helfer verlassen darf[5]. Von dieser theologischen Voraussetzung her wird die Aufforderung zum Vertrauen auf Jahwe zu Beginn der Verkündigungstätigkeit in den Jahren 734/33 und 705—701 verständlich. Durch die Bedrohung von Seiten anderer Völker ebenso wie durch eine Einladung zum Bündnis mit anderen Völkern war Juda vor die Frage gestellt, ob es bereit sei, sich seinem Verhältnis zu Jahwe entsprechend zu verhalten. Dazu forderte Jesaja auf.

---

[3] Vgl. oben S. 35—67, besonders S. 59—66.

[4] B. Duhm 26. Daß nach prophetischer Ansicht auch die Kanaanäer in Palästina Israel vor eine Entscheidung stellten, betont G. Fohrer, Israels Haltung gegenüber den Kanaanäern und anderen Völkern, 72: Die Propheten beurteilen die in Palästina lebenden Kanaanäer »als Element der Versuchung für Israel, das ständig in einer Situation der Entscheidung und Bewährung lebt«.

[5] Vgl. oben S. 206—211.

2. Die Bedeutung der als verpflichtendes Verhältnis verstandenen Beziehung Judas zu Jahwe für das Verständnis außenpolitischer Situationen

Da Jesaja das Verhältnis Judas zu Jahwe zugleich als ein verpflichtendes Verhältnis verstand[6], war mit der religiösen Entscheidungssituation, die durch die politische Lage entstanden war, zugleich die Möglichkeit des Scheiterns Judas gegeben. Diese Möglichkeit wurde in Jesajas Augen zur Wirklichkeit, weil sich Juda weigerte, der Aufforderung des Propheten zu folgen. Deshalb kündigte Jesaja den Judäern Unheil an.

Damit ist gezeigt, daß sich das jesajanische Verständnis außenpolitischer Situationen von den theologischen Voraussetzungen des Propheten her erklären läßt. Die von E. Troeltsch[7] vertretene These, daß die politischen Urteile der Propheten von religiösen Prämissen her zu verstehen seien, hat sich somit jedenfalls für Jesajas Verständnis der Außenpolitik als zutreffend erwiesen.

---

[6] Vgl. oben S. 226—229.

[7] E. Troeltsch, Glaube und Ethos der hebräischen Propheten, 44: »Das eigentlich Entscheidende in ihrer [der Propheten] Predigt ist die unerschütterliche, beinahe rätselhafte Gewißheit von der Unzerstörbarkeit Israels, wenn es Jahwe treu bleibt und jeder Versuchung zu Bündnissen oder Verschmelzungen widerstrebt. In dieser absolut sicheren Voraussetzung der wesenhaften Zusammengehörigkeit Israels und Jahwes und der unbedingten Unzerstörbarkeit Israels, solange es Jahwe treu bleibt, liegt die eigentliche Substanz der prophetischen Politik, die in immer neuen Orakeln an Volk, Könige, Minister und Priester leidenschaftlich hervorbricht.«

EXKURS IV: DIE VORSTELLUNG VOM SCHUTZ JERUSALEMS DURCH JAHWE UND IHRE BEDEUTUNG FÜR DIE AUSSAGEN JESAJAS ÜBER ANDERE VÖLKER

Im Zusammenhang der Frage nach den theologischen Voraussetzungen der Aussagen Jesajas über andere Völker muß auch auf die Vorstellung vom Schutz Jerusalems durch Jahwe[1] eingegangen werden, da dieser von mehreren Exegeten[2] große Bedeutung für die Verkündigung Jesajas beigemessen wird, besonders für seine »politische« Verkündigung. Die Vorstellung vom Schutz Jerusalems durch Jahwe wird meist zur sogenannten Zionstradition[3] oder Zionstheologie[4] gerechnet, weil sie eine Konsequenz aus deren zentralem Inhalt (»Jahwes Gegenwart in Zion-Jerusalem«[5]) darstellt. In der vorliegenden Arbeit wird bewußt nicht nach der Bedeutung der Zionstradition für

---

[1] Zu dieser Vorstellung ist auf folgende Literatur zu verweisen:
K. Budde, Schranken, 160—161.
H. Gressmann, Messias, 106.
W. A. Irwin, The Attitude of Isaiah in the Crisis of 701.
M. Noth, Jerusalem und die israelitischen Traditionen.
Herbert Schmid, Jahwe und die Kulttraditionen von Jerusalem.
E. Rohland, Erwählungstraditionen, 119—208.
G. v. Rad. Theologie II, 162—175.
H.-J. Kraus, Psalmen I, 197—205 und 342—345.
Th. C. Vriezen, Essentials, 129—131 und 138—141.
J. H. Hayes, Zion's inviolability.
J. Schreiner, Sion.
G. Fohrer, Zion.
S. Herrmann, Die prophetischen Heilserwartungen im Alten Testament, 141-144.
G. Wanke, Zionstheologie.
H.-M. Lutz, Völker, 147—177.
H. D. Preuss, Zukunftserwartung, 150—153.
H. Graf Reventlow, Tempelrede Jeremias, 329 f.
U. Stegemann, Restgedanke, 181 f.
A. S. van der Woude, Micah in Dispute.
R. de Vaux, Jerusalem and the Prophets.
Helmut Schmidt, Israel, Zion und die Völker.
F. Stolz, Kult von Jerusalem.
J. Vollmer, Rückblicke, 191—196.
Jörg Jeremias, Lade und Zion.

[2] Vgl. z. B. E. Rohland, Erwählungstraditionen, 145—178; G. v. Rad, Theologie II, 162—181.

[3] So z. B. E. Rohland, Erwählungstraditionen, 145—178; G. v. Rad, Theologie II, 162—181.

[4] So z. B. G. Wanke, Zionstheologie, 37.

[5] So formuliert G. Wanke, Zionstheologie, 33.

Jesajas Aussagen über andere Völker gefragt. Bei einer derartigen Fragestellung müßte zuerst erörtert werden, welche Einzelvorstellungen und Themen die Zionstradition zur Zeit Jesajas umfaßte. Eine solche Untersuchung ist jedoch im Rahmen der vorliegenden Arbeit nicht erforderlich. Aus diesem Grund wird hier lediglich danach gefragt, welche Bedeutung die Vorstellung vom Schutz Jerusalems durch Jahwe für Jesajas Aussagen über andere Völker hat. Die Verbindung dieser Vorstellung mit der Zionstradition kann ebenso unerörtert bleiben wie Ursprung, Alter und Umfang dieser Tradition[6].

In dem Exkurs wird zunächst (I) danach gefragt, ob Jesaja die Vorstellung eines *unbedingten* Schutzes Jerusalems durch Jahwe *vertrat.* Auch wenn dies — wie sich im Verlauf dieses Exkurses zeigen wird — nicht wahrscheinlich ist, so besteht doch die Möglichkeit, daß der Prophet diese Vorstellung *kannte.* Dieser Frage soll in einem zweiten Teil (II) nachgegangen werden. Schließlich wird in einem dritten Teil (III) das jesajanische Verständnis des Schutzes Jerusalems durch Jahwe dargestellt.

I. Vertrat Jesaja die Vorstellung eines unbedingten Schutzes Jerusalems durch Jahwe?

Zu fragen ist einerseits, ob sich Aussagen Jesajas finden, die erweisen oder wenigstens wahrscheinlich machen, daß Jesaja die Vorstellung eines unbedingten Schutzes Jerusalems durch Jahwe vertrat, andererseits, ob es Aussagen Jesajas gibt, die es ausschließen oder unwahrscheinlich machen, daß Jesaja diese Vorstellung vertreten hat. Als Belege dafür, daß Jesaja der Überzeugung war, Jahwe werde Jerusalem unbedingt schützen, werden erstens die *Völkerkampftexte* angeführt, zweitens die drei Stellen, an denen *Jahwe als Gründer bzw. Bewohner des Zion* bezeichnet wird. Die Bestreiter dieser These verweisen auf die Worte Jesajas, in denen der Prophet — ihrer Ansicht

---

[6] Während G. Wanke, Zionstheologie, 107/108, annimmt, daß die Zionstheologie in ihrer voll ausgeprägten Form, wie sie z. B. in Ps 46; 48; 84 und 87 vorliegt, erst in nachexilischer Zeit entstanden ist, läßt sich nach Jörg Jeremias, Lade und Zion, 189, »auch an Einzelheiten zeigen, daß schon Jesaja die Ziontradition, wie sie in Ps 46; 48 und 76 belegt ist, voraussetzt.« Zur Begründung verweist Jörg Jeremias auf H.-M. Lutz, Völker, 171, bemerkt jedoch, daß sich die dort genannten Argumente »noch erheblich vermehren ließen« (Jörg Jeremias, Lade und Zion, 189 Anm. 22). Dagegen stimmt Jörg Jeremias den Ausführungen von G. Wanke darin zu, daß die Zionstradition »kaum in ihrer Ganzheit ohne weiteres als schon jebusitische Überlieferung aufgefaßt werden darf« (Lade und Zion 189), wie von E. Rohland, Erwählungstraditionen, 131.136.140 f., J. Schreiner, Sion, 226 und 235, H.-M. Lutz, Völker, 174 ff. und J. H. Hayes, Zion's inviolability, 419—426, angenommen wird. (Von den zuletzt genannten Exegeten grenzt sich Jörg Jeremias, Lade und Zion, 189 Anm. 24, ausdrücklich ab.) Was die Frage der Entstehung der Zionstradition angeht, so lenkt Jörg Jeremias vorsichtig zu der Position von M. Noth zurück, der den Anstoß zur Ausbildung der Zionstradition in der Überführung der Lade nach Jerusalem durch David sah (vgl. M. Noth, Jerusalem und die israelitische Tradition, 172—187, und Jörg Jeremias, Lade und Zion, 197).
Damit sind nur einige der Probleme angerissen, die sich im Zusammenhang mit der Zionstradition stellen, und nur einige wenige Vorschläge zu ihrer Lösung genannt.

nach — mit einer *Einnahme Jerusalems* rechnet. Die drei genannten Textgruppen sind also im Hinblick darauf zu untersuchen, ob durch sie wahrscheinlich oder unwahrscheinlich gemacht wird, daß Jesaja die Vorstellung eines unbedingten Schutzes Jerusalems durch Jahwe vertrat.

1. Die Völkerkampftexte (Jes 8, 9 f.; 17, 12—14)

Die Völkerkampftexte sind für G. v. Rad der Schlüssel zum Verständnis der Verkündigung Jesajas: »Gewiß hat Jesaja seine Verkündigung in den langen Jahren seines Wirkens je nach der Stunde und dem Personenkreis, dem er sich zu stellen hatte, verschieden gestaltet; aber er hat doch eine Form, ja so etwas wie ein Schema, derart bevorzugt, daß man — will man diesen Propheten verstehen — gut tut, von jener Form auszugehen. Das Schematische im Aufbau der Redeeinheiten tritt nur deshalb für den Leser zurück, weil Jesaja die einzelnen Elemente erstaunlich vielseitig zu variieren wußte. Sehr klar, fast wie in einem Modell, tritt das innere Gefälle dieser Einheiten in Jes 17, 12—14 heraus«[7]. Von diesem Ansatz her untersucht G. v. Rad mehrere Texte (10, 27 b—34; 14, 28—32; 14, 24—27; 29, 1—8; 30, 27—33; 31, 1—8; 7, 1—9; 10, 5—19) und kommt zu dem Ergebnis, daß »die Botschaft von dem bedrohten, aber endlich doch geretteten Zion die ganze Verkündigung Jesajas von ihren Anfängen an durchzieht«[8]. Aber die Ankündigung der großen Errettungstat war »nur die eine Seite seiner [Jesajas] Botschaft.«[9] Dazu trat die Aufforderung, auf jede eigene Sicherung zu verzichten, von jeder Selbsthilfe Abstand zu nehmen und Gott wirken zu lassen[10].

Freilich — eine conditio sine qua non für das Eintreffen der Hilfe Jahwes war damit nicht gesetzt. Es kommt G. v. Rad wesentlich darauf an, daß im Zentrum der Botschaft Jesajas nicht eine Forderung steht, sondern eine Heilsankündigung, denn nicht dem Gesetz gegenüber hat Israel versagt, sondern: »versagt hat Israel an dem Heilswillen Jahwes. ... jedenfalls kann man nicht sagen, daß die Propheten dieser Epoche [des 8. Jahrhunderts] ihr Volk mit dem Gesetz Jahwes konfrontierten (falls es etwas Derartiges zu ihrer Zeit überhaupt gab); nicht an ihm, sondern an seinem Heilswillen ist es gescheitert.«[11] Damit rücken die Propheten des 8. Jahrhunderts in die Nähe des Paulus, der auch das Evangelium vor das Gesetz stellt, den Indikativ vor den Imperativ.

Es bleibt nur die Frage, ob Jesaja in dieser Weise »Evangelium« verkündet hat. Er hätte mit einer unbedingten Schutzzusage nur seine Zeitgenossen in ihrer religiös fundierten Sicherheit bestärkt. Als Aufforderung zum Vertrauen auf Jahwe mit allen Konsequenzen lassen sich deshalb die Völkerkampftexte nicht verstehen[12]. Dies ist der Hauptgrund für die Annahme, daß sie nicht von Jesaja stammen. In dieselbe Richtung weisen noch einige weitere Beobachtungen, die in Exkurs I genannt wurden[13].

Den Völkerkampftexten kann deshalb nicht entnommen werden, daß Jesaja die Vorstellung eines unbedingten Schutzes Jerusalems durch Jahwe vertreten hat.

---

[7] G. v. Rad, Theologie II, 163.
[8] G. v. Rad, Theologie II, 172.
[9] G. v. Rad, Theologie II, 166.
[10] G. v. Rad, Theologie II, 167.
[11] G. v. Rad, Theologie II, 423.
[12] Das wurde in Exkurs I ausführlicher begründet; vgl. oben S. 71/72.
[13] Vgl. oben S. 73—82.

2. Die Texte, in denen Jahwe als »Gründer« bzw. »Bewohner« des Zion bezeichnet wird (8, 18; 14, 32 b; 28, 16 aβ.b)

In Jes 8, 18 wird Jahwe der genannt, »der auf dem Zion thront« (oder »wohnt«). Daß Jahwe den Zion unbedingt schützt, ist damit jedoch nicht gesagt. Denn wie Jahwe den Tempel in Silo vernichtete, obwohl das der Ort war, wo »Jahwe seinen Namen wohnen ließ« (vgl. Jer 7, 12[14]), so schließt auch die Formulierung von Jes 8, 18 nicht aus, daß Jahwe seinen Wohnort verläßt und ihn der Vernichtung preisgibt (vgl. auch Ez 10 ,18 f.; 11, 22 ff.).

Jes 14, 32 b und 28, 16 aβ.b sind einander inhaltlich sehr ähnlich. Beide Verse sagen zuerst, daß Jahwe den Zion[15] »gegründet« habe, wobei in 28, 16 besonders die Festigkeit des Zion hervorgehoben wird. Hierauf folgt — wieder in beiden Versen — eine Aussage über bestimmte Menschen:

14, 32 b: auf ihm (dem Zion) bergen sich die Elenden seines Volkes.
28, 16 b: Der Vertrauende ist unbesorgt.

Ein Unterschied zwischen Jes 14, 32 b und 28, 16 aβ.b besteht darin, daß nur in 14, 32 b die beiden eben genannten Aussagen des Verses aufeinander bezogen sind: Auf dem von Jahwe gegründeten Zion kann Juda sich bergen. Unklar ist dagegen, in welcher Beziehung in Jes 28, 16 aβ.b die Aussagen über den Zion und über den Vertrauenden zueinander stehen[16]. Ist »der Vertrauende« derjenige, der sich auf das unmittelbar vorher über den Zion Gesagte verläßt oder ist »vertrauen« hier allgemeiner zu fassen, als Lebenshaltung und -einstellung Jahwe gegenüber, ohne daß ein Bezug auf einen ganz konkreten Inhalt vorläge? Auf letzteres könnte die absolute Verwendung von *'mn* hi weisen. Leider ist an keiner der 5 Stellen, an denen sich (abgesehen von Jes 7, 9 b und 28, 16) im AT absolut gebrauchtes *hæ'æmîn* findet[17], völlig klar, was mit *hæ'mîn* gemeint ist, so daß diese Belege keine weiteren Schlüsse hinsichtlich der Bedeutung von *hæ'æmîn* in absoluter Verwendung zulassen[18]. Daß *'mn* hi im AT die jahwegemäße Lebenshaltung des Menschen in ähnlich allgemeiner Weise beschreibt, wie dies mutatis mutandis im Deutschen[19] durch »glauben, gläubig sein u. ä.« geschieht, läßt

[14] Auf das mit dem deuteronomistischen Charakter dieser Stelle gegebene Problem braucht hier nicht eingegangen zu werden.

[15] Auch in Jes 28, 16 verstehe ich den Zion als Objekt der durch das Verb *jsd* beschriebenen Tätigkeit Jahwes; vgl. oben S. 98.

[16] Vgl. dazu auch das in der vorliegenden Arbeit S. 98 f. Gesagte.

[17] Ps 27, 13; 116, 10 Hab 1, 5 Hi 29, 24; 39, 24.

[18] Zur Botschaft Jesajas würde es besonders gut passen, wenn sich aus Hi 39, 24 für absolut gebrauchtes *'mn* hi. die Bedeutung »still sein, sich still verhalten« entnehmen ließe, so daß sich für Jes 28, 16 bγ die Übersetzung ergäbe: »Wer still hält (oder: sich still verhält) kann unbesorgt sein«. Aber Hi 39, 24 ist besonders wegen des auf *w^elo' ja'^amîn* folgenden *kî qôl šôpar* schwer verständlich. So ist dem Urteil A. Jepsens zuzustimmen, der zu Hi 39, 24 bemerkt: »Jedenfalls kann diese unklare Stelle kaum Ausgangspunkt für die Bedeutung der Wurzel *'mn,* bzw. der *hiph*-Form sein.« (A. Jepsen, Artikel *'mn,* in: ThWAT I, 324).

[19] Auch im Arabischen hat ein Wort von der Wurzel 'mn (mu'minuna) die Bedeutung »Gläubige« (vgl. J. Barr, Bibelexegese, 176).

sich nicht nachweisen[20]. Aus diesem Grund halte ich es für Jes 28, 16 für am wahrscheinlichsten, daß mit *hămma'amîn* derjenige gemeint ist, der auf die unmittelbar vorangegangene Aussage vertraut, daß Jahwe in Gestalt[21] des Zion einen »Stein gegründet« habe.

Die eben angestellten Überlegungen führen zu dem Ergebnis, daß sowohl nach Jes 14, 32 b als auch nach Jes 28, 16 Juda zum Vertrauen auf den Zion als der »Gründung« Jahwes aufgerufen ist bzw. war. Führt dies nicht geradlinig zu der Annahme, daß Jesaja den Zion als von Jahwe unbedingt geschützt und deshalb prinzipiell uneinnehmbar verstand? Gegen die Richtigkeit dieser Konsequenz sprechen folgende Erwägungen:

a) Hätte Jesaja in erster Linie zum Vertrauen auf die göttlich garantierte Sicherheit des Zion aufgefordert, so hätte er genau das verlangt, was seine jerusalemer Zeitgenossen taten. Für sie stand fest, daß Jahwe auf dem Zion wohnt und Jerusalem damit vor jedem Unheil geschützt ist[22].

b) Durch den Kontext, in dem der Aufruf zum Vertrauen auf die Gründung des Zion durch Jahwe in Jes 14, 32 und 28, 16 steht, wird dieses Vertrauen in bestimmter Weise interpretiert. Es wird ihm ein unvereinbarer Gegensatz gegenübergestellt. Aber dieser besteht nicht in direktem Zweifel an der Sicherheit des Zion, sondern in anderen und zusätzlichen Sicherungen, die den Judäern angeboten werden oder um die sie sich bemühen. Vertrauen darauf, daß »Jahwe den Zion gegründet hat« heißt: Verzicht auf Sicherung durch Bündnisse mit anderen Völkern[23]. In dem so verstandenen Vertrauen liegt die conditio — aber auch die conditio sine qua non (Jes 7, 9 b!) — für den Schutz durch Jahwe. Dieser haftet also nicht unverlierbar an einem Ort (dem Zion), sondern er wird von Jahwe jeweils neu gewährt, wenn Juda sich ausschließlich auf ihn verläßt und so bereit ist, seinen Schutz zu empfangen. Damit ist der Ort relativiert und das Vertrauen auf den Zion ist interpretiert als Vertrauen auf Jahwe im genuin jesajanischen Verständnis.

Jesaja ist bei dem Aufruf zum Vertrauen auf den Zion ähnlich verfahren wie bei den kultisch-rituellen Aufrufen in Jes 1, 16: »Wascht euch! Reinigt euch!« Hier wie dort interpretiert Jesaja das dem Volk Geläufige im Sinne seiner Theologie. Und wie in Jes 1, 16 durch die nachfolgenden ethischen Aufforderungen die kultisch-rituellen relativiert werden, so wird in 14, 32 und 28, 16 durch das Vertrauen auf Jahwe das Vertrauen auf den Zion relativiert[24].

Wir kommen zu dem Ergebnis, daß sich auch den Texten, in denen Jahwe als »Gründer« oder »Bewohner« des Zion bezeichnet wird, nicht entnehmen läßt, Jesaja habe die Vorstellung von einem unbedingten Schutz Jerusalems vertreten.

---

[20] Auch aus Jes 7, 9 geht dieses Verständnis von *'mn* hi. nicht zweifelsfrei hervor. Mit dem an dieser Stelle geforderten Vertrauen kann ebensogut das Sich-Verlassen auf die unmittelbar vorangehende Zusage gemeint sein.

[21] Zu dieser Übersetzung des *b^e* von *b^eṣijjôn* vgl. oben S. 98.

[22] Das wird in Teil II dieses Exkurses näher begründet werden.

[23] Vgl. dazu für Jes 14, 32: oben S. 105/106 und S. 207/208; für Jes 28, 16: oben S. 98/99 und S. 208/209.

[24] Daß Jesaja die Zionstradition mit der Aufnahme in seine Verkündigung zugleich verändert habe, sagen auch J. H. Hayes, Zion's inviolability, 425/26, und — in ausdrücklichem Anschluß an ihn — R. de Vaux, Jerusalem and the Prophets, 292/93.

3. Texte, die eine Einnahme Jerusalems androhen

Eine explizite Androhung der Einnahme und Vernichtung Jerusalems, wie sie etwa Mi 3, 12 vorliegt, findet sich bei Jesaja nicht. Meines Erachtens gibt es jedoch Worte Jesajas, die eine Einnahme Jerusalems einschließen, ohne die Stadt beim Namen zu nennen: Jes 3, 8; 3, 25 f.; 6, 11; 8, 14; 32, 13 f. Daß in den eben genannten Texten von einer Einnahme Jerusalems die Rede ist, hat besonders K. Budde zu widerlegen versucht[25]. Doch gelingt ihm dies meiner Meinung nach nur mit Hilfe einer außerordentlich spitzfindigen Interpretation mancher Stellen: »›Jerusalem strauchelt und Juda fällt‹ heißt es 3, 8, nicht ›Jerusalem strauchelt und fällt‹«[26]; in Jes 8, 14 sei »nur von den Bewohnern Jerusalems die Rede«, in 6, 11 »liegen Städte wüst, von der Hauptstadt hören wir nichts.«[27] Für derartige Unterscheidungen bieten die Texte keinen Anhaltspunkt; diese Differenzierungen sind »too fine to be convincing«[28]. In Jes 3, 25 f. und 32, 13 f. ist auch nach K. Budde die Eroberung Jerusalems vorausgesetzt; jedoch hält er diese Texte nicht für jesajanisch[29]. Zwingende Gründe dafür, diese Verse Jesaja abzusprechen, lassen sich aber kaum finden. Es trifft also nicht zu, daß »die Vernichtung Zions« für Jesaja »ein unfaßbarer Gedanke« sei[30], vielmehr wird sie in mehreren Texten angedroht. Auch dies führt zu dem Ergebnis, daß Jesaja die Vorstellung eines absoluten Schutzes Jerusalems durch Jahwe nicht vertreten hat.

II. Kannte Jesaja die Vorstellung eines unbedingten Schutzes Jerusalems durch Jahwe?

Jesaja vertrat nicht die Vorstellung eines unbedingten Schutzes Jerusalems durch Jahwe. Zu diesem Ergebnis führte der erste Teil dieses Exkurses. Damit ist freilich nicht gesagt, daß dem Propheten diese Vorstellung nicht bekannt war. Wenn sich die oben bereits geäußerte These erhärten ließe, daß die Jerusalemer Zeitgenossen Jesajas sich und ihre Stadt unter einem unverlierbaren Schutz Jahwes wähnten, dann wäre auch anzunehmen, daß Jesaja diese Gedanken kannte. Tatsächlich scheint die Vorstellung einer von Jahwe garantierten absoluten Sicherheit der Stadt zu der religiös-politischen Ideologie gehört zu haben, auf die man sich in Jerusalem zur Zeit Jesajas verließ. Dies geht aus Mi 3, 11 hervor. An dieser Stelle zitiert der ältere Zeitgenosse Jesajas die Oberen, Richter, Priester und Propheten Jerusalems, die sich zwar nicht um Recht und Gerechtigkeit kümmern, sich aber »auf Jahwe stützen und sagen:

---

[25] K. Budde, Schranken, 160 f.

[26] K. Budde, Schranken, 160.

[27] K. Budde, Schranken, 160.

[28] So W. A. Irwin, The Attitude of Isaiah in the Crisis of 701, 407.

[29] K. Budde, Schranken, 161.

[30] So H. Gressmann, Messias, 106.
J. Schreiner, Sion, 269, nimmt an, daß Jesaja zwar die Vernichtung der Stadt Jerusalem ankündige, davon aber den Zion als »Stätte göttlicher Gegenwart« unterscheide: »den Ort seines Zugegenseins aber bewahrt Jahwe.« Abgesehen davon, daß diese These nur auf einem argumentum e silentio fußt, spricht gegen eine solche Unterscheidung zwischen Zion und Jerusalem Jes 3, 16 (*b^enôt ṣijjôn*) und — falls der Halbvers von Jesaja stammt, was J. Schreiner annimmt — Jes 31, 9 b.

Es ist doch Jahwe in unserer Mitte[31],
so daß uns kein Unheil treffen kann.«

Dieser Satz enthält in nuce die Zionstheologie, die in Ps 46; 48; 76; 84 und 87 breit entfaltet wird[32]. Ihre beiden zentralen Themen sind: Jahwes Gegenwart auf dem Zion und der daraus resultierende unbedingte Schutz Jerusalems. Dies ist auch der Inhalt der Mi 3, 11 zitierten Überzeugung der Jerusalemer Autoritäten. Dem ist zu entnehmen, daß die Zionstheologie zumindest im Kern zur Zeit Michas und Jesajas schon ausgeprägt war. Daß sie zu dieser Zeit schon die durch Ps 46; 48; 76; 84 und 87 repräsentierte Gestalt gefunden hatte, ist damit allerdings nicht gesagt. Für einige Themen und Züge, die sich in diesen Psalmen finden, hat G. Wanke eine sehr viel spätere Entstehung bzw. Aufnahme wahrscheinlich gemacht[33]. Dies gilt besonders für die Völkerkampfvorstellung[34]. Der zentrale Inhalt der Zionstheologie jedoch war in der 2. Hälfte des 8. Jahrhunderts schon bekannt und bildete — wie Mi 3, 11 zeigt — die von den politischen und religiösen Führern vertretene offizielle Ideologie. Zu ihr gehörte — wie ebenfalls aus Mi 3, 11 hervorgeht — die Vorstellung eines unbedingten Schutzes Jerusalems durch Jahwe. Es ist deshalb anzunehmen, daß Jesaja diese Vorstellung kannte.

III. Der bedingte Schutz des Zion in der Verkündigung Jesajas[35]

Jesaja hat die in Jerusalem gepflegte Vorstellung von dem unbedingten Schutz der Stadt nicht mit Stillschweigen übergangen. Er hat auf sie geantwortet, indem er selbst von einem Schutz Jerusalems durch Jahwe sprach. Freilich unterschied sich Jesaja in einem wesentlichen Punkt von seinen Zeitgenossen: er verkündete keinen unbedingten, sondern einen bedingten Schutz Jerusalems durch Jahwe. Die Bedingung war das Vertrauen auf Jahwe, das für Jesaja Verzicht auf Selbsthilfe implizierte.

Direkt ausgesprochen ist diese Bedingung in Jes 7, 9 b. Aber auch Jes 28, 16 kommt sie sehr klar zum Ausdruck. Indem Jesaja die normale Wortstellung des Verbalsatzes (Prädikat — Subjekt) ändert und das Subjekt voranstellt, erhält dieses eine besondere Betonung:

Der Vertrauende (und nur dieser) braucht sich nicht zu sorgen.

Das Vertrauen ist also die Bedingung, ohne die die Sicherheit der Judäer (28, 15) reine Selbsttäuschung ist. So »bringt Jesaja deutlich zum Ausdruck, daß die Unverletzlichkeit Jerusalems keine unaufhebbare Qualität ist, sondern nur durch das jeweilige

---

31 Zur Übersetzung vgl. S. 71 Anm. 9.

32 Vgl. dazu G. Wanke, Zionstheologie, 31—39 und 102 f.: »Wie wir schon gesehen haben (S. 33 ff.), ist es im Grunde nur *ein* Aspekt von Bedeutung, aus dem sich alle anderen Aussagen ohne Schwierigkeiten ableiten lassen:
Ps 46, 6 aα ›Jahwe ist in ihrer Mitte.‹«

33 G. Wanke, Zionstheologie, 40—117.

34 Vgl. G. Wanke, Zionstheologie, 70—99.

35 Die Überschrift ist in Anlehnung an H.-M. Lutz, Völker, 150, formuliert. Seinen Ausführungen über »Die bedingte Errettung Jerusalems in der Verkündigung Jesajas« (Völker 150—157) schließe ich mich im wesentlichen an. Dies gilt allerdings nicht mehr für das, was er auf S. 156 f. über die Völkerkampftexte und Jes 14, 26 f. sagt.

Eingreifen Jahwes in einer aktuellen Notlage gewährleistet wird. Die rettende Aktivität Jahwes aber setzt das ungeteilte Vertrauen der Jerusalemer voraus.«[36]

Daß damit der Ort (Zion, Jerusalem) in seiner Bedeutung relativiert ist und die Person Jahwes in den Vordergrund getreten ist, wurde schon gesagt[37]. Es geht nicht mehr in erster Linie um den Schutz des Zion, sondern um den Schutz des Volkes, zu dem Jahwe in Beziehung getreten ist. Der Zion kann nicht mehr sein als ein Symbol für den Schutz, den Jahwe gewährt[38].

---

[36] H.-M. Lutz, Völker, 151.

[37] Vgl. oben S. 237.

[38] G. Fohrer, Zion, 224.

Literaturverzeichnis

Bei den Arbeiten, auf die in den Anmerkungen mit Kurztitel verwiesen wird, wird im Literaturverzeichnis nach dem Namen des Autors zuerst in Klammern dieser Kurztitel genannt. Hierauf folgen der volle Titel und die weiteren bibliographischen Angaben. Von den Vornamen der Autoren werden in der Regel nur die Anfangsbuchstaben angegeben. Der volle Name wird dann genannt, wenn Verwechslungsmöglichkeiten bestehen.

Bei Arbeiten, die an verschiedenen Stellen abgedruckt wurden, wird nur der Publikationsort genannt, auf den in den Anmerkungen unter Angabe der Seitenzahl verwiesen wird. In der Regel handelt es sich dabei um den bei Fertigstellung der vorliegenden Arbeit letzten Publikationsort, an dem sich auch Angaben darüber finden, wo die Arbeit schon vorher veröffentlicht wurde. Bei Kommentaren, die in Kommentarreihen erschienen sind, wird diese in Klammern nach dem Titel genannt. In den Abkürzungen für die Kommentarreihen folge ich RGG^3. Zu den übrigen Abkürzungen vgl. das Abkürzungsverzeichnis.

B. Albrektson, (History) History and the Gods. An Essay on the Idea of Historical Events as Divine Manifestations in the Ancient Near East and in Israel, Coniectanea Biblica, Old Testament Series 1, 1967.

W. F. Albright, The History of Palestine and Syria, JQR 24 (1934), 363—376.

W. F. Albright, The son of Tabeel (Isaiah 7, 6) BASOR 140 (1955), 34 f.

L. Alonso-Schökel, Das Alte Testament als literarisches Kunstwerk, 1971.

A. Alt, Hosea 5, 8—6, 6. Ein Krieg und seine Folgen in prophetischer Beleuchtung, in: Kleine Schriften zur Geschichte des Volkes Israel, II 1964^3, 163—187.

A. Alt, Israel und Ägypten. Die politischen Beziehungen der Könige von Israel und Juda zu den Pharaonen. Nach den Quellen untersucht, BWAT 6, 1909.

A. Alt, Die territorialgeschichtliche Bedeutung von Sanheribs Eingriff in Palästina, in: Kleine Schriften zur Geschichte des Volkes Israel, II 1964^3, 242—249.

A. Alt, (Weltgeschichte) Die Deutung der Weltgeschichte im Alten Testament, ZThK 56 (1959), 129—137.

P. Altmann, (Erwählungstheologie) Erwählungstheologie und Universalismus im Alten Testament, BZAW 92, 1964.

S. Amsler, Artikel *hjh*, in: THAT, I 1973, 477—486.

R. Bach, (Flucht und Kampf) Die Aufforderungen zur Flucht und zum Kampf im alttestamentlichen Prophetenspruch, WMANT 9, 1962.

R. Bach, (Der Bogen zerbricht) »..., Der Bogen zerbricht, Spieße zerschlägt und Wagen mit Feuer verbrennt«, in: FS-v. Rad, 1971, 13—26.

B. Baentsch, Exodus-Leviticus (HK), 1903.

J. Barr, (Bibelexegese) Bibelexegese und moderne Semantik. Theologische und linguistische Methode in der Bibelwissenschaft, 1965.

J. Barth, *šôṭ šôṭep*, ZAW 33 (1913), 306 f.

J. Barth, Zu *šôṭ* »Flut«, ZAW 34 (1914), 69.

W. W. Graf Baudissin, Nationalismus und Universalismus, in: Zur Geschichte der alttestamentlichen Religion in ihrer universalen Bedeutung, 1914, 31—56.
W. W. Graf Baudissin, Studien zur Semitischen Religionsgeschichte, Heft 1, 1876.
F. Baumgärtel, Artikel »Fleich im Alten Testament«, in: ThWNT, VII 1964, 105—108.
F. Baumgärtel, Artikel »Geist im Alten Testament«, in: ThWNT, VI 1959, 357—366.
F. Baumgärtel, Die Formel n^{e}'um jahwe, ZAW 73 (1961), 277—290.
W. Baumgartner, (Erzählstil) Ein Kapitel vom hebräischen Erzählstil, in: FS-Gunkel, 1923, 145—157.
E. Beer, Zu Hosea XII, ZAW 13 (1893), 281—293.
G. Beer, Exodus (HAT), 1939.
J. Begrich, (Jes 14) Jesaja 14, 28—32. Ein Beitrag zur Chronologie der israelitisch-judäischen Königszeit, in: Gesammelte Studien zum Alten Testament, 1964, 121—131.
J. Begrich, Das priesterliche Heilsorakel, in: Gesammelte Studien zum Alten Testament, 1964, 217—231.
A. Bertholet, Die Stellung der Israeliten und der Juden zu den Fremden, 1896.
K. Beyer, Althebräische Syntax in Prosa und Poesie, in: FS-Kuhn, 1971, 76—96.
K. Beyer: Semitische Syntax im Neuen Testament, Band I Satzlehre Teil 1, 1968^{2}.
W. Beyerlin, Geschichte und heilsgeschichtliche Traditionsbildung im Alten Testament (Richter VI—VIII), VT 13 (1963), 1—25.
The Bible in Aramaic. Based on old manuscripts and printed texts, edited by A. Sperber, Vol. III: The latter Prophets. According to Targum Jonathan, 1962.
Biblia Hebraica, hg. von R. Kittel (A. Alt, O. Eissfeldt), 1961^{12}.
Biblia Hebraica Stuttgartensia, hg. von K. Elliger und W. Rudolph, 1968 ff.
Biblia Sacra iuxta Vulgatam Versionem, hg. von R. Weber, I und II 1969.
Sh. H. Blank, (She'ar Yashub) The current misinterpretation of Isaiah's She'ar Yashub, JBL 67 (1948), 211—215.
F. Blass, Grammatik des neutestamentlichen Griechisch, bearbeitet von A. Debrunner, 1961^{11}.
H. J. Boecker, Redeformen des Rechtslebens im Alten Testament, WMANT 14, 1964.
J. Boehmer, »Dieses Volk«, JBL 45 (1926), 134—148.
J. Boehmer, (Glaube) Der Glaube und Jesaja, ZAW 41 (1923), 84—93.
J. Bright, Geschichte Israels, 1966.
C. Brockelmann: (Syntax) Hebräische Syntax, 1956.
M. Buber: Der Glaube der Propheten, 1950.
K. Budde: Hos 7, 12, ZA 26 (1912), 30—32.
K. Budde, (Erleben) Jesaja's Erleben. Eine gemeinverständliche Auslegung der Denkschrift des Propheten (Kap 6, 1—9, 6), 1928.
K. Budde, Zu Jesaja 8, Vers 9 und 10, JBL 49 (1930), 423—428.
K. Budde, (Schranken) Über die Schranken, die Jesajas prophetischer Botschaft zu setzen sind, ZAW 41 (1923), 154—203.
T. K. Cheyne, (Einleitung) Einleitung in das Buch Jesaja, 1897.
B. S. Childs, (Crisis) Isaiah and the assyrian Crisis, Studies in Biblical Theology, Second Series 3, 1967.
O. Cullmann, Artikel πέτρα, in: ThWNT, VI 1959, 94—99.
A. Denz, Die Verbalsyntax des neuarabischen Dialektes von Kwayriš (Irak). Mit einer einleitenden allgemeinen Tempus- und Aspektlehre, Abhandlungen für die Kunde des Morgenlandes XI 1, 1971.

A. Dillmann, Der Prophet Jesaja (KeH), 1890[5].

H. Donner, (Israel) Israel unter den Völkern. Die Stellung der klassischen Propheten des 8. Jahrhunderts v. Chr. zur Außenpolitik der Könige von Israel und Juda, Suppl. VT 11, 1964.

B. Duhm, Das Buch Jesaja (HK), 1968[5].

W. Eichrodt, (W. Eichrodt I) Der Heilige in Israel. Jesaja 1—12 (Die Botschaft des Alten Testaments), 1960.

W. Eichrodt, (W. Eichrodt II) Der Herr der Geschichte. Jesaja 13—23 und 28—39 (Die Botschaft des Alten Testaments), 1967.

W. Eichrodt, Religionsgeschichte Israels, Dalp Taschenbücher 394 D, 1969.

O. Eissfeldt, (Einleitung) Einleitung in das Alte Testament unter Einschluß der Apokryphen und Pseudepigraphen sowie der apokryphen- und pseudepigraphenartigen Qumran-Schriften. Entstehungsgeschichte des Alten Testaments, 1964[3].

O. Eissfeldt, (NŪAḤ) NŪAḤ »Sich vertragen«, in: Kleine Schriften III, hg. von R. Sellheim und F. Maass, 1966, 124—128.

F. Ellermeier, Das Verbum *ḥûš* in Koh 2, 25, ZAW 75 (1963), 197—217.

K. Elliger, Prophet und Politik, in: Kleine Schriften zum Alten Testament, 1966, 119—140.

K. Elliger, Leviticus (HAT), 1966.

K. HJ. Fahlgren, (Ṣᵉdaḳā) Ṣᵉdāḳā, nahestehende und entgegengesetzte Begriffe im Alten Testament, 1932.

R. Fey, Amos und Jesaja, WMANT 12, 1963.

J. Fichtner, (Jahwes Plan) Jahwes Plan in der Botschaft des Jesaja, in: Gottes Weisheit, Gesammelte Studien zum Alten Testament, hg. von K. D. Fricke, Arbeiten zur Theologie, hg. von Th. Schlatter, II. Reihe Bd. 3, 1965, 27—43.

J. Fichtner, (Umkehrung) Die »Umkehrung« in der prophetischen Botschaft. Eine Studie zu dem Verhältnis von Schuld und Gericht in der Verkündigung Jesajas, in: Gottes Weisheit, Gesammelte Studien zum Alten Testament, hg. von K. D. Fricke, Arbeiten zur Theologie, hg. von Th. Schlatter, II. Reihe Bd. 3, 1965, 44—51.

J. Fischer, Das Buch Isaias I (HSchAT), 1937.

J. Fischer, In welcher Schrift lag das Buch Isaias den LXX vor?, BZAW 56, 1930.

G. Fohrer, (Amphiktyonie) Altes Testament — »Amphiktyonie« und »Bund«, in: Studien zur alttestamentlichen Theologie und Geschichte (1949—1966), BZAW 115, 1969, 94—119.

G. Fohrer, (Jes 1—39) Entstehung, Komposition und Überlieferung von Jesaja 1—39, in: Studien zur alttestamentlichen Prophetie (1949—1965), BZAW 99, 1967, 113—147.

G. Fohrer, (Berichte über symbolische Handlungen) Die Gattung der Berichte über symbolische Handlungen der Propheten, in: Studien zur alttestamentlichen Prophetie (1949—1965), BZAW 99, 1967, 92—112.

G. Fohrer, (Religionsgeschichte) Geschichte der israelitischen Religion, 1969.

G. Fohrer, (Hiob) Das Buch Hiob (KAT), 1963.

G. Fohrer, (G. Fohrer I) Das Buch Jesaja, 1. Band, Kapitel 1—23 (Zürcher Bibelkommentare), 1966[2].

G. Fohrer, (G. Fohrer II) Das Buch Jesaja, 2. Band, Kapitel 24—39 (Zürcher Bibelkommentare) 1967[2].

G. Fohrer, (Jes 1) Jesaja 1 als Zusammenfassung der Verkündigung Jesajas, in: Studien zur alttestamentlichen Prophetie (1949—1965), BZAW 99, 1967, 149—166.

G. Fohrer, (Jes 7, 14) Zu Jesaja 7, 14 im Zusammenhang von Jesaja 7, 10—22, in: Studien zur alttestamentlichen Prophetie (1949—1965), BZAW 99, 1967, 167—169.

G. Fohrer, Israels Haltung gegenüber den Kanaanäern und andern Völkern, JSS 13 (1968), 64—75.

G. Fohrer, (Symbolische Handlungen) Die symbolischen Handlungen der Propheten, AThANT 54, 1968².

G. Fohrer, (Eschatologie) Die Struktur der alttestamentlichen Eschatologie, in: Studien zur alttestamentlichen Prophetie (1949—1965), BZAW 99, 1967, 32—58.

G. Fohrer, (σῴζω) σῴξω, σωτηρία, σωτήρ und σωτήριος im Alten Testament, in: Studien zur alttestamentlichen Theologie und Geschichte (1949 bis 1966), BZAW 115, 1969, 275—293.

G. Fohrer, Überlieferung und Geschichte des Exodus. Eine Analyse von Ex 1—15, BZAW 91, 1964.

G. Fohrer, (Universale Vorstellungen) Universale Vorstellungen in der kanaanäischen und der israelitischen Religion, in: Studien zur alttestamentlichen Theologie und Geschichte (1949—1966), BZAW 115, 1969, 13—22.

G. Fohrer, (Zion) Zion-Jerusalem im Alten Testament, in: Studien zur alttestamentlichen Theologie und Geschichte (1949—1966), BZAW 115, 1969, 195—241.

H. Fredriksson, Jahwe als Krieger. Studien zum alttestamentlichen Gottesbild, 1945.

H.-G. Gadamer, (Geschichte) Artikel »Geschichte und Geschichtsauffassung III. Geschichtsphilosophie«, in: RGG³, II 1958, 1488—1496.

K. Galling, (Bodenrecht) Ein Stück judäischen Bodenrechts in Jesaja 8, ZDPV 56 (1933), 209—218.

K. Galling, Die Bücher der Chronik, Esra, Nehemia (ATD), 1954.

K. Galling, Prediger Salomo, in: E. Würthwein, K. Galling, O. Plöger: Die fünf Megilloth (HAT), 1969².

K. Galling, Serubbabel und der Wiederaufbau des Tempels in Jerusalem, in: FS-Rudolph, 1961, 67—96.

B. Gemser, Sprüche Salomos (HAT), 1937.

G. Gerleman / E. Ruprecht, Artikel *drš*, in: THAT, I 1971, 460—467.

E. Gerstenberger, Artikel *bṭḥ*, in: THAT, I 1971, 300—305.

E. Gerstenberger, Artikel *ḥsh*, in: THAT, I 1971, 621—623.

E. Gerstenberger, Zur alttestamentlichen Weisheit, VF 14 (1969), 28—44.

H. Gese, (Die strömende Geißel des Hadad) Die strömende Geißel des Hadad und Jesaja 28, 15 und 18, in: FS-Galling, 1970, 127—134.

W. Gesenius - F. Buhl, (W. Gesenius: Wörterbuch) Hebräisches und Aramäisches Handwörterbuch über das Alte Testament, 1915¹⁷ (Neudruck 1962).

W. Gesenius - E. Kautzsch, (GK) Hebräische Grammatik, 1909²⁸ (Neudruck 1962).

G. B. Gray: A Critical and Exegetical Commentary on the Book of Isaiah. I—XXXIX (ICC), I 1949³.

H. Gressmann, (Messias) Der Messias, FRLANT NF 26, 1929.

O. Grether, (Grammatik) Hebräische Grammatik für den akademischen Unterricht, 1955².

O. Grether, Name und Wort Gottes im Alten Testament, BZAW 64, 1934.

J. H. Grønbaek, Die Geschichte vom Aufstieg Davids (1. Sam. 15 — 2. Sam. 5), Acta Theologica Danica 10, 1971.
H. Gunkel - J. Begrich, Einleitung in die Psalmen, 1966².
H. Gunkel, (Gottesglaube) Artikel »Gottesglaube: II A. In Israel«, in: RGG², II 1928, 1360—1370.
H. Gunkel, Genesis (HK), 1964⁶.
H. Gunkel, Die Psalmen (HK), 1968⁵.
H. Gunkel, (Schöpfung und Chaos) Schöpfung und Chaos in Urzeit und Endzeit, 1895.
A. H. J. Gunneweg, (Jes VII) Heils- und Unheilsverkündigung in Jes VII, VT 15 (1965), 27—34.
M. Haller, (Universalismus) Artikel »Universalismus und Partikularismus: II. Im Alten Testament«, in: RGG², V 1381—1383.
J. H. Hayes, (Zion's Inviolability) The Tradition of Zion's Inviolability, JBL 82 (1963), 419—126.
J. H. Hayes, The Usage of Oracles against Foreign Nations in Ancient Israel, JBL 87 (1968), 81—92.
J. Hempel, (Universalismus) Artikel »Universalismus und Partikularismus II. Im AT«, in: RGG³, VI 1160—1162.
H.-J. Hermisson, Zukunftserwartung und Gegenwartskritik in der Verkündigung Jesajas, EvTh 33 (1973), 54—77.
V. Herntrich, Der Prophet Jesaja. Kapitel 1—12 (ATD), 1950.
S. Herrmann, Die prophetischen Heilserwartungen im Alten Testament, BWANT 5, 1965.
H. W. Hertzberg, Der heilige Fels und das Alte Testament, in: Beiträge zur Traditionsgeschichte und Theologie des Alten Testaments, 1962, 45—53.
G. Hölscher, Das Buch Hiob (HAT), 1952².
H. W. Hoffmann, Form — Funktion — Intention, ZAW 82 (1970), 342—346.
W. L. Holladay, The Root šûbh in the Old Testament, 1958.
F. Horst, Hiob I. Teilband (BK), 1968.
W. A. Irwin, The Attitude of Isaiah in the Crisis of 701, JR 16 (1936), 406—418.
E. Jacob, Der Prophet Hosea und die Geschichte, EvTh 24 (1964), 281—290.
W. Janzen, Mourning Cry and Woe Oracle, BZAW 125, 1972.
E. Jenni, Das hebräische Pi'el, 1968.
E. Jenni, (Politische Voraussagen) Die politischen Voraussagen der Propheten, AThANT 29, 1956.
A. Jepsen, Artikel *'mn,* in: ThWAT, I 1973, 313—348.
Jörg Jeremias, Kultprophetie und Gerichtsverkündigung in der späten Königszeit Israels, WMANT 35, 1970.
Jörg Jeremias, Lade und Zion, in FS-v. Rad, 1971, 183.198.
Jörg Jeremias, Theophanie. Die Geschichte einer alttestamentlichen Gattung, WMANT 10, 1965.
O. Kaiser, (Einleitung) Einleitung in das Alte Testament, 1969.
O. Kaiser, Der Prophet Jesaja. Kapitel 1—12 (ATD), 1963².
O. Kaiser, (Jes (BHHW)) Artikel »Jesaja«, in: BHHW, II 1964, 850—851.
O. Kaiser, Die Verkündigung des Propheten Jesaja im Jahre 701, ZAW 81 (1969), 304—315.
O. Keel, Die Welt der altorientalischen Bildsymbolik und das Alte Testament. Am Beispiel der Psalmen, 1972.

C. A. Keller, Das quietistische Element in der Botschaft des Jesaja, ThZ 11 (1955), 81—97.

R. Kilian, Die Verheißung Immanuels Jes 7, 14, SBS 35, 1968.

M. A. Klopfenstein, (Lüge) Die Lüge nach dem Alten Testament. Ihr Begriff, ihre Bedeutung und ihre Beurteilung, 1964.

R. Knierim, Die Hauptbegriffe für Sünde im Alten Testament, 1965.

K. Koch, Zur Geschichte der Erwählungsvorstellung in Israel, ZAW 67 (1955), 205—226.

A. Knobel: Der Prophet Jesaja (Kurzgefaßtes exegetisches Handbuch zum Alten Testament), 1861[3].

J. A. Knudtzon, (EA I und II) Die El-Amarna-Tafeln, I (Texte) 1915; II (Anmerkungen und Register, bearbeitet von O. Weber und E. Ebeling) 1915.

L. Köhler, Zwei Fachwörter der Bausprache in Jes 28, 16, ThZ 3 (1947), 390—393.

L. Köhler - W. Baumgartner, (KBL) Lexicon in Veteris Testamenti Libros, 1953.

(L. Köhler † -) W. Baumgartner, (HAL) Hebräisches und Aramäisches Lexikon zum Alten Testament (bisher erschienenen Lieferung I), 1967.

L. Köhler, Syntactica II, VT 3 (1953), 84—87.

L. Köhler, (Theologie) Theologie des Alten Testaments, 1966[4].

E. König, Hebräisches und aramäisches Wörterbuch zum Alten Testament, 1910.

H.-J. Kraus, Prophetie und Politik, ThEx 36, 1952.

H.-J. Kraus, (Psalmen I und II) Psalmen (BK), 1960.

F. Küchler, Die Stellung des Propheten Jesaja zur Politik seiner Zeit, 1906.

E. Kuhr, Die Ausdrucksmittel der konjunktionslosen Hypotaxe in der ältesten hebräischen Prosa. Ein Beitrag zur historischen Syntax des Hebräischen, Beiträge zur semitischen Philologie und Linguistik 7, 1929 (Neudruck 1968).

E. Kutsch, Artikel *b^erît*, in: THAT, I 1971, 339—352.

E. Kutsch, Gesetz und Gnade, ZAW 79 (1967), 18—35.

E. Kutsch, Salbung als Rechtsakt. Im Alten Testament und im Alten Orient, BZAW 87, 1963.

E. Kutsch, Sehen und Bestimmen, in: FS-Galling, 1970, 165—178.

E. Kutsch, »Trauerbräuche« und »Selbstminderungsriten« im Alten Testament, ThSt(B) 78, 23—37.

R. Labat, (Fischer Weltgeschichte 4. Die Altorientalischen Reiche III) Assyrien und seine Nachbarländer (Babylonien, Elam, Iran) von 1000 bis 617 y. Chr., in: Fischer Weltgeschichte Bd. 4, Die Altorientalischen Reiche III, 1967.

C. J. Labuschagne, The emphasizing particle gam and its connotations, in: FS-Vriezen, 1966, 193—203.

W. G. Lambert, Destiny and Divine Intervention in Babylon and Israel, in: The Witness of Tradition, Papers read at the joint British-Dutsch Old Testament Conference held at Woudschoten, hg. von M. A. Beek, S. P. Brock u. a., OTS 17, 1972, 65—72.

W. G. Lambert, History and the Gods: A Review Article, Orientalia NS 39 (1970), 170—177.

G. van der Leeuw, (Univeralismus) Artikel »Universalismus und Partikularismus: I. Religionsgeschichtlich«, in: RGG[2], V 1931, 1379—1380.

J. Lindblom, Der Eckstein in Jes 28, 16, in: FS-Mowinckel, 1955, 123—132.

J. Lindblom, (Immanuel) A Study on the Immanuel Section in Isaiah, 1958.

G. Lisowsky - L. Rost, Konkordanz zum Hebräischen Alten Testament nach dem von Paul Kahle in der Biblia Hebraica edidit Rudolf Kittel besorgten Masoretischen Text, 1958².

I. v. Loewenclau, Zur Auslegung von Jesaja 1, 2—3, EvTh 26 (1966) 294—308.

M. Löhr, Jesajas-Studien II, ZAW 36 (1916), 201—217.

K. Löwith, Weltgeschichte und Heilsgeschehen. Die theologischen Voraussetzungen der Geschichtsphilosophie, Urban-Bücher 2, 1961.

N. Lohfink, (*'m jhwh)* Beobachtungen zur Geschichte des Ausdrucks *'m jhwh,* in: Fs-v. Rad, 1971, 275—305.

D. D. Luckenbill, (Annals) The Annals of Sennacherib, The University of Chicago Oriental Institut Publications 2, 1924.

H.-M. Lutz, (Völker) Jahwe, Jerusalem und die Völker. Zur Vorgeschichte von Sach 12, 1—8 und 14, 1—5, WMANT 27, 1968.

F. Maass, Artikel *'adam,* in: ThWAT, I 1973, 81—94.

J. Maier, Das Altisraelitische Ladeheiligtum, BZAW 93, 1965.

S. Mandelkern, Veteris Testamenti Concordantiae Hebraicae atque Chaldaicae, 1937².

K. Marti, (Dodekapropheton) Das Dodekapropheton (KHC), 1904.

K. Marti, Das Buch Jesaja (KHC), 1900.

K. Marti, (Religion des AT) Die Religion des Alten Testaments unter den Religionen des Vorderen Orients, 1906.

R. Martin-Achard, Israël et le nations. La perspective missionaire de l'Ancién Testament, Cahiers Théologiques 42, 1959.

R. Meyer, Hebräische Grammatik, I 1966³; II 1969³; III 1972³.

D. Michel, (Tempora) Tempora und Satzstellung in den Psalmen, Abhandlungen zur Evangelischen Theologie 1, 1960.

S. Morenz, »Eilebeute«, ThLZ 74 (1949), 697—699.

M. Noth, Geschichte Israels, 1959⁴.

M. Noth, Jerusalem und die israelitischen Traditionen, in: Gesammelte Studien zum Alten Testament, I 1960, 172—187.

M. Noth, Überlieferungsgeschichtliche Studien (Erster Teil). Die sammelnden und bearbeitenden Geschichtswerke im Alten Testament, Schriften der Königsberger Gelehrten Gesellschaft, Geisteswissenschaftliche Klasse 18, 1943.

M. Noth, (WAT) Die Welt des Alten Testaments. Einführung in die Grenzgebiete der alttestamentlichen Wissenschaft, 1957³.

M. Noth, Das zweite Buch Mose (ATD), 1959.

W. Nowack, Die kleinen Propheten (HK), 1922³.

H.-U. Nübel, Davids Aufstieg in der Frühe israelitischer Geschichtsschreibung, Dissertation (Bonn), 1959.

C. v. Orelli, Die Propheten Jesaja und Jeremia (Kurzgefaßter Kommentar zu den heiligen Schriften Alten und Neuen Testamentes), 1897.

M. Peisker, Die Beziehungen der Nichtisraeliten zu Jahwe nach der Anschauung der altisraelitischen Quellenschriften, BZAW 12, 1907.

S. Poznański, Zu *šôṭ šôṭep,* ZAW 37 (1916), 119 f.

H. D. Preuss, (Zukunftserwartung) Jahweglaube und Zukunftserwartung, BWANT 7, 1968.

O. Procksch, Die Genesis (KAT), 1913.

O. Procksch, Geschichtsbetrachtung und Geschichtliche Überlieferung bei den vorexilischen Propheten, 1902.

O. Procksch, Jesaja I (KAT), 1930.

Die Texte aus Qumran, Hebräisch und deutsch. Mit masoretischer Punktation, Übersetzung, Einführung und Anmerkungen, hg. von E. Lohse, 1964.

K. v. Rabenau, Die beiden Erzählungen vom Schilfmeerwunder in Ex 13, 17—14, 31, in: Theologische Versuche, hg. von P. Wätzel und G. Schille, 1966, 7—29.

G. v. Rad, Das erste Buch Mose. Kapitel 25, 19—50, 26 (ATD), 1953.

G. v. Rad, (Heiliger Krieg) Der Heilige Krieg im Alten Israel, 1952.

G. v. Rad, The Origin of the Concept of Day of Yahweh, JSS VI (1959), 97—108.

G. v. Rad, (Theologie II) Theologie des Alten Testaments, Bd. II: Die Theologie der prophetischen Überlieferungen Israels, 1968[5].

C. H. Ratschow, Werden und Wirken. Eine Untersuchung des Wortes hajah als Beitrag zur Wirklichkeitserfassung des Alten Testaments, BZAW 70, 1941.

R. Rendtorff, (Frühgeschichte des Prophetentums) Erwägungen zur Frühgeschichte des Prophetentums in Israel, ZThK 59 (1962), 145—167.

H. Graf Reventlow, (Tempelrede Jeremias) Gattung und Überlieferung in der »Tempelrede Jeremias«. Jer 7 und 26, ZAW 81 (1969), 315—352.

W. Richter, (Exegese) Exegese als Literaturwissenschaft, 1971.

W. Richter, (Richterbuch) Traditionsgeschichtliche Untersuchungen zum Richterbuch, BBB 18, 1966[2].

H. Ringgren, Israelitische Religion, in: Die Religionen der Menschheit, hg. von Chr. M. Schröder, 26, 1963.

H. Ringgren, Sprüche (ATD), 1962.

E. Rohland, (Erwählungstraditionen) Die Bedeutung der Erwählungstraditionen Israels für die Eschatologie der Alttestamentlichen Propheten, Dissertation (Heidelberg), ohne Jahr.

L. Rost, Israel bei den Propheten, BWANT 19, 1937.

L. Rost, (Weltmacht) Das Problem der Weltmacht in der Prophetie, ThLZ 90 (1965), 241—250.

W. Rudolph, Chronikbücher (HAT), 1955.

W. Rudolph, Hosea (KAT), 1966.

W. Rudolph, Jeremia (HAT), 1968[3].

M. Saebø, (Formgeschichtliche Erwägungen) Formgeschichtliche Erwägungen zu Jes 7, 3—9, in StTh 14, 1960, 54—69.

G. Sauer, (Umkehrforderung) Die Umkehrforderung in der Verkündigung Jesajas, in: FS-Eichrodt, 1970, 277—295.

Herbert Schmid, Jahwe und die Kulttraditionen von Jerusalem, ZAW 67 (1955), 168—197.

Hans Schmidt, Die großen Propheten (mit einer Einleitung von H. Gunkel), in: Die Schriften des Alten Testaments, 1915.

Helmut Schmidt, Israel, Zion und die Völker. Eine motivgeschichtliche Untersuchung zum Verständnis des Universalismus im Alten Testament, Dissertation (Zürich), ohne Jahr.

Johann Michael Schmidt, Probleme der Prophetenforschung, VF 17 (1972), 39—81.

Werner H. Schmidt, (Alttestamentlicher Glaube) Alttestamentlicher Glaube und seine Umwelt, Neukirchener Studienbücher 6, 1968.

Werner H. Schmidt, Artikel *jsd,* in: THAT, I 1971, 736—738.

H. Schmökel, (Fremdvölker) Jahwe und die Fremdvölker, Breslauer Studien zur Theologie und Religionsgeschichte 1, 1934.

W. Schottroff, Das Weinberglied Jesajas (Jes 5, 1—7), ZAW 82 (1970), 68—91.
J. Schreiner, (Sion) Sion-Jerusalem Jahwes Königssitz, Studien zum Alten und Neuen Testament 7, 1963.
I. L. Seeligmann, Menschliches Handeln und göttliche Hilfe, ThZ 19 (1963), 385—411.
I. L. Seeligmann, The Septuagint Version of Isaiah. A Discussion of its Problems, 1948.
E. Sellin - G. Fohrer, (Einleitung) Einleitung in das Alte Testament, 1969[11].
Septuaginta. Id est Vetus Testamentum graece iuxta LXX Interpretes edidit Alfred Rahlfs, Vol. II Libri poetici et prophetici, 1965.
J. Simons, The geographical and topographical Texts of the Old Testament, 1959.
R. Smend, Elemente alttestamentlichen Geschichtsdenkens, ThSt(B) 95, 1968.
R. Smend, Zur Geschichte von *hæ'*$^{\ae}$*mîn*, in: FS-Baumgartner, Suppl. VT 16, 1967, 284—290.
R. Smend, Die Mitte des Alten Testaments, ThSt(B) 101, 1970.
R. Smend, Das Nein des Amos, EvTh 23 (1963), 404—423.
R. Smend, Universalismus und Partikularismus in der Alttestamentlichen Theologie des 19. Jahrhunderts, EvTh 22 (1962), 169—179.
W. v. Soden, Herrscher im Alten Orient, Verständliche Wissenschaft 54, 1954.
J. A. Soggin, Zum wiederentdeckten Altkanaanäischen Monat *ṣăḇ*, ZAW 77 (1965) 83—86.
J. A. Soggin, Nachtrag zu ZAW 77 (1965), 83—86, ZAW 77 (1965), 326.
I. Soisalon-Soininen, Der Infinitivus constructus mit *l*^{e} im Hebräischen, VT 22 (1972), 82—90.
B. Stade, Biblische Theologie des Alten Testaments, in: Grundriß der Theologischen Wissenschaften Zweiter Teil, Zweiter Band, 1905.
B. Stade, Miscellen, ZAW 4 (1884), 250—277.
W. Staerk, (Weltreich) Das assyrische Weltreich im Urteil der Propheten, 1908.
O. H. Steck, Rettung und Verstockung. Exegetische Bemerkungen zu Jes 7, 3—9, EvTh 33 (1973), 77—90.
U. Stegemann, (Restgedanke) Der Restgedanke bei Isaias, BZ NF 13 (1969), 161—186.
H. J. Stoebe, Das erste Buch Samuelis (KAT), 1973.
H. J. Stoebe, Raub und Beute, in FS-Baumgartner, Suppl. VT 16, 1967, 340—354.
F. Stolz, (Kriege) Jahwes und Israels Kriege, AThANT 60, 1972.
F. Stolz, (Kult von Jerusalem) Strukturen und Figuren im Kult von Jerusalem, BZAW 118, 1970.
H. L. Strack, Genesis, Exodus, Leviticus und Numeri (Kurzgefaßter Kommentar zu den heiligen Schriften Alten und Neuen Testamentes), 1892.
E. Troeltsch, Glaube und Ethos der hebräischen Propheten, in: Aufsätze zur Geistesgeschichte und Religionssoziologie, Gesammelte Schriften, IV (herausgegeben von H. Baron) 1925, 34—65.
R. de Vaux, Jerusalm and the Prophets, in: Interpreting the Prophetic Tradition, The Goldenson Lectures 1955—1966, ed. by H. M. Orlinsky, 1969, 275—300.
J. Vollmer, (Rückblicke) Geschichtliche Rückblicke und Motive in der Prophetie des Amos, Hosea und Jesaja, BZAW 119, 1971.
J. Vollmer, Jesajanische Begrifflichkeit?, ZAW 83 (1971), 389—391.
J. Vollmer, Zur Sprache von Jesaja 9, 1—6, ZAW 80 (1968), 343—350.
Th. C. Vriezen, Einige Notizen zur Übersetzung des Bindewortes ki, in: FS-Eissfeldt, BZAW 77, 1958, 266—273.

Th. C. Vriezen, (Essentials) Essentials of the Theology of Isaiah, in: FS-Muilenburg, 1962, 128—146.

G. Wanke, (Hoj) *'ôj* und *hôj*, ZAW 78 (1966), 215—218.

G. Wanke, (Zionstheologie) Die Zionstheologie der Korachiten in ihrem traditionsgeschichtlichen Zusammenhang, BZAW 97, 1966.

F. Weinrich, Der religiös-utopische Charakter der »prophetischen Politik«, 1932.

M. Weippert, (Heiliger Krieg) »Heiliger Krieg« in Israel und Assyrien, ZAW 84 (1972), 460—493.

M. Weippert, Zum Text von Ps 19, 5 und Jes 22, 5, ZAW 73 (1961), 97—99.

A. Weiser, (Glauben) Glauben im Alten Testament, in: Glaube und Geschichte im Alten Testament und weitere ausgewählte Schriften, 1961, 330—350.

A. Weiser, Das Buch der zwölf Kleinen Propheten I (ATD), 1963[4].

A. Weiser, (Psalmen I und II) Die Psalmen I und II (ATD), 1966[7].

C. Westermann, Die Begriffe für Fragen und Suchen im AT, KuD 6 (1960), 2—30.

C. Westermann, (Grundformen) Grundformen prophetischer Rede, BEvTh 31, 1960.

H. Wildberger, »Glauben«, Erwägungen zu *h'mjn*, in: FS-Baumgartner, Suppl. VT 16, 1967, 372—386.

H. Wildberger, Jesaja (BK), 1965 ff.

H. Wildberger, Jesajas Verständnis der Geschichte, Suppl. VT 9, 1963, 83—117.

F. Wilke, Jesaja und Assur. Eine exegetisch-historische Untersuchung zur Politik des Propheten Jesaja, 1905.

F. Wilke, (Politische Wirksamkeit) Die politische Wirksamkeit der Propheten Israels, 1913.

H. Winckler, Alttestamentliche Untersuchungen, 1892.

R. Wittram, Das Interesse an der Geschichte, Kleine Vandenhoeck-Reihe 59/60/61, 1963[2].

H. W. Wolff, (Volksklage) Der Aufruf zur Volksklage, ZAW 76 (1964), 48—56.

H. W. Wolff, (Hosea) Dodekapropheton 1, Hosea (BK), 1965[2].

H. W. Wolff, (Amos) Dodekapropheton 2, Joel und Amos (BK), 1969.

H. W. Wolff, (Frieden) Frieden ohne Ende. Jes 7, 1—17 und 9, 1—6 ausgelegt, BSt 35, 1962.

H. W. Wolff, (Umkehr) Das Thema »Umkehr« in der alttestamentlichen Prophetie, in: Gesammelte Studien zum Alten Testament, 1964, 130—150.

H. W. Wolff, Das Zitat im Prophetenspruch, in: Gesammelte Studien zum Alten Testament, 1964, 36—129.

A. S. van der Woude, Micah in Dispute with the Pseudo-Prophets, VT 19 (1969), 244—260.

G. E. Wright, The nations in Hebrew Prophecy, Encounter 26 (1965), 225—237.

E. Würthwein, (Buße und Umkehr) Artikel »Buße und Umkehr im AT«, in: ThWNT, IV 1942, 976—985.

E. Würthwein, (Gott) Artikel »Gott II. In Israel«, in: RGG[3], II 1958, 1705—1713.

E. Würthwein, (Jes 7) Jesaja 7, 1—9. Ein Beitrag zum Thema: Prophetie und Politik, in: Wort und Existenz. Studien zum Alten Testament, 1970, 127—143.

J. Ziegler, Isaias (Echter-Bibel), 1954.

J. Ziegler, Septuaginta. Vetus Testamentum Graecum Auctoritate Academiae Litterarum Gottingensis editum, Vol. XIV: Isaias, 1967[2].

J. Ziegler, Untersuchungen zur Septuaginta des Buches Isaias, Alttestamentliche Abhandlungen XII. Band 3. Heft, 1934.

W. Zimmerli, Erkenntnis Gottes nach dem Buche Ezechiel, in: Gottes Offenbarung, 1963, 41—119.

W. Zimmerli, Verkündigung und Sprache der Botschaft Jesajas, in: FS-Doerne, 1970, 441—454.

Bibelstellenregister